Carl Theodor Griesinger

Mysterien des Vatikans oder die geheimen und offenen Sünden des Pabsttums

Zeit- und Geschichtsbilder - Zweiter Band

Carl Theodor Griesinger

Mysterien des Vatikans oder die geheimen und offenen Sünden des Pabsttums
Zeit- und Geschichtsbilder - Zweiter Band

ISBN/EAN: 9783743658974

Hergestellt in Europa, USA, Kanada, Australien, Japan

Cover: Foto ©ninafisch / pixelio.de

Weitere Bücher finden Sie auf **www.hansebooks.com**

Im gleichen Verlage erscheint gegenwärtig:

Th. Griesinger's
illustrirte

Geschichte der Deutschen.

Mit Th. Griesinger's Geschichte der Deutschen bieten wir unserem Volke ein Werk, das von dem allbekannten Volksschriftsteller mit ganz besonderer Vorliebe behandelt und so auch von allen Klassen aufgenommen werden wird.

Die Zerrissenheit der deutschen Lande und das unterdrückte Bewußtsein ihrer Zusammengehörigkeit ließ seither das Interesse an der Geschichte der Deutschen unter dem Volke nicht aufkommen. Jetzt aber, wo nach gemeinsamem blutigem, aber glorreichem Ringen sämmtlicher deutscher Stämme die deutsche Einheit errungen ist, wo es sich für jeden Einzelnen darum handelt, an dem Ausbau des Reiches auf Grund des Rechts, der Freiheit und der Kultur mitzuwirken — jetzt ist der Zeitpunkt gekommen, wo dem deutschen Volke seine Geschichte in neuer, durch keine Fesseln gebundener Form geboten werden kann und wo Jeder, der Anspruch auf Bildung machen und bei den Tagesfragen mitsprechen will, deutsche Geschichte lesen muß, nicht die trockene Geschichte, welche Daten an Daten reiht, sondern die lebensvolle wahre und unumwundene Darstellung von der geistigen Entwicklung unseres Volkes.

Kenntniß der Geschichte macht den Blick frei, das Urtheil selbstständig, schafft Liebe und Interesse für das große Ganze und gibt namentlich dem Bürger das Bewußtsein seiner schwererrungenen Selbstständigkeit.

Ein solch freies stolzes Bewußtsein unter unserem Volke zu wecken und es zu unermüdlichem Mitwirken an der großen Aufgabe unserer Zeit anzufeuern, das ist der Zweck unseres Buches, und Th. Griesinger ist eben der Mann dazu, der mit praktischem Blick, in der richtigen Sprache, in volksthümlicher Auffassung gerade die Seiten der deutschen Geschichte dem deutschen Volke herauszukehren versteht, die ein wirkliches Interesse für dasselbe haben.

In Summa: Griesinger's Geschichte der Deutschen wird sich in kurzer Zeit einen solchen Namen verschaffen, daß das Buch ein Bedürfniß für jede Familie sein wird.

Das Ganze erscheint in 40 Lieferungen zum Preis von

4 sgr. — 12 kr. rhein.

und wird mit

20 prachtvollen Holzschnitten,

die der Meisterhand Professor Häberlin's entsprungen sind, geziert.

Heft 1 und 2 liegen in jeder Buchhandlung zur Ansicht bereit und wollen die geehrten Abonnenten Ihre gefällige Bestellung der nächstgelegenen Buchhandlung einsenden. Der Bezug von Heft 1 und 2 verpflichtet zur Abnahme des ganzen Werkes.

Als Prämie waren wir so glücklich von einem berühmten Meister einen prachtvollen Stahlstich:

„Die Landung des großen Kurfürsten auf der Insel Rügen"

erwerben zu können (Ladenpreis 8 Thlr.), den wir unsern geehrten Abonnenten bei Abnahme des ganzen Werkes gegen Nachzahlung von

nur 15 sgr. oder 54 kr.

liefern können.

Selten wird ein so prachtvolles Blatt als Prämie zu so billigem Preis auf den Markt gekommen sein.

Stuttgart, Februar 1872.

Die Verlagshandlung.

Druck von Jul. Oscar Galler in Stuttgart.

oder

Die geheimen und offenen Sünden

des

Papstthums.

Zeit- und Geschichts-Bilder

von

Theodor Griesinger.

Vierte Auflage.

Mysterien des Vaticans

oder

die geheimen und offenen Sünden

des

Pabstthums.

Zeit- und Geschichts-Bilder

von

Theodor Griesinger.

Vierte Auflage.

Zweiter Band.

Stuttgart.
Verlag von A. Kröner.
1866.

Inhalt des zweiten Bandes.

Viertes Buch.

Der Pabst und die Christlichkeit.

Motto: Unter allen Comödianten sind keine so schlimm,
Als die Pfaffen.

Ausspruch Kaiser Wenzels.

Kaputzentragen, Glatzenscheeren
Und Tag und Nacht in Kirchen plerren,
Die Vespern, Terzen, Primen, Metten,
Das Wachen, Fasten, lange Beten,
Das Gerten-Hauen, Kreutzweisliegen,
Das Knieen, Neigen, Bücken, Biegen,
Das Glockenläuten, Orgelschlagen,
Das Weihfaß-, Kerzen-, Fahnentragen,
Das Räuchern und das Glockentaufen,
Den Lampenschein, das Ablaßverkaufen,
Das Brod-, Wachs-, Salz- und Wasser-Weihen
Und auch deßgleichen bei den Laien
Das Opfern und das Lichtleinbrennen,
Das Wallfahr'n, nach den Heil'gen Rennen,
Das Abendfasten, tagweis Feyern
Und Beichten nach den alten Leyern,
Das Messen-Stiften, Pacem-Küssen
Demüthig zu des Pfaffen Füßen,
Den Altarschmuck, wo nichts gespart,
Die Rosenkränz nach heidnischer Art,
Die goldnen Statuen, Bilder und Geräth
Und was sonst früher die Tempel schmücken thät;
Mit einem Wort das ganze alte Heidenthum
Neuausgelegt — das nennt der Pabst nun Christenthum.

Frei aus dem Böhmischen.

Erstes Kapitel.

Das Bibelverbot.

Die christliche Religion ist gegründet auf die Lehren, die uns ihr Stifter Jesus Christus gegeben hat, und diese Lehren sind niedergelegt in den Schriften, welche seine Jünger und Schüler darüber aufsetzten. Demgemäß wurde von Anfang an das Neue Testament von den Bekennern Jesu als die Quelle all' ihres Wissens, so wie als die Hauptrichtschnur ihres Thun und Treibens betrachtet und jeder Christenlehrer oder Prediger berief sich darauf, als auf das beste und unverwerflichste Zeugniß in allen Sachen des Glaubens. Wenn nun aber das Neue Testament oder wie man vielleicht mit mehr Recht sagt: die Schriften des von Christus gestifteten „Neuen Bundes“ das wenn nicht einzige, so doch hauptsächlichste Gesetzbuch der ersten Christen bildeten, so galten ihnen die Schriften des „Alten Bundes“, d. i. die Religionsbücher der Juden so zu sagen „als Ergänzungsgesetzbuch“ und sie ließen sie eben so gut gelten, wie das Neue Testament, natürlich übrigens nur in so weit, als deren Inhalt nicht mit dem des Letzteren in Widerspruch stand. So hatte ja Christus selbst gelehrt, und so lehrten auch seine Apostel so wie deren unmittelbare Jünger!

Ich sage also: „die biblischen Schriften — so nennt man gewöhnlich das Alte und Neue Testament zusammengenommen — wurden in der ersten Zeit des Christenthums als die Grundlage allen christlichen Glaubens angesehen und es fiel keinem Menschen, weder einem Laien noch Cleriker, weder einem Diakonus, noch einem Presbyter, noch einem Bischof je ein, irgend eine Einwendung dagegen zu machen. Ja, ich behaupte sogar, daß diese Ansicht über die Bibel volle fünf Jahrhunderte hindurch in Kraft blieb, und daß man während dieser ganzen langen Periode nur allein in der heiligen Schrift den Anfang und das Ende des Christenthums suchte.“ Allein ich sage und behaupte dieß nicht blos, sondern ich werde es auch beweisen, und zwar so klar und bündig beweisen, daß keinem Menschen darüber auch nur der geringste Zweifel übrig bleiben kann. Schon die Apostel selbst verlangten von den Christusbekennern, daß sie recht fleißig in der Schrift forschen sollten. So sagt z. B. der Apostel Paulus (1. Theſſ. V. 27): „ich beschwöre Euch bei dem Herrn, daß ihr diese Epistel lasset lesen allen heiligen Brüdern“, und an einer andern Stelle (Coloſſ. IV. 16) heißt es: „wenn die Epistel bei euch gelesen ist, so schaffet, daß sie auch in der Gemeinde zu Laodicea gelesen werde, so wie, daß ihr die von Laodicea leset;“ die Christen in Berrhoe aber werden (Apostelgesch. XVII. 11) ausdrücklich darüber belobt: „daß sie täglich in der Schrift geforschet, ob sich's also verhielte, wie sie von Paulus und Silas gelehrt wurden.“ Derlei apostolische Ermahnungen könnte ich noch viele anführen, allein warum die Zeit mit einem Gegenstande verschwenden, der gar nie bestritten werden kann, da man ja, um die Wahrheit herauszufinden, nur das Neue Testament zur Hand nehmen und nachlesen darf?*) Wenn nun

---

*) Ich darf es hier nicht unterlassen, anzuführen, daß schon die Juden angehalten wurden, fleißig in ihren religiösen Büchern zu forschen und dieselben öffentlich und privatim zu lesen. So steht z. B. 5. Mos. XXXI. 11—13 geschrieben: „Wenn das ganze Israel kommt zu erscheinen vor dem Herrn, sollst du dieß Gesetz (das mosaische Gesetzbuch nehmlich) vor dem ganzen Israel ausrufen lassen, nehmlich vor der Versammlung des Volks, beider der Männer und Weiber, auf daß sie hören und lernen und daß sie thun alle Worte dieses Gesetzes“, und an einem andern Ort (Jos. I. 7, 8) heißt es: „Laß das Buch dieses Gesetzes nicht von deinem Munde kommen, sondern betrachte es Tag und Nacht, auf daß du haltest und thust allerdinge nach dem, das darin geschrieben steht.“ Dieser Vorschrift, d. i. der Vorschrift, das Gesetz Mosis nebst den übrigen heiligen Büchern öffentlich vorzulesen, wurde auch stets genau nachgekommen und die meisten Juden kannten daher das Alte Testament vom Anfang an bis zum Ende.

übrigens schon die Apostel ihre Anhänger zum Lesen und Studiren der Bibel aufforderten, so noch viel mehr die Christenlehrer, welche nach ihnen kamen. Jetzt nach dem Tode der Apostel lebte ja Niemand mehr, der unmittelbar aus dem Munde Jesu geschöpft hatte, und somit konnte man sich blos noch an die hinterlassenen schriftlichen Zeugnisse halten, welche entweder von den Aposteln in Person oder von deren Schülern auf ihr Geheiß und unter ihrer Oberleitung aufgesetzt worden waren! Ebendeßwegen ermahnten auch von dieser Zeit an sämmtliche Christenlehrer alle ihre Brüder und Schwestern aufs dringendste, doch ja recht fleißig in den heiligen Schriften zu lesen, und es liegen hierüber die evidentesten Zeugnisse der berühmtesten Kirchenväter und Kirchenschriftsteller aus den ersten sechs Jahrhunderten nach Christi Geburt vor. So sagte z. B. der berühmte Origenes (geb. 184; gest. 254): „Wir wünschen, daß ihr euch ernstlich bemühet, nicht allein in den gottesdienstlichen Versammlungen das Wort Gottes zu hören, sondern euch auch in euren Häusern darinnen zu üben und das Gesetz des Herrn Tag und Nacht zu lesen und zu betrachten.“ So rief der Patriarch Athanasius (geb. 296; gest. 373), welcher wegen seiner Gelehrsamkeit und Frömmigkeit den Beinamen „des Großen“ erhielt — den Heiden zu: „Weil die heilige Schrift alle anderen Schriften übertrifft, so gebe ich denen, welche von diesen Dingen (vom Christenthum nehmlich) mehr zu wissen wünschen, den Rath, daß sie selbst diese göttlichen Bücher fleißig lesen.“ So erklärte Chrysostomus (geb. 347; gest. 407), der ausgezeichnetste aller Kirchenväter, weßwegen man ihm auch den Beinamen „Goldmund“ gab, in einer Ansprache an seine Gemeinde: „Deßwegen pflege ich auch viele Tage vorher den Inhalt meiner zukünftigen Predigten anzuzeigen, damit ihr in der Zwischenzeit die Bibel nehmt, die ganze Perikope auf einmal übersehet und wenn ihr wisset, was schon abgehandelt und was noch abzuhandeln übrig ist, euren Verstand desto besser vorbereitet, das was noch gesagt werden wird, zu hören. Und ich ermahne euch immer und werde nicht aufhören, euch zu ermahnen, daß ihr nicht allein in der Kirche aufmerksam sein, sondern daß ihr auch in euren Häusern euch beständig mit Lesung der heiligen Schrift beschäftigen sollt. Es soll Niemand sagen: mein Geschäft ist es nicht, in der Bibel zu lesen, sondern ich überlasse dieß den Geistlichen und Mönchen. Im Gegentheil Jeder findet seinen Trost darin und der bloße Anblick dieser Bücher hält uns vom Sündigen ab. Dieß alles ist ja geschrieben um unsertwillen, zu unserer Besserung, und das Lesen der heiligen Schrift ist eine starke Brustwehr gegen die Sünde; die Unwissenheit der Schrift aber ist ein gefährlicher steiler Abhang, der in tiefen Abgrund stürzt." So predigte Cäsar von Arles (lebte zu Anfang des 6. Jahrhunderts): „Ich bitte und ermahne euch, lieben Brüder, daß wer unter euch lesen kann, die heilige Schrift fleißig lese: welche aber nicht lesen können, die müssen zuhören, ja mit Aufmerksamkeit zuhören, wenn andere sie lesen." So schrieb endlich Pabst Gregor der Große (geb. 540; gest. 604) an den berühmten Arzt Theodor: „Was ist die heilige Schrift anders, als ein Brief des allmächtigen Gottes an seine Geschöpfe? Darum studire sie, mein werthester Sohn, und betrachte täglich die Worte deines Schöpfers. Lerne das Herz Gottes aus den Worten Gottes kennen, damit du immer inbrünstiger nach den ewigen Gütern verlangest und sich in deiner Seele eine immer größere Begierde nach himmlischen Freuden entzünde." *)

Das ist die Sprache der vornehmsten Kirchenlehrer aus den ersten sechs Jahrhunderten nach Christi Geburt und es wird nun wohl Niemand mehr darüber einen Zweifel hegen, daß damals die Bibel als die Urquelle des Christenthums betrachtet worden sei, d. i. als der Born, aus welchem man allein den wahren Glauben schöpfen könne. Ebendeßwegen las man auch in jeder sonntäglichen Versammlung, oder wenn nur irgend eine Christengemeinde zusammenkam, um gemeinschaftlich andächtig zu sein, regelmäßig theils kleinere, theils größere Abschnitte aus der Bibel vor und man betrachtete dieses Vorlesen aus der Bibel sogar als einen Hauptbestandtheil des christlichen Gottesdienstes. Eine bestimmte Norm,

---

*) Die angeführten Stellen sind genommen aus: Origenes, Homil. IX in Levit.; aus: Athanasius, Epist. ad Episc. Aegypti et Lybiae. Cap. 4; aus: Chrysostomus, Homil. III de Lazaro; aus: Caesarius Arl., Homil. XX de cura animae; und aus: Gregorius, Regist. IV; Epist. 40. Opp. t. IV Edit. Antw. 1615.

welche Abschnitte „heute“ und welche „morgen“ vorgelesen werden mußten, lag für den Anfang nicht vor, sondern die Presbyteri und Episcopi wählten nach ihrem besten Ermessen ein beliebiges Stück aus, und so erfahren wir z. B. von Basilius, dem Großen, Bischof von Cäsarea († 397), daß er bald die Psalmen und Propheten, bald die Episteln und Evangelien habe vorlesen lassen. Natürlich übrigens mußte der vorgelesene Abschnitt immer zu dem Tage passen, den man feierte, — weßwegen auch Chrysostomus berichtet: „Am Kreuzigungstage lesen wir Alles, was auf die Kreuzigung Bezug hat; am großen Sabbath die Erzählung, wie man unsern Herrn verrieth und wie er nach dem Fleische starb und begraben wurde; in der Fastenzeit das erste Buch Mosis; am Passahfeste die Auferstehung Jesu bald aus dem Matthäus, bald aus dem Markus, bald aus den beiden andern Evangelien; nach dem Passahfeste die Apostelgeschichte, weil die Wunder derselben zum Beweise der Auferstehung dienen u. s. w. u. s. w.“ — und so entstand nach und nach eine gewisse Ordnung und Reihenfolge in den Lectionen, damit man sich nicht etwa wiederhole, sondern vielmehr nach und nach die ganze Bibel vorlese. Diese Ordnung und Reihenfolge wurde nun zwar allerdings nie zum Gesetz erhoben, aber man richtete sich freiwillig fast in allen Gemeinden darnach, und es verfertigte deßhalb schon im vierten Jahrhundert der Bischof Claudianus Mamerkus von Vienne ein besonderes Verzeichniß über die besagten Bibelabschnitte, welches man von nun an das Verzeichniß der Pericopen oder auch die „Ordo Lectionun“ nannte. Dessenungeachtet jedoch wurde es bei besondern Gelegenheiten, wie z. B. bei Leichenfeierlichkeiten, bei Hochzeiten u. s. w., den Geistlichen überlassen, sich nach Gutdünken einen eigenen Text auszulesen, und dabei blieb es auch bis ins siebente Jahrhundert hinein.

Wenn nun übrigens die heilige Schrift einen Hauptbestandtheil des öffentlichen Gottesdienstes bildete, und wenn man zugleich von den Bekennern Jesu verlangte, daß sie zu Hause recht viel und fleißig in derselben studiren sollten (damit sie die Vorträge in der Kirche um so besser verständen), so darf man wohl voraussetzen, daß sie in sehr vielen Exemplaren verbreitet gewesen sei, denn — wie hätten die Leute zu Hause in dem Buche lesen können, wenn sie dasselbe nicht besaßen? Auch wird diese allgemeine

Verbreitung ausdrücklich von vielen Kirchenschriftstellern bezeugt, wie unter Andern von dem heiligen Augustinus (geb. 354; gest. 430), der ausdrücklich sagt, daß die Bibel ihre Reise durch die ganze Welt gemacht habe, und daß es keine Christengemeinde gebe, in welcher dieselbe nicht in verschiedenen, hie und da sogar in sehr vielen Exemplaren vorhanden sei. „Aber" — wirft uns nun Jemand ein — „wie war denn dieß möglich, da man doch damals, in den ersten Jahrhunderten nach Christi Geburt, von der Buchdruckerkunst noch gar nichts wußte?" Ei nun — erwidern wir — „gedruckte" Bibelexemplare gabs freilich nicht, aber „geschriebene", und zwar so schön und correct geschriebene, als man sie sich nur wünschen konnte! Bildete ja doch damals der Stand der Bücher-Abschreiber eine besondere Zunft, die in ihrem Handwerke so außerordentlich geübt war, daß auch ein dickes Buch in verhältnißmäßig sehr kurzer Zeit fix und fertig geliefert werden konnte; denn wie wäre es sonst möglich gewesen, dem litterarischen Bedürfniß der gebildeten Welt unter den Heiden, in deren Bibliotheken die Werke der berühmteren griechischen und lateinischen Autoren nicht fehlen durften, Genüge zu thun? Freilich wird man mir nun wieder entgegenhalten: „wenn auch geschriebene Bibeln zu haben gewesen seien, so müsse ihre Anschaffung doch allzuviel Geld gekostet haben, als daß Andere, als nur die Reichsten unter den Christusverehrern sie sich verschaffen konnten;" allein auch dieser Einwurf ist nicht stichhaltig und zwar aus dreierlei Gründen. Erstens nehmlich war in jenen Zeiten die Abschrift eines Buches bei weitem nicht so theuer, als sie jetzt sein würde, indem die Zahl der Individuen, die sich mit diesem Erwerbszweig ernährten, sich auf viele Tausende belief. Ja, da sie einander Concurrenz machten, so stempelten sie die Preise auf einen fabelhaft niedrigen Stand herunter, und es ist constatirt, daß in manchen Städten ein geschriebenes Buch nicht arg viel theurer zu stehen kam, als z. B. im 16. Jahrhundert ein gedrucktes. Angenommen übrigens, daß es für Viele ein arges Opfer, wenn nicht gar eine Unmöglichkeit gewesen sein würde, eine vollständige Bibel zu kaufen, — mußte es denn (und dieses ist der zweite Grund, auf den ich fuße) nothwendiger Weise eine „vollständige" Bibel sein? Genügte nicht auch schon ein „Theil" derselben, wie insbesondere das Neue

Testament? Oder wenn das Geld nicht einmal hiezu ausreichen wollte, konnte man sich nicht wenigstens die Evangelien anschaffen?*) Dazu reichten die Mittel gewiß hin und eben aus diesem Grunde gab es auch fast keine christliche Familie, welche nicht wenigstens irgend ein Buch aus der heiligen Schrift in eigener Abschrift zu Hause liegen hatte. Doch der dritte Grund, warum es fast keiner christlichen Familie am geschriebenen Wort Gottes fehlte, ist noch viel maßgebender. Weil es nehmlich als Glaubenssatz galt, daß das Studium der Bibel für einen Christen etwas Unentbehrliches sei, weigerte sich Niemand, seinem ärmeren Freund-Nachbar und Mitbruder sein Exemplar, so oft es derselbe verlangte, zu lehnen; noch öfter aber kam es vor, daß ein Reicherer einem Unvermöglichen die heilige Schrift oder wenigstens das Neue Testament zum Präsente machte. Ja viele von denen, welchen es an Geld und Gut nicht mangelte und welche doch zugleich für den Christenglauben schwärmten, erachteten es für ihre Pflicht, jährlich eine bedeutende Summe für Bibelabschriften auszugeben und diese dann an ihre Mitchristen, die darnach begehrten, zu verschenken! So erzählt z. B. der Kirchenschriftsteller Eusebius von dem Märtyrer Pamphilius, daß derselbe, um sich stets einen großen Vorrath von Bibeln, die er mit größter Bereitwilligkeit sowohl an Weiber als an Männer vertheilte, halten zu können, nicht blos sein eigenes großes Vermögen total opferte, sondern daß er auch die Mildthätigkeit Anderer zu diesem Zwecke in Anspruch nahm, und in ähnlichem Sinne handelten noch Hunderte, deren Namen der Nachwelt nicht aufbewahrt worden sind. Kurz also an Bibeln fehlte es in den ersten sechs Jahrhunderten nach Christi Geburt nicht, sondern es gab deren vielmehr eine so hinreichende Anzahl, daß sich die sämmtliche lebende Christenheit gehörig darin erbauen konnte.

„Doch" — so wirft mir vielleicht Dieser oder Jener zu guter

---

*) Der Christenvater Chrysostomus sagt hierüber wörtlich (Hom. IX. Opera exegetica t. VI.): „Höret es alle, ich bitte euch, die ihr euch mit weltlichen Geschäften abgebet, und schaffet euch die Bibel an, diese Arznei der Seele. Und wenn ihr mehreres nicht wollt oder nicht könnt, so kauft euch wenigstens das Neue Testament, oder doch die Evangelien, oder die Geschichte der Apostel und lasset sie eure beständige Lehrer sein."

Letzt noch ein — „wenn auch an biblischen Manuscripten kein Mangel war, so können, weil das Alte Testament hebräisch und das Neue griechisch abgefaßt war, doch nur diejenigen, welche die hebräische und griechische Sprache verstanden, einen Nutzen davon gehabt haben und alle die Millionen übrigen Menschen, die ein anderes Idiom redeten, sahen sich vom Lesen der heiligen Schriften ausgeschlossen." Dieser Einwurf scheint nun in der That etwas für sich zu haben, allein wie oft der Schein trügt, das zeigt sich gerade in diesem Fall in fast außerordentlicher Weise. Allerdings nehmlich war es vollkommen richtig, daß die Ursprache des Alten Testaments die hebräische und die des Neuen Testaments die griechische war; allein mangelte es etwa an Uebersetzern, welche diese beiden Codices in andere Sprachen übertrugen? Eine derartige Uebertragung der heiligen Schrift ins Syrische existirte historisch erwiesen schon im ersten Jahrhunderte, einzig zu dem Zwecke, damit die in Asien verbreitete Nationalität der Syrer, welche vom Griechischen und Hebräischen nichts verstand, sich unmittelbar und mit eigenen Augen aus dem Wort Gottes erbauen könnte, und schon im ersten Viertel des zweiten Jahrhunderts circulirte eine Uebersetzung sowohl des Alten als des Neuen Testaments ins Lateinische. Noch häufiger wurden diese Translationen in der zunächst folgenden Periode und bald kam es so weit, daß Einer, mochte er eine Sprache sprechen, welche er wollte, gewiß sein konnte, eine in seinem Idiom geschriebene Bibel zu finden. Ja der berühmte Augustinus belehrt uns, daß man es bei einer „einmaligen" Uebertragung nicht einmal bewenden ließ, denn er schreibt wörtlich: „Diejenigen, welche die Schrift (das Alte Testament) aus der hebräischen in die griechische Sprache übersetzt haben, kann man noch wohl zählen, aber die lateinischen Uebersetzer (d. h. die Uebersetzer des Neuen Testaments ins Lateinische) sind wahrhaft unzählbar, indem jeder, welchem in den ersten Zeiten des Christenthums ein griechischer Codex in die Hände kam, so bald er sich einige Fertigkeit in beiden Sprachen zutraute, es auch wagte, ihn zu übertragen!" Ein noch klareres Zeugniß gibt uns der griechische Kirchenvater Theodoret, der als Bischof von Cyrus am Euphrat vierzig Jahre nach Augustin, anno 470, starb, vorher aber die Welt auf großen Reisen in Asien und Europa kennen gelernt hatte. Er sagt nehmlich wörtlich: „Wir haben euch die Kraft und die Stärke der apostolischen und prophetischen Lehre deutlich gezeigt und alles Land, das unter der Sonne liegt, ist von diesen Reden erfüllt worden. Hat man ja doch dies göttliche Wort nicht blos aus dem Hebräischen und Griechischen ins Lateinische, sondern auch in die ägyptische, persische, indische, armenische, gothische,*) scythische und sarmatische, ja daß ich's recht und mit Einem Worte sage, in alle Sprachen übersetzt, deren die Nationen sich auf den heutigen Tag bedienen!" Was braucht man da noch weiteres Zeugniß?

Der Leser weiß nun, wie es mit der heiligen Schrift in den ersten sechs Jahrhunderten der christlichen Zeitrechnung gehalten wurde und wir haben absichtlich etwas weitläufiger auf diesem Thema verweilt, um zu constatiren, wie man es für rein unmöglich hätte halten sollen, daß es jemals in der römisch-katholischen Kirche zu einem „Bibelverbot" habe kommen können. War es doch nach dem bisher Vorgebrachten viel wahrscheinlicher, daß die Christen sich zerreißen, als daß sie sich ihre Bibel nehmen lassen würden!**) Hätte man doch mit vollster Ueberzeugung darauf geschworen, daß keine Macht auf Erden, auch nicht die päbstliche, im Stande gewesen wäre, ein solch' ungeheuer verbreitetes Buch, wie die heilige Schrift, dem Volke total zu entziehen und das Lesen darin nicht blos für ein Verbrechen zu erklären, sondern sogar factisch unmöglich zu machen! Und doch geschah Alles dieß und zwar in einer

---

*) Die gothische Bibelübersetzung des Ulfilas (geb. 318 unter den Gothen in Cappadocien nördlich der Donau, gest. 388 zu Constantinopel) rührt aus dem 4. Jahrhundert her und verbreitete sich besonders unter den Westgothen, welche bekanntlich von Cappadocien und Mösien über Italien und Südgallien nach Spanien zogen und dort ein eigenes Reich gründeten. Eine „deutsche" Uebersetzung kann man dieselbe aber nicht nennen, und die Völkerschaften, von welchen Deutschland vom 4. Jahrhundert an in Besitz genommen wurde, hätten sie auch gar nicht verstanden.

**) In der That ließen sich in den drei ersten Jahrhunderten sehr viele Jesubekenner lieber hinrichten, ehe sie den Heiden die heilige Schrift auslieferten; diejenigen aber, die aus Angst vor dem Tode den Befehl der christenverfolgenden Kaiser nachkamen, nannte man „Traditores" d. i. Bibelauslieferer" und verband damit den Begriff der „Apostasie" oder des Abfalls vom Glauben.

Ausdehnung, die sich auf ganz Europa erstreckte! Ja es geschah sogar, ohne daß die Christenheit revoltirte oder sich auch nur — wenigstens viele Jahrhunderte lang — besonders widerwärtig dadurch berührt fühlte! Aber freilich, es mußten auch Veränderungen in der Welt vorgehen, die man sich zu der Apostel und der Kirchenväter Zeiten nicht hätte träumen lassen, Veränderungen, die alle bisher bestandene Ordnung über den Haufen warfen!

Es ist ohne Zweifel jedem unserer Leser bekannt, daß zur Zeit Christi und der Apostel so wie in den darauf folgenden drei oder vier Jahrhunderten die Herrschaft der Römer eine fast außerordentliche Ausdehnung gewonnen hatte. Die ganze sogenannte civilisirte Welt in Europa, Asia und Afrika war ihnen unterworfen und dieß erleichterte natürlich dem Christenthum seine so ungeheuer schnelle Verbreitung bedeutend, indem ja natürlich die Unterthanen der römischen Kaiser, nachdem diese selbst Christen geworden waren, dem Ansinnen sich zu bekehren nicht widerstehen konnten. Eben hieraus erklärt sich auch der Umstand, daß (wie Augustinus und andere Kirchenschriftsteller berichten) die Zahl der „lateinischen" Bibeln und Neuen Testamente ins unermeßliche gegangen sei, so zu sagen von selbst, denn in allen den Landen und Provinzen, welche die Römer sich unterwarfen, wurde auch sofort die lateinische Sprache die maßgebende, einfach deßwegen, weil die Besiegten es sich gefallen lassen mußten, keine anderen Präfecten, Richter und sonstige obrigkeitliche Personen mehr zu bekommen, als blos lateinisch redende. Solches war besonders im Abendlande — also in Europa — der Fall, wo neben dem Lateinischen so zu sagen gar keine andere Sprache mehr aufkommen konnte (während im Morgenlande [also in Asien und Afrika] sich nebenher noch die griechische Sprache, als eine über ganz Vorderasien verbreitete, geltend machte), und in ganz Italien, in ganz Frankreich, in ganz Spanien, in allen Donauländern, ja selbst in einem großen Theile des jetzigen Deutschlands, des jetzigen Englands und der jetzigen europäischen Türkei beugte sich die sämmtliche Einwohnerschaft bis ins vierte und fünfte Jahrhundert hinein diesem Gesetze. Nun, nach Verfluß dieser Zeit, trat aber ein Ereigniß ein, das all' dieser bisherigen Ordnung der Dinge, also sowohl der römischen Obergewalt als auch der Herrschaft der lateinischen Sprache, ein vollständiges Ende bereiten sollte, und dieses wahrhaft weltthistorische Ereigniß war nichts anderes, als das, was man gewöhnlich unter dem Namen der „Völkerwanderung" begreift. Die Ursachen derselben liegen bekanntlich darin, daß sich unermeßliche asiatische Völkerschaften, durch Naturereignisse und andere Ursachen veranlaßt, gegen Westen hin in Bewegung setzten und daß hiedurch alle die Nationen und Volksstämme, welche bisher den Norden und Nordosten Europas sowie die weiten Gefilde am schwarzen Meere bewohnt hatten — lauter barbarische Gegenden, bis zu denen das Schwert der Römer noch nicht gedrungen war und von welchen man daher bis jetzt gar nichts oder nur Sagenhaftes wußte — gezwungen wurden, ihre Wohnsitze ebenfalls zu verlassen, um ins römische Reich einzudringen und dasselbe vollständig zu überfluthen; allein selbstverständlich — wir schreiben ja keine Weltgeschichte, sondern nur die Geschichte des Pabstthums — ist hier nicht der Ort, auf den Gang dieser kolossalen Wanderung der Völker des Näheren einzugehen, sondern wir müssen uns damit begnügen, die Folgen und das Resultat derselben zu constatiren. Welches war nun aber dieses Resultat? Wir wollen es mit so kurzen Worten, als nur möglich, darlegen.

Begonnen hatte die Völkerwanderung, wie schon oben gesagt, mit dem vierten Jahrhundert*); ihr Ende erreichte sie mit dem Eindringen der Magyaren in Ungarn, also anno 894; in der Zwischenzeit aber nahm das ganze Europa eine total andere Gestalt an, und aus dem furchtbaren Wirrwarr heraus entwickelten sich auf den Trümmern des römischen Weltreichs vollkommen neue Staaten und Herrschaften. Spanien war getheilt zwischen den Westphalen und Arabern; in England dominirten die Angelsachsen, das Land in verschiedene kleine Königreiche zersplitternd; in Gallien

*) Für diejenigen, welche mit der Weltgeschichte vertrauter sind, bemerken wir hier, daß es uns sehr wohl bekannt ist, wie schon vor dem Eindringen der Hunnen (anno 375) in Europa die Bewegung der germanischen Völkerschaften begann — wir erinnern hiebei nur an die Züge der Cimbern und Teutonen —: allein Thatsache bleibt deßwegen doch, daß der besagte Einbruch der Hunnen jene Bewegung erst in die eigentliche Fluth brachte, und daß alle vorhergehenden Völkermärsche so zu sagen nur die Vorboten der kommenden Erschütterung bildeten.

hatten sich außer den Burgundionen und einigen andern kleineren Stämmen die Franken niedergelassen und das neue Frankreich gebildet; in Oberitalien waren die Longobarden eingedrungen und nach Unteritalien Saracenen und Normannen; in Deutschland, das sich zu einer großen Monarchie erhob, bildeten die Alemannen, die Bojaren und die Sachsen die Hauptstämme; in Rußland, Polen, Mähren, Bulgarien und Serbien entstanden slavische Staaten und das alte Pannonien endlich unterwarf sich den Magyaren oder „Wengris", woraus dann der Name Ungarn entstanden ist. Also merkwürdig gestaltete sich das Abendland in Folge der Völkerwanderung um und vom ganzen früheren Römerthum blieb fast keine Spur mehr zurück. Ja so gründlich wurde dasselbe ausgetilgt, daß man am Schluß dieser Periode sogar im Stammlande der früheren Weltbeherrscher, also in Italien, nicht mehr lateinisch sprach, sondern vielmehr italienisch; und in den übrigen Ländern wußten sich die Einwohner natürlich ohnehin in keiner anderen Sprache auszudrücken als entweder in der ihnen angeborenen oder in derjenigen, die sich für sie aus dem Zusammenstoß mit andern Völkerschaften herausgebildet hatte. Somit sprach man in Deutschland: „deutsch", in Frankreich: „französisch", in Spanien: „spanisch", in England: „englisch", in Ungarn: „ungarisch" u. s. w. u. s. w.; die frühere „Weltsprache" dagegen — denn so kann man das Lateinische wohl nennen — blieb „als lebende Sprache" von jetzt an wie von der Erde vertilgt. Uebrigens — beim „Sprechen" des Deutschen, Französischen, Englischen oder wie die neu entstandenen Sprachen sonst heißen, blieb es auch und zum „Lesen und Schreiben" kam es nicht, wenigstens nicht in den zunächst folgenden Jahrhunderten. Man muß nehmlich wissen, daß mit dem Untergang des römischen Reichs auch seine Cultur vernichtet wurde, denn was wollten die einstürmenden wilden und rohen Völkerschaften von Cultur wissen und überdieß wie wäre es in dieser furchtbaren Kampfperiode, die Jahrhunderte andauerte, möglich gewesen, an die Pflege des Geistes auch nur zu denken? So brach denn über ganz Europa eine gräßliche Nacht der Barbarei herein, und wenn sich auch einige wenige kleine Ueberreste der früheren Bildung und Gelehrsamkeit in die Klöster zu flüchten vermochten, so lastete doch auf der ganzen übrigen Bevölkerung

— also nicht blos auf dem gemeinen Volke, sondern auch auf den Reichen, Vornehmen und Hochgestellten — eine solch' gränzenlose Unwissenheit und Unbildung, daß derjenige, welcher auch nur einen Anflug der niedrigsten Elementarbekenntnisse besaß, das heißt, welcher vom Lesen und Schreiben etwas verstand, schon für ein Meerwunder von Gelehrsamkeit angesehen wurde. Ein solches Resultat hatte die Völkerwanderung und wir werden nun sogleich sehen, auf welche Weise die Päbste dasselbe zu benützen verstanden.

Die in die Fluctation der Völkerwanderung verwickelten Nationen, die aus bisher unbekannten Gegenden herkamen, gehörten natürlich dem Heidenthume an und die Bischöfe zu Rom, die sich gegen das Ende des römischen Reichs zu der hohen Würde von Patriarchen des Abendlandes emporgeschwungen hatten, waren also in Gefahr, dieses ihr Primat zu verlieren, wenn sie nicht schnell die besagten Nationen in Christen und zwar von Rom abhängige Christen verwandelten. Sie sandten also augenblicklich ihre Glaubensboten überall hin aus und es glückte ihnen in der That mit der beabsichtigten Bekehrung. Wie solches übrigens geschehen ist, darüber haben wir schon im zweiten Buche dieses Werkes berichtet und wir wiederholen also hier nur kurz, daß sich zu Ende des neunten Jahrhunderts alle abendländische Reiche mit ganz wenigen Ausnahmen zum Christenthum bekannten. Aber — welches Christenthum war dieß? Etwa dasselbe, wie es sich in den ersten paar Jahrhunderten aus den Lehren Christi und seiner Apostel herausentwickelt hatte? Dasselbe, dessen Bischöfe, Presbyteri und Diaconen bei jeder festlichen Gelegenheit und jedenfalls allsonntäglich ganze Abschnitte aus der Bibel vorlasen und dann über dieselben einen erklärenden Sermon hielten? Dasselbe, dessen sämmtliche Bekenner mit Exemplaren der heiligen Schrift versehen waren und darinnen jeden Morgen und jeden Abend aufs eifrigste studirten, um sich ja die Urlehre des Evangeliums recht ins Herz zu prägen? Die beste und bündigste Antwort darauf ist die: daß die Neubekehrten sämmtlich keine Bibeln besaßen, und wenn sie auch deren besessen hätten, dieselben doch nicht würden haben benützen können, weil sie nicht lesen konnten! Dem letzteren Uebelstande abzuhelfen wäre unbedingt Pflicht der Päbste gewesen, wenn es ihnen in der That und Wahrheit

und brachten dieses ihr Vorhaben auch in der That und Wahrheit zu Stande.

Dem Leser kommt nun dieß ohne Zweifel wie ein halber Wahnsinn vor, denn ein Verbot der Bibel ist und bleibt ja fast dasselbe, wie eine Absetzung Christi, aber wenn man nur ein klein wenig nachdenkt, so wird man bald finden, warum die Päbste so handelten und ihres Interesses wegen nothwendig so handeln mußten. Betrachten wir nehmlich den Inhalt des Neuen Testaments, so werden wir finden, daß alle Lehren Christi und seiner Apostel gar nichts anderes predigen als die Liebe zu Gott und zu dem Nächsten. Barmherzigkeit, Friedfertigkeit, Sanftmuth, Versöhnlichkeit, Mildthätigkeit, Aufrichtigkeit, Verleugnung seiner selbst und Unterdrückung aller bösen Lüste verlangt der Erlöser von seinen Anhängern, alle Aeußerlichkeit aber, alle Ostentation der Frömmigkeit, also besonders auch alle Scheinheiligkeit verwirft er total und die Pharisäer sind ihm ein mächtiger Dorn im Auge. So wie aber Christus lehrte, so lebte er auch, denn er wollte nicht blos durch seine Worte, sondern auch durch sein Beispiel und Vorbild Tugendlehrer sein. Wo hätte man demnach größere Einfachheit, größere Demuth, größere Bescheidenheit finden können als in ihm und seiner nächsten Umgebung? Nun aber denke man zurück an das, was die Päbste mit sammt ihrer Priesterschaft bis zum Beginn des Mittelalters geworden waren; man denke zurück an ihre weltliche Pracht und Anmaßung, zurück an ihren Hochmuth und ihre Gewaltherrschaft, zurück an ihre Ueppigkeit, Verschwendung und Liederlichkeit, so wird man wohl zugeben müssen, daß eine große Gefahr für das Pabstthum vorhanden war, wenn die Menschheit Gelegenheit gefunden hätte, die Lehren und das Beispiel Christi mit dem Leben und Gebahren seiner sogenannten Nachfolger zu vergleichen. Herr Gott im Himmel — einen schneidenderen Gegensatz konnte es ja gar nicht geben, als den zwischen den jetzt regierenden Päbsten und dem Verkündiger des Evangeliums! Darum sollte die Menschheit gar nicht erfahren, welch' eine Persönlichkeit Christus gewesen sei, und eben so wenig sollte sie erfahren, was er eigentlich gelehrt und gewollt habe, denn wenn sie etwas hievon erfahren hätte, so würde sie unbedingt das Christenthum, welches ihr von Rom geboten wurde, für kein Christenthum

Diesem Ge- oder vielmehr Verbote scheint Wratislaw gehorcht zu haben, denn es wurde nun wieder alles still über den besagten Gegenstand und die Böhmen beruhigten sich entweder oder thaten sie insgeheim, was sie öffentlich nicht thun durften. Nicht allzulange hernach jedoch wurde die Gefahr für das Pabstthum eine viel größere, indem nun auf einmal im Jahr 1120 bekannt wurde, daß die Bewohner der stillen Alpthäler Piemonts die Bibel in romanischer Sprache besäßen und in Folge des Studiums derselben das von Rom gepredigte Christenthum ganz verwürfen. Da galts so schnell als möglich einzuschreiten, besonders auch, weil der auf das Urchristenthum zurückgeführte Glaube dieser Thalbewohner — man nannte sie Waldenser und es ist das Nähere über sie im nächsten Buche nachzulesen — wahrhaft ansteckend wirkte und sich bald bis über das ganze südliche Frankreich so wie noch über andere Theile Europas ausbreitete. Und wie schritt man nun ein? Etwa in der Weise, daß man diese „Irregeleiteten, welche die Schrift mißbrauchten" — das war der Kunstausdruck, dessen man sich gegen dieselben bediente — mit biblischen Gründen widerlegte? O nein, ganz und gar nicht! Im Gegentheil erhielten die gegen sie ausgeschickten Inquisitoren die Weisung: „nicht daran zu denken, diese Ketzer durch die Schrift zu überführen, denn sie seien so geübt in derselben, daß sie sehr oft die in Verwirrung setzen, welche es wagen, sich mit ihnen darüber einzulassen, und sie werden nur hartnäckiger wenn sie sehen, daß auch gelehrte Männer ihnen nicht antworten können." *) Dagegen aber zog man mit Feuer und Schwert gegen sie zu Felde und vertilgte sie gewaltsam von der Erde. **) Doch daran hatten die Päbste nicht genug, sondern

vom 5. Januar 1080 datirt; seine Schlußworte aber heißen wörtlich übersetzt also: „Wir verbieten demnach mit der Vollmacht des heiligen Apostels Petrus, was deine Leute mit Unverstand fordern, und befehlen dir, daß du dich zur Ehre des allmächtigen Gottes dieser Verwegenheit mit aller Macht entgegensetzest!"

*) Die Belesenheit der Waldenser in der Bibel muß in der That erstaunlich gewesen sein, denn es gab viele unter ihnen, welche das ganze Neue Testament vollkommen auswendig wußten.

**) Die genauere Geschichte dieser Ketzervertilgung mußten wir uns fürs nächste Buch vorbehalten, und wir verweisen daher den Leser auf das erste und zweite Kapitel desselben.

von Beziers (1233) und von Terracona (1234) aufs feierlichste bestätigen. Ja auf der letzteren Synode wurde dasselbe noch verschärft, indem den Laien befohlen wurde, alle etwa im Besitz habende Bibeln sofort den Bischöfen auszuliefern, damit diese sie dem Scheiterhaufen überlieferten: „sollten aber — so hieß es dann weiter — die Einen oder die Andern dieß unterlassen, so seien sie als Ketzer zu behandeln und mit dem Tode durchs Feuer zu bestrafen.“ Das war doch klar und deutlich gesprochen! Nun wußte man doch ganz genau, was von der Bibel — „diesem schädlichen Buche zu halten sei! Deßwegen nahmen nun aber auch die Bettelorden der Franziskaner oder Dominikaner, welche bekanntlich nichts waren, als päbstliche Trabanten oder Polizeidiener, kein Blatt mehr vor den Mund, sondern verkündeten laut und ohne Scheu, daß die heilige Schrift eine große Menge der schwersten Ketzereien enthalte. Ja das Evangelium Johannis nannten sie mit klaren dürren Worten ein grundfalsches verdammenswerthes Machwerk, welches unbedingt vernichtet werden sollte;*) und es fiel keinem einzigen Pabste ein, wegen dieser gräßlichen Behauptung gegen sie einzuschreiten! Lag nun hierin nicht der deutlichste Beweis, daß man sich päbstlicherseits des Neuen Testaments, auf das doch das ganze wirkliche Christenthum fundirt ist, geradezu entledigen wollte, mit andern Worten, daß man Christum für abgesetzt erklärte?

So weit kam es mit der Gläubigkeit und Christlichkeit der Päbste! Möglicherweise übrigens denkt nun vielleicht der Eine oder der Anderee, nur einzelne Wenige dieser „heiligen Oberhirten“ hätten sich eine derartige Abschüttlung des Christenthums zu Schulden kommen lassen und die Nachfolger Hadrians werden wieder auf den rechten Weg eingelenkt haben; allein dem war durchaus nicht so, sondern Rom blieb von nun an consequent bei dem Bibelverbote und es wurde dasselbe z. B. auf den Kirchenversammlungen zu Oxford anno 1338 und 1404 auf Antrieb Benedicts XII. und

*) Die Belege hiefür sind in: „Flathe, Geschichte der Vorläufer der Reformation. Band II. p. 178“ nachzulesen.

landes in zwei große Partheien zerrissen wurde, deren eine man die **Katholische** nannte, während die andere den Namen der **Protestantischen** erhielt. Er weiß auch, daß die Protestanten nichts höher hielten, als ihre Bibel und daß es bald keine einzige protestantische Familie mehr gab, die nicht wenigstens Ein Exemplar derselben besessen hätte. Aber — weiß er auch, wie es der Pabst fortan mit der heiligen Schrift hielt? Es läßt sich dieß in wenigen Worten zusammenfassen. Unter den katholischen Gottesgelehrten und Priestern gab es während der Reformationsperiode sehr Viele, welche unbedingt der Ansicht waren, man solle Jedermann, er sei wer er wolle den freien Gebrauch der Bibel lassen und sie verstanden es auch, diese ihre Ansicht mit Gründen zu belegen. So z. B. der spanische Schriftsteller **Friedericus Furius**, genannt Cäriolanus, der bei Kaiser Karl V. in hohen Gnaden stand; so der französische Bischof **Claudius d'Espence**, und so insbesondere unser deutscher Landsmann **Erasmus**.*) Wieder Andere — und diese waren alle strenggläubige Katholiken, die es mit Rom sehr gut meinten — erklärten, von der Ueberzeugung ausgehend, daß die Interdicte des Pabstes in Beziehung auf das Bibellesen nicht mehr sonderlich beachtet werden würden: „man müsse nun schon in den sauren Apfel beißen und den Laien, die darauf erpicht seien, das Lesen in der Bibel gestatten, **damit sie jedoch nicht nach den heillosen protestantischen Bibeln griffen, solle man ihnen eine solche Bibelübersetzung in die Hände geben, die nach dem System der katholischen Kirche abgefaßt sei.**“ In diesem Sinne wirkten insbesondere **Hieronymus Emser** (der auch sofort das Neue Testament übersetzte und drucken ließ), **Johann Dietenberger**, **Johann v. Eck**, **Caspar Ulenberg** und Andere. Ganz anderer Ansicht aber war die römische

---

*) „Ich sehe nicht ein“, sagt Letzterer wörtlich in seiner Praef. in Paraphr. N. T., „warum man die Ungelehrten vor Lesung der Schrift, besonders des Neuen Testaments, gleichwie Unreine vom Heiligthum zurückhalten soll. Sind doch diese Schriften für die Ungelehrten sowohl, als für die Gelehrten, für die Griechen, wie für die Scythen, für die Knechte, wie für die Freien, für die Männer, wie für die Frauen, und für die gemeinsten Leute so gut als für die Könige gegeben worden!“

Zweites Kapite.

Das Heidenthum im päbstlichen Christenthum.

Also die Bibel und das Evangelium, und eben damit die Möglichkeit: „das Christenthum, so wie es Christus und seine Apostel lehrten aus der Urquelle kennen zu lernen," nahm der Pabst den abendländischen Christen; aber — hat er ihnen nicht hinlänglich Ersatz dafür geleistet? O gewiß und — „in seiner Art" — sogar einen mehr als hinlänglichen Ersatz, denn er gab ihnen ja die Kirchen und den Kirchenpomp! Er gab ihnen die Bilder und die Statuen, die Lichter und das Oel, die Fahnen und die Kreuze, die Processionen und die Seelenmessen, die Heiligen und den Fronleichnam! Ja er gab ihnen Aufregenderes und die Sinne Aufreizenderes zu sehen und zu hören, als man in irgend einem Schauspiel- oder Opernhaus sehen und hören kann, und er erneuerte sogar das Gepränge des früheren heidnischen Götzendienstes in so außerordentlicher Aehnlichkeit, daß man meinen sollte, es sei gar keine Veränderung mit demselben vorgenommen worden, die des Namens allein abgerechnet! Besehen wir uns nun alles dieß des Näheren, oder wo uns dieses des so außerordentlich reichhaltigen Stoffs wegen unmöglich ist, doch wenigstens in seinen Hauptumrissen und beginnen wir sofort mit den Kirchen."

Die Christen der ersten paar Jahrhunderte besaßen keine Kirchen, d. h. keine zur Feier des Gottesdienstes besonders aufgerichtete Gebäulichkeiten, sondern kamen zusammen, wo es sich

langten sofort, von Hochmuth und Eigendünkel getrieben, nicht minder prächtige Tempel, als sie die Heiden besessen hatten, und es gelang ihnen auch wirklich, mit diesem ihrem Verlangen bei der nun christlich gewordenen Regierung durchzubringen. Ja schon Kaiser Constantin, der Erstbekehrte unter den Regenten des römischen Reichs, willfahrte ihnen hierin und noch mehr thaten dieß seine Abkömmlinge und Nachfolger!

Es ist nehmlich von besagtem Constantin bekannt, daß er nach der Besiegung seines Gegners Licinius nicht bloß Befehl gab, die zerstörten Conventicula der Christen wiederherzustellen, und daß er zu diesem Zwecke bedeutende Summen aus dem Staatsschatze anwies,*) sondern daß er sich auch entschloß, die neue Religion, die er angenommen hatte, durch einige Prachtsgebäude zu verherrlichen, um ihr so auch von außen Glanz zu verschaffen. In der That führte er diesen Entschluß sogleich aus, und errichtete zuerst über dem Grabe Christi in Jerusalem einen Tempel, dessen Herrlichkeit der gleichzeitige Geschichtsschreiber Eusebius nicht genug zu rühmen weiß. Einen zweiten solchen Prachtbau führte er in Nicomodien. der Hauptstadt Bithyniens, einen dritten in Antiochien, einen vierten und fünften in seiner neuen Hauptstadt Constantinopel und einen sechsten endlich in Rom auf**), während er zugleich die Erlaubniß ertheilte, eine gewisse Anzahl von bisherigen heidnischen Tempeln in christliche Gotteshäuser zu verwandeln. Ganz in demselben Sinne handelten auch die folgenden Kaiser und nun natürlich erstanden der christlichen Gotteshäuser eine schwere Menge, denn nicht

---

* Ueber den Grund, warum er dieß that, vergleiche der Leser gefälligst das erste Buch dieses Werks und zwar insbesondere dessen zweites Kapitel.

**) Diese Kirche ist die Basilica des heiligen Johann vom Lateran, so genannt, weil sie neben den Palast, welcher früher dem Plautius Lateranus, einem sehr reichen und vornehmen Römer gehört hatte, zu stehen kam und den beiden heiligen Johannes, nehmlich dem Evangelisten und dem Täufer, gewidmet ist. Sie wurde begonnen anno 324 und man betrachtet sie als die erste und älteste Roms, wenn nicht gar der ganzen Christenheit; doch erlitt sie im Jahr 1308 durch eine Feuersbrunst großen Schaden und es dauerte mehr als hundert Jahre, bis sie (unter Eugen IV. 1431—1447) wieder vollständig hergestellt war. Ihre ungemeine Wichtigkeit ersieht man auch daraus, daß jeder neugewählte Pabst in ihr von seiner neuen Würde Besitz nimmt.

An Kirchen also ließen es die Bischöfe Roms, oder, wenn man so lieber will, die Päbste nicht fehlen und Jedermann ist nun wohl über solches Bestreben der besagten Kirchenfürsten höchlich erbaut, denn alle Welt wird nicht anders glauben, als daß diese Kirchen christliche Gotteshäuser gewesen seien, die dem von Christus gepredigten Glauben vollkommen entsprochen haben werden, — Gotteshäuser, dazu hergerichtet, daß jeder Anhänger Jesu zur Andacht gestimmt werde und Gelegenheit finde, sich mit seinem Gotte im stillen Gebete zu unterhalten. Aber war dem in der That so? Wurden in der That die heidnischen Prachtstempel in solche Predigt- und Andachtssäle verwandelt, wie sie Christus, wenn er gelebt hätte, herzustellen befohlen haben würde? Mein Gott — nein, und abermal nein! Im Gegentheil man änderte nicht nur bei den in Christenkirchen verwandelten bisherigen Götterbehausungen nichts in der äußern Form, sondern man ahmte diese Form auch bei den neuerbauten Tempeln mit scrupulöser Genauigkeit nach.*) Dieß geht

h. Lorenz in Damaso; die Basilica der St. Maria in Cosmedin, genannt „die griechische Schule" (es stand hier früher die Schola Cassii); die Constantinische Basilica zu den zwölf Aposteln; die Kirche San Pietro in Vinculis (zum Andenken an die Kette, womit der Apostel Petrus in Jerusalem gefesselt wurde, von der Kaiserin Eudoxia erbaut); die Basilica der St. Maria de Monte Santo; die Markuskirche: die St. Bibiana; die San Lorenzo in Lucina; die Kirche St. Augustin; die St. Andrea Della Valle: die Kirche St. Onofrio; die St. Trinita de Monti u. s. w. u. s. w. — —. Von den aus heidnischen Tempeln in christliche Kirchen verwandelten Gebäuden nennen wir: die Kirche Ss. Cosmo e Domiano auf dem Forum (war früher ein Tempel der Roma); die Kirche S. Theodora am Fuße des Palatin (ehemals ein Tempel des Romulus); die Kirche S. Lorenzo in Miranda (vom Senat zu Rom dem Andenken des Kaisers Antonin und seiner Gemahlin Faustina erbaut); die Kirche Maria Egizziaca (früher ein Tempel der Fortuna virilis); die Kirche S. Constanza (früher ein Bacchustempel): die St. Maria ad Martyres, genannt „die Rotunde" (das ehemals so berühmte Pantheon des Agrippa, von dem später noch die Rede sein wird); die St. Maria Degli Angioli (einstens die Pinacoteca des Diocletian): der St. Stephan Rotondo (früher ein Tempel des Claudius) u. s. w. u. s. w.

*) Ein heidnischer Tempel bestand in der Regel aus der sogenannten Cella sanctior. d. i. dem heiligen Theil, welchen wir jetzt „Chor" nennen; dann folgte

oder der Vesta, der Virtus oder der Fortuna, oder wie diese personificirten Naturkräfte sonst noch geheißen haben mögen, gewidmet. Natürlich übrigens ließen sie es bei einer bloßen einfachen Widmung nicht bewenden, sondern sie suchten ihre Götter auch dadurch zu ehren, daß sie von denselben herrliche Bildnisse und Statuen entwerfen ließen und diese dann in den Tempeln aufstellten. Ebenso schmückten sie die Wände mit prachtvollen Gemälden, welche den betreffenden Gott oder irgend eine That desselben verherrlichten, und an goldenen, so wie an anderen Zierrathen aller Art ließen sie es natürlich ebensowenig fehlen. Kurz es sah in einem heidnischen Göttertempel so reich aus, daß der berühmte Kirchenlehrer Lactanz, der anno 330 nach Christus starb, von ihnen schreibt: „sie kommen zu ihren Göttern, nicht aus Andacht, sondern um ihre Augen zu weiden an den Marmorstatuen und an den Gemälden, welche überladen sind mit der Herrlichkeit des Goldes, der Edelgesteine und des Elfenbeins, denn sie meinen, es seie keine Religion, wo diese Dinge nicht scheinen." Nun aber fragen wir, wie sah es denn vom siebten oder achten Jahrhundert, also von der Zeit an, wo das Bibellesen ein Ende genommen hatte, in den christlichen Kirchen des Abendlandes aus? **Gerade eben so, oder vielmehr noch viel überladener und götzenreicher, nur daß die Namen verändert und aus den heidnischen — christliche Götter geworden waren!**

„Wie?" so ruft man uns jetzt entgegen. „Götter? Christliche Götter? Wo ist je in einer christlichen Kirche, sie mag einen Namen gehabt haben, welchen sie wolle, mehr als ein Einiger Gott gelehrt worden, und muß man es also nicht als eine gräßliche Verläumdung betrachten, von christlichen Göttern zu sprechen?" Gewiß, gewiß, — den Namen „Götter" erhielten jene Nachfolger und Stellvertreter der heidnischen Gottheiten nicht, sondern man substituirte ihnen den Titel „Heilige", aber in der Wirklichkeit d. i. in der Praxis wurden sie für nichts anderes angesehen denn für „Schutzgötter" und so und nicht anders wurden sie auch verehrt. Ein kurzer Blick in die Entwicklungsgeschichte der römischen Kirche wird uns dieß sogleich klar machen und wir werden uns aus diesem Ueberblick auch überzeugen, daß wir schließlich den

sich nun solche Fürsprecher und Mittler theils in den unmittelbaren Jüngern Christi, theils in den christlichen Glaubenshelden, welche im 2. und 3. Jahrhundert ihre Anhänglichkeit an den Herrn Jesus mit dem Leben hatten büßen müssen. Sie, die Märtyrer ihres Muths und ihrer Standhaftigkeit saßen doch gewiß im Himmel oben zur Rechten Gottes und ihnen, seinen Lieblingen konnte der Allmächtige natürlich sein Ohr nicht verschließen, warum sollte man also sie nicht zu Mittlern erwählen? Somit fing man schon sehr bald an, ihren Gedächtnißtag feierlich zu begehen, und überdieß ehrte man ihr Andenken auch noch dadurch, daß man ihr Bildniß seis als Statue seis als Gemälde in der Kirche aufstellte oder aufhing, gerade wie man zu den alten heidnischen Zeiten mit den Bildern des Herakles und der andern Heroen gethan hatte.*) Von einer Anbetung dieser Bilder war aber hiebei entfernt nicht die Rede, und — wer konnte mit Recht etwas dagegen einwenden? Doch nur zu bald, schon mit dem Schlusse des 5. Jahrhunderts, übertrug die unwissende Menge die Verehrung der Apostel und Märtyrer auf deren Statuen und Conterfeie und es begann sofort eine neue Art von Götzendienerei, nehmlich die „der Heiligen und Heiligenbilder", von welcher wir schon im zweiten Kapitel des ersten Buchs weitläufstiger gesprochen haben.

Bis hierher nun traf die Bischöfe Roms keinerlei Schuld oder wenigstens keine größere als die übrigen Bischöfe und Patriarchen auch; allein mit dem Anfang des achten Jahrhunderts wurde dieß

---

*) Die den Griechen und Römern inwohnende Lust, alles Göttliche sinnbildlich auszudrücken, konnte ihnen mit der Taufe nicht ausgetrieben werden und somit verlangte sie es schon sehr frühe gar inniglich darnach: „Bilder von Christus und seinen Aposteln, sowie besonders auch von seiner Mutter zu besitzen." Natürlich eiferten die Kirchenväter der ersten Jahrhunderte hiergegen mit all' der ihnen zu Gebot stehenden Beredtsamkeit, wie besonders Justinus, Clemens von Alexandrien, Origenes und Andere; aber das Verlangen der Neubekehrten war zu stark, als daß es sich hätte abtreiben lassen, und als nun selbst die höchst gestellten Personen (die erste in dieser Beziehung war Constantia, des Kaisers Constantins Schwester) darauf drangen, so blieb nichts übrig, als ihrem Willen Genüge zu thun. Doch rechnet noch der berühmte Augustinus die „Bilderliebhaber" zu den bloßen „Namens-Christen", denen das eigentliche Wesen des Christenthums unbekannt sei.

Schon der Pabst Hadrian I. (772—95) drückte sich in dieser Beziehung unumwunden genug aus, denn er schrieb an die Kaiserin Irena wörtlich übersetzt folgendes: „Welch' eine Unsinnigkeit ist es, die Bilder nicht anbeten zu wollen! Die Bilder unseres Heilands, seiner Mutter, der Apostel, der Heiligen, durch deren Kraft die Welt besteht und die Menschen selig gemacht werden! Sollten wir, die wir glauben, daß die Israeliten durch Anschauung der ehernen Schlange von ihren tödtlichen Bissen geheilt worden sind, daran zweifeln, daß wir durch Beschauung und Anbetung der Bilder Christi und seiner Heiligen werden selig gemacht werden können?" Nicht minder deutlich war die Sprache seiner Nachfolger und wenn es uns nicht an Raum gebräche, so würden wir mit größter Bereitwilligkeit noch eine Menge von dergleichen Belegen anführen. Allein wozu dieß? Der klarste Beweis für die glorreiche Wirksamkeit der Päbste zu Gunsten des Heiligen- und Bilder-Cultus liegt ja in dem unstreitbaren und unbestrittenen Factum: „daß während des ganzen Mittelalters die Christenheit nicht mehr zu Gott betete, sondern nur noch zu den Bildern der Heiligen, gerade als ob der von Jesus gepredigte allmächtige, allgerechte und allgütige Herrscher der Welt abgeschafft und an seine Statt die alte untergegangene Götterwelt unter veränderter Firma wieder eingesetzt worden wäre." In der That — die Aehnlichkeit zwischen einem mittelalterlichen Heiligen und einem heidnischen Gott oder Untergott war allzu frappant, als daß sie nicht Jedermann auf den ersten Blick ins Auge hätte fallen müssen, — und wenn je ein Unterschied stattfand, so bestand er darin, daß es die Griechen und Römer kaum auf ein paar hundert Gottheiten brachten, während die Christen ihre Heiligen bald nach Tausenden zählten! Doch — sehen wir ein wenig nach dieser Aehnlichkeit, damit der Leser nicht etwa meint, wir seien nicht im Stande, das, was wir hier behaupten, auch zu beweisen.

Vor allem konnten — so glaubten die Heiden — die alten Götter Wunder thun, d. h. sie konnten den Menschen, von denen sie um Hülfe angefleht wurden, beistehen, ohne sich an die Gesetze der Natur und die Weltordnung kehren zu müssen. Ja sogar von

ter nicht mehr concurriren, und wenn sie es können, so haben die beiderseitigen Wunder jedenfalls, wie der Schwabe sprichwörtlich sagt, neben einander feil.

Weiter — die alten Römer stellten ihre Götterbilder nicht blos in den Tempeln auf, sondern auch auf den öffentlichen Straßen, besonders da, wo mehrere Wege zusammenliefen und folglich das Zuströmen der Menschen größer war. Diese Götterbilder fanden dann immer viele Verehrer und man opferte ihnen nicht aufs eifrigste, sowie es auch nie an frommen Seelen, welche ihnen Kränze und Blumen darreichten, mangelte. Wie gestaltete sich nun aber die Sache, nachdem das Heidenthum vom Schauplatz der Welt abgetreten war, um dem Christenthum Platz zu machen? Ei nun selbst jetzt noch findet man in den Städten Italiens und Siciliens nur wenige Straßen und besonders Kreuzstraßen, die nicht mit dem Bilde einer Madonna oder eines sonstigen Heiligen prangen, und an Menschen, die da niederfallen, um anzubeten, so wie an andern, welche Blumengewinde und Sträuße darbringen: fehlt es sicherlich auch nicht. „Dii Viales oder Compitales", so nannte man die an den Straßen aufgestellten Götterbilder, gibts also selbst in unsern Tagen noch, und man kann sich demnach denken, wie groß ihre Zahl früher, als sich die Menschheit noch für den Bilderdienst begeisterte, gewesen sein wird. Bekannt ist auch, daß die römischen und griechischen Heiden sehr viel auf die Aufstellung von „Hausgöttern" — man hieß sie Laren oder Pennates — hielten, und man findet z. B. in dem neu ausgegrabenen Pompeji keine Wohnung, in deren Haupt- und Familienzimmer nicht eine Nische für einen Janus, eine Cardea, einen Forculus und besonders einen Priapus angebracht gewesen wäre. Sind nun aber die Wohnungen der jetzt lebenden Italiener nicht eben so gewissenhaft mit dem Bilde einer Madonna oder eines sonstigen Schutzpatrons versehen, und hängt nicht sogar in den Spitälern über jedem Bett außer dem Crucifixe noch das Conterfei von einem oder mehreren Lieblingsheiligen? Sicherlich also hat sich auch in dieser Beziehung (d. h. in Hinsicht auf die Dii Cubiculares, wie man die Bettpennaten gewöhnlich nannte) der alte Götter-Cultus in all seiner Glorie erhalten.*)

*) Ein weiterer Zweck der heidnischen Hausgötter war „Schutz gegen Zauberei", und man fand daher in Pompeji und Herkulanum eine Menge kleinerer

kann, denn diese haben ihre Rollen eben so gut unter sich ausgetheilt wie früher die Heidengötter. Somit betet, wer's Fieber hat, zur heiligen Petronella, wer Halsweh zum St. Blasius, wer Augenschmerzen zur Lucia, wer Zahnweh zur Apollonia, wer Steinschmerzen zum Liberius und wer das Zipperlein zum Cyprian. Auch hilft in Feuersnoth Niemand besser als St. Florian und in Wassersnoth St. Nepomuk; gegen die Pest aber muß man den St. Rochus und gegen die Ratten und Mäuse den St. Ulrich anflehen.*) Kurz die Rollen wurden unter den Heiligen gerade so sorgfältig

---

*) Ein eklatantes Beispiel der Uebereinstimmung des Heiligen-Cultus mit dem Götter-Cultus kann ich nicht umhin hier anzuführen. In Palermo gilt die heilige Rosalie als Schutzpatronin und an ihrem Hauptaltare steht folgendes zu lesen:

Nunc o Virgo gloriosa
Candens lilium, rubens rosa,
Audi Preces, audi vota,
Quae profundit gens devota.
Terrae Motum, pestem, bellum,
Procul pelle; nec flagellum
Appropinquet Civitati,
Quae tuae fidit pietati.

Zu deutsch:

O Jungfrau, hochbegabt von Gott,
Du Lilienschnee und Rosenroth,
Hör' die Bitte und das Flehen,
Die vom frommen Volk ergehen,
Pest und Krieg und Erdbeben
Halte fern, noch lasse schweben
Unheil über einer Stadt,
Die sich dir ergeben hat.

Ist nun diese Fürbitte nicht ganz dieselbe wie die des Horaz an Apollo gerichtete, welche in der Voßischen Uebersetzung so heißt:

„Mög' er Jammer des Kriegs, kläglichen Hunger und
Pest vom Volke und dem treu führenden Cäsar fern,
Persern zu und Britannern
Machtvoll wenden auf euer Flehn!"

Weiter berichtet man von dieser heiligen Rosalie, daß sie Eltern und Heimath so wie Reichthum und Wohlleben verlassen habe, um sich nur allein ihrem erkiesten himmlischen Bräutigam Jesus Christus hinzugeben, und daß sie dann zur Belohnung am Tage des Carnevals mit ihm copulirt worden sei und zwar in Gegenwart der gebenedeiten Jungfrau Maria, des Königs David, der auf der

Araceli, eine dritte der Sa. Maria Imperatrice, eine vierte der Sa. Maria Liberatrice, eine fünfte der Sa. Maria della Consolazione, eine sechste der Sa. Maria Egyptiaca, eine siebte der Sa. Maria del Anima, eine achte der Sa. Maria in Cosmedin, eine neunte der Sa Maria del Populo, eine zehnte der Sa. Maria in Dominica, eine eilfte der Sa. Maria Scala Coeli und eine zwölfte der Sa. Maria della Pace? Finden wir nicht einen San Pietro in Montorio, einen andern Pietro in Vaticano, einen dritten Pietro in Vinculis, und einen vierten, fünften und sechsten mit abermals verändertem Beinamen? Ist also nicht das Heidenthum auch hier wieder getreulich copirt?

Doch daran war es noch nicht einmal genug, sondern die Copie ging noch viel weiter. Die alten Römer hatten es nehmlich in der Mode, ihre Götterbilder (wie wir schon oben berührten) mit Edelsteinen und anderem Schmucke, besonders auch mit goldenen Ringen, Armbändern und dergleichen mehr, so wie endlich mit schönen Kleidern, mit Vorhängen u. s. w. u. s. w.*) zu zieren, und was thaten nun die Römlinge? Ganz dasselbe, nur viel luxuriöser und übertriebener, so daß man förmlich geblendet wurde, wenn man einen Christentempel betrat. Die Schriftsteller aus dem Mittelalter können daher auch nicht genug erzählen von der Pracht und dem unendlichen Glanz, der in jenen Gebäuden herrschte, und es scheint, daß der jetzige Aufputz der Heiligen, obwohl er manchmal noch überreich genug ist, vor dem damaligen ganz verschwinden würde. Hatte doch eine Madonna oft Dutzende von Anzügen, deren jeder Tausende werth war! Funkelten doch ihre Finger von Juwelen und Steinen, wie sie keine Fürstin und Königin aufweisen konnte! Waren doch die Wände mit Silber und Gold oder auch mit golddurchwirkten Tapeten und feinen Stickereien so überladen, daß man vom Mauerwerk gar nichts mehr sah!

Ganz eben so verhielt es sich mit den Altären, die wir ebenfalls nur allein den Heiden verdanken Die Christen der ersten drei Jahrhunderte hatten nehmlich in ihren Versammlungssälen nichts aufgestellt, als in der Mitte einen einfachen hölzernen Tisch, auf dem man den zum Liebesmahle (Abendmahl) nöthigen Wein

*) Man vergleiche Plinii N. H. 33. 1—9. 35.

Außer den Altären muß ich noch des Weihwassers Erwähnung thun, indem auch dieses nur allein dem Heidenthum seinen Ursprung verdankt. Die Römer hießen es »Aquæ lustrales« und hatten an jedem Tempel, im Vorhof desselben, ein großes steinernes Wasserbecken aufgestellt, damit Jedermann Gelegenheit fände, sich vor dem Eintritt in das Gott geweihte Haus entweder zu waschen oder doch mit Wasser zu besprengen, denn, wie Tibull singt:

„Göttern gefällt nur was rein ist; erscheint mit reinem Gewande,
Rein die Hände, besprengt sie euch mit Wasser vom Quell."

Uebrigens nicht blos wegen der „äußeren" Reinheit und Reinlichkeit wurde dieses Wasserbecken — oft ein sehr kostbares Gefäß aus Jaspis oder sonstigem theuren Material — an der Tempelpforte aufgestellt, sondern auch und zwar hauptsächlich, weil man ihm die Kraft, den Menschen „innerlich zu reinigen und zu versöhnen" zuschrieb und es singt daher schon der Poet Euripides:

„— — — das Wasser,
Es waschet die Sünden der Menschen hinweg."

Ja sogar eine völlige und förmliche Absolution erwartete man von demselben, wie denn z. B. zu Kaiser Augusts Zeiten ein gewisser Peleus, der seinen Bruder Phokus ermordet hatte, sich von dem Priester Acestus mit Weihwasser besprengen ließ, um sein Gewissen von dem begangenen Morde zu reinigen. Nun aber fragen wir — ist das nicht ganz das Nehmliche, was man sich später unter dem christlichen Weihwasser dachte?

Also sah es in den christlichen Tempeln aus und wenn wir nun noch hinzusetzen, daß die Geistlichen, welche den Gottesdienst besorgten, ganz dieselbe Kleidung trugen wie früher die heidnischen Priester*), so wird wohl Niemand mehr darüber im Zweifel sein,

---

*) Darüber, daß die Kleidung der christlichen Priester (so wie ihre sonstigen Auszeichnungen vor den Laien) von den Römern, Griechen, Egyptiern und Indiern entlehnt waren, haben wir schon bei einer andern Gelegenheit, nehmlich im zweiten Kapitel des zweiten Buchs, gesprochen. Nebenher übrigens bemerken wir noch, daß selbst die Tonsur der Geistlichen keine christliche Erfindung ist, denn schon die Isispriester — und bekanntlich befanden sich in Rom mehrere Isistempel — trugen einen geschorenen Scheitel mit einem Ring von Haaren rund um, und die Christenpriester ahmten diese Sitte, wie der heilige Hieronymus selbst bezeugt, thörichterweise nach.

konnte doch wahrhaftig einem Menschengeschlechte nicht genügen, welches Tempel im Werth von Millionen und Heiligenbilder drinnen von Gold und Silber besaß. Ueberdieß kam ja nun die Völkerwanderung und mit ihr die Rohheit, die Unwissenheit und der Aberglauben. Die Leute wollten etwas für ihre Sinne haben, da sie das Denken verlernt hatten; sie wollten eine handgreifliche Religion, weil ihnen die Anbetung Gottes im Geist und in der Wahrheit zur Unmöglichkeit geworden war. Das wollten die Leute der damaligen Zeit und wer freute sich dessen mehr als die Priesterschaft, die einstweilen zu immenser Macht und zu noch immenserem Reichthum emporgestiegen war und daher in einen vollkommenen Gegensatz gegen die neutestamentalischen Jünger Christi stand? Am allermeisten aber freute sich dessen der Pabst zu Rom und er benützte daher jene traurige Zeit dazu, um den ganzen Gottesdienst nach und nach so total umzuwandeln, daß zuletzt von seiner früheren Christlichkeit gar nichts mehr übrig blieb. Die Welt mußte mit Blindheit geschlagen werden, wenn sie vor ihm als einem Vicegott niederfallen sollte, und darum gab er der abendländischen Menschheit nun einen Cultus, von dem sie, weil er in einer ihr fremden Sprache abgehalten wurde, lediglich nichts verstand, und ersetzte den Abmangel alles Verständnisses durch eitel Pomp und Ceremonien, von denen die Hauptsache die Messe, die Prozessionen und die Kirchenfeste waren.

Sehen wir zuerst nach dem Cultus in fremder Sprache! Gerade wie die Bibel in den verschiedenen Kirchen immer in der herrschenden Landessprache vorgelesen wurde, eben so hielt man es auch mit den Gebeten und Gesängen, mit der Predigt und überhaupt mit allen christlich-kirchlichen Gebräuchen. Wenn man also z. B. in Syrien einen Katechumen (so nannte man diejenigen, welche sich zur Aufnahme in die christliche Gemeinschaft meldeten) taufte, oder wenn man einen Geistlichen ordinirte*), oder wenn man das Liebesmahl reichte, oder wenn man einen Mitbruder beerdigte, oder wenn man eine Copulation vornahm

---

*) Man vergleiche hierüber das zweite Kapitel des ersten Buchs.

ebenfalls lateinische des Ambrosius, in Spanien die sogenannte Mozarabische (eine Mischmaschsprache des Spanischen und Arabischen) und in Egypten die Clementinische besondere Geltung, ohne daß in den ersten sechs Jahrhunderten irgend Jemand Anstoß daran genommen oder gar eine Aenderung damit vorzunehmen gewagt hätte. Doch, daß ichs recht sage, ein „Irgend-jemand" fand sich doch vor, der Anstoß nahm, und zwar ehe das siebte Jahrhundert noch recht ins Leben trat, nehmlich der anno 590 auf den Bischofssitz von Rom gelangte Sanct Gregor der Erste oder der Große.

Schon in Leo I. (440—461) war der Gedanke aufgetaucht, daß es für seine Machtstellung im Abendlande besser sein würde, wenn alle abendländischen Kirchen das römische Rituale annähmen, und er suchte auch dahin durch das von ihm herausgegebene „Sacramentarium" (d. i. eine lateinische Liturgie für alle Sacramente) zu wirken; allein erst dem großen Gregor wurde es klar, daß Rom nur dann anerkannte Herrscherin und Richterin Europas in Kirchen-Sachen sein könnte, wenn der römische Cultus überall Gesetzeskraft erhalte, und somit ließ er aus den verschiedenen lateinischen Liturgieen heraus einen eigenen Kanon, den nach ihm sogenannten „Gregorianischen", verfassen, welchen er sofort überall in allen von seinem Patriarchate abhängigen Sprengeln und Kirchen einzuführen befahl. „Die vom Apostel Paulus anbefohlene Einheit des Glaubens*) verlangt es, daß wir Alle auch im Cultus übereinstimmen", erklärte er, und verdammte sofort jede Liturgie, die nicht Wort für Wort, Buchstabe für Buchstabe, Aussprache für Aussprache mit seinem Kanon übereinstimmte. Ebenso thaten nach ihm all' seine Nachfolger, indem sie zugleich jeden Hebel in Bewegung setzten, um die abendländische Welt (auf das Morgenland mußten sie, wie wir im zweiten Buche gezeigt haben, der Patriarchen von Constantinopel wegen verzichten) zum Gehorsam zu bringen, und in der That gelang es ihnen nur zu gut, ihr Vorhaben zur Ausführung zu bringen.

Wie? — so fragt man jetzt verwundert — dieß ließen sich die Völker Europas gefallen, trotzdem sie nunmehr, weil

*) Man schlage nach Ephes. IV. 5.

und Cyrillus, von Bulgarien aus nach Mähren gekommen seien und daselbst eine in slavischer Sprache geschriebene Liturgie eingeführt hätten. Dieß brachte natürlich den Pabst — damals regierte der gewaltige Nicolaus, von dem im zweiten Buche viel die Rede gewesen ist — in einen nicht geringen Zorn und er citirte sofort anno 865 die beiden Mönche zur Verantwortung nach Rom. Sie mußten gehorchen, indem Mähren unter die kirchliche Jurisdiction des Pabstes gehörte, allein wenn sie nun vielleicht glaubten, durch die Berufung auf die Vernunft, auf die heilige Schrift und auf den Usus der ersten vier Jahrhunderte den Pabst gnädig stimmen zu können, so irrten sie sehr, denn dieser hielt ihnen eine derbe Strafpredigt und verbot den Gebrauch einer andern als der Gregorianischen Liturgie bei Strafe der Excommunication. Mit diesem Bescheid wurden die beiden entlassen und der Gottesdienst in slavischer Sprache mußte sofort aufhören; doch nicht ohne daß die Mähren und Böhmen sehr erbost darüber gewesen wären. Nun begab es sich jedoch anno 879, daß die Bulgaren, ein ebenfalls slavischer Volksstamm, um den päbstlichen Kirchen- und Cultuszwang loszuwerden, sich feierlich unter den Kirchensprengel des Patriarchen von Constantinopel begaben, und Rom mußte daher befürchten, die übrigen slavischen Kirchen möchten dem gegebenen Beispiel folgen. Was that also der damals regierende Pabst Johann VIII. (872—82)? Er schrieb sofort dem mährisch-böhmischen Herzog Sfentopulcer*), daß er ganz und gar nichts gegen den Gebrauch der slavischen Sprache beim Gottesdienst habe, und daß er die Mähren und Böhmen somit vom Gregorianischen Kanon entbinde. Ja nicht zufrieden mit der einfachen Erlaubniß, entwickelte er die Gründe, die ihn zu derselben bewogen, äußerst weitläuftig, und sprach damit wenigstens indirect ein vollständiges Verdammungsurtheil über das Verfahren der früheren Päbste aus. „Wir loben es billig" heißt es in seinem Schreiben wörtlich, „daß auch in der slavonischen Sprache Gott gebührend lobgesungen wird, denn die heilige Schrift ermahnt uns, nicht blos im Hebräischen,

*) Der Brief ist in »Harduine conciliorum collectio« nachzulesen und der bekannte päbstliche Schriftsteller Baronius, der ihn auch abdruckt, meint, Johann habe die Mähren wie kleine Kinder behandelt, die man mit Zuckerbrod schweigt.

Man darf übrigens nicht glauben, daß die Päbste, wenn sie den Menschen das christliche Denken nahmen, ihnen nicht einen Recompens dafür gaben, und zwar einen, der zwar nicht den Verstand, wohl aber die Sinne, besonders das Schauen und Hören, in fast außerordentlicher Weise in Anspruch nahm. Der Gottesdienst war nehmlich von jener Zeit an, da man anfing, denselben in einer unverständlichen Sprache abzuhalten, mit einem Pomp gefeiert, der nicht großartiger hätte sein können, und der Ceremonien wurden so viele, daß man sich genöthigt sah, dieselben förmlich in ein System zu bringen. Natürlich — die Menschheit sollte durch äußeres Blendwerk, welches die Phantasie vollständig beschäftigte, für den Verlust der von Jesus eingesetzten Religion entschädigt werden! Sie sollte entschädigt und zugleich abgehalten werden, an diesen Verlust auch nur zu denken oder sich irgend darüber zu beklagen, gerade wie ein mächtiger Tyrann sein Volk für die geraubte Freiheit durch den Glanz seines Thrones und den Ruhm seiner Waffen zu bestechen sucht! Ein sehr interessanter Stoff wäre es nun, auf all' dieses pomphafte Ceremoniell des Näheren einzugehen; unsere Aufgabe ist dieß jedoch zunächst nicht, sondern wir müssen uns vielmehr auf das Allerhauptsächlichste und auch bei diesem insbesondere nur auf die Frage beschränken: welchen Ursprungs dasselbe ist, ob eines wirklich christlichen, oder aber eines heidnischen.

Es ist eine bekannte Thatsache, daß die Messe in der katholischen Kirche als ein Sühnopfer für die Sünden der Menschen angesehen wird und daß dieser Glaube gleichsam als das Herz und die Seele der römischen Religion gilt. „Sie ist", so schreibt der Verfasser der Anleitung zur guten Andacht, „der Mittelpunkt der geistlichen Uebungen, die Sonne des gottseligen Lebens, das Sakrament, das Jedermann verehrt, das Opfer ohne Blut, welches alle anderen überflüssig macht, das Meer, aus welchem alle Gnade hervorströmt." Eben aber, weil man sie für etwas so Hochheiliges und gleichsam für das Centrum des ganzen katholischen Gottesdienstes achtet — und fern sei es von uns, auch nur ein einziges Wort des Zweifels oder des Tadels über sie fallen zu lassen — sollte man glauben voraussetzen zu dürfen, daß sie durch und durch im Christenthum d. i. im christlichen Wesen und in der christlichen

Lehre begründet sei. Allein — wo findet sich im ganzen Neuen Testamente auch nur eine einzige Stelle, welche von der Messe spräche, oder auch nur auf sie hindeutete? Wo wäre man im Stande, in den ersten vier Jahrhunderten einen Kirchenvater oder sonstigen Kirchenlehrer aufzutreiben, der auch nur eine Ahnung von dem kurze Zeit darauf so hochberühmt gewordenen Meßopfer gehabt hätte? Mit Recht also forschten die Gelehrten nach, auf welche Weise denn dasselbe in den christlichen Cultus hineingekommen sei, und es fiel ihnen nicht schwer, den Ursprung zu finden. Wenn nehmlich beim heidnischen Isisgottesdienst der Priester das Volk der Gläubigen entließ, so rief er auf griechisch: „Laois aphesis", d. h. auf deutsch: „das Volk kann gehen", und ganz eben so thaten die römischen Priester, indem sie den Andächtigen am Schluß des Gottesdienstes zuriefen: „Ite, missio est oder auch: missa est concio", d. h.: Geht, die Versammlung ist entlassen. Diese Sitte nun ahmten die christlichen Priester, als die heidnischen Tempel in Kirchen verwandelt worden waren, nach*) und bald nannte man den Gottesdienst selbst kurzweg „Missa" oder „Messe." Nun wurde aber im fünften, sechsten und siebten Jahrhundert, wie wir oben schon zeigten, das Bibellesen in den Kirchen immer seltener und seltener, und bei der überhandnehmenden Unwissenheit hatten die Leute auch keine Freude an einer Predigt mehr; dagegen imponirte ihnen das feierliche Austheilen von Brod und Wein und so kam es ganz von selbst, daß man anfing, das heilige Abendmahl für den Kern und die Hauptsache des Gottesdienstes zu halten. Was war nun natürlicher als daß man den Namen „Messe" auf diesen „besonderen" Theil des kirchlichen Cultus übertrug, und von dem Priester, welcher das bei der Haltung des heiligen Abendmahls vorgeschriebene Gebet sprach, sagte: „er lese die Messe?" So entstand also dieses Wort unbezweifelt aus dem Heidnischen, allein nicht blos der Name, sondern auch der Begriff der Messe

*) Solches wird von Polydorus Virgilius ausdrücklich bezeugt, indem er (man sehe Lib. V cap. 12) sagt: „Daher (d. h. von dem heidnischen Gottesdienst) ist die Gewohnheit unserer Leute gekommen, nach der Verrichtung der heiligen Sachen durch den Kirchendiener ausrufen zu lassen: Ite missa est (nehmlich Concio) d. i.: „Es ist einem Jeden vergönnt wegzugehen."

„als eines Sühnopfers“ scheint von dorther gekommen zu sein.

Die Hauptsache beim heidnischen Gottesdienst war das Opfer und deßhalb erhob sich in jedem Tempel ein steinerner Altar (oder auch mehrere), auf dem man die Opfer darbrachte. Diese letzteren bestanden in alten Zeiten meist aus lebenden Thieren, wie man aus dem Homer und andern Schriftstellern ersieht; allein schon Numa Pompilius führte „Opfer ohne Blut“ d. i. aus Mehl verfertigte Brode, welche man „Mola“ hieß, ein und der berühmte Pythagoras drang ebenfalls darauf, daß man den Göttern nichts, was eine Seele habe, opfern dürfe, sondern sich nach Art der Egyptier, welche ihren Gott Serapis nicht mit dem Tode der Thiere, sondern mit Brodkuchen versöhnten, mit Mehl begnügen müsse. Nun wurden die unblutigen Opfer, die sogenannten „Panificia“ d. i. die „Brodopfer“ ganz allgemein, und das Eigenthümliche dabei ist: einmal daß man den geopferten Brodkuchen den Namen: „Hostia“ gab, zum andern daß besagte Opfer stets nur „Morgens“ dargebracht wurden, zum dritten, daß man immer eine Menge „Rauchwerk“ dabei verbrannte, und zum vierten, daß der Priester die Gemeinde zum Schluß „mit dem reinigenden Wasser“ aus dem Weihkessel besprengte, denn die Aehnlichkeit dieses Gottesdienstes mit dem späteren Meßopfer der römischen Kirche läßt sich durchaus nicht verkennen.*) Noch auffallender tritt diese Aehnlichkeit hervor, wenn man bedenkt, daß die alt-römischen Priester bei der Darbringung des Morgenopfers von jungen „Ministranten“ unterstützt wurden, die vom Kopf bis zu der Sohle den später bei der Messe administrirenden Knaben glichen, so wie daß „die Priester selbst“ gerade so gekleidet waren, wie die nachherigen Messeleser?**) Gewiß — ein bloßer „Zu-

---

*) Merkwürdigerweise ist diese Entdeckung zum ersten Male von einem guten Katholiken, nehmlich von dem französischen Abte Marolles (man vergleiche seine Memoires I. part.) gemacht worden, und derselbe spricht seine Ansicht, daß die Messe dem Heidenthum entsprossen sei, auch ganz unverhohlen aus.

**) Diese beiden Thatsachen sind aus mehreren Gemälden, die man zu Herkulanum ausgrub, unwiderleglich dargethan worden, und wer irgend Lust hat, sich persönlich zu überzeugen, der findet dieselben in Portici im Zimmer Nro. 12.

fall" hat diese außerordentliche Uebereinstimmung nicht hervorgezaubert, sondern die römische Priesterschaft brachte vielmehr „absichtlich" das Christenthum mit dem Heidenthum in Einklang, um die große Masse der, nach dem Uebertritt der Kaiser Neubekehrten, zufrieden zu stellen. Diese große Masse oder wenn man lieber will: der Plebs war daran gewöhnt, daß den Göttern in der Frühe ein Opfer dargebracht werde und nun richtete man es so ein, daß die Darbringung des Brodes und Weines im Abendmahl durch den Priester das frühere unblutige Opfer der Brodkuchen vorstellte. Mit einem Worte: die Messe nahm die Stelle der heidnischen Panificia ein und deßwegen hieß man sie von nun an nicht mehr schlechtweg „Messe", sondern vielmehr das „Meßopfer", das „Sacrificio della Messa". Doch wollen wir Niemanden in seiner Ansicht über diesen für die römische Kirche hochheiligen Gegenstand stören, und deßwegen lassen wir es bei diesen Andeutungen genügen.

Einen weiteren Hauptersatz für den früheren einfachen Gottesdienste gab man dem Volke in den kirchlichen „Processionen." Unter diesen versteht man feierliche Umzüge der Geistlichkeit und gläubigen Menge um Altäre und Kirchen oder auch fernhin um ganze Ortsmarkungen herum oder noch fernerhin von einem heiligen Ort zum andern, unter Absingung von Hymnen, Psalmen und Gebeten, so wie unter Zurschautragung von heiligen Gegenständen, als da sind Bilder und Reliquien, wobei zugleich Kreuze und Fahnen eine Hauptrolle spielen, und der Zweck solcher Umzüge ist kein anderer, als Gott und den Heiligen für irgend ein erhaltenes Gut zu danken oder auch um ein solches von ihnen zu erbitten, oder endlich um Abhülfe für eine vorhandene Plage zu erflehen. Dieß ist in kurzen Worten ausgedrückt der Begriff einer kirchlichen Procession, und als die feierlichste von allen müssen wir die Procession des Sakraments d. i. die Procession des Frohnleichnams, bei welcher die geweihte Hostie mit großem Pomp und Gepränge herumgetragen wird, bezeichnen. Nun fragen wir aber wie billig, ob denn der Stifter unserer Religion, Jesus Christus, derlei Auf- und Umzüge angeordnet hat, dieweil ja nur, wenn Er dieß that, etwas christliches an ihnen sein kann. Die Antwort jedoch ist ein" unbedingtes Nein, denn im ganzen Neuen Testament kommt nichts von Processionen vor und weder die Apostel noch die Christen der ersten paar Jahrhunderte hatten dieselbe im Brauche. Weiß jedoch das Urchristenthum nichts von dieser Sitte, so wußte das Heidenthum um so mehr von ihr, indem sie bei den alten Römern so wie auch bei vielen andern heidnischen Völkerschaften durchaus eingebürgert war. Nehmlich allen Göttern, besonders aber der Ceres, der Isis und der Diana zu Ehren wurden an bestimmten Tagen großartige Umzüge veranstaltet, und man hielt es dabei fast bis auf die geringsten Kleinigkeiten hinaus ganz so, wie später bei den christlichen Processionen. Ja sogar der Zweck war ein und derselbe, indem z. B. die Römer, wenn eine lange Dürre herrschte, um einen gewissen Stein, Lapis Manalis genannt, welcher im Tempel des Mars vor der Porta Capena aufbewahrt wurde, herumzogen, gerade wie man nachher nach Verdrängung des Heidenthums die Jungfrau Maria herumtrug, um Regen vom Himmel zu erflehen. Auch die Bittgänge um bebaute Felder und Markungen waren bei den Römern üblich, wie man aus dem Virgil ersieht, wenn er singt:

„Erneu' der großen Ceres ihr jähriges Fest, — —
Dreimal umgeh' heilbringend die jungen Früchte das Opfer,
Welches der ganze Chor und die jauchzenden Freunde begleiten;"

oder auch aus dem Tibull, wo es heißt:

„Wir gehen um die Saat und Ländereien herum,
So wie uns dieser Brauch vom Alterthum her überliefert ist." *)

Kurz im Kultus der Römer spielten die Processionen eine Hauptrolle und es eifert daher der berühmte Kirchenschriftsteller Tertullian († 220 nach Christus) gar heftig gegen dieselben als einen thörichten Aberglauben. „Sehet eine offenbare Probe eurer Blindheit", ruft er in seiner Schutzschrift für die Christen aus; „bei einer großen Dürre oder auch bei einer großen Nässe erbittet ihr vom Jupiter durch unterschiedliche Arten der Opfer eine Hülfe dessen, was euch noththut. Ihr befehlet dem Volk Processionen mit bloßen Füßen zu halten und suchet im Capitolium das, was man nicht anders als im Himmel findet." So eifert Tertullian, allein wie lange stand es an, so hatten die Christen die heidnischen Processionen vollständig adoptirt, nur mit dem Unterschied, daß

---

*) Man vergleiche: Virgilii Georgica I. 338 und Tibullus liber II. Eleg. 2.

nun statt der Götterbilder die Bilder der Heiligen herumgetragen wurden? Mein Gott, man konnte doch dem roheren Theil des Publicums nicht seine alten Gewohnheiten rauben und was lag am Ende an der Einführung eines heidnischen Cultus, wenn dadurch Hunderttausende oder gar Millionen Menschen für die Taufe gewonnen werden konnten? Damit übrigens Niemand darüber im Zweifel sei, wie genau man das Heidenthum copirte, erlauben wir uns auf den bekannten Schriftsteller Apulejus zu verweisen, welcher im eilften Buche seines goldenen Esels eine Isisprocession also beschreibt: „Siehe, da erschien zuerst der lustige Vortrab des heiligen Aufzugs. Ein Jeder ging nach seiner Phantasie gekleidet aufs komischste maskirt. Der Eine, mit einem Degengehenke über den Schultern, stellte einen Soldaten vor, der Andere, einen Jagdspieß in der Hand, war ein Jäger. Ein Dritter in goldenen Socken, von einem seidenen Gewand umflossen, mit dem köstlichsten Geschmeide geschmückt und die Haare in Flechten gewunden, schwebte als ein Fräulein daher. Ein Vierter, mit einem purpurverbrämten Kleide angethan, gerirte sich als Magistratsperson und ein Fünfter, der in einem langen Mantel paradirte und einen mächtigen Ziegenbart trug, spielte den Philosophen. Nach diesen Possen, die dem gaffenden Volke unsägliches Vergnügen machten, kam endlich die feierliche Procession einhergezogen. Weiber und Jungfrauen in blendend weißen Gewändern, bekränzt mit jungen Blüthen des Frühlings, bestreuten den Weg, welchen der Zug nahm, mit Blumen oder besprengten sie denselben mit allerhand wohlriechenden Wassern. Darauf folgte eine große Menge beiderlei Geschlechts mit Lampen, Fackeln und Wachskerzen, die sie zu Ehren der Mutter der Gestirne trugen und zugleich ließen sich allerlei liebliche Instrumente und Pfeifen hören. Mit deren süßen Weisen aber vermählte ein munterer Chor der auserlesensten Jugend, mit schneeweißen ärmellosen Kleidern angethan, seine Stimme und sang ein Lied, das Einer auf diesen Tag verfertigt hatte. Jetzt kamen Herolde, die mit weitschallender Stimme ausriefen: Platz, Platz für die Heiligthümer, und darauf strömten die in den heiligen Gottesdienst Eingeweihten einher, sowohl männlichen als weiblichen Geschlechtes. Alle trugen leinene Kleider von blendender Weiße; die Weiber das gesalbte Haupt in durchsichtigen Flor eingehüllt, die Männer das Haar oben auf dem Scheitel so glatt geschoren, daß die Haut glänzend dalag. Diese irdischen Gestirne der erhabenen Religion machten mit ehernen, silbernen, ja auch goldenen Systrums (eine Art Schelle) eine sehr hellklingende Musik; die Oberpriester aber, in einem anliegenden Gewande von schneeweißer Leinwand, das ihnen bis auf die Füße herabhing, trugen die Symbole der allgewaltigen Götter. Unmittelbar darauf sah man die Götter selbst, die sich gefallen ließen, von sterblichen Menschen getragen zu werden. Da kam zuerst mit schrecklichem, langhalsigem Hundskopfe der Bote der obern und untern Götter, Anubis. Dicht hinter ihm folgte eine Kuh in aufrechter Stellung, das segenvolle Bild der allgebärenden Göttin, und von einem andern Priester wurde der mystische Korb getragen, welcher die Geheimnisse der wunderthätigen Religion in seinem Innern verwahret. Zum Schlusse aber kam wieder viel Volks welches betend und singend einherschritt. Nach geendigtem Umzug kehrte die Procession fröhlich wieder nach dem Tempel zurück und die Hohepriester, so wie die, welche die Bilder der Götter trugen, begaben sich in die Sakristei der Göttin, um allda die Heiligthümer niederzusetzen. Darauf erschien Einer von ihnen vor der Pforte, sprach sofort von einer hohen Kanzel herab den Segen über den Kaiser, über den Senat und über das ganze römische Volk, dann über die Schifffahrt, über den Landbau so wie über Alles, was der Herrschaft unseres Reichs unterthan ist, und schloß endlich mit der Formel: Gehet nun nach Hause, es ist vollbracht; die Theilnehmer an der Procession aber küßten sofort alle, mit Freuden überströmt, die Füße der Göttin, die aus Silber gebildet auf den Stufen des Tempels stand, und zogen dann jeglicher seines Wegs heim." So Apulejus und nun fragen wir, waren die Frohnleichnamsprocessionen des Mittelalters, ja sind nicht sogar die jetzigen Frohnleichnamsprocessionen Italiens Wort für Wort, und Punkt für Punkt dieselben, wie die so eben geschilderte Isisprocession? Einem Kinde muß dieß einleuchten und darum sei es auch ferne von uns, nur noch einziges weiteres Wort hinzuzusetzen!

Die dritte und größte Entschädigung für das der Menschheit entzogene Christenthum bildeten „die kirchlichen Feste" und von ihnen darf man mit größtem Rechte sagen, daß sie dem Glanz des römischen Gottesdienstes erst die Krone aufsetzten, denn beim wahrhaftigen Himmel — was ist eine Oper, was ein Concert, was ein Ballabend im Vergleich mit ihnen, und wie könnten die römischen Damen existiren, wenn sie nicht Gelegenheit fänden, sich auf einen solchen Tag zu putzen? Man muß doch „vor den Heiligen" so erscheinen, wie es die Etiquette erfordert, und zugleich hat man in Anschlag zu bringen, daß es eine Abgeschmacktheit wäre, da wo die Kirche so viel Pracht entwickelt, sich in einem nicht-hochzeitlichen Kleide einzufinden! Mag also ein anderer dafür plädiren, daß ein von einem reinen Herzen im einsamen Kämmerlein an den Himmel gerichtetes Gebet unserem Herrgott das liebste sei, — der Pabst in Rom weiß das besser und hat seine Anhängerinnen so erzogen, daß sie das Paradiren vor dem Himmelskönig mit Juwelen im Haar für die einzige und wahre Religion halten; die Männer aber hat er dadurch gewonnen, daß sich bei solchen Parade-Gelegenheiten ein Kranz von Schönheiten vor ihren Augen entwickelt, wie er sich ihnen sonst nie und nimmer darbietet. Doch wir haben es hier nicht mit Reflexionen zu thun, sondern unsere Aufgabe ist, darnach zu sehen, ob die kirchlichen Feste, welche die Päbste nach und nach eingeführt haben, wirklich christlichen Ursprungs sind oder nicht, und zu diesem Behufe wollen wir wenigstens von den Hauptfesten eines nach dem andern mit kurzen Worten Revue passiren lassen.*)

Vor allen Andern sind zu nennen „Ostern und Pfingsten",

---

*) Ueber eines der glänzendsten von Rom angeordneten Feste müssen wir übrigens ohne weitere Bemerkungen hinweggehen, nehmlich über das Frohnleichnamsfest, und zwar einfach deßwegen, weil wir seiner schon weiter oben erwähnten. Doch können wir nicht umhin, den Leser auf die eigenthümliche Weise, wie es entstand, aufmerksam zu machen. Eine Nonne nehmlich, die sich durch Kasteiungen ihres sehr sinnlichen Körpers so ziemlich um den Verstand gebracht hatte (so wird von unpartheiischen Schriftstellern berichtet), sah so oft sie betete ein Loch im Monde und deutete solches auf ein noch fehlendes Kirchenfest. Ihr Beichtvater, dem sie ihren sich stets wiederholenden Traum bekannte, war der nehmlichen Ansicht und bald kam die Sache auch vor den Pabst Urban IV.; dieser aber wußte nichts Eiligeres zu thun, als das Loch im Monde zu verstopfen und stiftete sofort anno 1264 das Fest des „frohen Leichnams" d. i. der jeden Tag in den Leib Christi verwandelten heiligen Hostie. Von nun an hatte die Nonne Ruhe und die Christenheit ein solennes Fest weiter.

weil sie die ersten Feste waren, welche von den Christen gefeiert wurden, doch da Jedermann darüber einig ist, daß diese beiden Feste von den Juden zu uns gekommen sind, das heißt, daß das Osterfest aus dem jüdischen Passah und das Pfingstfest aus dem Fest der fünfzig Tage hervorging, so werden wir uns mit ihnen nicht aufzuhalten haben. Etwas ganz anderes ist es aber mit dem „Christtag“, denn dieses Fest soll nach der Meinung von sehr Vielen ein rein christliches sein, ohne irgend eine fremde Beimischung. Allein verhält sich dieß in der That so? Nun — wir werden sogleich sehen! In der allerersten Zeit des Christenthums, als noch die Meisten der Neugetauften und Neubekehrten aus früheren Juden bestanden, dachte kein Mensch daran, den Geburtstag Christi festlich zu begehen, denn die Mode, den Tag seiner Geburt vor einem andern gewöhnlichen Tag auszuzeichnen, war in ganz Israel vollständig unbekannt; bei den Griechen und Römern dagegen herrschte von Alters her die Gewohnheit, die Geburtstage ihrer berühmten Männer, wie z. B. eines Pythagoras, eines Sokrates, eines Plato zu feiern, und so dürfen wir uns nicht darüber wundern, daß, wie das Christenthum sich unter den besagten Völkerschaften ausbreitete, dieselben sofort nach dem Tage zu forschen begannen, an welchem Christus geboren sei. Leider fehlte aber jede schriftliche Angabe und ebensowenig gab die Ueberlieferung einen genaueren Anhaltspunkt. Somit unterließ man selbstverständlich jede Feier, da man doch unmöglich den Geburtstag eines Solchen, von dem man nicht wußte, wann er geboren sei, festlich begehen konnte, und dabei blieb es volle dreihundert Jahre lang. Nun galt aber den Römern der Tag der Sonnenwende im Winter, also der 25. December oder wie sie sich ausdrückten: die VIII Calendae Januarii, für heilig oder vielmehr sie nannten ihn den Festtag des „Sol invictus“, d. i. des unüberwindlichen Sonnengottes, und feierten ihn schon seit Numa Pompilius durch prächtige Spiele, Processionen und Kirchgänge auf eine äußerst solenne Weise. Ebendeßwegen fiel es dem gemeinen Volk selbst nach seinem massenhaften Uebertritt zum Christenthum (der wie bekannt in der Mitte des 4. Jahrhunderts statthatte) nicht im geringsten ein, diesen uralthergebrachten Festtag fahren zu lassen, sondern der Sol invictus wurde nach wie vor angebetet. Allein was geschah nun? Urplötzlich machte die römische Priesterschaft die Entdeckung, daß Christus am 25. December geboren sei und nun ließ es sich das Volk recht gern gefallen, den Festtag des Sol und die Feier von Christi Geburt zu verschmelzen. Ja — so ungemein gern ging man im ganzen römischen Reich auf diese Idee ein, daß der heilige Chrysostomus in einer Homilie, welche er anno 388 zu Antiochien hielt, sagen konnte: „Es sind noch nicht zehn volle Jahre, daß uns dieser Tag bekannt geworden ist, und ihr feiert ihn mit einem solchen Eifer, als wenn er schon seit undenklichen Zeiten unter euch üblich gewesen wäre!“ Uebrigens noch sehr — sehr lange spielte der Sol invictus bei der Feier desselben eine zum mindesten eben so große Rolle als der an seine Stelle getretene Jesus Christus, wie dieß schon daraus hervorgeht, daß in den Kalendern aus dem fünften Jahrhundert stets beim 25. December zu lesen steht: „VIII Calend. Januarii. Invicto Soli“.*) Außerdem bezeugt dieß nicht Pabst Leo I. (regierte von 440 bis 461) selbst, wenn er in seiner siebten Rede auf das Geburtsfest des Herrn sagt: „Viele Menschen unserer Tage sind so gottlos und unwissend, daß sie die aufgehende Sonne heute (am 25. Dezember) anbeten und in der Basilica des heiligen Petrus ihr Haupt gegen dieses glänzende Gestirn hin beugen, zum Beweise, wie sehr sie noch den thörichten heidnischen Irrthümern anhängen“, und wer wird nun behaupten wollen, daß Weihnachten ein rein aus dem Christenthum hervorgegangenes Fest sei?

Noch viel klarer liegt der heidnische Ursprung beim „Neujahrsfeste“ zu Tage, denn nach dem übereinstimmenden Zeugniß der Alten hatten sich die Calendae Januarii, d. i. der erste Tag des Jahres, bei den Römern zu einem der fröhlichsten Feste gestaltet, das man nur überhaupt begehen kann. „An diesem Tage nehmlich“, — und Notabene der Tag wurde nicht blos in Italien, sondern im ganzen römischen Reiche gefeiert — „sandten sich Freunde und Bekannte wechselsweise Geschenke (sogenannte Strenae) zu und man stellte Gastmähler an, an denen viel gescherzt und gespielt wurde. Ueberhaupt war der Tag der allgemeinen Freude

*) Derlei Kalender hat Petavius in seiner Uranologie, Bucher in seiner Doctrina temporum und Lambecius in seinen Commentariis aufgenommen.

gewidmet und nicht blos der Reiche sondern auch der Arme that sich an demselben gütlich; die jungen Leute aber stellten Tänze an, auf denen die größte Ungebundenheit herrschte, und man gratulirte sich gegenseitig, indem man zugleich die Hoffnung aussprach, den nächsten Jahrestag wieder so fröhlich begehen zu können.“ So beschreibt der Sophist Libanius das Neujahrsfest der heidnischen Römer und ganz dieselbe Beschreibung liefern auch andere Schriftsteller aus jener Zeit; — nun aber fragen wir: gibts denn einen Unterschied zwischen dem christlichen Neujahrsfest und dem heidnischen? O ja freilich — wir wissen es wohl, mehrere im fünften und sechsten Jahrhundert abgehaltene Synoden drangen darauf, daß man den ersten Januar nicht als Neujahrstag, der bei den Heiden zugleich der Haupttag der sogenannten Saturnalien war, sondern als Beschneidungstag Christi feiern solle, allein die Synoden mochten sagen was sie wollten, das Herz der Römer hing einmal an der alten Gewohnheit der Calendae Januarii und somit wußten die Päbste nichts besseres zu thun, als den beliebten Tag im siebten Jahrhundert unter die christlichen Festtage einzureihen.

Ein weiteres großes Kirchenfest ist der „Palmsonntag“ und gewöhnlich nimmt man an, es habe dieser seinen Namen von dem Einzuge Christi in Jerusalem, bei welchem man ihm Palmen streute. Allein ist es nicht im höchsten Grade auffallend, daß dieses Fest nicht bei den Juden-Christen, sondern vielmehr bei den Atheniensern im vierten Jahrhundert entstand, nachdem das Christenthum bis zu ihnen vorgedrungen war, — bei den Atheniensern, welche seit uralten Zeiten auf diesen Tag das Fest „der Oscophorien“ zu begehen gewohnt waren? An diesem Oscophorientage nehmlich zogen weißgekleidete Knaben und Mädchen in Athen herum und bewegten geweihte Zweige des Feigen- und Oelbaums in ihren Händen, wobei sie Hymnen an die Cybele sangen und für die Fruchtbarkeit des Jahres dankten. Die Einführung dieses Festes soll von Theseus herrühren, welcher, als einst Attika von großem Mißwachs heimgesucht war, die Götter durch Gebete und Opfer wieder zu versöhnen gewußt hatte; doch sei dem so oder nicht — gewiß ist, daß die Griechen ungemein viel auf das besagte Fest hielten. Darum — ist es nicht äußerst wahrscheinlich, daß ihre

Bekehrer, die ihnen zu Constantins Zeiten das Christenthum so zu sagen gewaltsam aufdrangen, das beliebte Fest der Oscophorien, um sie nicht noch mehr zu erbittern, keineswegs abschafften, sondern dasselbe vielmehr unter der christlichen Firma des Palmsonntags bestehen ließen? Daraus erklärt sich's, warum das neue Fest unter der übrigen Christenheit so lange Zeit keinen Eingang fand, denn es war ja ursprünglich nur ein „Localfest" der Athenienser, und eben daher kommt es wohl auch, daß es die Päbste erst im siebten Jahrhundert einführten; allein wie es einmal eingeführt war, konnte man auf den ersten Augenblick sehen, daß es die größte Aehnlichkeit mit dem Oscophorienfeste hatte, und noch jetzt wird es ganz auf dieselbe Weise abgehalten.

Ein sechstes großes Kirchenfest ist das Fest: „Mariä Reinigung", d. i. des Kirchgangs der Maria zum Tempel in Jerusalem, welches jährlich am 2. Februar gefeiert wird und im Anfang des sechsten Jahrhunderts von den Päbsten seine Bestätigung erhielt. Dasselbe führt auch den Namen **Festum Mariae Candelariae** oder Lichtmeß, denn die Hauptsache der ganzen Feierlichkeit besteht darin, „daß die Priesterschaft mit dem Volke, von welchem die Weiber den größten Theil bilden, unter Lobgesängen auf die Mutter Gottes eine große Prozession um die Kirchen abhält, wobei dann jeder Theilnehmende ein vorher in der Messe gesegnetes und geweihtes Wachslicht in der Hand trägt; diese Lichter aber sollen eine große Kraft besitzen, um die Teufel zu vertreiben, und schützen jedenfalls bei Donnerwettern gegen den Blitzstrahl, so wie sie auch sonst mächtige Vortheile gewähren insbesondere gegen Krankheiten, Unglücksfälle, Verzauberung und was dergleichen mehr ist." Also belehrt man uns, und also glauben auch Viele von Grund ihres Herzens. Doch was werden diese Alle sagen, wenn wir ihnen entgegenrufen, daß sie damit einen rein heidnischen Glauben im Herzen tragen, indem schon die alten Römer denselben hegten? Was werden sie sagen, wenn wir ihnen der Wahrheit gemäß berichten: „daß das ganze Fest Mariä Reinigung nichts ist als ein Abklatsch jenes heidnischen Festes, das zur Zeit des Römerreichs je am 2. Februar zu Ehren der Göttin Proserpina abgehalten wurde und bei welchem das römische Volk insbesondere aber die Frauen mit Wachskerzen in den

Händen rund um die Tempel processionsweise gingen?" Dieß ist eine unwiderlegliche Thatsache, und darum versuchen es selbst die eingefleischtesten Pabstfreunde nicht, dieselbe zu läugnen; sondern sie bemühen sich vielmehr nur, sie zu entschuldigen oder doch zu beschönigen. So sagt z. B. der gelehrte Rhenanus in seinem Commentar zum Tertullian*): „Man kann nicht läugnen, daß die Gewohnheit, welche noch unter den Christen ist, an dem Tage der Reinigung Mariä angezündete Wachskerzen in Procession zu tragen, ihren Anfang genommen habe von dem Fest des Monats Februarii der alten Römer, und man hat durch diese Veränderung ein Mittel gefunden wider die Halsstarrigkeit der Heiden, welche man desto mehr würde gereizet haben, wenn man die Sache ganz und gar hätte aufgehoben." Noch deutlicher fast drückt sich die sogenannte Legenda — eine Sammlung der täglichen Lectionen beim Gottesdienste — aus. „Warum", schreibt sie, „hat die Kirche verordnet, brennende Lichter an diesem Tage in den Händen zu tragen? Um eine irrige Gewohnheit aufzuheben. Denn vor Zeiten war die ganze Stadt Rom am zweiten Tage Februarii umgeben mit Leuten und insbesondere Frauen, welche Wachskerzen und Fackeln trugen, und zwar nehmen sie die Gelegenheit dazu aus den Fabeln der alten Poeten. Weil nehmlich die Proserpina sehr schön gewesen, habe sich Pluto, der Gott der Höllen, in sie verliebet und sie geraubet, worauf ihre Eltern sie lange Zeit in den Wäldern mit Wachslichtern und Fakeln gesuchet, und deßwegen begingen die römischen Frauen das Gedächtniß dieses Ereignisses, indem sie mit Kerzen und Lichtern um die Stadt herumgingen. Dieweil es nun aber eine gar schwere Sache ist, so tief eingewurzelte Gewohnheiten zu lassen und es somit den bekehrten Christen überaus hart fiel, der besagten Sitte der Heiden sich zu entschlagen, deßwegen veränderte der Pabst **Sergius** diese Feier in eine bessere und verordnete, daß die Christen an diesem Tage mit geweihten und brennenden Lichtern um die Kirche gehen sollten der Mutter Gottes zu Ehren." Ist dieß nicht ein offenes Zugeständniß, daß man den Proserpinadienst im Lichtmeßfesttage habe fortdauern lassen, mit der

*) Man schlage nach Rhenani Anotat. in libr. V contra Marcion.

einzigen Neuerung: daß man für den Namen Proserpina den Namen Maria substituirte?

Ein weiterer Beleg für die Uebertragung des Heidenthums ins Christenthum durch die Päbste ist trotz seines Namens das große kirchliche Fest „Allerheiligen." Im antiken Rom bestand nehmlich ein prächtiger Tempel, welcher der Göttermutter Cybele und ihren Kindern: dem Zeus oder Jupiter, dem Poseidon, dem Hades, der Here, der Demeter und der Hestia, so wie auch zugleich den Untergöttern, also mit einem Wort allen Bewohnern des Olympos gewidmet war und deßwegen Pantheon hieß*); in diesen mit einer wunderbaren Herrlichkeit ausgestatteten Götterbau aber wallfahrteten täglich Tausende und Abertausende um ihre Andacht zu verrichten (denn man hatte da ja alle Götter bei einander, und es mußte somit jedes Gebet fruchtbringend sein), und solches Wallfahren hörte auch nicht auf, als die gute Stadt Rom längst aus einer heidnischen eine christliche geworden war. Tief eingewurzelte Gewohnheiten lassen sich eben nicht so mir nichts dir nichts, so zu sagen über Nacht ausrotten, und je eingebildeter ein Volk auf seine Vergangenheit ist, um so schwerer fällt eine derartige Ummodlung. Da besannen sich dann die Bischöfe Roms hin und her, wie sie die Sache anfangen sollten, um den Pantheonwallfahrten ein Ende zu machen oder ihnen doch einen christlichen Anstrich zu geben, und siehe da — endlich erfand Bonifaz IV. (608—615) ein Auskunftsmittel. Worin bestand aber dieses? Einfach darin, daß man das Pantheon als solches bestehen ließ und nur statt der heidnischen Göttermutter die christliche Gottesmutter, statt des Jupiters mit dem Blitze den Apostel Petrus mit den Schlüsseln und überhaupt statt jeden früheren Gottes einen Heiligen hinter die Altäre in die Nischen hineinstellte. Die Zahl der Heiligen hatte sich ja ohnehin in den letzten zwei Jahrhunderten so gehäuft (wo nur irgend zur Heidenzeit ein Kirchenlehrer für das Christenthum etwas gethan hatte, stempelte man ihn zum Märtyrer

*) Das Pantheon wurde laut einer in demselben befindlichen Inschrift im Jahr 27 vor Christi Geburt durch M. Agrippa vollendet und im Jahr 202 nach Christi Geburt durch Septimius Severus und Aurelius Antoninus renovirt.

und fing an, ihn zu verehren), daß es absolut unmöglich war, jedem einen besonderen Tag im Jahr zu widmen, und so war es denn ein prächtiger Gedanke einen Festtag zu stiften, an welchem man allen Heiligen zumal seine Ehrfurcht und Anbetung zukommen lassen könne! Kurz also: Bonifaz IV. wandte sich, gleich nachdem er den Stuhl Petri bestiegen hatte, an seinen hohen Gönner und Freund, den Kaiser Phokas, eines der scheußlichsten Ungeheuer, welche je auf der Erde herumgewandelt sind*), damit er ihm das Pantheon schenke, und so wie dieser Bitte willfahrt war, wurde auch sogleich — noch im Jahr 610 — das erste Fest Allerheiligen mit großem Pompe gefeiert**). Welcher Jubel nun für die Römer! Sie hatten ja jetzt ein Recht und sogar eine Pflicht, ihr geliebtes Pantheon zu besuchen und das Zuströmen der Massen wollte daher kein Ende nehmen; Bonifaz IV. dagegen durfte sich rühmen, nicht etwa der heidnischen Götterverehrung ein Ende gemacht, sondern vielmehr den Namen des Tempels in einen christlichen — St. Maria ad Martyres — verwandelt zu haben. Mein Gott — die Apostel und ihre Jünger bestrebten sich, die Heiden zu Christen zu machen und solches kostete sie natürlich viele Mühe und Arbeit; die Päbste dagegen drehten den Styl um, d. h. sie machten die Christen zu Heiden und dieses Ziel erreichten sie was man sagt im Handumdrehen!

Für diese unsere Behauptung könnten wir nun noch eine Menge von Beweisen anführen. Wir könnten z. B. darthun, daß das „Fest aller Seelen" entstanden ist aus dem heidnischen „Gedächtnißfest der Verstorbenen", der Commemoratio Mortuum, denn es existirte unter den Römern der Wahn, daß die Seelen der Todten an dem Orte der Qual (dem Fegfeuer) schrecklich viel zu leiden hätten, wenn nicht ihre Hinterbliebenen durch

---

*) Der Leser erinnere sich gefälligst an das, was im ersten Kapitel des zweiten Buches von diesem Regenten erzählt wurde.

**) Das Fest wurde anfangs im Mai an demselben Tag wie das Cybelefest gefeiert; später aber (anno 835) verlegte Gregor IV. die Feier auf den 1. November, weil man nach der Ernte die Masse Menschen, welche des Festes wegen nach Rom kamen, besser und leichter bewirthen konnte.

Fürbitten, Gaben und Opfer zur Erleichterung ihrer Marter beitrügen. *) Wir könnten weiter das Fest der heiligen Agatha anführen, welches ganz und gar nichts anderes ist als ein anderer Titel für die Eleusinischen Mysterien, **) so wie überhaupt alle und jede früheren heidnischen Festtage in den Heiligentagen eine Verewigung gefunden haben. Wir könnten endlich, den römischen Carneval ein bischen näher betrachtend, ausfinden, daß ein alter vor zweitausend Jahren verstorbener Römer, wenn es ihm heute vergönnt wäre, die Maske des Lebens nochmals zu tragen, unbedingt glauben müßte, die große Kaiserstadt bestehe noch, und ihre Götter, den Bacchus und Saturnus an der Spitze, werden noch eben so verehrt, wie zu des Pompejus oder Augustus Zeiten. Doch wozu den Leser noch weiter ermüden? Den Beweis, daß die reine Christuslehre im Verlauf der Jahrhunderte durch das Verbot der Bibel total verschwand; den Beweis, daß der Gottesdienst durch die Hereinziehung des Heidenthums zu einem rein sinnlichen Cultus für die Phantasie gestempelt und die Christlichkeit aus demselben vollständig hinausdecretirt wurde ***), —

---

*) Man vergleiche Virgilis Aeneis Lib. VI. 736, wo Aeneas seinem Vater Anchyses Todtenopfer bringt, und eben so Ovids Fasten Lib. II. Ebendeßhalb gesteht auch Blondus in seinem Roma triumphans den heidnischen Ursprung dieser Sitte offen ein und eben so thut Polydorus Virgilius. „Weil," so schreibt Ersterer, „weil die Heiden diese Meinung von den Seelen der Verstorbenen hatten, so pflegten sie, nachdem sie dieselben begraben und zur Erde bestattet, für sie zu opfern und ihnen einen Gedächtnißtag zu stiften; wir aber thun eben dasselbe, indem wir für unsere Todten Seelenmessen halten lassen und ihnen das Fest aller Seelen gestiftet haben."

**) Diejenigen Leser, welchen etwas daran liegt, das Nähere hierüber zu erfahren, verweisen wir auf das vortreffliche Buch Blunts über den Ursprung religiöser Ceremonien u. s. w. in Italien, in welchem dieser Gegenstand (von pag. 53—76) weitläufig abgehandelt wird.

***) Diese „Nichtchristlichkeit" des päbstlichen Cultus wird vielleicht dem Leser noch klarer werden, wenn er sich die Mühe nimmt, die Dalai-Lamareligion mit dem obigen Cultus zu vergleichen, denn er findet dort ebenfalls: Kreuze, Rosenkränze, Weihwasser, Anbetung der Heiligen, Bußübungen, Wallfahrten, Processionen, Beichte, Mönche, Nonnen, Bischöfe, Erzbischöfe und im Dalai-Lama selbst sogar einen regierenden Pabst.

diesen Beweis glauben wir vollständig geliefert zu haben und somit ist Alles geschehen, was wir bezweckten.

Schließlich jedoch können wir nicht umhin, noch ein paar Worte über den Atheismus mehrerer Päbste zu sagen, denn wenn auch die Meisten derselben so viel Decenz und Verstand besaßen, daß sie sich wenigstens so stellten, als glaubten sie an die Wahrhaftigkeit ihres papistischen Christenthums, oder vielmehr ihres christlichen Heidenthums, so bekannten sich doch verschiedene Andere ganz offen zum vollkommensten Unglauben und spotteten öffentlich über die Thorheit, an einen Gott und einen Erlöser zu glauben. Dieß that unter Anderen Bonifaz VIII. (1294—1303), von dem schon mehrere Male die Rede gewesen ist, und oft und viel konnte man Aeußerungen von ihm hören wie folgende: „Gott lasse es mir wohl gehen auf dieser Welt, denn nach der andern frage ich nicht so viel als nach einer Bohne"; oder: „es ist eben so abgeschmackt, an Einen als an einen dreifachen Gott zu glauben und an Maria und ihren Sohn glaube ich so wenig, als an eine Eselin und ein Eselsfüllen*)." So war Johann XXIII. (1410 bis 1417), jener schändliche Balthasar Cossa, den wir im dritten Buche weitläufiger geschildert haben, ein declarirter Gottesläugner und hundertmal rief er aus, er könne nicht begreifen, wie ein römischer Priester einen Collegen sein Amt verrichten sehen könne, ohne demselben ins Gesicht zu lachen. So ist von Leo X. bekannt, daß er einstmals in einer Cardinalsversammlung ausrief: „Wie viel Uns und den Unsrigen die Fabel von Christo schon eingebracht hat, deß sind die Jahrhunderte Zeugen und deßwegen werden wir auch nie so thöricht sein, den allgemeinen Irrthum nicht mitzumachen." **) So erwiderte Clemens XIV. (1769 bis 1775) einem vertrauten Cardinal, der ihm bei der Segensaustheilung am grünen Donnerstag die Worte „Mundus vult decipi" (die Welt will betrogen sein) ins Ohr flüsterte, schnell besonnen:

---

*) Man vergleiche: Du Puy, histoire du Differend entre le Pape Boniface VIII. et Philipp le Bel.

**) Man schlage nach: Corn. Agrippa de incertitute et vanit. Scientiarum cap. 64.

„ergo decipiatur" (also soll sie auch betrogen werden) und fuhr fort in seinem Segenaustheilen! Ganz aus gleichem Stoffe waren noch viele andere Päbste geknetet, allein noch länger wollen wir dieses Kapitel nicht ausdehnen, sondern wir schließen vielmehr mit den Worten Webers: „In Rom herrscht nur Gottesdienst für das Auge und das Ohr, vom Christenthum aber und der Religion ist nirgends eine Spur."

Fünftes Buch.

Der Pabst und die Duldsamkeit.

Motto. Eine sehr nachhaltige Weise, seinen Gegner zum Schweigen zu bringen, ist diejenige, wenn man ihm die Zunge ausreißt. Gut ist es, wenn man hiezu noch das Abhauen der Hände fügt, damit außer dem Sprechen auch noch das Schreiben für immer ein Ende habe. Die unbedingt sicherste Widerlegung aller Controversen besteht jedoch darin, daß man den Gegner ohne Weiteres todtschlägt, hängt oder verbrennt.

Jesuitenmoral.

Ich will, daß in meinen Landen Jedermann nach seiner eigenen Façon selig werden kann.

Friedrich der Große.

Erstes Kapitel.

Die Waldenser

oder

die Uranfänge des Ketzerthums.*)

Die christliche Lehre war, wie wir schon früher gesehen haben, von Christus und seinen Jüngern keineswegs als eine ganz fertige und vollendete hinterlassen worden, und eben deßwegen entstanden in den ersten Jahrhunderten nach Christi Tod die größten Streitigkeiten darüber, wie es mit diesem oder jenem Glaubenssatz gehalten werden solle. Noch viel weniger fertig und ausgebildet als die Lehre, war die Verfassung der christlichen Kirche, indem diese, so zu sagen, von den Nachfolgern der Apostel erst geschaffen wurde. Natürlich aber ging dieser Schaffungs-Proceß ebenfalls keineswegs friedlich vorüber, sondern die Gläubigen und ihre Anführer geriethen vielmehr oft und viel wegen dessen, was in der Kirche Gesetz sein sollte, hintereinander. Nach und nach jedoch

*) Der Name Ketzer ist aus dem griechischen Worte Katharos entstanden. Es hießen sich nehmlich die Albigenser, auf welche Secte wir in Kurzem zu sprechen kommen werden, Katharer, d. h. die Reinen, und von dort an wurde es üblich, alle diejenigen, welche vom römisch-katholischen Glauben abwichen, oder, mit einem Worte, alle Häretiker (zu deutsch Sectirer) mit dem Namen Katharer oder Ketzer zu belegen. Zum Erstenmal kommt das Wort im zwölften Jahrhundert bei den Minnesängern vor, ist aber jetzt so gang und gäbe, daß man einen vom allgemeinen Glauben Divergirenden gar nicht anders zu nennen vermag, als eben Ketzer.

bildete sich der Lehr- und Kirchen-Codex zu dem, was er jetzt ist, aus und um's Jahr Neunhundert stand, wie wir im zweiten Buche gesehen haben, das Pabstthum mit sammt seiner Lehre und Kirchen-Verfassung fix und fertig da. Der Pabst war Oberdespot der gesammten Christenheit geworden, und hatte es sogar weiter gebracht, als irgend ein weltlicher Despot des Abend- oder Morgenlandes, denn wenn ein weltlicher Monarch sich damit begnügen muß, daß seine Unterthanen „thun" müssen, was er haben will, so erzwang es dagegen Seine Apostolische Heiligkeit, daß die abendländischen Christen nicht blos „handeln", sondern auch „denken" mußten, wie er es haben wollte. Vom eigentlichen Christenthum übrigens, d. i. von dem, was Christus gelehrt, war, wie wir im vorigen Buch gesehen haben, durchaus keine Rede mehr, sondern nur allein von derjenigen Lehre und Verfassung, deren Mittelpunkt Rom war, und deßwegen nannte man diese neue Religion auch nicht mehr die christliche, sondern die „römisch-katholische".*) Um den Pabst drehte sich Alles und seine Aussprüche galten als Gesetze. Ja, er war nicht blos das Kirchenoberhaupt, oder, wenn man so will, der Mittelpunkt der Kirche, sondern er war vielmehr die Personification der Kirche selbst, und konnte mit demselben Rechte, mit welchem Ludwig XIV. sagte: „der Staat bin ich," behaupten: „die Kirche bin ich." Demgemäß wurde auch jede Beleidigung des Pabstes, sowie jeder Angriff auf die weltliche Macht des Pabstthums als eine Beleidigung der christlichen Kirche, als ein Angriff auf die Religion angesehen, und die Päbste verabsäumten nie, jeden, den sie politischer Gründe halber mit dem Banne belegten, für einen Ketzer, d. i. für einen Abtrünnigen vom wahren Glauben zu erklären.**) Hieraus

---

*) Katholisch oder Katholicos heißt so viel als allgemein, und deßwegen ist unter dem Namen römisch-katholische Kirche nichts anderes zu verstehen, als die allgemeine, das ganze Abendland umfassende Kirche, welche von Rom ihren Glauben, ihren Cultus und ihre Gesetze empfängt.

**) Diese Verfahrungsweise der Päbste ist zu allen Zeiten dieselbe geblieben und auch jetzt noch, sage jetzt in unsern Tagen behaupten die Ultramontanen, ein Angriff auf irgend ein päbstliches Besitzthum sei ein Angriff auf die christliche Religion. Sie identificiren also immer noch den Pabst mit dem Christenthum selbst.

ersieht man, wie leicht es war, in das Laster der Ketzerei zu verfallen, denn man durfte nur irgend eine Handlungsweise des Pabstes oder des Clerus tadelnswerth finden, so hatte man sich schon gegen den unangreifbaren Vicegott auf Erden versündigt und war der Strafe verfallen, welche einen mit dem Banne Belegten traf.

Trotzdem nun aber der Pabst mit einer solch außerordentlichen Macht bekleidet war, daß sogar die größten Monarchen der Erde vor ihm erzitterten, und trotzdem, daß seine Söldlinge, welche als Priester und Mönche den ganzen Erdkreis überschwemmten, Jedweden, der sich am Pabstthum oder an der römischen Katholicität auch nur im Geringsten verging, — ja sogar Jeden, auf welchem nur der Verdacht eines solchen Vergehens ruhte, augenblicklich zur strengsten Rechenschaft zogen; trotzdem, sagen wir, gab es sogar in dieser Zeit der höchsten Blüthe der päbstlichen Despotie Männer, welche an derselben zu rütteln wagten und nicht blos die Lehren des römischen Katholicismus, sondern auch die Grundsätze der römischen Hierarchie angriffen. Man hätte glauben sollen, die Angst vor der päbstlichen Allgewalt, die Angst vor dem Bann und den damit verbundenen furchtbaren Nachtheilen würde alle Welt abgehalten haben, irgend eine Handlung zu begehen oder irgend einen Gedanken auszusprechen, wodurch der Zorn Roms gereizt werden könnte; allein es kam gerade umgekehrt und der alte Satz, daß zu schroff angezogene Saiten regelmäßig springen, bewährte sich auch hier wieder. Man denke sich übrigens in die damaligen Zustände hinein; man vergegenwärtige sich die Barbarei und Rohheit, die Sittenlosigkeit und Unfläterei, in welche der ganze Priesterstand ohne Ausnahme versunken war; man erinnere sich, daß die damaligen Kirchenfürsten nach Nichts trachteten, als nach Besitz, sowie, daß ihr Leben mit der von ihnen in Anspruch genommenen Heiligkeit im grellsten Widerspruch stand; man rufe sich in's Gedächtniß, daß die gesammte Laienschaft, Männer, Weiber und Kinder, Ritter, Bauern und Hörige, sich, da sie keine christliche Predigt mehr vernahmen, nur allein dem Ceremonienwesen, den Pilgerfahrten und besonders dem Dienste der Heiligen zugewandt hatten; man bedenke dieß alles, so wird man sich nicht mehr wundern, wenn solche Zustände endlich den Einen oder den Andern mit Entsetzen über die Versunkenheit der Welt erfüllen mußten. „Wohl hatte das Pabstthum einen furchtbaren Zauberkreis um die Christenheit gezogen, aber eben weil es Zauberei war, erwachte in Einzelnen das Bewußtsein, daß jene Macht nicht vom Himmel stamme, und fingen an, sie zu bekämpfen, wie man den Antichrist bekämpft!“

Schon der Bilderstreit, d. h. der Streit darüber, ob Abbildungen und Portraits von Gott, von Christus, von Maria, von den Aposteln, von den Märtyrern und Heiligen anzufertigen und anzubeten seien — ein Streit, der bekanntlich damit endete, daß die Anbetung der Bilder allgemein decretirt wurde —, erregte vielfach Mißbehagen und Mißbilligung. Mußte man sich doch deßwegen sowohl von Juden als Muhamedanern verspotten und den Zuruf gefallen lassen: „die Christen seien nichts Anderes als Marioladren und beteten Holz und Steine an, gerade wie die Heiden des Alterthums!“ Das war eine bittere Wahrheit und veranlaßte wohl Manchen, darüber nachzudenken, ob denn ein solcher Fetischdienst wirklich im Christenthum begründet sei oder nicht. Natürlich aber führten solche Forschungen weiter und weiter und es mußte am Ende Manchem klar werden, daß die römisch-katholische Kirche gar Vieles enthalte, was der Lehre vom Evangelium und den kirchlichen Einrichtungen der apostolischen Zeit nicht entspreche. Wie viele nun am Ende auf ein solches Resultat gekommen sind, kann man jetzt mit Genauigkeit nicht mehr angeben, doch hat die Geschichte uns wenigstens die Namen von Dreien solcher Männer aufbewahrt und dürfen wir also das, was diese Drei thaten und sagten, als den Uranfang der nachherigen ketzerischen oder vielmehr reformatorischen Bewegungen betrachten. Die Namen der besagten Drei sind Agobard von Lyon, Claudius von Turin und Beringar von Tours. Der Erste wurde schon unter der Herrschaft Karls des Großen geboren und brachte es bald zu der Würde eines Landbischofs in der Diözese Lyon, wie er denn auch in politischer Beziehung unter Kaiser Ludwig dem Frommen keine unbedeutende Rolle spielte. Für unsern Zweck hat jedoch nur die Thatsache einen Werth, daß er den Ceremoniendienst ganz und gar verwarf und sogar frank und frei erklärte: „der Teufel selbst habe dieses neue Wesen herbeigeführt, damit die Menschen von der geistigen Anbetung Gottes in eine rein fleischliche und sinnliche herabsänken." Eine solche Behauptung war natürlich eine rein ketzerische, denn die römischen Bischöfe hatten schon früher alle diejenigen, welche den Bilderdienst verwarfen, ausdrücklich und zwar mit den heftigsten Worten mit dem Anathema belegt; allein zum Glück für Agobard reichte der päbstliche Arm damals noch nicht so weit, wie später, und überdieß tadelte der Lyoner Bischof nur allein diesen Theil des römischen Katholicismus, während er in allem andern mit der Kirche einverstanden blieb. So wurde er denn wegen der so eben angeführten Ketzerei nicht nur nicht belästigt, sondern später, seines vortrefflichen Lebenswandels halber, unter dem Namen St. Agobbio sogar unter die Heiligen erhoben.

Schon etwas weiter, als er, ging sein Zeitgenosse Claudius von Turin, so genannt, weil ihn Kaiser Ludwig der Fromme zum Bischof von Turin ernannt hatte. Derselbe schrieb eine Erklärung zu allen Briefen des Apostels Paulus und verwarf darin nicht blos den Bilderdienst, sondern auch die Lehre von der Intercession der Heiligen, d. h. davon, daß die Heiligen durch ihre Fürbitte bei Gott einen Menschen selig machen könnten. Ja, er ließ sogar die Bilder aus den Kirchen wegnehmen, predigte gegen das Wallfahrten und hielt sich überhaupt in seiner ganzen Lehre nur allein an das neue Testament. Hiedurch bekam er eine große Menge von Anhängern und die Bewegung, welche von seiner Predigt ausging, durchzitterte das ganze Piemontesische bis in's südliche Frankreich hinein. Trotzdem durfte Claudius im Frieden sterben, denn wenn auch gleich der damalige römische Bischof, Eugen II., den Kaiser Ludwig ermahnte, gegen den verruchten Ketzer mit Gewalt einzuschreiten, so wollte Letzterer, der von der Tugendhaftigkeit des Claudius vollkommen überzeugt war, doch nichts davon wissen, und litt sogar nicht, daß dessen Anhänger auch nur im Geringsten belästigt wurden.

Ein Ketzer anderer Art war Beringar von Tours, Lehrer an der philosophischen Schule daselbst und seit 1040 Archidiaconus zu Angers. Damals nehmlich war der Glaubenssatz aufgestellt worden, Wein und Brod werde durch die Segnung des Priesters im Abendmahle in wirkliches Fleisch und Blut Christi verwandelt, und sowohl die Päbste, als auch der gesammte Clerus griffen mit

Freuden nach diesem neuen Lehrsatz, weil durch ihn das Ansehen der Priesterschaft nothwendigerweise sich ganz außerordentlich steigern mußte. Bediente man sich doch von nun an des Ausdrucks, daß der Priester den Leib des Herrn „schaffe", und konnte man doch sogar behaupten, daß die priesterliche Kraft eine größere sei, denn die göttliche, da ja der Priester Gott creiren könne, so oft er wolle! Allein, so sehr auch die römische Katholicität darauf drang, daß die neue Lehre überall als die allein orthodoxe anerkannt werde, so stellten sich ihr doch, besonders in Frankreich, viele Männer entgegen, worunter auch der durch seinen Scharfsinn und seine Kenntnisse berühmte Beringar, welcher frischweg behauptete, „Wein und Brod seien nur Zeichen oder Sinnbilder, von einer Verwandlung (Transsubstantiation) aber könne lediglich nicht die Rede sein." Ob solch' kühnen Gebahrens forderte Pabst Leo IX. den Archidiaconus vor seinen Richterstuhl zu Rom und verdammte ihn im Jahr 1050 so zu sagen in contumaciam, denn derselbe war nicht erschienen, sondern vielmehr unter dem Schutze des Königs von Frankreich in Tours geblieben. Neun Jahre später wiederholte jedoch Nicolaus II. die Citation und nun mußte Beringar nicht blos gehorchen, sondern auch, wenn er anders nicht verbrannt werden wollte, zugeben, daß seine Lehre eine ketzerische sei. Ja, erst nachdem er dieses neue Glaubensbekenntniß abgelegt und geschworen hatte, er wolle von nun an die vollständige Wandlung des Brods und Weins, die Wandlung in greifbares Fleisch und Blut glauben, ward er entlassen! Allein kaum war er nach Frankreich zurückgekehrt, so widerrief er das ihm mit Gewalt abgenöthigte Glaubensbekenntniß, in der Ueberzeugung, er werde in Tours vor dem weltlichen Arme des Pabstes sicher genug sein. Doch hierin täuschte er sich, denn als im Jahr 1073 der gewaltige Gregor VII. den päbstlichen Stuhl bestieg, so ward er sofort processirt, und hätte sicherlich sein Leben auf dem Scheiterhaufen lassen müssen, wenn er es nicht vorgezogen haben würde, zum Zweitenmal zu widerrufen. Gleich darauf übrigens suchte er, um nicht am Ende doch noch mit dem Scharfrichter nähere Bekanntschaft zu machen, ein Asyl auf der kleinen Insel St. Cosmas bei Tours, und lebte von nun an bis an seinen Tod im Jahr 1088 in vollkommener Zurückgezogenheit und Stille.

So viel von diesen drei berühmten Männern, welche aber, wie man sich wohl denken kann, keineswegs vereinzelt dastanden. Im Gegentheil, sie mußten nothwendigerweise viele Genossen und noch mehr Schüler haben, denn man erfährt aus jener Zeit, daß besonders im obern Italien und im südlichen Frankreich die Giftpflanze der Ketzerei eine äußerst verbreitete, obwohl nur im Verborgenen wuchernde, gewesen sei. Welcherlei Lehren und Grundsätze übrigens diese Ketzer aufgestellt hatten, darüber schweigen die Berichterstatter, und es heißt nur im Allgemeinen, „es sei zur Kenntniß der Kirche gekommen, daß gar Viele in jenen Gegenden den wahren Glauben der römischen Katholiken nicht theilen.“ Einen Namen gibt man diesen Ketzern allerdings, nehmlich den der „Manichäer“, aber nicht deßwegen, weil dieselben den Glauben jener unter dieser Bezeichnung bekannten gnostischen Secte getheilt hätten, sondern deßwegen, weil damals dieser Name so viel bedeutete, als das Wort „Häretiker“ oder das nachherige „Ketzer.“ Ein Manichäer war jeder, der mit der römischen Katholicität nicht übereinstimmte, allein eben deßwegen war ein solcher auch des Todes schuldig, denn die römischen Kaiser des fünften Jahrhunderts hatten auf den Manichäismus die Todesstrafe gesetzt. Somit drang man bereits im zehnten Jahrhundert von vielen Seiten darauf, nach den Ketzern oder Manichäern zu fahnden und dieselben ohne Weiteres todt zu schlagen. Doch scheint es, daß man damals noch ziemlich glimpflich mit ihnen verfuhr; im eilften Jahrhundert dagegen sprach man bereits aus einem andern Tone. Anno 1017 nehmlich, zur Zeit des Pabsts Benedikt VIII., machte ein Presbyter in Rheims plötzlich die Entdeckung, daß zwei angesehene Priester jener Stadt mit Namen Heribert und Lisoius Ketzer seien und eine Menge von Anhängern zählen. Man berichtete an den Pabst, sowie an den frommen König Robert von Frankreich, und diese beiden ordneten an, daß die Ketzer auf einer in der Stadt Orleans abzuhaltenden Synode gerichtet werden sollten. Heribert und Lisoius, nebst dreizehn ihrer Anhänger, wurden vorgefordert und mußten über ihren Glauben Auskunft geben. Sie thaten es und zwar, wie der damals lebende und über alle südfranzösischen Verhältnisse auf's Genaueste unterrichtete Schriftsteller Glaber Rudolph ganz naiv erzählt, mit solcher Klarheit und Verstandesschärfe, daß die versammelten Bischöfe nicht im Stande waren, sie zu widerlegen; allein dennoch wurden sie alle fünfzehn, „weil sie nicht widerrufen wollten," öffentlich verbrannt!

Diese Fünfzehn waren, so viel man weiß, die ersten Ketzer, welche den Feuertod erlitten. Von der Art und Weise ihrer Ketzerei ist übrigens nicht viel mehr bekannt geworden, als daß sie das ganze Ceremonienwesen der Kirche verwarfen und überhaupt gegen das Priesterthum, so wie es sich im Katholicismus gestaltet hatte, eiferten. Ohne Zweifel stimmte ihre Glaubens-Ansicht mit den Grundsätzen überein, welche zwei Jahrhunderte früher Claudius von Turin aufgestellt hatte; allein in dem Synodalbeschluß von Orleans werden sie nur kurzweg Manichäer genannt, und als solche des Feuertodes für würdig erachtet.

Man glaubte nun ohne Zweifel durch die Hinrichtung dieser Fünfzehn dem ganzen Ketzerthum den Todesstoß gegeben zu haben; allein man täuschte sich gewaltig, denn schon im Jahr 1025 mußte der Bischof Gerard von Arras abermalen eine Synode halten, um dem überhandnehmenden Ketzerthum zu steuern. Auch ersieht man aus den Berichten über dieses neue Ketzerthum, daß die Anhänger desselben behaupteten, ihre Glaubenslehre, welche sie von einem Manne aus Italien mit Namen Gangulpho erhalten hätten, sei die allein wahre und zugleich die älteste in der Kirche, indem sie sich auf die Bibel selbst gründe und daher von Niemanden widerlegt werden könne. Natürlich übrigens gab sich weder die einberufene Synode noch der Bischof damit ab, die Ketzer zu widerlegen, sondern man ließ sie: „weil sie nicht auf dem Boden der Katholicität stünden," kurzweg verbrennen, gerade wie man die Fünfzehn in Orleans verbrannt hatte. Allein auch damit war das Ketzerthum nicht ausgerottet, sondern es verbreitete sich vielmehr immer weiter, wie eine im Jahr 1059 in Toulouse abgehaltene Synode beweist, denn dort fand man es bereits nöthig, nicht blos die Ketzer selbst zu verdammen, sondern auch diejenigen, welche mit ihnen umgingen oder sie gar vollends beschützten. Auch erfährt man nun, worin die Ketzerei eigentlich bestand, nehmlich in der

Verwerfung des Bilderdienstes und der Heiligen-Anbetung, in dem Eifern gegen die Sittenlosigkeit des Priesterthums und Mönchthums, in der Nichtanerkennung der Werkheiligkeit, sowie überhaupt in der Erklärung, daß die katholische Kirche in ihrer damaligen Einrichtung nicht mehr mit dem Urchristlichen übereinstimme. Kein Wunder also, wenn die Bischöfe und der Pabst mit aller Gewalt diese Lehre, deren Ausrottung für sie eine Lebensfrage war, zu unterdrücken suchten, um so mehr, als es sich herausstellte, daß die Anhänger derselben bereits eine geordnete Secte bildeten. Gab es doch zweierlei Klassen unter ihnen, die sogenannten Credentes, das ist die Gläubigen im Allgemeinen, und die sogenannten Perfecti oder Electi, das ist die Vollkommenen und Auserlesenen, welche den Andern das Evangelium zu predigen und eben deßwegen auch für ihren Glauben einzutreten (oder gar als Märtyrer zu sterben) die Verpflichtung hatten!

Doch mit dem Unterdrücken ging es nicht so leicht, als man es sich päbstlicher Seits wohl im Anfang gedacht haben mag, denn wenn man auch da und dort ein Dutzend der Ketzer verbrannte, so gewannen dagegen die im Lande herumreisenden und überall als eifrige Prediger auftretenden „Perfecti" für jeden Hingerichteten die zehnfache Anzahl von neuen Bekennern. Ja die Ketzerei nahm nun, die frühere Benennung „Manichäer" bei Seite schiebend, einen eigenen Namen an, zum besten Beweis dafür, daß sie sich in dem was sie wollte, ganz klar geworden sei. Dieser neue Name war der — „der Waldenser", über dessen Ursprung folgendes erzählt wird. „In der ersten Hälfte des zwölften Jahrhunderts, zu den Zeiten Pabsts Innocenz II., habe in der Stadt Lyon ein reicher Mann gelebt mit Namen Petrus Waldo oder auch Petrus de Waldo und ihm seien von einem katholischen Priester mit Namen Stephanus die Evangelien, sowie überhaupt der größere Theil der Bibel übersetzt worden. Petrus habe nun auf's eifrigste in der Bibel studirt und sei sofort von dem Geiste derselben so ergriffen worden, daß er alle seine Güter verkaufte und das Geld unter die Armen vertheilte. Drauf hätte er angefangen, das Evangelium zu predigen, und sei natürlich alsbald mit der katholischen Priesterschaft in Conflict gerathen, weßwegen er auch verdammt worden sei und die Flucht habe ergreifen müssen. Trotzdem aber, daß die Priesterschaft allerorts auf ihn fahndete und der Pabst selbst ihn zur Verantwortung nach Rom citirte, habe Petrus doch nie aufgehört, das reine Evangelium zu predigen, und es seien ihm deßhalb eine ganze Unmasse von Anhängern zugeströmt, welche sich sofort, um sein Andenken zu ehren, nach seinem Namen Waldo — „Waldenser" genannt hätten." So lautet die herkömmliche Erzählung von dem Ursprung der Waldenser; allein sie beruht auf einer reinen Fabel, denn es gab nie einen Mann mit Namen Waldo und ebensowenig gab es einen Ort in Frankreich, welcher Waldo geheißen hätte. Die Entstehung des Märchens aber erklärte sich daraus, daß der bekannte Geschichtschreiber Peter von Pilichdorf, welcher im dreizehnten Jahrhundert ein großes Werk über die Waldenser herausgab, unter den hervorragendsten Mitgliedern derselben auch einen gewissen Petrus anführt, welchem er den Beinamen „Waldensis" gibt. Hieraus schlossen nun die Leser jenes Werkes, der Petrus Waldensis sei der Stifter der Waldenser Secte gewesen, und machten sofort bei der Oberflächlichkeit, mit der man überhaupt früher in der Geschichte zu Werke zu gehen pflegte, die Erzählung von dem Petrus Waldo daraus. Die Wahrheit an der Sache aber ist die, daß der Name Waldenser schon im eilften Jahrhundert bekannt war und daß Pilichdorf dem Petrus, von dem er spricht, nur deßwegen den Beinamen Waldensis gibt, weil derselbe eine hervorragende Persönlichkeit unter den Waldensern war. Um es übrigens kurz zu sagen, so hießen die Waldenser ursprünglich nicht einmal Waldenser, sondern die damaligen Schriftsteller betiteln sie stets „Valensis" oder „Vaudois" oder endlich auch „Wadoys", je nachdem man sich der lateinischen, der französischen oder der romanischen Schriftsprache bediente; alle diese Namen aber hatten ihren Ursprung in dem Worte Val oder Vaux, welches auf deutsch „Thal" heißt; denn man verstand unter ihnen im Anfang Niemand anders, als die **Thalleute**, d. h. die **Bewohner der piemontesischen Alpthäler, in welchen die Lehren des Claudius von Turin am meisten Eingang gefunden und sich diese ganze Zeit her erhalten hatten.** *)

---

*) In dem kleinen Gedichte »La nobla Leyçon,« welches dem Ende des eilften Jahrhunderts angehört, werden die Waldenser Vaudes genannt, ein

Hierüber, d. h. darüber, daß der Name Waldenser auf die angegebene Art entstand, herrscht gegenwärtig lediglich kein Zweifel mehr, eher aber darüber, was die Waldenser eigentlich für ein Religionsbekenntniß aufgestellt hätten, denn es sind nur wenige Ueberbleibsel ihrer religiösen Schriften bis auf unsere Zeiten erhalten worden. Allein auch dieß wird ohne zu viele Mühe herauszubringen sein, wenn man die Thatsachen nie außer Augen läßt, daß wenigstens im Anfang nur der ärmere und weniger gebildete Theil der menschlichen Gesellschaft zu ihnen gehörte. Es waren lauter einfache Leute, „schlicht und recht" wie man zu sagen pflegt, und ebenso einfach gestaltete sich auch ihr Religions-Bekenntniß. Von einem theologischen System oder auch nur von einem durchgebildeten Dogma ist nie und nimmer die Rede; dagegen besaßen sie eine romanische Uebersetzung der Bibel (fast jede Familie hatte ihr Exemplar) und führten ihre ganze Lehre auf die Bibel zurück, denn sie wollten nichts anderes sein, als apostolische Christen. Darum verwarfen sie auch Alles, was seit der Zeit, daß die christliche Religion römische Staatsreligion geworden war, zum Christenthum hinzugefügt wurde, und erklärten die römische Katholicität, wie sie sich seit dem römischen Bischof Sylvester gestaltet habe, geradezu für etwas Gemachtes, etwas Unchristliches. Besonders haßten sie den Clerus oder das Priesterthum, weil dieses die Reinheit des apostolischen Glaubens verdorben habe und zugleich ein Leben führe, welches mit dem Christenthum in schnurgeradem Gegensatz stehe. Eben deßwegen war ihnen auch die Spitze dieses Priesterthums, d. i. der Pabst zu Rom, ein Greuel und sie nannten ihn nicht selten den Bel zu Babel oder den Antichrist.

Unter solchen Umständen kann man sich wohl denken, daß die Cleriker über solches Ketzerthum in keinem Fall erbaut sein konnten, trotzdem daß dessen Bekenner meist still und harmlos in den Gebirgsthälern lebten und mit den Katholischen keineswegs in offene Feindschaft traten. Wie jedoch der Waldensische Glauben

---

Namen, welcher offenbar denselben Ursprung hat, wie der des französischen Vaudois. Hierin liegt der beste Beweis, daß nicht Petrus Waldensis, der erst im zwölften Jahrhundert lebte, der Stifter der genannten Secte ist.

vollends die Thalwände Piemonts überschritt und sich über das ganze südliche Frankreich ausdehnte, so daß sogar nicht wenige Adelige und Barone sich zu demselben zu bekennen begannen, da steigerte sich natürlich der Aerger des Clerus zum Zorn und es wurde beschlossen, der Waldenserei auf's strengste entgegenzutreten. Am wüthendsten wurde die Priesterschaft über die sogenannten Glaubensboten der Waldenser, d. h. über diejenigen, welche die Lehre des Evangeliums offen zu predigen wagten, und mit besonderem Haß gedenkt die Kirchengeschichte Zweier derselben, welche die Namen Peter und Heinrich von Bruys führten und sich durch ihr hervorragendes Ketzerthum auszeichneten, weßwegen sie auch durchweg mit den Namen Heresiarchen, d. h. auf Deutsch „die Fürsten der Ketzerei" bezeichnet werden. Sie sollen im Anfang des zwölften Jahrhunderts aus Italien nach Frankreich herüber gekommen und verlaufene Mönche gewesen sein, in Wahrheit aber haben wir sie ohne Zweifel zu den sogenannten „Vollkommenen" (Perfecti) der Waldenser zu rechnen, deren Aufgabe es war, die Botschaft des Evangeliums immer weiter zu verbreiten. Sonderbarer Weise übrigens wird über Einen von ihnen, nehmlich über Peter von Bruys nichts genaueres berichtet, und man weiß nur, daß er von dem durch seine Priester fanatisirten Volke bei Saint-Gilles ums Jahr 1120 erschlagen worden ist. Etwas umständlicher dagegen spricht die Geschichte von Heinrich von Bruys, und constatirt namentlich, daß er in Lausanne, Mons, Perigueux, Bordeaux, Arles, Poitiers und besonders in Toulouse als Glaubensprediger auftrat. Auch that er dieß nicht heimlich und im Verborgenen, sondern er hatte vielmehr, dieweil der Ruf seiner Heiligkeit ihm weit voranging, immer ein bedeutendes Gefolge, und zog meist in großer Procession und unter Voraustragung des Kreuzes, so daß ihn viele für einen katholischen Eiferer hielten, in die Städte ein. Unter solchen Umständen aber fehlte es ihm natürlich nicht an Zuhörern, indem das Volk schon des Spektakels halber zusammenlief, und nicht selten ließen sich sogar die Cleriker herbei, sich unter die Zuschauer zu mischen, wie dieß von dem Bischofe Hildebert von Mons ausdrücklich bezeugt wird. Derselbe erzählt nehmlich, daß er neben verschiedenen Frauen, welche ihr früheres unkeusches Leben bejammerten, auch einige Priester gesehen habe, welche vor Heinrich von Bruys während seiner ganzen Predigt auf den Knieen gelegen seien und durch tiefes Schluchzen ihre Reue wegen ihrer bisherigen Sündhaftigkeit an den Tag gelegt hätten. Ja von diesen Priestern gingen Einige sogar so weit, daß sie den Priesterrock abwarfen und sich förmlich in die ketzerische Sekte aufnehmen ließen; der Bischof Heribert selbst dagegen (sowie die meisten seiner Herren Collegen) hatte offenbar keine so große Freude an der besagten Predigt, denn er reiste, als er den Heinrich von Bruys angehört hatte, sogleich in eigener Person nach Rom, um den Pabst Eugen III. von dem schlimmen Stande der religiösen Angelegenheiten in Südfrankreich zu benachrichtigen, und dieser sandte sofort augenblicklich den Cardinal Alberich von Ostia ab, damit er dem Waldenser-Unfug ein Ende mache. Cardinal Alberich zog nun mit vielem Pomp so wie unter Begleitung einer Menge von mit Rednertalent begabten Clerikern, worunter sich auch der berühmte Abt Gerhard von Clairvaux befand, in den der Ketzerei verdächtigen Städten und Ortschaften herum*) und versuchte, es durch die Predigten seiner mitgebrachten Redner auf das Volk einzuwirken. Zugleich aber — und dieß war die Hauptsache — ließ er auf den Heinrich von Bruys nebst den andern waldensischen Glaubensboten fahnden und schickte dieselben, nachdem sie richtig eingefangen worden waren, nach Italien, wo sie (hierüber ist man nicht im Klaren) entweder den Märtyrertod starben oder aber in ewiger Klosternacht verschwanden. Dieß geschah im Jahr 1148 und gleich nachher, noch in demselben Jahre, reiste der Legat, nachdem er vorher alle Ritter und Barone des südlichen Frankreichs hatte schwören lassen, daß sie der römischen Kirche treu sein und die Ketzer verfolgen wollten, nach Rom zurück, vollkommen überzeugt, daß mit der Einkerkerung der ketzerischen Rädelsführer die Ketzerei selbst ein Ende habe.

Hierin jedoch täuschte sich Seine Eminenz vollkommen, denn trotzdem daß der Waldenser Glaube hauptsächlich nur im

*) Bei dieser Gelegenheit wird auch der Stadt Albi in der Nähe von Toulouse, als eines Hauptsitzes der Ketzerei erwähnt und wir führen dieß deßwegen hier an, weil die Häretiker des gesammten südlichen Frankreichs später von dieser Stadt den Namen „Albigenser" erhielten.

gemeinen Volke Wiederhall fand, so waren die waldensischen Gemeinden doch schon zu gut als solche organisirt, als daß sie sich wegen des Verschwindens einiger ihrer „Vollkommenen“ hätten auflösen sollen. Im Gegentheil breiteten sie sich immer mehr aus, und kümmerten sich auch nichts darum, als im Jahr 1163 Alexander III. den großen Bann über sie aussprach und den Fürsten Südfrankreichs anbefahl, die Ketzer wie Ausgestoßene aus der menschlichen Gesellschaft zu behandeln und ihre Güter zu confisciren. Ja sogar über Frankreich hinaus drang nun ihre Lehre, wie denn z. B. in der Stadt Trier um selbige Zeit vier Ketzer (worunter sogar zwei abgefallene Priester) entdeckt und mit dem Märtyrerthum bedacht wurden. Ebenso streng verfuhr man gegen sie in England, wo ein Deutscher Namens Gerold als waldensischer Glaubensbote auftrat und etwa dreißig Anhänger gewann. Ihn selbst nehmlich verurtheilte man zum Tode, seine Glaubensbrüder aber excommunicirte man, confiscirte ihre Güter und brandmarkte sie schließlich mit glühendem Eisen, damit sie von nun an Jedermann als Aussätzige vermeide. Auch nach Lothringen kamen die Glaubensboten und erlangten besonders dadurch einen großen Anhang, daß sie für die Uebersetzung der Evangelien in die lothringische Vulgärsprache sorgten, worüber jedoch Pabst Innocenz III. so erbost wurde, daß er das ketzerische Machwerk verbrennen ließ. Einen nicht minder fruchtbaren Boden fanden die Ketzerpredigten in den Niederlanden und es wird besonders eines Glaubensboten mit Namen Tamcheln erwähnt, welcher mit einem fulminanten Eifer gegen die katholische Priesterschaft gepredigt habe, dafür aber auch im Jahr 1126, wie billig, dem Tode überantwortet wurde. Am meisten jedoch mußte es die Päbste mit Zorn erfüllen, daß die freche Ketzerlehre sogar nach Italien eindrang und in Arnold von Brescia einen fast außerordentlichen Sendboten fand. Arnold, welcher sich „von Brescia“ hieß, weil er in letzterer Stadt geboren war, scheint mit dem oben angeführten Heinrich von Bruys schon in früher Jugend bekannt geworden zu sein und trat ums Jahr 1139 zum erstenmal in seiner Vaterstadt als Strafprediger gegen die durchaus verdorbene und der Aeußerlichkeit verfallene Geistlichkeit auf. Seine Lehre fand alsbald großen Anklang und verursachte sogar eine revolutionäre Bewegung gegen den dortigen Bischof, welchem der kühne Prediger das Recht seines weltlichen Besitzthums abzusprechen wagte. Von Brescia ging Arnold nach Rom, um daselbst, wo damals wegen der beiden Gegenpäbste Anaclet II. und Innocenz II. große Unordnung herrschte, das Evangelium zu verbreiten und zugleich mit der religiösen Freiheit auch die Herstellung der politischen Emancipation zu erstreiten. Diese Doppelnatur seiner Predigt, in welcher er nicht blos gegen die Sündhaftigkeit des Clerus und die Verdorbenheit der Kirche im Allgemeinen loszog, sondern auch insbesondere die irdische Hoheit und Macht des Pabstes, als mit dessen Würde im Widerspruche stehend, abgeschafft wissen wollte, erwarb ihm auch hier der Freunde eine Menge. Ja bald stand das ganze römische Volk zu ihm und es gelang ihm, in demselben den Gedanken zu erwecken, daß eine „weltliche" Regierung der ewigen Stadt besser anstünde denn eine „päbstliche". Nun starb aber im Jahr 1139 der Gegenpabst Anaclet, und da hiedurch Innocenz II. zur nunmehr unbestrittenen Alleinmacht gelangte, so benützte er diese natürlich dazu, um alsobald den Bannstrahl auf seinen verwegenen Widersacher zu schleudern. Arnold sollte ins Gefängniß geworfen und seine Schriften verbrannt werden, doch entging der Brescianer solchem Schicksal durch schnelle Flucht nach Frankreich, woselbst er mit dem berühmten Abälardus, ebenfalls einem Ketzer, aber keineswegs einem waldensischen, zusammentraf.*) Allein auch bis hieher reichte der Arm des Pabstes und Arnold floh daher in die Schweiz, wo er vom Jahre 1140 an, theils in Constanz, theils in Lausanne und Zürich, für den waldensischen Glauben wirkte. Vierzehn Jahre lang lebte er hier unangefochten. Da, im Jahr 1154, gleich nach dem Tode des Pabstes Anastasius IV., als eben Hadrian IV. den päbstlichen Stuhl bestiegen hatte, schickten die Römer eine Deputation an ihn

*) Abälard zeichnete sich bekanntlich als scholastischer Philosoph und Theolog aus, ist aber durch seine Verbindung mit Heloise, der Nichte des Canonicus Fulbert, eines wunderschönen und geistreichen Mädchens, in die er sich, obwohl er Priester war und bereits 38 Jahre zählte, auf's sterblichste verliebte, noch viel berühmter geworden, als durch seine rationelle Ansicht von der Dreieinigkeit. Weiß doch fast jeder Knabe und jedes Mädchen die Geschichte von Abälard und Heloisen auswendig!

und luden ihn ein, wieder in ihre Stadt zu kommen. Arnold folgte dem Rufe und seine Erscheinung hatte die Folge, daß Rom sich abermalen aufraffte und den Pabst verjagte. Zur Wiedervergeltung belegte Hadrian IV. den Aufwiegler, obwohl derselbe schon gebannt war, nochmals mit dem Banne, verhängte das Interdict über Rom und wandte sich zugleich an Friedrich den Hohenstaufen, von diesem in seiner schweren Noth Hülfe suchend. Doch auch die Römer schickten eine Gesandtschaft an den Kaiser und baten ihn, gleich den früheren römischen Kaisern, die Siebenhügelstadt zur Metropole seines Imperatoren-Reichs und zugleich zu seiner bleibenden Residenz zu machen. Eine Zeit lang schwankte Friedrich, allein endlich siegte der Pabst, vielleicht wegen der Hochachtung, welche der Kaiser für das Kirchenoberhaupt hatte, wahrscheinlicher übrigens wegen der Verachtung, mit welcher der Rothbart auf alle revolutionären Volksbewegungen herabsah. Demgemäß trat der Kaiser mit Hadrian in nähere Unterhandlung und machte sich sofort anheischig, gegen das Versprechen der Krönung nicht blos die Römer ihrem Oberhirten wieder zu unterwerfen, sondern auch den Erzrevolutionär Arnold von Brescia in Hadrians Hände zu liefern. Dieß geschah im Jahr 1155, und kaum befand sich der als Ketzer und Rebell bei dem Pabste gleich sehr verhaßte Arnold in den Händen des Letzteren, so wurde er auch sogleich zum Scheiterhaufen verdammt. Vergeblich eilten die Römer, als sie von der Sache Nachricht erhielten, im Sturme herbei, den beliebten Volkstribun zu retten; sie fanden nur noch seine Asche, denn Hadrian hatte dem Urtheilsspruch sogleich die Hinrichtung folgen lassen. So endete Arnold von Brescia, unter den waldensischen Sendboten vielleicht der kühnste!

Trotzdem aber die Päbste um diese Zeit bereits anfingen, den Mord und die Hinrichtung für das beste Mittel zur Ausrottung der Ketzerei zu halten, so dehnte sich diese doch immer mehr aus und man trifft nun die Waldenser, obwohl nicht immer unter diesem Namen, bald über den halben Theil von Europa verbreitet. In Lyon und Umgegend hieß man sie gewöhnlich „die guten Leute“ (Boni homines) oder auch die „Armen von Lyon“ (Pauperes de Lugduno) und in Oberitalien führten sie den Namen „Henricianer“ oder auch „Petrobrusianer“, ohne Zweifel den beiden Sendboten

Heinrich und Petrus von Bruys zu Ehren. In der Lombardei wurden sie „die Armen von Lombardien“ oder auch Humiliati d. i. die Demüthigen genannt, und noch anderswo hieß man sie „Katharer“ d. h. die Reinen, obwohl dieser Name weniger auf sie als vielmehr auf eine andere Secte, welche um diese Zeit auftauchte, paßte. Diese neue Secte war eine gnostische und aus dem Morgenlande, wo ihre Anhänger den Namen „Paulicianer“ (wegen ihrer Vorliebe für den Apostel Paulus) führten, herübergekommen. Am verbreitetsten waren dieselben in Armenien, sowie in den Bergketten des Kaukasus, wo sie eine förmlich abgesonderte Kirche bildeten und gegen den Bilderdienst, sowie überhaupt gegen die ganze jüdisch-sinnliche Auffassung des Christenthums, wie dieselbe in der orthodox-griechischen Kirche zu Hause war, ankämpften; allein im neunten Jahrhundert wurden sie von den constantinopolitanischen Kaisern so hart verfolgt, daß ein großer Theil von ihnen nach Bulgarien so wie nach andern damals bereits von den Muhamedanern eroberten Provinzen flüchtete, während eine kleinere Parthie sich dem Abendlande und besonders Oberitalien zuwandte. Hier gelang es ihnen, in den Städten Alba, Florenz, Spoleto, Vicenza, Bagnolo und Concorezo Gemeinden zu gründen und sich später bis ins südliche Frankreich hinauf auszudehnen; allein weil sie da eine bereits gut organisirte ketzerische Secte, die sogar vielfach mit ihnen übereinstimmte, nehmlich die Waldensische, vorfanden, so kam es gleichsam von selbst, daß sie sich nicht blos an dieselbe anschlossen, sondern sich sogar förmlich mit ihr vermischten. Verwarfen sie doch beide (die Paulicianer wie die Waldenser) den Bilder- und Heiligenbienst, sowie überhaupt die ganze Aeußerlichkeit des römisch-katholischen Priesterthums! Stellten sie doch beide den Grundsatz auf, daß nur allein Gott und sein Sohn Jesus Christus zu verehren sei! Hielten sie doch beide fest am neuen Testamente, als der einzigen Urquelle der Wahrheit, und wollten nichts wissen von Tradition, Bullen und Pabstthum! Was lag also daran, wenn sie in einigen anderen Lehren, z. B. in der über die Sakramente, über die Ehe, über die Schöpfung der Welt u. s. w. auseinander gingen? Die Hauptsache war immer die, daß sie beide die römische Katholicität als einen Gräuel verwarfen, daß sie beide das Pabstthum vernichtet haben wollten! Somit finden wir gegen das Ende des zwölften Jahrhunderts im südlichen Frankreich eine Menge ketzerischer Gemeinden, in welchen, wie z. B. in Toulouse, in Albi und in Cahors, Paulicianer und Waldenser so gemischt unter einander lebten, daß man sie nicht mehr gegenseitig ausscheiden konnte, und daher kam es denn auch wohl, daß die katholische Partei unter dem Namen „Katharer oder Ketzer“ sowohl die Paulicianer als auch die Waldenser, sowie überhaupt jeden Häretiker der damaligen Zeit zusammenfaßte. Freilich begegnet man auch noch verschiedenen anderen Benennungen und man liest von Cotereillern, von Bescolern, von Brabantionen, von Navarrern, von Arragonesern u. s. w., allein alle diese von den Städten oder Ländern, wo die Ketzer besonders zahlreich waren, entlehnten Namen sind nur ein Beweis dafür, wie weit sich die Ketzerei damals schon verbreitet hatte,*) und es ist deßhalb kein Wunder, wenn die Katholischen, an ihrer Spitze der Pabst, endlich daran dachten, dem Unwesen ein vollständiges Ende zu machen. Die Einsperrung oder auch Verbrennung „einzelner“ hervorragender Ketzer, wie sie bisher im Schwunge war, hatte zu Nichts geführt, sondern im Gegentheil war die Ketzerei nur immer weiter gedrungen. Somit mußte ein anderer Weg eingeschlagen werden, wenn man nicht Gefahr laufen wollte, am Ende gänzlich zu unterliegen; dieser Weg aber war kein anderer als „der Ketzermord im Großen“, von welchem wir im nächsten Kapitel erzählen wollen.

---

*) Auch Sabatater werden die Ketzer genannt, nach dem spanischen Worte Sabata, welches Sandale heißt: einfach deßwegen, weil die Glaubensboten der Katharer Sandalen unter ihre Füße zu binden pflegten, um den Aposteln auch im Aeußern zu gleichen; allein so vielfach auch die Namen sind, welche man den Ketzern gab, so bedeuten sie doch keineswegs verschiedene Secten, sondern zeugen nur dafür, daß die Katholischen die Grundsätze und Lehren ihrer Gegner nicht genau kannten, denn sonst hätten sie sich natürlich mit einem einzigen, aber bezeichnenden Namen begnügt.

Zweites Kapitel.

Der Ketzermord im Großen.

Am Ende des zwölften und am Anfange des dreizehnten Jahrhunderts hatte sich die Ketzerei, wie soeben erzählt wurde, bereits über Italien, England, Spanien und Deutschland verbreitet und sogar in Ungarn, Bosnien, Bulgarien und Dalmatien fanden sich Spuren derselben; ihren Hauptsitz aber hatte sie doch im südlichen Frankreich, sowie besonders in den Städten Toulouse und Albi. In diesen beiden Orten gehörte, wie es scheint, die ganze Einwohnerschaft oder wenigstens der größere Theil derselben zu den Katharern, und die Letzteren erhielten dadurch den neuen Namen Albigenser, ein Name, der bald als gleichbedeutend mit dem eines Ketzers in Schwung kam. Fragt man nun nach dem Grunde, warum die Ketzerei gerade in diesem Theile Frankreichs so sehr zu Hause war, so liegt die Antwort nach den einstimmigen Berichten der Geschichtsforscher des dreizehnten Jahrhunderts darin, daß sich hier nicht blos die ärmeren Leute dem neuen Glauben zuwandten, sondern daß auch die Mächtigen und Höhergestellten, insbesondere aber die Beherrscher der Grafschaft Toulouse demselben nicht abgeneigt waren. Schon der Graf Alfons von Toulouse, welcher anno 1176 starb, wird beschuldigt, daß er den Waldensern Schutz gewährt habe, und noch mehr that dieß sein Sohn und Nachfolger Raymond V., weßhalb auch der Pabst Alexander III. einen eigenen Legaten mit Namen Petrus zu ihm sandte, um die Sache des Näheren zu untersuchen. Der Legat kam um's Jahr 1180 nach Toulouse und fand sowohl hier, als auch in andern Städten und Ortschaften der Grafschaft verschiedene Ketzer vor, allein auf das Zureden des Grafen Raymond schritt er weder zur Excommunication, noch zu Todesurtheilen, sondern begnügte sich vielmehr damit, daß die vom Glauben Abgefallenen ihm versprachen, wieder in den Schoos der Kirche zurückzukehren und von nun an gehorsame Söhne derselben zu sein. Es scheint jedoch nicht, daß dieselben ihr Versprechen hielten, denn schon kurze Zeit darauf schickte der Pabst den besagten Legaten Petrus zu dem Könige Ludwig VII. von Frankreich, sowie zu dem Könige Heinrich II. von England, welcher damals einen großen Theil von Frankreich zu eigen hatte, um jene Fürsten zu bewegen, gegen die Ketzer zu Felde zu ziehen und besonders den Grafen von Toulouse zu zwingen, daß er die Ketzerei nicht mehr beschütze. Leider aber gingen die Könige auf die Sache nicht ein, weil sie in zu viele anderweitige Händel verwickelt waren, und der Pabst mußte sich also damit begnügen, eine Bannbulle gegen die Ketzerei zu schleudern und zugleich alle Ritter und Herren, alle Bischöfe und Obrigkeiten aufzufordern, den Ketzern nachzuspüren und dieselben, nachdem man ihnen Hab und Gut confiscirt, gebrandmarkt aus dem Lande zu jagen. Wenige Jahre später dagegen, nachdem anno 1194 der Graf Raymond VI. seinem Vater dem Grafen Raymond V. in der Regierung gefolgt war und zugleich im Jahre 1198 Innocenz III., dieser Pabst aller Päbste den apostolischen Stuhl bestiegen hatte, sollte die Sache eine ganz andere Wendung nehmen.

Innocenz III. kennen wir aus dem zweiten Buche dieses Werkes bereits hinlänglich und der Leser wird daher keineswegs erstaunt sein, wenn wir ihm sagen, daß Seine Heiligkeit gleich von Anfang an daran dachte, der Ketzerei mit Gewalt ein Ende zu machen. Er sah nehmlich wohl ein, wie der Endzweck der Waldenser, Albigenser, Katharer und wie die Ketzer alle hießen, kein anderer sei, als an die Stelle der römischen Katholicität die Einfachheit des Evangeliums zu setzen und da hiedurch dem ganzen Pabstsystem der Todesstoß gegeben worden wäre, so übersprang er alle Bedenklichkeiten, denn es galt ja, wie wir bereits weiter oben andeuteten, so zu sagen die eigene Existenz! Ließ man den Ketzern noch fernerhin Ruhe, so breiteten sie sich natürlich immer weiter aus, und es war dann die Möglichkeit gegeben, daß Rom endlich vom Evangelium besiegt würde; also konnte es für Innocenz keine andere Wahl geben als die Vertilgung der Ketzerei. Um die Lehre der Ketzer, um ihr Glaubensbekenntniß war es dem Pabste eigentlich nicht zu thun, sondern nur allein darum, daß die priesterlich päbstliche Gewalt anerkannt werde, denn diese Gewalt wollte er behalten und sollte auch eine Welt darüber in Trümmer gehen. Eben deßwegen warf er die gnostischen Katharer mit den evangelischen Waldensern in einen Tigel zusammen, dieweil ja beide die priesterliche Macht verwarfen, und eben deßwegen forderte er von denen, welche als reuige Söhne zur Mutterkirche zurückkehrten, nicht sowohl Widerruf ihres ketzerischen Glaubens, als vielmehr den Schwur der strengsten Unterwürfigkeit unter die päbstliche Gewalt.

Gleich im ersten Jahre seines Pontificats sandte Innocenz seinen Legaten Reiner ins südliche Frankreich, sowie nach Spanien und gab ihm ein offenes Schreiben an alle Fürsten, Grafen und Barone, sowie an alle Bischöfe und Obrigkeiten mit, worin die härtesten Maßregeln gegen die Ketzer anbefohlen wurden. Der Pabst begnügte sich keineswegs mehr mit dem Märtyrerthum der Hervorragenderen unter denselben, denn dieses Märtyrerthum hatte bis jetzt nicht nur noch zu keinem Resultate geführt, sondern es waren vielmehr aus der Asche der Verbrannten immer neue Glaubensboten hervorgegangen. Also gingen seine Maßregeln nicht mehr gegen Einzelne, sondern das ganze Ketzerthum sollte vernichtet werden! „Auf einen Schlag (so decretirte er) solle man sich sämmtlicher Häretiker bemächtigen und ihre Güter confisciren. Ja, selbst die Kinder eines Ketzers müßten ihrer Habe beraubt und sogar das Haus, worin ein Ketzer Aufnahme gefunden, niedergerissen werden. Niemand dürfe sich, von falschem Mitleid getrieben, der Ketzer-Verfolgung entziehen, sonst werde er ebenfalls ein Verdächtiger und selbst die innigste Freundschaft oder die nächste Verwandschaft könne nicht als Entschuldigungsgrund gelten. Nicht einmal ein Eidschwur, den man einem Ketzer geschworen, habe Gültigkeit, denn den Ketzern gegenüber brauche man Treu und Glauben nimmermehr zu halten, sondern man müsse dieselben vielmehr auf alle Weise berücken, belügen und betrügen." Solche Aufträge hatte der Legat Reiner, allein nicht alle diejenigen, zu welchen er kam, um ihnen den Befehl des Pabstes zu überbringen, wollten sich einer solchen grausamen Ordonnanz fügen, und besonders ließ der Graf von Toulouse, Raymond VI., das päbstliche Dekret vollkommen unbeachtet. Hierin lag eine große Gefahr für Rom, denn der besagte Graf war ein äußerst mächtiger Herr, indem seine Grafschaft mehr einem Fürstenthum glich und er selbst sich der nahen Verwandtschaft mit den königlichen Häusern von Navarra, England und Arragonien rühmen konnte. Noch gefährlicher aber wurde die Weigerung des Grafen, gegen die Ketzer einzuschreiten, dadurch, daß auch seine ersten Lehenträger, besonders der Vicomte Roger von Albi, Beziers und Carcassone, sowie der Vicomte von Foix, unbedingt der Parthei der Ketzer angehörten, dieweil nun von ihnen natürlich nicht erwartet werden konnte, daß sie die Verfolgung ihrer Glaubensgenossen zugeben würden.

Was nun anfangen? War es vielleicht möglich, den Grafen und seine Vasallen doch noch zum Gehorsam zu bringen, oder wenn dieß nicht ging, was war dann zu thun? Im Anfang sandte Innocenz Glaubensprediger über Glaubensprediger in das Land und selbst Religionsgespräche wurden veranstaltet, um die Ketzer zu bekehren. Allein auf solchen Zusammenkünften, wie z. B. auf dem Religionsgespräch zu Carcassone im Jahr 1207, blieben meist die ketzerischen Redner im Vortheil und konnten jedenfalls nicht widerlegt werden, da sie sich stets auf das neue Testament, sowie auf die ältesten Kirchenväter beriefen. Der Pabst sah also ein, daß mit solchen Palliativmitteln kein Resultat zu erzielen sei, und befahl dem Erzpriester Peter von Kastelnau, einem der von ihm ausgesandten Glaubensprediger, den Grafen von Toulouse kategorisch zum Einschreiten gegen die Ketzer aufzufordern und ihn augenblicklich mit dem Banne zu belegen, wenn er nicht gehorche. Peter von Kastelnau kam dem Befehle des Pabstes nach und bannte den Grafen, da dieser sich durchaus nicht dazu bewegen ließ, die Ketzer zu verfolgen. Hierüber (nehmlich über die Frechheit des Kastelnau) ergrimmte ein Ritter des Beherrschers von Toulouse so sehr, daß er den Pfaffen unweit St. Gilles erschlug (am 14. Januar 1208) und die Folge war, daß man denken konnte, Raymond selbst habe den Mord anbefohlen oder doch wenigstens veranlaßt. In der That faßte auch Innocenz III., obgleich Raymond schwur, der Ritter habe ganz ohne seinen Auftrag gehandelt, die Sache so auf und belegte den Grafen augenblicklich mit dem Anathema, zugleich über die ganze Grafschaft das Interdict aussprechend. Der Pabst wußte vielleicht wohl, daß der Graf unschuldig sei, aber er wollte die Gelegenheit, welche ihm der Mord Peters in die Hand gab, nicht unbenützt vorübergehen lassen und darum sandte er seine Legaten in ganz Frankreich und Deutschland herum, um das Kreuz gegen den excommunicirten Grafen und dessen ketzerische Unterthanen zu predigen. „Alle Welt sollte die Waffen ergreifen gegen die Verfluchten, die doch sichtlich nicht mehr werth seien, als die Ungläubigen im Orient, und dazu hin noch viel gefährlicher." Darum ward vom Pabste einem Jeden, sei er Reitersmann oder Knecht, vollkommenste Befreiung von allen Sünden, die er schon begangen habe oder noch begehen würde, zugesagt, sobald er nur das Schwert umgürte, um gegen die Albigenser zu Felde zu ziehen. Ueberdieß, um einen solchen Feldzug noch anlockender zu machen, versprach Innocenz allen Theilnehmern den großartigsten Gewinn, indem die gemeinen Soldaten alle Städte und Dörfer des Landes umher zu plündern das Recht oder vielmehr die Pflicht hätten, die Ritter und Herren aber sich in den Besitz der schönen Herrschaften und Baronien theilen dürften. Solchen Anlockungen konnten natürlich Viele nicht widerstehen und es sammelte sich demnach alsobald ein ziemlich großes Kreuzheer, das meistentheils aus Franzosen, Schweizern und angrenzenden Deutschen bestand. Freilich war eine Masse Gesindel dabei, Menschen, welchen es um nichts zu thun war, als um Raub, Mord und Todtschlag, um nachher das durch Blutvergießen Gewonnene in frecher Lust wieder zu vergeuden; allein was lag daran, wenn es bei dem Kreuzzuge etwas gräuelhaft zuging, oder wenn, was natürlich ebenfalls nicht ausbleiben konnte, mit den Ketzern auch noch ein Paar Tausend Katholische ausgeplündert und hingemordet wurden? Das Sacerdotium mußte um jeden Preis gerettet werden, und wenn auch halb Frankreich darüber zu Grunde gehen sollte!

Immer mehr schwoll das Kreuzheer an, und ob zwar gleich der König von Frankreich, Philipp August, die persönliche Theilnahme wegen des Kriegs, in welchen er damals mit dem König Johann von England verwickelt war, ablehnte, so fanden sich dagegen um so mehr Bischöfe und Erzbischöfe mit ihren Vasallen ein. Ueberdieß gab es der beutelustigen Strolche eine solche Menge, daß in wenigen Monaten die Anzahl der Kreuzfahrer, welche sich in und um Lyon sammelten, bis auf Hunderttausend stieg. Nunmehr organisirte der Pabst das Heer, ernannte den Erzbischof von Sens und die Bischöfe von Autun und von Clermont zu Oberhauptleuten, zum Oberstkommandanten aber den Abt Arnaud von Citeaux und befahl, sofort mit dem Angriff zu beginnen. Dieß geschah im Jahr 1209, in demselben Jahr, als Friedrich II., der berühmte Hohenstaufe, zum Erstenmale auf dem Schauplatz der Welt auftrat. Das Heer setzte sich gegen Toulouse in Bewegung und nunmehr, als er dieß hörte, entsank dem Grafen Raymond VI. aller Muth, denn einer solchen Macht gegenüber erachtete er seinen Untergang für unausbleiblich. Somit fing er an, mit dem päbstlichen Legaten zu unterhandeln, und bat gar demüthig, ihn wieder in den Schooß der Kirche aufzunehmen, von welcher er in seinem Innern nie abgefallen sei. Der Legat stellte ihm harte Bedingungen. Er mußte schwören, an dem Morde Peters von Kastelnau keinen Antheil gehabt zu haben; mußte versprechen, selbst das Kreuz zu nehmen gegen die Ketzer, d. h. gegen seine eigenen Unterthanen, und mußte endlich zum Beweise, daß er sich von nun an dem Willen des Pabstes unbedingt fügen werde, sieben seiner festesten Schlösser, welche alsbald vom Kreuzheere besetzt wurden, ausliefern. Erst nachdem dieß alles geschehen und nachdem er noch einen heiligen Eid darauf abgelegt, nicht zu ruhen, als bis alle Albigenser mit Feuer und Schwert vertilgt seien, nahm der päbstliche Legat die Ceremonie der Lossprechung vom Banne vor, eine Ceremonie, die für den Grafen demüthigend genug war, denn er wurde von dem stolzen Priester an einem Stricke neun Mal um das Grab des ermordeten Peter herumgeführt und dazu neun Mal auf den bloßen Rücken mit Ruthen gestrichen. So kam der Graf von Toulouse aus dem Banne heraus und ganz auf dieselbe Weise löste sich auch der Vicomte von Foix und Narbonne, sein Vasall und naher Verwandter. Nicht so glücklich war aber ein anderer seiner Vasallen, der Vicomte Raymond von Beziers, Albi und Carcassone, denn obwohl derselbe sich ebenfalls bereit zeigte, unbedingte Unterwürfigkeit zu leisten, so nahm man doch päbstlicher Seits keine Rücksicht hierauf. War doch Raymond Roger nur ein unbedeutender Baron und hatte keine Verwandte! Ueberdieß — Ein Opfer mußte man doch haben! So rückte denn das Kreuzheer gegen die Stadt Beziers vor, in welche sich der Vicomte mit den Seinigen eingeschlossen hatte. Tapfer vertheidigte er sich, und die ganze Einwohner- und Umwohnerschaft, Männer, Weiber und Kinder, zusammen ihrer 70,000, schloß sich ihm mit dem Muthe der Verzweiflung an. Doch endlich am 22. Juli 1209 ward die Stadt mit stürmender Hand von den Kreuzfahrern genommen und es begann nun eine Scene, welche noch jetzt die Herzen der Menschheit mit Schauder erfüllt. Die Kreuzritter fragten bei dem Legaten Milo und bei dem Abte Arnaud, als den beiden Oberlenkern des Heeres an, wie es mit den Einwohnern, unter welchen ein großer Theil gut katholisch geblieben war, gehalten werden solle, da man die Ketzer von den Katholischen doch nicht leicht unterscheiden könne. „Schlagt alles todt, der Herr kennt die Seinen," erwiderten die beiden Oberpriester, und so begann die grausigste Metzelei, von welcher man je in der Welt gehört hat. Alt und Jung, männlich und weiblich, ketzerisch und katholisch. — Alles wurde niedergeschlagen. Nur allein in der Magdalenenkirche, in welche sich hauptsächlich Katholische geflüchtet hatten, verbrannte man gegen sieben Tausend und im Ganzen fanden über 60,000 in dem gräßlichen Blutbad ihren Untergang. Etliche wenige, darunter auch der Vicomte Raymond Roger, entkamen durch die Flucht, die vielen Tausende aber, welche nach der Erstürmung noch lebten und knieend um Verschonung baten, schlachtete man förmlich, als wären es Ochsen oder Schweine. Welche Gräuel nebenher durch Brand, Plünderung und Schändung verübt worden sind, davon zu erzählen, sträubt sich die Feder und darum führen wir nur noch das an, daß, während diese gräßliche Schlächterei vor sich ging, die Mönche, welche das Kreuzheer begleiteten, auf dem öffentlichen Marktplatze einen Hymnus zum Lobe Gottes anstimmten!

Ein Schrecken ging durch ganz Europa, als man von diesem „Mord im Großen" hörte, Innocenz III. aber und mit ihm die ganze hohe Geistlichkeit jubelte in ungeheurer Freude auf, denn es war ja nun der Anfang zur Ausrottung der Ketzerei gemacht. Natürlich übrigens begnügte man sich mit diesem Anfang nicht, sondern das Kreuzheer machte sich sofort gegen Carcassone auf, um auch dieser Stadt das gleiche Schicksal zu bereiten. Zum Glück jedoch hatte sich der größte Theil der Einwohnerschaft geflüchtet und somit konnten nur einige wenige Tausende dem Schwerte oder den Flammen überantwortet werden; dagegen aber fing man durch List den Vicomte Raymond Roger und beförderte ihn natürlich sogleich, trotzdem man ihm „eidlich" Verzeihung versprochen, in die andere Welt. Weiter zog dann das Kreuzheer, zerstörte in dem ganzen Gebiete des Vicomte Schlösser und Dörfer, verbrannte zur Kurzweil sowohl Ketzer als Katholische und richtete eine solche Verwüstung an, daß man glauben konnte, die ganze Bande habe nur aus Mordbrennern bestanden. Endlich jedoch war alles abgethan. Die Kreuzfahrer hatten sich im Blute der Ketzer voll getrunken und fingen, weil es nichts mehr zu zerstören und auszurauben gab, an, sich zu zerstreuen. Man konnte sie nicht zwingen, denn sie hatten sich ursprünglich nur zu einem Kreuzzug von vierzig Tagen verpflichtet; doch gelang es, einen Theil von ihnen bei dem Grafen Simon von Montfort, welchem der Pabst Innocenz die nach der Ermordung des Vicomte Raymond Roger erledigte Vicomtei Beziers, Carcassone und Albi unter der Bedingung der Zinspflicht geschenkt hatte, zurückzuhalten und ihnen schlossen sich auch der päbstliche Legat, sowie die meisten Bischöfe und kirchlichen Würdenträger, welche das Heer begleitet hatten, an. Es handelte sich nehmlich darum, daß die Herrschaft des Schreckens und des Todes sich in ganz Südfrankreich nie mehr verliere, und um diesen Zweck zu erreichen, wollte man die neue Montfort'sche Vicomtei zum Mittelpunkte machen, von welchem aus man die Ketzer jederzeit überfallen konnte. In der That hatte also der Ketzerkrieg noch kein Ende; nur wurde er nicht mehr in dem großen Maßstabe, wie bisher, fortgeführt, sondern man begnügte sich, von Zeit zu Zeit bald diese, bald jene kleinere Ortschaft, in welcher Ketzer vermuthet wurden, zu überfallen und mit Mord und Brand heimzusuchen. Sein Hauptaugenmerk aber hielt der päbstliche Legat (nach seiner von Rom aus erhaltenen Instruction) auf den Grafen Raymond VI. von Toulouse gerichtet, denn obwohl derselbe seitdem man ihn vom Banne gelöst hatte, nicht vergaß, der Kirche große Schenkungen zu machen, so zeigte er sich doch in der Verfolgung der Ketzer in seiner großen Grafschaft nicht so feuereifrig, als man es gerne gesehen hätte, und Pabst Innocenz lebte deßwegen

image
not
available

Katholischen den Sieg davon trugen und dieselben sammt dem Erzbischof aus der Stadt jagen. Aber immer mehr vergrößert sich das Kreuzheer und immer enger schließt man den Grafen ein. Da wendet sich dieser an seinen nahen Verwandten, den König Pedro II. von Arragonien und stellt diesem vor, daß es sich in dem ganzen Streite weniger um die Ketzerei, als vielmehr darum handle, daß der Pabst sich zum Oberherrn über die Fürsten aufwerfen wolle. Pedro II. schreitet beim Pabste ein und verlangt Sistirung des Kampfes, doch der Pabst erklärt: „der Beschützer eines Ketzers sei so schlimm, als der Ketzer selbst", und bedroht den König mit dem Bann. Hiedurch läßt sich aber der Letztere nicht irre machen, sondern führt ein Heer gegen die Kreuzfahrer. Bei Muret im Jahr 1213 stoßen die beiden Heere zusammen, aber das Glück der Waffen entscheidet sich gegen den König von Arragonien, welcher in der Schlacht selbst den Tod findet. Nunmehr steht Raymond VI. gänzlich verlassen da und flüchtet, um nicht gefangen zu werden, mit seinem Sohne aus dem Lande seiner Väter. Siegreich zieht Simon von Montfort gegen die mächtige Stadt Toulouse heran und erobert sie nach hartem Kampfe, in welchem der größte Theil der Einwohnerschaft über die Klinge springen muß. Jetzt sind die Kreuzfahrer Herren über das ganze Land und zum Lohne für seine Thaten wird Simon von Montfort von Innocenz III. zum Grafen von Toulouse ernannt. Unter namenlosen Gräueln setzt sich die neue Herrschaft hier fest und gibt dem ganzen Distrikt eine andere Gestalt. Wer der Ketzerei verdächtig oder vielmehr als Ketzer denuncirt ist, wird ergriffen und hingerichtet, und die sämmtlichen Grundbesitzer, d. i. die kleineren Ritter und Barone, welche in dem Kampfe nicht gefallen sind, fliehen entsetzt in andere Länder. Ihrer Güter bemächtigt sich die Kirche und verleiht sie an adelige Abenteurer im Gefolge des Grafen von Montfort. So geht es durch volle drei Jahre hindurch und der Schrecken über die gräßliche Wirthschaft ist so groß, daß die sämmtliche noch lebende Einwohnerschaft der Dörfer und Städte ringsum von nun an den eifrigsten Ktholicismus an den Tag legt, obwohl sie innerlich vom furchtbarsten Haß gegen den Montfort übersprudelt. Da auf einmal, im Jahr 1217, erscheint Raymond VI. mit seinem Sohne und einer kleinen Schaar Getreuer wieder in der Grafschaft und das ganze Land jubelt ihm

image
not
available

cher sich gegen die Kirche und das Pontificat rege, gewaltsam zu unterdrücken." Da wir übrigens über dieses Thema schon im zweiten Buch das Nöthige gesagt, so müssen wir uns auf einige Andeutungen, wie die Inquisition in diesem speciellen Falle zu Werke ging, beschränken.

Vor Allem setzten sich die zu dem Ketzergericht auserkorenen Dominikaner in Toulouse fest und errichteten allda ein Tribunal, welches nach kurzer Zeit der Schrecken von ganz Südfrankreich wurde. Ihre Agenten drangen in jedes Haus, in jedes Dorf, in jede Stadt. Wer nicht alle Sonntage zur Messe ging, oder wer irgend etwas Eigenthümliches in seiner Lebensweise hatte, wurde als der Ketzerei verdächtig angegeben und natürlich auch sogleich gefänglich eingezogen. Ließ sich nun Jemand dazu verleiten, über solches Verfahren ein mißbilligendes Wort zu äußern oder auch nur eine mißbilligende Miene zu machen, so galt dieß ebenfalls als Anklagepunkt. Ja ein einziger Seufzer oder der Verdacht, daß man an der Inquisition keine Freude habe, brachte in das Gefängniß, und wenn Einer sich vollends weigerte, über diesen oder jenen gefänglich Eingezogenen gravirende Angaben zu machen, so wurde er natürlich als Mitschuldiger betrachtet! War nun aber einmal Einer gefänglich eingezogen, so durfte man darauf rechnen, daß er der Haft nicht mehr entlassen, sondern entweder zu ewigem Gefängniß verurtheilt oder auch, was die Hauptstrafe war, zum Scheiterhaufen verdammt wurde. Man hatte ja die Tortour, um Geständnisse zu erpressen und es galt als Grundsatz, daß Jeder, der einmal vor das Inquisitions-Tribunal gefordert war, so lange gequält werden solle, bis er gestand! Möglicherweise, dieß gaben die Inquisitionsrichter selbst zu, marterte man hundert Unschuldige, bis man nur einen einzigen Schuldigen fand, allein was lag daran? „Wurden ja doch nur die Leiber gemartert und getödtet, die Seelen der Unschuldigen aber kamen, weil durch die Martern für die ewige Seligkeit gut zubereitet, ohne Weiteres in den Himmel!" Da es nun so zuging, so kann man sich wohl denken, daß die Gefängnisse bald bis zum Uebermaß voll waren, denn nach obigen Grundsätzen konnte man Jeden, auch den Recht-

image
not
available

denuncirt worden waren, wieder ausgrub, ihre Leiber auf den Schindanger warf, ihr Vermögen einzog, ihre Häuser zerstörte und ihre Kinder als arme, verlassene Diffamirte, welche nicht mehr in die menschliche Gesellschaft gehörten, in die Welt hinausstieß! So lagerte sich bald das Schweigen des Kirchhofs über die sonst so fröhliche Provence und es war, als ob das ganze Land mit dem Fluche des Himmels beladen sei. Aber die Päbste hatten ihren Zweck erreicht: **die Ketzerei war ausgerottet!** *)

*) Möglicherweise könnte der Eine oder der Andere unserer Leser der Ansicht sein, daß die Gräßlichkeiten der Inquisitions-Tribunale nicht den Päbsten, sondern vielmehr den Dominikanern in die Schuhe zu schieben seien; allein dieß ist ein vollkommener Irrthum. Im Gegentheil war alle Gewalt, welche die Ordens-Generale der Dominikaner, und durch diese wieder die Inquisitoren besaßen, nur ein Ausfluß der Gewalt des römischen Stuhles, und eine Bulle des Pabsts Urban IV. vom Jahr 1261 ermahnt die Ordens-Generale ausdrücklich, nie zu vergessen, daß ihrem Orden die Macht der Ketzerverfolgung nicht an sich selbst innewohne, sondern daß diese Macht vielmehr vom Pabste gegeben worden sei und also auch jeden Augenblick zurückgezogen werden könne.

image
not
available

Religion für keine Religion mehr halten konnten, Viele in der Verzweiflung dem „Atheismus" in die Arme und wollten weder von Gott noch der Unsterblichkeit mehr etwas wissen. Andere traten zum „Judenthum" über, weil da doch ein „Einiger Gott" gelehrt wurde, und aus demselben Grunde huldigten wieder Andere dem „Muhamedanismus". Ja nicht Wenige kehrten sogar geradezu zum früheren „Heidenthum" *) zurück, indem sie erklärten, daß in Letzterem doch wenigstens noch Tugend zu finden sei, während unter den Christen (natürlich die Priester voran) nur allein das Laster, die Sünde und die Rohheit dominire! **) Kurz es war Gefahr vorhanden, daß das Gebäude des Christenthums selbst zusammenstürze, dieweil die Kirche in eine Höhle des Bösen verwandelt schien, und in der That sprachen sich bereits an vielen Orten Einzelne laut genug dahin aus, daß, wenn es einen Gott gäbe und das

---

*) Derlei Heidenchristen gab es in den Diöcesen von Bremen, Mainz, Trier, Köln und Salzburg, besonders aber waren sie, wie aus den Briefen des Pabsts Johann XXII. erhellt, in Italien zu Hause. Hier zogen sie die alten Götterbilder wieder hervor, beteten zu ihnen wie zu den Zeiten des alten Roms, und erklärten offen, von den christlichen Kirchen nebst ihren Priestern lediglich nichts mehr wissen zu wollen. Man darf übrigens nicht glauben, daß es nur Einzelne waren, die so dachten, sondern im Gegentheil ihre Zahl wuchs bald so bedeutend an, daß der besagte Pabst anno 1322 einen Kreuzzug gegen sie veranstaltete, wobei die Stadt Reconati von Grund aus zerstört wurde. Auch müssen nicht blos Ungebildete und Arme unter ihnen gewesen sein, denn an ihrer Spitze stand der Signor Federico von Montseerrato.

**) Was den letzteren Punkt anbelangt, so sagt Clemengis in seinem Buch de ruina ecclesiae wörtlich Folgendes: „etwas Schlechteres und Verachtungswürdigeres kann es nicht geben, als die jetzige (Clemengis schrieb im vierzehnten Jahrhundert) Priesterschaft, und wenn sie nicht voller Frechheit wäre, so müßte sie vor Scham über sich selbst zu Grunde gehen. Der ganze Stand ist sich hierin gleich, denn wenn auch einmal unter Tausend ein tugendhafter Mann das Priesterkleid anzieht, so wird er doch in kurzer Zeit ebenso wollüstig, ausschweifend und schlecht, wie die andern, gerade wie wenn ein böser Zauber auf dem ganzen Sacerdotium läge. Betrachtet man aber vollends die Klöster, so kann man sie nicht anders nennen, denn die Stätten der fleischlichen Lust, und eine Jungfrau zur Nonne einkleiden ist so viel, als sie zu einer öffentlichen Dirne machen." So urtheilt Clemengis, und seine Zeitgenossen waren daher nicht im Unrecht, wenn sie behaupteten, unter der christlichen Priesterschaft herrsche nur das Laster, die Sünde und die Rohheit.

image
not
available

Pabst Clemens V. (1305—1316) ging der Orden förmlich in zwei Theile auseinander. Diejenigen, welche für die Armuth schwärmten, verließen die prachtvollen Wohnungen ihrer Brüder, thaten sich als eigene Gesellschaft zusammen und nannten sich „Fratres de spiritualitate", d. i. „Brüder vom Geiste," die andern aber, welche es mit der apostolischen Armuth nicht so genau nahmen, wurden „Fratres de communitate", d. i. „die Brüder der größeren Gemeinschaft" genannt. Clemens V. wollte den Streit schlichten und erließ deßhalb im Jahr 1312 eine eigene Bulle, allein es gelang ihm keineswegs, obwohl er deßhalb die strengsten Befehle gab. Im Gegentheil, der Eifer der Eiferer wurde immer heftiger, so daß die Sache dem Pabst Johann XXII., dem Nachfolger des Clemens, schon ganz bedenklich wurde, „denn der Satz, daß Jesus und seine Apostel gar nichts besessen hätten und daß folglich, wer ihnen nachahmen wolle, auch nichts besitzen dürfe, wollte ihm gar nicht recht gefallen." Wie wäre dieß auch bei einem Manne wie Johann XXII. möglich gewesen! Er erließ daher (im Jahr 1322) eine scharfe Bulle, worin er erklärte, daß die apostolische Vollkommenheit nicht in der Armuth, sondern in der Liebe bestehe, und ging sogar das Jahr darauf soweit, in einer andern Bulle den Satz aufzustellen: daß die Behauptung, der Herr und die Apostel hätten nichts besessen, eine Ketzerei sei. Ja später, am Schluß des Jahres 1323 decretirte er gar noch, daß, da die Apostel ein Gelübde der Armuth nimmermehr geleistet hätten, ein solches Gelübde weder den Glauben stärke, noch das Leben heilige, noch überhaupt etwas werth sei. Dieses Alles that er ohne Zweifel nicht deßwegen, weil er etwa ein Interesse daran gehabt hätte, ob die Spiritualen gut oder schlecht, reich oder arm lebten, sondern deßwegen, weil ihre Behauptung: „wer dem Herrn nachfolgen wolle, dürfe auf dieser Welt nichts besitzen," den Grund des hierarchischen Baues, auf welchem das Pabstthum fußte, nothwendigerweise untergraben mußte. Darum wollte er die Spiritualien, deren Behauptungen ganz waldensisch klangen, um jeden Preis zum Schweigen bringen; aber leider wurde durch seine Bullen gerade das Gegentheil zu Stande gebracht. Die aufgebrachten Mönche nehmlich wiesen dem Pabste

image
not
available

celle" ist nur die Uebersetzung des «Frater minor» der Franziskaner und der Name „Begard" oder „Beguin" kommt vom altsächsischen „Begau" oder „Biggan", d. i. Betteln; allein noch mehr geht dieß aus dem Grundsatze hervor, welchen diese Sekten alle befolgten, aus dem Grundsatze nehmlich, daß nur vollständige apostolische Armuth zur christlichen Vollkommenheit führe. Eben aber weil sie, wie die Spiritualen, nur allein den apostolisch Armen das Reich Gottes zusprachen, mußte ihnen die „bestehende" Kirche als eine fleischliche tief verächtlich erscheinen und darum verwarfen sie das ganze römische Priesterthum sammt allen seinen Prälaten und Päbsten.*)

Eine solche Lehre nun, wenn sie auch vielleicht nur versteckt auftrat, konnte päbstlicher Seits unmöglich geduldet werden und die heilige Inquisition wurde daher, wie sich von selbst versteht, angewiesen, gegen diese Sekten ihre Pflicht ebenso gut zu thun, als früher gegen die Spiritualen und noch früher gegen die Waldenser. Auch erfüllten natürlich die Inquisitoren den päbstlichen Befehl mit größtem Vergnügen, und überall, wo man solcher Sektirer habhaft wurde, loderten alsbald die Scheiterhaufen, wie denn z. B. unter Innocenz VI. im Jahr 1354 nur allein in der Stadt Avignon neun Ketzerverbrennungen (unter ihnen auch die des Johann von Chatillon) vorgenommen wurden. Dessen ungeachtet ertönte im vierzehnten Jahrhundert katholischer Seits die Klage, daß alle Länder Europa's bis nach Armenien hinein von Fraticellen, Beguinen und andern Ketzern angefüllt seien, und auf verschiedenen Synoden, besonders auf dem Concil von Narbonne vom Jahr 1374 wurde insbesondere darauf aufmerksam gemacht, daß die Ketzerei so lange nicht aufhören werde, als bis man alle „Apostolen",

---

*) Merkwürdig ist, daß die katholischen Kirchenschriftsteller jener Zeit allen diesen Sekten große geschlechtliche Ausschweifungen vorwarfen, besonders den Adamiten, bei welchen in ihren aus Männern und Weibern gemischten Versammlungen zu einer gewissen Zeit immer die Lichter ausgelöscht worden seien u. s. w. Ebenso sollen auch die Begarden in Köln ein sogenanntes „unterirdisches Paradies", wo Weiber und Männer ihren Lüsten fröhnten, gehabt haben. Ob jedoch eine Wahrheit in diesen Vorwürfen liegt oder ob sie nicht vielmehr auf einem Mißverstand der Lehre jener Sekten beruhen, lassen wir dahingestellt.

image
not
available

kam, denn erst um's Jahr 1360 machte er sich zum erstenmale (wenigstens geschichtlich) bemerkbar. Damals war er als Lehrer am Mertums-Collegium auf der Universität Oxford angestellt und da sich zu jener Zeit die Franziskanermönche, welche zum großen Theil (durch die Gunst der Päbste) die theologischen Lehrstühle an den Universitäten occupirt hatten, mit ungeheurem Uebermuth benahmen und die Verdienste ihres Ordens sogar „über die Verdienste Christi“ zu setzen wagten, so gab Wickliffe einige Brochüren gegen solche Wahnsinns-Anmaßung heraus, — Brochüren, in welchen er zeigte, welch' großer Unterschied zwischen Christus und den Franziskanern sei. In diesem seinem Beginnen stand er aber nicht allein, sondern hatte vielmehr seinen Freund Nikolaus Hereford, so wie den berühmten Fitz-Ralph, Erzbischof von Armagh und Primas von Irland, nebst dem hochgelehrten Grossetest, Bischof von Lincoln, zur Seite, welche zum mindesten ebenso scharfe Hiebe austheilten, als er selbst. Ja auch viele Laien hielten zu ihm, denn das englische Volk war von einer allzukräftigen Natur, als daß es sich je ganz in die Sklaverei des Pabstthums begeben hätte. Ueberdieß wehrten sich von jeher die Könige von England mit Wort und That, ja nicht selten sogar mit dem Schwerte gegen die Uebergriffe der römischen Hierarchie, und vor allem erfüllte sie, wie wir schon früher auseinandergesetzt haben, ein unendlicher Haß gegen die toll übertriebenen „pekuniären“ Ansprüche des Pabstes, indem dieser theils durch den Peters-Groschen oder „Römerzins“, theils durch Stellenverkauf u. s. w. bewiesenermaßen zu einer gewissen Zeit fünfmal so viel Revenuen aus England bezog, als der König selbst hatte, und sich damit noch nicht einmal zufrieden gab, sondern vielmehr die Schamlosigkeit so weit trieb, alle besseren und einträglicheren Kirchenstellen Englands mit seinen „italienischen“ Söldlingen und Creaturen zu besetzen.*) Hierüber

*) Schon im Jahr 1232 hatte der englische Adel eine Conföderation geschlossen, um alle italienischen, d. h. alle vom Pabste nach England geschickten und dort mit reichen Pfründen bedachten Kleriker mit Waffengewalt zum Lande hinaus zu jagen, und in demselben Sinne verfuhr auch König Eduard I., welcher anno 1279 das Gesetz erließ, daß erstlich die Kirche ohne besondere Erlaubniß des Königs weder etwas ererben noch erkaufen dürfe, daß ferner der Clerus

image not available

zu haben, denn von nun an begann er einen Kampf mit dem Pabstthum, welcher dieses in seinen Grundfesten erschüttern sollte. Laut erklärte er, sei's in Schriften, sei's auf der Kanzel, daß die römische Priesterherrschaft in Koth und Schlamm versunken sei und daß sie dem Volke Fabeln und Lügen vorpredige, welche mit der Wahrheit entfernt keine Aehnlichkeit hätten. Ja, er ging so weit, daß er den Pabst den „Antichrist“, die Prälaten aber „seine Söhne“ nannte, und überdem bewies er: wie die Ansprüche des römischen Hohepriesterthums „in Beziehung auf Macht und Herrschaft“ lediglich auf kein Recht gegründet seien. Eine solche Sprache, so kühn sie auch war, fand Gnade in den Augen des englischen Königs und seiner Barone, weil beide schon lange gerne die hierarchischen Uebergriffe abgeschüttelt hätten; noch weit größern Eindruck aber machte sie auf das eigentliche Volk, welches in nicht geringer Anzahl auf die Seite Wickliffe's trat. Ja sogar ein Theil der Professoren und Doctoren der Theologie an der Universität Oxford, wie z. B. Nikolaus Hereford, Philipp Repppndon, Johannes Ashton und Andere bekannten sich zu seiner Fahne. Natürlich schlugen nun die Römlinge, d. i. die Bischöfe und sonstigen Anhänger des Pabsts, einen furchtbaren Lärm auf, und der Letztere (Gregor XI.) ließ nicht nur die Lehre Wickliffe's in neunzehn Artikeln für ketzerisch erklären, sondern befahl auch sowohl der Universität Oxford als dem Könige Eduard, auf deren Urheber zu fahnden und denselben bis auf Weiteres in ein hartes Gefängniß zu legen. Allein weder die Universität, auf welcher die Freunde Wickliffe's die Mehrzahl bildeten, noch der König bekümmerten sich etwas um solchen Befehl, und in Folge dessen mußte sich selbst der ebenso stolze als mächtige Erzbischof von Canterbury damit begnügen, den Ketzer vor eine öffentliche Bischofs-Versammlung in die St. Paulskirche zu London zu fordern, um daselbst Gericht über ihn zu halten. Wickliffe erschien wirklich an dem bestimmten Tag, aber er kam nicht allein, sondern in Begleitung des mächtigen Herzogs Johann von Lancaster und des kühnen Lords Heinrich Percy, sowie vieler anderer Barone und Ritter, und die für Wickliffe begeisterten Bürger Londons erregten, als die Bischöfe, der Bischof Wilhelm von London voran, den Ketzer verdammen wollten, einen so furchtbaren Lärm, daß der

image
not
available

scharfen Kritik oder vielmehr Verdammung zu unterwerfen.*) Natürlich nehmlich mußte der Gegensatz zwischen Evangelium und Romanismus jedem Denkenden sogleich in die Augen fallen und es stellten sich daher gar Viele auf Wickliffe's Seite, sogar als dieser in den Hauptlehren des Katholicismus ketzerisch wurde. Hieher rechnen wir besonders seine Verwerfung der Lehre, „von der Transsubstantiation“, d. h. davon, daß das Brod und der Wein im Abendmahle durch die Consecration des Priesters in Fleisch und Blut Christi verwandelt werde, eine Lehre, auf welcher ein großer Theil der sacerdotalischen Macht beruhte, indem man ja den, welcher den Leib und das Blut Christi „machte“, als ein übermenschliches Wesen verehren mußte. Allein wenn nun auch die Laien die Wickliffe'sche Ansicht ganz vernünftig fanden, so schrie dagegen der ganze Clerus über solche Frechheit Ketzermordio und sogar die Doctoren der Universität Oxford, den Kanzler Wilhelm von Barton an der Spitze, fühlten sich so sehr in ihrer priesterlichen Würde beleidigt, daß sie ihrem Collegen bei Strafe der Excommunication und des Gefängnisses die Antastung des Sacraments vom Altare verboten. Wickliffe ließ sich jedoch auch hiedurch nicht irre machen, sondern reichte im Jahr 1382 dem Könige und Parlamente eine Schrift ein, in welcher er, weil sonst die Welt durch die Lasterhaftigkeit und falsche Lehre der römischen Priesterschaft zu Grunde gehen müsse, auf eine vollständige Reformation der Kirche drang und namentlich erklärte, daß das weltliche Gut der Priesterschaft der Grund aller Simonie, aller Ketzerei, alles Vergessens des Evangelii, sowie alles Haders und Zwistes sei. Das Parlament berieth die Schrift und das Haus der Gemeinen erklärte sich für sie, das Haus der Lords aber, worin die Bischöfe das Uebergewicht hatten, verdammte den Wickliffe als einen Ketzer.

---

*) Wickliffe übersetzte nicht die ganze Bibel, sondern nur einen Theil derselben, worunter besonders das Neue Testament. Der Rest der Uebersetzung rührt von Johannes von Treviso her, der damit anno 1387 fertig wurde. Wie außerordentlich aber schon die bloße Uebersetzung der Evangelien auf das Volk wirkte, sieht man besonders aus den Jammerbriefen eines Zeitgenossen Wickliffe's, nehmlich des Geschichtsschreibers Knighton, der sich darüber entsetzt, daß nun selbst Frauen in dem Neuen Testamente besser bewandert seien, als gelehrte Kleriker.

image

not

available

gerade wie die späteren Reformatoren verfuhr und in Glaubenssachen nur allein das Evangelium gelten ließ. „Es gibt," sagte er, „keine Autorität, welche über oder neben der Schrift bestünde, und wir haben keinen Mittler, als nur allein den Herrn und Heiland." Demgemäß verwarf er die Intercession der Heiligen, die Transsubstantiationslehre, die Lehre vom Ablaß, das Fegfeuer, die sieben Sakramente, die Lehre von der Priesterweihe u. s. w., vor allem aber die Lehre von dem päbstlichen Supremate. Kurz, er predigte fast ganz dasselbe, was nachher Luther und Zwingli gepredigt haben, und somit war seine Ketzerei eine so constatirte Sache, daß er es nur dem Schutze seines Königs *) und des Parlaments zu danken hatte, wenn er den Feuertod nicht erleiden mußte. Eben von diesem Schutze aber kam es auch her, daß seine Lehre sich so schnell über ganz England verbreitete, denn seine Schüler und Anhänger, wie z. B. Johannes Perney, Johannes Parker, Robert Swinderly, Walter Disse (ein früherer Carmeliter-Mönch, der die ungeheuren Gemeinheiten und Verbrechen, welche in den Klöstern begangen wurden, ungescheut aufdeckte) und Andere predigten ganz offen gegen den Katholicismus, und wenn je ein Bischof einen der Ketzer fassen lassen wollte, so trat alsobald die weltliche Macht, den Ketzer schützend, gegen den Bischof auf. So nahm z. B. der Bischof von Lincoln den Wilhelm Swynderby im Jahr 1383 gefangen und wollte ihn kurzweg verbrennen lassen, allein der Herzog von Lancaster ritt mit einer Schaar seiner Getreuen nach Lincoln und befreite den Gefangenen gewaltsam. Ebensowenig richtete der Erzbischof von Canterbury aus, als er den Jakob Tailor und den Wilhelm Smeth gefangen nahm, indem der König selbst ihre Befreiung durchsetzte und den Erzbischof sogar zwang, das auf die Stadt Leicester wegen ihrer Ketzerei geschleuderte Interdikt zurückzunehmen. Kurz der Wickliffetismus breitete sich so sehr aus, daß man, wie der im Sinne Roms schreibende

---

*) König Richard II. selbst scheint in religiöser Beziehung ziemlich gleichgültig gedacht zu haben, dagegen war seine Gemahlin Anna, die Tochter Kaiser Carl des IV., mit welcher er sich im Jahre 1382 verheirathete, eine ganz offenkundige Wickliffitin und Ketzerin.

image
not
available

benützte Thomas Arundel, um gar manchen Großen des Reichs für die projektirte Revolution zu gewinnen; allein Richard der II. ahnte die Schliche und verwies sowohl den Erzbischof als auch seinen Vetter Heinrich von Lancaster im Spätherbst 1398 aus dem Reiche. Damit glaubte er allen weiteren Umtrieben ein Ende gemacht zu haben und zog nun im April 1399 nach dem empörten Irland hinüber, um dort Ruhe zu schaffen; doch kaum war der König fort, so eilte Thomas Arundel trotz seiner Verbannung nach London, besprach sich dort mit den von ihm früher gewonnenen Großen und flog dann zu dem in Paris weilenden Herzog Heinrich von Lancaster, diesen durch die günstigen Nachrichten, die er brachte, zum alsbaldigen Aufbruch nach England überredend. Alles ging nach Wunsch. Am 4. Juli 1399 landete Heinrich in England und sogleich gingen die Grafen von Northumberland und Westmoreland zu ihm über, so daß sich sein Heer bald auf 60,000 Mann belief. Nun kehrte Richard der II. von Irland zurück und da er ebenfalls ein starkes Heer besaß, so konnte man natürlich nicht wissen, wie die Dinge endigen würden, wenn es zum Kampf käme. Allein jetzt wußte es der Erzbischof von Canterbury, durch eine treulose List sondergleichen, so weit zu bringen, daß Richard der II. eine Zusammenkunft mit dem Ergebenheit und Unterwürfigkeit heuchelnden Heinrich annahm. Die Zusammenkunft fand im August 1399 statt und endete damit, daß Heinrich den vertrauensvollen König hinterrucks gefangen nahm und zuerst in Flintcastle, dann aber am 1. September im Tower zu London einsperren ließ. Hier zwang er ihn, auf den Thron von England zu verzichten und brachte ihn sofort nach dem Schlosse Pomfret, in der Grafschaft York, wo er ihn des langsamen Hungertods sterben ließ.*)

Nunmehr hatten die Römlinge erreicht, was sie wollten. Heinrich Lancaster stieg als **Heinrich** IV. auf den Thron Englands und nahm sofort den **Thomas Arundel**, den gutpäbstlich gesinnten Erzbischof von Canterbury, den Hauptwidersacher der Wickliffiten, zu seinem ersten Rathgeber!! Was jetzt folgte, kann man sich denken. „**Ketzer-Mord und nichts als Ketzermord war die Lo-**

---

*) Der König starb am 14. Februar 1400, nachdem ihm seit dem ersten jenes Monats alle Nahrung entzogen worden war.

image
not
available

ausging (vor Allem also nach der Bibelübersetzung), und verbrannte alle Exemplare, deren man habhaft werden konnte, auf dieselbe solenne Weise, wie die lebendigen Menschen. Ja sogar mit den Todten machte man sich zu schaffen und grub im Jahre 1412 die Leiche Wickliffe's aus, um sie nachträglich öffentlich zu verbrennen und ihre Asche in die Lüfte zu zerstreuen! Dieß war denn doch dem englischen Volk zu viel und das Haus der Gemeinen verlangte deßhalb vom Könige, daß er seine strengen Strafgesetze wenigstens ermäßigen solle. Auch blieb solches energische Auftreten der Volks-Abgeordneten nicht ohne Erfolg, allein da das Oberhaus, in welchem die Bischöfe saßen, sich dem aufs Aeußerste widersetzte, so begann im Jahre 1413 das Wüthen gegen die Ketzer von neuem und eine große Anzahl von Wickliffiten, darunter auch angesehene Männer, wie Wilhelm Tailor, Johannes Cleyton, Johannes Brown, Wilhelm Thorp, Johannes Beverley, Thomas Budby und der Ritter Roger Acton mußten den Märtyrertod sterben. Nur wenige der Angeklagten z. B. Wilhelm Tones, Rudolph Dutride und Andere schwuren die Ketzerei ab, um so durch einen Meineid ihr Leben zu retten. So ging es fort und fort, so lange Heinrich IV. regierte, und auch unter seinem Sohne Heinrich V. wurde es nicht anders, wie die Geschichte des Lord Cobham beweist. Dieser, ein mächtiger Baron und dem Könige Heinrich V. persönlich befreundet, war dem Clerus nicht nur wegen seiner eigenen Ketzerei, sondern besonders auch deßwegen verhaßt, weil er die Wickliffiten auf seinen Territorien beschützte. Somit citirte ihn der Erzbischof von Canterbury vor sein Tribunal und begehrte, da der Lord keine Folge leistete, vom Könige dessen Beifahung. Der König willfahre, ließ den Lord fangen und in der St. Paulskirche zu London im Jahr 1413 dem Erzbischof gegenüberstellen. Die Folge war, daß Cobham als hartnäckiger Ketzer vom Erzbischof excommunicirt und dem weltlichen Arm zum Verbrennen übergeben wurde. Mit Letzterem (dem Verbrennen nehmlich) ging es aber nicht so schnell, sondern der König, der sich denn doch scheute, einen solch mächtigen Vasallen ohne weiteres hinrichten zu lassen, befahl, den Lord in den Tower zu bringen, und gab ihm eine Bedenkzeit zum Widerrufe von fünfzig Tagen. Nun jedoch gelang es dem Lord, aus dem Tower zu entkommen und auf sein

image
not
available

großes Auditorium gewann, so ward sein Name bald durch ganz Böhmen genannt. Um jene Zeit wurde er mit Hieronymus von Faulfisch, einem gebornen Prager, welcher damals (wahrscheinlich im Jahr 1400) aus England, wo er sich längere Zeit aufgehalten hatte, in seine Vaterstadt zurückgekehrt war, um an der dortigen Universität Vorlesungen zu halten, bekannt, und diese Bekanntschaft war von größtem Einfluß auf sein späteres Leben. Hieronymus, ein geistig äußerst hervorragender Jüngling, hatte sich, da er von Haus aus mit Glücksgütern begabt des Geldes nicht zu schonen brauchte, vielfach in der Welt herumgetrieben und wie in Paris, Cöln und Heidelberg, so namentlich auch in Oxford studirt, wo er Magister der freien Künste und Baccalaureus der Theologie wurde. Seine Hauptbeschäftigung in Oxford scheint jedoch das Studium der Wickliffitischen Schriften gewesen zu sein, denn wie er nach Prag zurückkam, konnte er bereits als vollkommener Ketzer gelten und erweckte nun auch in dem schnell zum Freunde gewonnenen Huß die Sehnsucht nach der Erforschung des Evangeliums so wie nach der Reformation der Kirche im Sinne Wickliffs. Der dritte im Bunde war Jakob von Misa, welcher eine Priesterstelle an der St. Michaeliskirche in Prag inne hatte und sich ebenfalls für die reformatorischen Bestrebungen des Wickliffe begeisterte. Diese drei Jünglinge nun lasen zusammen die ketzerischen Schriften, welche Hieronymus von Oxford mitgebracht hatte, und machten sich dann, nachdem sie die heilige Schrift vollkommen studirt und die Wahrheiten des Evangeliums ergründet, an das kühne Wagniß, die Faulheit der damaligen kirchlichen Zustände, sowie die Widersprüche des Romanismus mit dem Evangelium aufzudecken. Ihr Zweck war, die Kirche von Grund aus zu reformiren! „Der sacerdotalische Stand sollte in seinem ganzen Wirken, Leben und Lehren umgestaltet und das Evangelium an die Stelle des Ceremoniendienstes gesetzt werden! Das Pabstthum, so wie es war, erschien ihnen als der größte Feind des Christenthums und die Lehren des Clerus von der Pabstgewalt beruhten nach ihrer Ansicht lediglich auf keinem Rechte, sondern nur allein auf lügenhafter Erfindung! Somit verwarfen sie das ganze römische Sacerdotium und erklärten, daß es nur eine einzige Lebensquelle gebe, nehmlich die heilige Schrift!“

image
not
available

Jahre 1408, wo der Erzbischof Sbinco von Prag zum erstenmal gegen ihn einschreiten wollte, unangefochten.*) Uebrigens auch dieses „Einschreiten-Wollen“ brachte ihm keinen Schaden, denn zufälligerweise herrschte damals über Böhmen König Wenzel IV., welcher ein großer Feind der katholischen Kirche oder vielmehr der Pfaffen war und daher den Huß nicht blos in Schutz nahm, sondern ihn sogar zum Rector der Universität in Prag ernannte. Hiedurch wurde Huß immer kühner gemacht und je freier und offener er auftrat, umsomehr vergrößerte sich die Zahl seiner Anhänger, so daß diese im Jahr 1409 bereits eine Parthie bildeten. Nunmehr aber wurde der Pabst Alexander V. auf das ketzerische Treiben in Prag aufmerksam und erließ am 20. September selbigen Jahres eine feierliche Bulle an den Erzbischof Sbinco, worin er diesen aufforderte, mit der Wickliffitischen Ketzerei in Böhmen ein Ende zu machen und namentlich das Wickliffitische Predigen in böhmischer Sprache zu verbieten. Sbinco versammelte also im Jahr 1410 eine Synode, auf welcher die Wickliffitischen Bücher als ketzerisch zum Feuer verurtheilt wurden, und ließ sofort auf alle derartigen Schriften fahnden. In der That wurden ihm 200 Exemplare solcher „Wickliffiana“, alle prachtvoll eingebunden, überliefert und diese ließ er ganz in der Stille im Hofe seines Palastes verbrennen; allein König Wenzel war so wenig zufrieden mit diesem Schritte, daß er den Erzbischof, sobald er genaue Kenntniß von der Sache bekam, verurtheilte, den Werth der Bücher zu ersetzen. Umgekehrt jedoch gab sich auch der Pabst nicht zufrieden und befahl dem Erzbischof, die Kapelle von Bethlehem, in welcher Huß predigte, mit dem Interdicte zu belegen. Ja, dieses Interdict wurde sogar im Jahr 1411 auf die ganze Stadt Prag ausgedehnt, damit endlich das verhaßte Predigen in böhmischer Sprache aufhöre! Allein darum kümmerte sich König Wenzel gar wenig, sondern nöthigte vielmehr, kurzen Prozeß machend, den Clerus, nach wie vor in Prag fortzupredigen und die gottesdienstlichen Handlungen gerade so zu versehen, als wenn es kein Interdict gäbe.

*) Sbinco von Hassenberg bestieg im Jahr 1403 den erzbischöflichen Stuhl von Prag und war durch seine Kenntnißlosigkeit so berüchtigt, daß man ihn gewöhnlich nur den Alphabetarius oder den ABC-Schützen nannte.

Hiedurch ermuthigt zog Hieronymus von Prag in allen slavischen Landen umher, dem Volke das Evangelium verkündigend und den Fürsten und Herren zurufend, sie möchten sich doch nicht länger von der stolzen Priesterschaft vergewaltigen lassen. Ja er scheute sich sogar nicht, die Heiligenbilder aus den katholischen Kirchen hinauszuwerfen und Klöster „als Faulnester der Verdorbenheit" mit gewappneter Hand anzugreifen! Auch Huß trat jetzt immer kühner hervor und fing an die Lehren Wickliffes, obwohl sie vom Pabste als „ketzerisch" verdammt worden waren, als „evangelisch" zu vertheidigen. Als er nun aber gar gegen einen gewissen Johannes Stokes, welcher den Wickliffitismus wissenschaftlich zu widerlegen gesucht hatte, in einer „offenen" Schrift auftrat, so glaubte der Pabst Johann XXIII., welcher auf Alexander V. gefolgt war, doch endlich einmal ernster auftreten zu müssen und schickte den Cardinal Colonna nach Prag, um zu untersuchen, ob Huß ein Ketzer sei oder nicht. Der Cardinal kam in der That nach Prag und hatte daselbst mehrere Besprechungen mit Huß, welchen er auf alle Weise zu bewegen suchte, sich zu einem Widerrufe zu verstehen. Davon wollte jedoch der kühne Böhme natürlich nichts wissen und somit konnte Johann XXIII. nicht umhin, ihn vor seinen Richterstuhl nach Rom zu fordern. Huß wollte wirklich gehen, allein König Wenzel und noch mehr seine Gemahlin Sophia gaben die Reise durchaus nicht zu, sondern es wurde vielmehr eine Gesandtschaft nach Rom abgeordnet, um den Pabst zu bewegen, die Sache auf eine andere Weise zu regeln. Hierauf ging Johann XXIII. auch halb und halb ein, denn er wollte den König Wenzel in keiner Weise vor den Kopf stoßen, aus Furcht, dieser möchte zu einem der zwei Gegenpäbste übergehen. Somit setzte er eine Commission von vier Cardinälen nieder, die Sache von neuem zu untersuchen, allein die Cardinäle hatten viel zu viel mit andern Dingen zu thun, als daß sie eine solch langweilige Glaubensprüfung hätten vornehmen mögen, und so verschleppte sich die Sache mehrere Jahre lang, besonders da um diese Zeit (1411) der Erzbischof Sbinco starb und dessen Nachfolger Albicus, ein Mensch, welcher sich nur mit dem Geldzählen beschäftigte, den Streit gänzlich beruhen ließ. Huß und seine Freunde konnten also ungehindert fortpredigen und dem Wickliffitismus immer mehr Eingang verschaffen.

Bald jedoch sollte die Sache eine andere Wendung nehmen, nehmlich im Jahr 1412, als einige Ablaßkrämer nach Prag kamen und mit gewohnter Frechheit daselbst auftraten, denn nunmehr fiengen Huß und Hieronymus an, offen gegen derlei wahnsinnigen Unfug zu streiten. Huß erklärte, die Majestät Gottes werde durch die Lehre vom Ablaß beleidigt und der Papst habe nicht das mindeste Recht, für elendes Kaufgeld von den Sünden loszusprechen. Noch heftiger eiferte Hieronymus, denn dieser verbrannte die päbstliche Ablaßbulle auf offenem Marktplatze und gab den Ablaßkrämern, wo er sie traf, nicht bloß die beleidigendsten Beinamen, sondern tractirte sie auch auf eine Weise, daß dieselben (weil alle Verständigen und Redlichen unter dem Volke auf der Seite des Huß und Hieronymus standen) in eiliger Flucht Prag verlassen mußten. Ein solches Verfahren schnitt dem Pabst Johann XXIII. in's Herz, denn er sah sich dadurch einer Geldquelle beraubt, deren Ergiebigkeit er nicht entbehren wollte. Demnach schleuderte er alsbald (im Jahr 1413) die Excommunication über Huß und seine Anhänger, belegte die Stadt Prag von neuem mit dem Interdicte und forderte den König Wenzel auf, die Ketzer zu ergreifen und dem Scheiterhaufen zu überliefern. Im Anfang nun hatte diese Aufforderung keinen Erfolg, sondern es blieb vielmehr Alles beim Alten; allein mit der Zeit wurde das Interdict dem Könige doch gar zu hart und drückend,*) und somit bewog er den Huß, auf eine Zeit lang die Stadt Prag zu verlassen und sich nach seinem Geburtsort zurückzuziehen, wo derselbe übrigens vollkommen unangefochten lebte.

Inzwischen hatte sich im Jahr 1414 zu Constanz am Bodensee jenes berühmte Concil versammelt, welches der christlichen Welt den religiösen Frieden wieder geben sollte und alsbald wurde auch Huß eingeladen, sich daselbst einzufinden. Wohl wußte er, daß sich seine erbittertsten Gegner unter den böhmischen Clerikern, nehmlich Stephan Palecz, Michael de Causis, Andreas Broda

---

*) Wie drückend das Interdict wirkte, sieht man am besten daraus, daß der König ein ganzes Jahr lang alle Verstorbenen durch seine Hofdienerschaft begraben lassen mußte, weil jedes kirchliche Begräbniß durch den Bann des Pabstes verpönt war.

und Andere daselbst befanden; wohl konnte er sich denken, daß die römischen Cardinäle nach nichts anderem trachteten, als ihn in ihre Gewalt zu bekommen, um ihn sofort ohne Untersuchung zu verbrennen; allein die Gesandten, welche ihm den Einladungsbrief nach Constanz brachten, wußten ihm, dem Manne ohne Falsch, den Glauben beizubringen, daß auf dem Concile, welches ja dazu da sey, um die Kirche zu reformiren, eine ordentliche und redliche Untersuchung des Wickliffitismus vorgenommen werden würde, und überdem erhielt er von Kaiser Sigismund einen Geleitsbrief, worin derselbe „den ehrenwerthen Johannes Huß" (so wird er genannt) unter seinen ausdrücklichen Schutz nahm und alle Unterthanen des Reichs anwies, den Huß „frei kommen, frei bleiben und frei zurückreisen zu lassen." Wie hätte nun letzterer unter solchen Umständen es verweigern können, auf dem Concil zu erscheinen, besonders da der Kaiser noch extra zwei böhmische Barone, den Johannes von Chlum und den Wenzel von Dubna beauftragte, ihn zu geleiten und zu beschützen? So ritt denn Huß im Herbst 1414 von Prag ab, um sich nach Costnitz zu begeben und kam am 20. Tage seiner Reise, am 3. November 1414, glücklich daselbst an, wo er mit seinem kleinen Gefolge bei einer Wittwe Namens Fida seine Einkehr nahm.*) Er hatte sich in des Löwen Rachen begeben und der Löwe sollte ihn verschlingen!

Allerdings die ersten 26 Tage blieb er unbelästigt, nur allein den Umstand abgerechnet, daß schon am 4. November Michael de Causis eine öffentliche Anklage (in welcher Huß ein Ketzer und

---

*) Eine Ahnung dessen, was ihm in Costnitz widerfahren werde, scheint Huß dennoch gehabt zu haben, denn er hinterließ in Prag einen Brief an seinen Hausfreund, den Magister Martin, welchen dieser erst öffnen sollte, „wenn er sichere Kunde von seinem Tode habe"; auf der Reise selbst aber wurde er wieder vollkommen heiter, da er überall, wohin er kam, mit großer Ehrerbietung und Zuvorkommenheit aufgenommen wurde. In mehreren Städten, durch die er kam, z. B. in Nürnberg, predigte er öffentlich unter außerordentlichem Beifall und es fiel dem katholischen Clerus nirgends ein, ihm ein Hinderniß in den Weg zu legen. Ueberhaupt geschah seine Reise mit einem gewissen Pompe, indem ihm beinahe immer Boten vorauseilten, welche seine Ankunft verkündigten, so daß dann alle Straßen und Plätze, die er passiren mußte, dicht mit Menschen gefüllt waren. Natürlich, den berühmten Huß wollte Jedermann sehen!

Excommunicirter, ja sogar „ein wegen gemeiner Betrügereien aus Böhmen Verjagter“ genannt wurde) gegen ihn an die Mauern und Kirchthüren anschlagen ließ, worauf jedoch Huß, auf Anrathen seiner Freunde, gar keine Antwort gab! Allerdings schwur Johannes XXIII., welchem der Ritter Chlum die Ankunft des Huß meldete, daß dem letzteren kein Haar gekrümmt werden solle und wenn derselbe seinen leiblichen Bruder erschlagen hätte! Allerdings wurde die früher über den Ketzer verhängte Excommunication aufgehoben und ihm erklärt, daß seine Freiheit von nun an eine ganz uneingeschränkte sei! Allein bald sollte er merken, welche Kraft römische Eide haben, denn am 28. November 1414 erschienen plötzlich die Bischöfe von Augsburg und Trident als Boten des Pabstes, unter der Begleitung des Bürgermeisters von Costnitz vor ihm und luden ihn ein, „vor dem Collegium der Cardinäle“ über seine Lehre Red' und Antwort zu geben. Huß erklärte, daß er gekommen sey, vor dem ganzen Concile, nicht aber vor den Cardinälen zu erscheinen, doch wolle er auch hierin sich fügen. So folgte er den drei Männern, begleitet von dem Ritter Chlum. Wie er jedoch in den Saal trat, in welchem die Cardinäle versammelt waren, riefen ihm diese wüthend entgegen, er sei ein großer Ketzer, und auf einen Wink von ihnen erschien ein Haufen von Bewaffneten, welcher den armen, bitter getäuschten Mann in seine Mitte nahm, um ihn sofort als Gefangenen in das Kloster der grauen Mönche, ans Ufer des Rheinstroms zu transportiren. Wohl that der Ritter Chlum tapfere Einsprache, wohl rannte er zum Kaiser, wie zum Pabste, und schrie laut über Treulosigkeit und Verrath. Er schrie vergebens, denn die Gefangennahme des Huß war eine längst vorher beschlossene Sache. Nur der Tod allein sollte seine Bande lösen!

Im Anfang war die Haft des Huß eine ziemlich gelinde, und man ließ ihn sogar ungehindert Briefe schreiben und mit seinen Freunden verkehren; doch schon im Anfang des Jahres 1415 brachte man ihn in das Dominikaner-Kloster und hielt ihn von nun an weit strenger. Allerdings dem Begehren des Pabstes, „daß man den Verhaßten augenblicklich und ungehört den Flammen übergeben solle,“ wurde nicht willfahrt, sondern Kaiser Sigismund drang vielmehr auf eine ordentliche Untersuchung; da-

image
not
available

diesen Verhören nie darum zu thun, den Huß zu widerlegen, sondern man wiederholte auch da immer nur die Worte: „Widerrufe oder stirb!“ Doch alles half nichts, denn das Einzige, zu was man ihn bringen konnte, war die Erklärung: „habe er etwas gelehrt, was gegen die heilige Schrift sei, so wolle er es gern zurücknehmen, so lange man ihm aber dieses nicht beweise, müsse er auf dem beharren, was er geschrieben und gepredigt.“ Ueberdem bestand er darauf, vor dem versammelten Concile, wie ihm Kaiser Sigismund versprochen, seine Sache vertheidigen zu dürfen; allein hiegegen stemmten sich die Römlinge, welche ihn gerne insgeheim verurtheilt hätten, mit aller Macht. Sie fürchteten nehmlich, es möchten, wenn er öffentlich vor dem Concile verhört würde, Dinge an den Tag kommen, welche den Katholicismus in große Gefahr brächten, und somit machten sie lieber am 5. Juni einen Versuch zu seiner „heimlichen“ Verurtheilung.*) Doch Kaiser Sigismund gab dieß unter keiner Bedingung zu und somit mußte endlich am 6. Juni des Jahres 1415 das gefürchtete öffentliche Verhör angestellt werden. Allein auf welche Art geschah dieß?

Chlum und Dubna begleiteten den Huß und der Kaiser Sigismund war selbst zugegen. Kaum war aber Huß in den großen Saal vor die versammelten siebenhundert Prälaten und Doctoren getreten, und kaum war der erste von den siebenundvierzig Anklagepunkten, welche die Commission aus den Hussischen Schriften herausgefunden hatte, verlesen, so erhoben die ehrwürdigen Väter

---

*) Sie kamen an diesem Tage statt in ihrem gewöhnlichen Sitzungssaale im Kloster der Minoriten zusammen und waren, nachdem die Huß'sche Untersuchungs-Commission Bericht erstattet hatte, eben im Begriffe, über den abwesenden Angeklagten, ohne ihn gehört zu haben, das Verdammungs-Urtheil auszusprechen, „weil ja die Ketzerei desselben sattsam erwiesen sei,“ als plötzlich der Pfalzgraf Ludwig vom Rhein und der Burggraf Friedrich von Nürnberg in den Saal traten und auf Befehl des Kaisers verkündeten, es dürfe kein Urtheil gefällt werden, ehe der Huß gehört worden sei. Die Herren Prälaten waren im höchsten Grade verblüfft, denn sie konnten sich nicht denken, wie der Kaiser hinter ihr Vorhaben habe kommen können, allein die Sache war ganz einfach zugegangen, indem ein gewisser Petrus Mlodanyewicz, ein heimlicher Freund des Huß, die List der Kirchenfürsten durchschauend, die Barone Dubna und Chlum von der geheimen Versammlung in Kenntniß setzte und es ihnen hiedurch möglich machte, den Kaiser noch zu rechter Zeit zu benachrichtigen.

unisono ein so wildes Geschrei und tobten so wahnsinnig, daß man sein eigenes Wort nicht mehr hören und noch viel weniger verstehen konnte. Auch dauerte diese Scene nicht etwa blos einige Minuten, sondern vielmehr eine ganze Stunde lang, und von einer Verhandlung konnte also lediglich keine Rede sein. Endlich wurde es etwas stiller und da entfielen dem Huß die Worte: „er habe gemeint, auf einem Concile müsse Anstand und Würde herrschen!“ Eine solche Wahrheit konnten die heiligen Väter nicht hören; im Gegentheil der Lärm brach alsobald aufs neue los und zwar wo möglich noch ärger als zuvor. Kurz, die Sitzung mußte aufgehoben werden, ohne daß etwas ausgerichtet worden wäre. Nicht viel besser ging's am folgenden Tage, den 7. Juni, denn auch an diesem ließ man den Huß kaum zu Worte kommen, sondern schrie ihn vielmehr so lange nieder, bis er stille schwieg. Dann hieß es: „sehet, der Ketzer schweigt, er ist überführt, was brauchen wir weiter Zeugniß.“ Am dritten Tage durfte Huß sprechen, allein nur deßwegen, weil seine Verurtheilung eine schon zum Voraus beschlossene war. Wie hätte es auch bei dem Hasse, den man gegen ihn hegen mußte, da durch seine Lehre die ganze irdische Herrlichkeit des römischen Priesterthums in Gefahr kam, anders kommen können? Nachdem man ihm also die sämmtlichen Klagepunkte vorgelesen und er seine Lehrsätze in langer Rede aus der heiligen Schrift erklärt und bewiesen hatte, dachte kein einziger der Prälaten daran, ihn zu widerlegen oder auch nur den Schein eines Gegenbeweises zu führen, sondern sie schrieen am Schlusse ganz einfach: „er ist überführt.“ Zuletzt stand der Cardinal von Cambrai auf und verlangte von dem Angeklagten, daß er sich dem Concil unbedingt unterwerfe und widerrufe, denn sonst müßte er sterben. „Widerrufe, widerrufe,“ schrie nun Alles und auch Kaiser Sigismund stimmte dem bei, zugleich erklärend, daß Huß, sowie er den Widerruf geleistet, mit einer leichten Strafe entlassen werden solle. Doch Huß wankte nicht, und ergrimmt über solche Hartherzigkeit befahl der Kaiser, den Ketzer in's Gefängniß zurückzuführen. Nun trat eine lange Pause ein, denn obwohl die Kirchenfürsten mit dem Todesurtheil gleich bei der Hand gewesen wären, so schwankte doch Sigismund eine Zeit lang, da er ja dem Huß sein kaiserliches Wort gegeben, ihn frei und ledig nach Böhmen zurückreisen zu lassen. Noch zweimal, am 1. und 5. Juli 1415, wurde alles nur Denkbare versucht, einen Widerruf von Huß zu erlangen, allein als man nichts über ihn gewinnen konnte, ward am 6. Juli 1415 eine nochmalige Sitzung anberaumt und auf dieser das Verdammungs-Urtheil sowohl über ihn selbst, als auch über seine Schriften ausgesprochen. Sobald dieß geschehen war, fiel Huß auf seine Kniee nieder und betete laut zu Gott, daß er seinen Feinden diese Missethat vergeben möge. Drauf zogen ihm sieben Bischöfe das priesterliche Gewand aus, nahmen ihm die Tonsur*) ab und setzten ihm eine papierne Mütze auf, welche mit drei abscheulichen Teufeln bemalt war. Sodann begann das Verfluchen und erst als die Seele des armen Märtyrers unter heftigen Verwünschungen dreimal dem Teufel überantwortet worden war, übergab man ihn dem weltlichen Arme, damit das Todesurtheil an ihm vollzogen werde.

Die Anstalten zur Verbrennung waren längst getroffen und somit ging es vom Sitzungssaale aus sogleich auf den Richtplatz. Man erlaube uns aber, so kurz als möglich über diesen gräßlichen Augenblick hinwegzugehen. Am bischöflichen Palaste machte man Halt und Huß mußte zusehen, wie seine Bücher unter dem Juchhe und Halloh der Volksmenge verbrannt wurden. Bitter lächelnd meinte er, wie sie Schriften als ketzerisch verbrennen könnten, die sie zum Theil gar nicht verstünden und jedenfalls nicht zu widerlegen vermöchten. Auf dem Richtplatze angekommen, kniete er nieder und betete leise. Dann stand er auf und wollte zu dem in ungeheurer Masse versammelten Volke sprechen, allein man verstopfte ihm den Mund, band ihn alsobald an den in der Mitte des Scheiterhaufens befindlichen Pfahl und gab sofort Befehl, das Holz anzuzünden. Schändliche Scenen fielen dabei vor und besonders viele, von den Priestern vorher fanatisirte Weiber belegten

---

*) Während sie dieß zu thun im Begriffe waren, kamen sie in einen heftigen Streit miteinander, ob das Abnehmen der Tonsur mit der Scheere oder mit dem Rasirmesser zu geschehen habe, so daß Huß ihnen am Ende zurief: „in dem Willen der Grausamkeit seid ihr einig, warum denn nicht auch in der Art und Weise der Ausführung?" Endlich errang die Scheere den Vorzug und damit hatte der Streit ein Ende.

den Märtyrer mit den gräßlichsten Schimpfwörtern; doch Huß hörte von all' den Gemeinheiten nichts, denn er wurde gleich zu Anfang vom Rauche erstickt. Nun, als sie sich hievon überzeugt hatten, sprangen die Henkersknechte auf den todten Körper zu und rissen ihn mit eisernen Hacken in viele Stücke, damit er desto vollständiger verbrenne; sein Herz aber steckten sie auf einen spitzigen Pfahl und hielten es mit besonderer Sorgfalt über dem Feuer. Endlich als Alles geschehen und vom ganzen Körper nichts mehr übrig geblieben war, als ein Häuflein Asche, sammelten sie diese mit großer Genauigkeit und trugen sie in den Rheinstrom, damit ja niemand ein Körnlein derselben als Andenken an den ehrwürdigen Märtyrer aufzubewahren im Stande sei. So starb Huß, und der Pabst mit dem ganzen römisch-katholischen Priesterthum bewährte durch diesen Tod abermals, daß beide gegen die Ketzerei, zu deutsch gegen die Aufklärung und Erforschung der Wahrheit, kein anderes Loosungswort kennen, als das der „Vernichtung."

Doch wenn auch der Haß vernichtet war, so lebte ja noch ein Andererer, der Hieronymus, welcher dasselbe Verbrechen begangen und darum auch dieselbe Strafe verdient hatte. Erst wenn auch dieser zweite Oberfürst der Ketzerei todt war, durfte man hoffen, daß es mit der Häresie selbst ein Ende nehmen werde! Hieronymus von Prag lag damals, während Huß den Märtyrertod starb, in einem finsteren Thurme des Dominikaner-Klosters, mit den Füßen an einen schweren Klotz angefesselt und zugleich mit einer um seinen Leib gehenden Kette so hart geschlossen, daß er weder sitzen, noch stehen, noch gehen, ja kaum liegen konnte. Die einzige Nahrung, die man ihm bot, war Wasser und Brod, allein auch diese erhielt er so spärlich, daß er bald einem Todtengerippe ähnlicher sah, denn einem Menschen. Nie reinigte man das Zimmer oder vielmehr das Loch, in welches man ihn gesperrt hatte, und so mußte, da seine Lagerstatt aus nichts als aus verfaultem Stroh bestand, die Luft in diesem Dunstlokale nothwendig eine pestilenzialische werden. In Folge dessen fiel Hieronymus in eine schwere Krankheit, allein man benützte auch diese nur, um ihn noch mehr zu quälen, und verwilligte ihm erst nach langer Zeit einen Arzt und Beichtvater. Die Absicht war, den armen Mann körperlich und geistig so herabzubringen, daß er sich zu einem Widerruf seiner

Ketzerei verstehen würde, denn ein solcher Widerruf, auf die rechte Weise in die Welt hinausposaunt, hätte dem Katholicismus natürlich mehr genützt, als ein Verbrennungstod. Somit ließen die Kirchenfürsten nicht nach, demselben Boten auf Boten ins Gefängniß zu senden, welche ihm den Feuertod recht graußlich vorstellen mußten, und in der That gelang es denselben am Ende durch diese und andere Mittel den schwer Gepeinigten zu dem zu bringen, was sie von ihm haben wollten. So trug man ihn denn (zum Gehen war er zu schwach), am 23. September 1415 in den großen Sitzungssaal des Conciles und hier erklärte Hieronymus: „wie er die Lehre des Huß und des Wickliffe für verdammt erachte und von nun an in allen Lehrsätzen, Einrichtungen und Gebräuchen mit der römischen Kirche übereinstimmen wolle.“ Das war ein Jubel, als man dieß hörte, ein Jubel zum Verrücktwerden! Allerdings sprach Hieronymus nur nach, was man ihm vorsagte, und überdieß war er ersichtlich allzusehr gebrochenen Geistes und Körpers, als daß man hätte annehmen können, dieser Widerruf komme aus seinem Innern; allein was lag daran? Die Hauptsache war, daß man den Sieg erlangt hatte.

Von dieser Zeit an wurde die Haft des Hieronymus etwas gelinder und man reichte ihm nicht blos bessere Nahrung, sondern man brachte ihn auch in ein menschlicheres Lokal; allein frei ließ man ihn deßwegen doch nicht. Zwar allerdings ein Theil der Bischöfe, worunter sogar vier Cardinäle, erklärten sich für die Freigebung, indem sie meinten, ein neues Märtyrerthum sei schon deßwegen nicht wünschenswerth, weil die Erfahrung lehre, daß jeder Feuertod einen tiefen Eindruck auf das Volk mache und statt die Ketzerei zu vernichten nur neue Ketzer erzeuge; doch eine andere und zwar weit zahlreichere Parthei auf dem Concile, darunter besonders die beiden Böhmen Stephan Palecz und Michael de Causis war entgegengesetzter Ansicht und blieb dabei, daß nur in der Vernichtung eines Ketzers volle Sicherheit liege, indem ja ein Widerruf stets wieder zurückgenommen werden könne. Diese strengere Parthei erreichte endlich den Sieg über die mildere und wie sehr sie recht hatte, als sie meinte, der Widerruf des Hieronymus sei diesem nicht von Herzen gegangen, zeigte sich nun sogleich, als derselbe am 26. Mai 1416 abermals vor das versammelte Concil gestellt wurde. Schon längst, seit in dem besseren Gefängniß sein Körper wieder gesundet war, hatte er es bitter bereut, dem Drängen der Priesterfürsten nachgegeben zu haben, und demnach erklärte er jetzt frei und offen, wie er nur durch die Furcht, lebendig verbrannt zu werden, dazu gebracht worden sei, wider sein Gewissen zu bekennen und die Lehren zu verdammen, welche doch die allein wahren seien. Er nannte den Johannes Huß einen frommen und ehrwürdigen Mann, welchem keiner in der ganzen Versammlung auch nur die Schuhriemen zu lösen würdig sei, und versicherte aufs feierlichste, daß ihm von Allem, was er je gethan, nichts mehr leid thue, als jener ihm abgedrungene sündhafte Widerruf vom 23. Sept. 1415. Kurz er bekannte sich so frei und offen für die Ketzerei des Wickliffitismus und trat seinen Feinden so groß und herrlich entgegen, daß selbst der gelehrte Florentiner Poggio, der Sekretär des Pabstes Martin, der Bewunderung seiner Beredtsamkeit, seines Muthes und seiner Standhaftigkeit voll ist.*) Nicht so aber die ehrwürdigen Väter des Conciles, denn diese gaben ihm kurzweg zwei Tage Bedenkzeit, ob er sich eines Besseren besinnen wolle oder nicht. Doch dießmal täuschten sie sich, wenn sie glaubten, einen zweiten Widerruf erzwingen zu können. Hieronymus wies alle ihre Anerbietungen zurück und erklärte, daß er lieber den grausamsten

---

*) Poggio schreibt wörtlich: „nie habe ich einen Mann gehört, welcher den großen Rednern des Alterthums näher gekommen wäre, als Hieronymus. Er vertheidigte sich so schön, so beschriden und so klug, daß ich nicht im Stande bin, es auszudrücken, und ob es gleich Leib und Leben galt, so wußte er doch die ernstesten Wahrheiten mit Witz und Laune zu würzen. Er rührte alle Herzen, so daß Vielen Thränen in den Augen standen, aber statt um Gnade zu bitten, sprach er vom Huß als von einem frommen und heiligen Mann, der durchaus ungerecht verurtheilt worden sei, denn derselbe habe nichts gegen das Christenthum gelehrt, sondern vielmehr nur gegen die Mißbräuche der Kirche, gegen den Stolz und Hochmuth der Priester, sowie gegen die Ueppigkeit, mit der dieselben die Güter der Armen durch Saufen, Spielen, Jagen, Fressen und Huren verpraßten, geeifert. Voll Muth und Eifer vertheidigte er seinen verstorbenen Freund und man muß seine überaus treffliche Rede um so mehr bewundern. als er seit dreihundert und vierzig Tagen in einem feuchten und finstern Thurme gesessen war. Dessen ungeachtet zeigte er eine Geistesgegenwart und Todesverachtung, über die man staunen mußte, und ich kann ihn daher nicht anders nennen. als einen zweiten Cato. Ja, sein Name verdient unsterbliche Ehre!“

Tod erdulden, als sein Leben auf Unkosten seines Gewissens retten wolle.

Am 30. Mai wurde die Todessitzung über Hieronymus gehalten und noch an selbigem Tage erlitt er das Märtyrerthum. Im Dom zu Constanz riß man ihm die Priesterkleidung ab und setzte ihm dafür dieselbe hohe papierne, mit Teufeln bemalte Mütze auf, welche auch Huß getragen hatte. „Es ist kein Spott drin,“ sagte Hieronymus, „denn Jesus Christus trug ja auch eine Dornenkrone.“ Auf dem ganzen Wege zur Richtstätte sang und betete er laut und als ihm, wie er am Pfahle angebunden war, der Henker dadurch Schonung bezeugen wollte, daß er Anstalt machte, den Scheiterhaufen hinter seinem Rücken anzuzünden, so rief Hieronymus mit klarer Stimme: „zünde das Feuer vor meinen Augen an, denn hätte ich mich gefürchtet, so wäre ich nicht an diesen Ort gekommen, den ich so leicht hätte vermeiden können.“ Also heldenmüthig, ein zweiter Scävola, starb Hieronymus von Prag; sein Märtyrerthum war aber ein langes, denn es dauerte über eine Viertelstunde, ehe die Flamme seine letzte Lebensquelle verzehrt hatte.*) Auch seine Asche wurde, wie die des Huß, in den Rhein geworfen!

Die beiden großen Zeugen evangelischer Wahrheit waren also vernichtet, eben weil sie sich auf's Evangelium berufen hatten, aber hatte man damit den römischen Katholicismus selbst gerettet, oder gar vielleicht für immer gerettet? Gerade das Gegentheil, denn der aufgeklärtere Theil der Menschheit sah wohl ein, daß Huß und Hieronymus nur deßwegen geopfert worden seien, weil dieselben die „weltlichen“ Interessen des Priesterthums angetastet haben. Und was mußte die nothwendige Folge dieser Einsicht sein? Haß und Verachtung, Verachtung und Haß! Insbesondere wurden, wie

---

*) Das beste Zeugniß für die heroische Standhaftigkeit, mit welcher Hieronymus starb, giebt Aeneas Sylvius, der nachherige Pabst Pius II., wenn er sagt: „er gieng zum Gericht, wie zu einem Feste, und nicht ein einziger Laut kam aus seinem Munde, aus dem man auch nur die geringste Schwachheit hätte schließen können. Mitten in den Flammen sang er Loblieder, bis ihm der Athem ausgieng, und nie hat ein Philosoph des Alterthums den Giftbecher mit solcher Standhaftigkeit ausgetrunken, als er den langsamen Feuertod erduldete.“ So schreibt wörtlich Aeneas Sylvius, der Augenzeuge von dem Tode des Hieronymus.

man sich leicht denken kann, die Landsleute der Märtyrer, die von Pabst und Kaiser so bitter getäuschten Böhmen wüthend. Ja, diese ihre Wuth steigerte sich bald so sehr, daß der wildeste Kampf, den es je gab, mit Pabstthum und Kaiserthum zugleich losbrach und so das ganze böhmische Reich von einem entsetzlichen Mißgeschick heimgesucht wurde. Zu ihrem großen Unglück nehmlich waren die Einwohner jenes Landes in zwei große politische Partheien getheilt, in die eigentlichen oder slavischen Böhmen und in die Deutschen. Letztere, die besonders seit Kaiser Karl IV. einen nicht geringen Theil des Grund und Bodens an sich gebracht hatten und eben deßwegen von den ersteren aufs bitterste gehaßt wurden, hielten zum deutschen Reiche, während die slavischen Böhmen ein abgetrenntes, für sich bestehendes Königreich wollten. Diese politische Trennung nun führte auch zu einer religiösen. Allerdings nannten sich die meisten Böhmen, Deutsche wie Slaven, Anhänger des Huß, allein die Slaven verwarfen die ganze römisch-katholische Priesterschaft mit sammt allen ihren Bildern und Heiligen, und stellten sich also auf den Standpunkt einer vollständigen evangelischen Reformation, während die Deutschen, welche dem Pabstthum ohnehin immer geneigter gewesen waren, nur einige wenige kirchliche Verbesserungen verlangten, worunter besonders auch die Abschaffung der römisch-katholischen Neuerung, daß den Laien im Abendmahle der Kelch nicht mehr gereicht werden solle, eine Neuerung, gegen welche Huß ebenfalls stark geeifert hatte.*) So entstanden die beiden Partheien der Utra-

*) Die frühere katholische Kirche hatte die Gewohnheit, das Abendmahl nach der Einsetzung Christi in der doppelten Gestalt von Wein und Brod zu reichen, und verschiedene Päbste wie auch Synoden erklärten es ausdrücklich für eine verruchte Ketzerei, nicht beides, das Brod wie den Wein, zu genießen. Als jedoch der Lehrsatz von der geheimnißvollen Wandelung des Brods und Weins in Fleisch und Blut Christi aufkam, fieng man an besorgt zu werden, von dem Brod und Wein etwas auf die Erde fallen zu lassen, und es ergiengen daher bereits im zwölften Jahrhundert von Rom Decrete aus, das Brod nicht mehr zu brechen und auf den Wein bsondere Obacht zu geben, dieweil ja so leicht ein Tropfen verschüttet werden könne. So entstand der Gedanke, um alles Verschütten unmöglich zu machen, den Laien den Kelch gänzlich zu entziehen, und dieser Gedanke wurde sofort am

quisten und Taboriten, welche zwar nicht gleich im Anfang, aber doch später einander im bittersten Haß entgegenstanden und sich viele Jahre hindurch in brudermörderischem Kampfe zerfleischten. Die Utraquisten hatten ihren Namen daher, daß sie das Abendmahl »sub utraque specie« d. h. unter beiderlei Gestalt (Brod und Wein) verlangten. Eben aus demselben Grunde hieß man sie auch Calixtiner, von dem lateinischen Calix, das ist „der Kelch.“ Die Taboriten dagegen schufen sich diesen Namen selbst, denn als sie sahen, daß die von den Utraquisten begehrte Reformation nur eine halbe sei und das Pabstthum nicht ganz abschüttle, kam ihnen der Gedanke, daß sie, die sie von der ganzen Katholicität nichts mehr wollten, sich ebensosehr gegen die „Lauen und Halbwarmen,“ als gegen die „Ganzkatholischen“ zu sichern hätten. Darum nahmen sie den Berg Hradisstin, auf welchem noch einige alte Befestigungen übrig waren, in Besitz, nannten denselben (nach jenem Berge in Palästina, auf welchem die Verklärung Christi stattgehabt haben soll) Tabor und legten auf ihm eine starke und befestigte Stadt an, die später, als der Kampf losbrach, als der Mittelpunkt ihrer Macht galt.

Sollen wir nun dem Leser die schauerliche Geschichte der Hussitenkriege ausführlich und in's Einzelne gehend erzählen? Er wird sie besser in einer größeren Weltgeschichte nachlesen. Somit begnügen wir uns, auf die Punkte aufmerksam zu machen, welche im Zusammenhange mit dem Endzwecke dieses Buches stehen, d. h. wir erlauben uns nachzuweisen, welchen Einfluß die Päbste auf jenen mörderischen Kampf ausübten. Noch im Jahr 1416 wurden, um nach dem Tode des Huß und Hieronymus mit der Ketzerei vollständig aufzuräumen; nicht weniger als fünfhundert und fünfzig böhmische Ritter und Barone wegen ihrer bekannten Ketzerbeschützerei vor das Concil in Constanz citirt, um sich daselbst zu verantworten. Kein einziger der Geladenen erschien. Trotzdem aber wagte das Concil nichts weiteres zu thun, denn dem Kaiser Sigismund konnte man doch nicht zumuthen, seinen eigenen Bruder, den König Wenzel, als den Hauptketzerfreund mit Krieg zu überziehen! Pabst Martin V. aber

---

Ende des vierzehnten Jahrhunderts von den Päbsten zum Gesetze erhoben, sowie auch insbesondere von dem Concile zu Constanz anno 1415 bestätigt.

kannte, nachdem er sich erst festgesetzt hatte, solche Rücksichten nicht, sondern schickte anno 1418 ein fulminantes Drohschreiben an die böhmischen Barone, worin er erklärte, daß er zwar bis jetzt auf die Bitten des Kaisers Sigismund das Schwert der Kirche in der Scheide gelassen hätte, daß er aber, falls nun nicht augenblicklich Gehorsam geleistet würde, gezwungen wäre, einen Kreuzzug gegen die Ketzerei zu veranstalten. Zugleich sandte er den Cardinal von St. Sixt, als seinen apostolischen Legaten, nach Prag, mit dem speciellen Auftrag, kein Mittel unversucht zu lassen, um alle Ketzer zur Katholicität zurückzuführen. Natürlich gehorchte der Cardinal, allein mit dem Bekehren ging es nicht so leicht; doch brachte er es in Sommer 1419 so weit, daß für die sogenannte Neustadt Prags, welche durchaus hussitisch gesinnt war, von der Regierung ein „antihussitischer" Stadtrath ernannt wurde, welcher sofort befahl, in allen Kirchen den Abendmahlskelch zu entfernen. Darüber entstand der Krieg. In voller Wuth stürmten die Neustädter unter Anführung des furchtbaren Ziska gegen das Rathhaus an und warfen die Rathsherrn zum Fenster hinaus in die Spieße des unten tobenden Volkes. Nun gab es keinen Halt mehr, sondern fast an allen Enden und Ecken brach der Aufruhr los. Zum Unglück für Böhmen starb jetzt auch (am 16. August 1419) König Wenzel, der bisherige Beschützer der Hussiten, ohne Kinder zu hinterlassen, und die Folge hievon war, daß Kaiser Sigismund, sein Bruder, auf den böhmischen Thron Anspruch machte. Aber wie hätte man ihn, den anerkannten Pabstfreund, ihn, der den Huß und Hieronymus hatte verbrennen lassen, zum Könige annehmen können? Wohl erklärten sich die noch im Lande befindlichen Katholischen für ihn, doch die andern Alle wollten nichts von ihm wissen. Die utraquistischen Barone schrieben ihm, daß sie ihn nur anerkennen würden, wenn er ihnen die Freiheit des Wortes Gottes und des Kelches verbürge, und die Taboriten begnügten sich nicht einmal damit, sondern griffen vielmehr ohne Weiteres zu den Waffen. Sigismund sammelte also ein Heer, um sich mit den Waffen in der Hand Gehorsam zu erzwingen, und der Pabst sandte ihm seinen Legaten, Johann Dominico, mit dem Auftrag, alle guten Christen Europa's zu einem Kreuzzug gegen die Hussiten in die Waffen zu rufen. Mit Uebermacht drang der Kaiser in Böhmen ein und hauste „unter dem Segen der Kirche“ mit der entsetzlichsten Barbarei. Mit Brand, Mord und Schändung der Weiber wüthete er gegen die Neugläubigen; aber mit Schmach mußte er von Prag, das sich auf's tapferste vertheidigte, abziehen und gleich darauf schlug ihn Nicolaus von Hussinez, der Unteranführer Ziska's, bei Tabor auf's Haupt. Nun vergalten die Taboriten den Katholischen mit gleicher Münze, zündeten Kirchen und Klöster an und warfen die Priester und Mönche in die Flammen. Kurz man bekämpfte sich nicht mehr menschlich, sondern zerfleischte sich den wilden Thieren gleich! Nicht lange hernach anno 1420, trugen die Calixtiner oder Utraquisten dem Könige Wladislaw von Polen, und da dieser nicht zugriff, dem Großfürsten Vitold von Lithauen die Königskrone von Böhmen an, aber Ziska mit seinen Taboriten stimmte nicht bei, denn er wollte keinen auswärtigen Fürsten, und hiedurch kam die vollständige Trennung zwischen Taboriten und Utraquisten, von denen nun beide ihr eigenes Glaubensbekenntniß aufstellten, zu Stande. Von dieser Zeit an wütheten nicht mehr blos die Katholiken und Hussitisch-Gesinnten gegen einander, sondern es standen auch noch Hussitten gegen Hussiten, d. i. Taboriten gegen Utraquisten, oder Streng-Evangelische gegen Lau-Evangelische!

Bald war das ganze Land wie in Blut getaucht, aber immer neue Schaaren hetzte der Pabst von Deutschland her in den Kampf, denn nur mit der Vernichtung „aller“ Hussiten, der Utraquisten wie der Taboriten, wollte er sich zufrieden geben. Endlich starb er am 27. Febr. 1431, allein wenn die Böhmen sich nunmehr Hoffnung machten, es könnte ihrem Lande der Frieden wieder gegeben werden, so täuschten sie sich über die Maaßen. Es wurde nehmlich nunmehr der Cardinal Gabriel Condolmerio, ein Mann, welcher sich nur mit einem Johann XXIII. vergleichen ließ, zum Pabste erwählt und dieser, der sich den Namen Eugen IV. gab, begann seine päbstliche Thätigkeit damit, daß er augenblicklich überall das Kreuz gegen die Böhmen predigen ließ, um endlich einmal mit den Ketzern vollständig zu Ende zu kommen. Die Lockungen waren groß, denn jedem Kreuzfahrer wurde das „Rauben und Morden“ nicht nur „erlaubt,“ sondern sogar

„zur Pflicht gemacht." Auf diese Art kam ein mächtiges Heer zusammen, aber von welcher Gattung dasselbe war, kann man sich denken. Gesindel und nichts als Gesindel! Bursche, welche dem Galgen entlaufen oder wenigstens desselben werth waren! Sie drangen in Böhmen ein und hausten auf eine Weise, die als allzuschauderhaft kaum näher beschrieben werden kann. Taboriten und Utraquisten, Männer, Weiber, Kinder, kurz Alles, was ihnen in die Hände fiel, wurde gemordet, denn es war ja den Kreuzfahrern ausdrücklich eingeschärft, daß „Vernichtung" der Ketzer das Gott wohlgefälligste Werk sei. Mit dem Würgen allein aber begnügten sie sich nicht, sondern das Sengen und Brennen, das Mißhandeln und Quälen, das Rauben und Stehlen war ihnen ebensosehr zur andern Natur geworden, als das Tödten, und von ihrer gräßlichen Rohheit mag sich der Leser einen Begriff machen, wenn er erfährt, daß sie ihre Rosse aus den Kelchen saufen ließen, aus denen die Hussiten vorher das Blut des Herrn getrunken hatten! Hand in Hand mit ihnen gingen die sie begleitenden Priester, welche allüberall die Scheiterhaufen anzündeten, um die noch lebenden Ketzer in deren Flammen zu werfen. Ist es nun unter solchen Umständen ein Wunder, wenn auch die Hussiten, von Wuth und Verzweiflung getrieben, Gräuel begingen, welche die Feder niederzuschreiben sich sträubt? Kam es doch oft vor, daß wenn eine katholische Stadt von ihnen genommen wurde, alles Menschliche, was sich in derselben vorfand, vom Säugling bis zum Greise die dunkle Straße des Todes ziehen mußte! Ja daß selbst die taboritischen Weiber sich in Tiegerinnen verwandelten und katholischen Frauen und Kindern den Dolch in die Brust stießen! Kurz es ist schwer zu sagen, welche Parthei die andere an Grausamkeit überbot, aber das weißt man, daß die Schuld dieses gräßlichen Wüthens nur allein im Pabstthum dessen Losungswort Vernichtung der Ketzer war, zu suchen ist!

Ein so starkes Kreuzheer nun aber auch Eugen IV. zusammengebracht hatte, so zerstiebte es doch vor dem starken Arme der Hussiten,*) und die Hoffnung, die Letzteren zu besiegen, war abermals

*) Das Heer der Kreuzfahrer, welches der Churfürst Friedrich von Brandenburg und der Cardinal Julian anführten, zählte nicht weniger als 40,000

eine vergebliche gewesen. So dachte man denn daran, weil Feuer und Schwert sich als wirkungslos erwiesen, andere Mittel aufzufinden, welche sicherer zum Ziele führen würden, und man fand sie auch, diese Mittel! Natürlich aber waren sie keine anderen, als „List und Betrug," denn wer könnte vom Pfaffenthum etwas Besseres erwarten? Man erinnerte sich nehmlich plötzlich an die weit auseinandergehenden Glaubensgrundsätze der Utraquisten und Taboriten und beschloß sofort, die Ersteren durch einige „scheinbare" Concessionen zu gewinnen, um dann die hiedurch vereinzelt gewordenen Taboriten um so sicherer vernichten können; denn, wenn man erst so weit war, so konnte man ja immerhin die Concessionen wieder zurücknehmen und schließlich auch die Utraquisten dem Untergange weihen!! Diese List wurde klug genug eingefädelt und vermittelst des Concils zu Basel zur Ausführung gebracht. Man sagte den Utraquisten: „ihr seid ja nur in ganz Wenigem, nehmlich hauptsächlich in der Lehre vom Abendmahlskelche von uns, den Katholischen, verschieden, warum solltet ihr euch also nicht, wenn wir euch im Abendmahlskelche nachgeben, mit uns wieder vereinigen können?" Eine solche listige Sprache fand bei den utraquistischen Baronen, welche des verwüstendes Krieges, wie man sich denken kann, längst müde waren, leicht Eingang und zwar um so leichter, als die Taboriten, deren größter Theil den niedersten Volksklassen angehörte, offenbar nicht blos die religiöse, sondern auch die bürgerliche Freiheit anstrebten. So wurde denn im Jahre 1434 ein Landtag nach Prag ausgeschrieben und auf diesem erschienen als Gesandte des Pabstes der schlaue Cardinal Polomar und der eben so schlaue Bischof Philibert von Costnitz. Sie brachten eine

---

Mann zu Pferde, 90,000 Mann zu Fuß, 9000 Kriegswagen und 150 Kanonen. Dieser furchtbaren Masse hatte Procopius der Große, der Oberanführer der Hussiten nach Ziskas Tod, nur 5000 Mann zu Pferde, 40,000 Mann zu Fuß und 3000 Kriegswagen nebst etlichen und fünfzig Kanonen entgegenzustellen, allein als es am 14. August zur Schlacht kam, ergriff das erbärmliche Söldnerheer der Katholiken schon nach kurzem Kampf die Flucht, indem es sowohl das Gepäck als das Geschütz im Stiche ließ. So war der Sieg der Hussiten ein vollständiger, denn sie eroberten die sämmtlichen 150 Kanonen und erschlugen über 20,000 der Kreuzhelden.

image

not

available

ziehen. Vor Allem sollte die Stadt Prag überrumpelt werden, dieweil dieselbe der Heerd des Aufstandes gewesen war, und da nun zufällig der Oberanführer der Taboriten, Procopius der Große, damals gerade vor der Stadt Pilsen, welcher er wegen ihrer Katholicität schon lange den Untergang geschworen hatte, lag, so hofften die vereinigten Katholischen und Utraquisten mit Leichtigkeit an's Ziel zu kommen. So fiel man denn ohne alle und jede Kriegserklärung über die Hauptstadt Böhmens her, um mit ihr fertig zu werden, ehe ihr Procopius zu Hülfe kommen konnte. In der Altstadt, in welcher meist „laue" Hussiten wohnten, zeigte sich nur ein geringer Widerstand, um so stärker aber war derselbe in der Neustadt, worin die sogenannten Orebiten (sie nannten sich so nach dem Berge Horeb, waren aber von den Taboriten keineswegs verschieden, sondern bildeten vielmehr eine Section derselben, oder wenn man so will, „einen besonderen Schlachthaufen" mit eigenem Anführer) ihren Sitz hatten und es begann sofort ein blutiger Kampf, der nicht weniger als drei volle Tage dauerte. Doch war es eigentlich weniger ein Kampf, als eine wilde Massacre, denn von Schonung war gegenseitig keine Rede. Erst am Abend des dritten Tages, nachdem nicht weniger als zweiundzwanzig Tausend Orebiten (Männer, Frauen und Kinder untereinander) hingeschlachtet worden waren, ließ die Neustadt in ihrem Widerstande nach und bequemte sich, die Compactaten anzuerkennen. Die vereinigten Katholischen und Utraquisten waren also Herren von Prag, allein deßwegen hatte sich Böhmen selbst doch noch nicht unterworfen. Im Gegentheil, der Hauptkampf stand erst bevor, weil nunmehr Procopius der Große, welcher, nachdem er die gräßliche Botschaft von dem Gemetzel der Neustadt Prags erfahren hatte, alsbald die Belagerung von Pilsen aufhob, mit seinem kampfgeübten Heere heranrückte. Die römisch-utraquistische Parthei, wohl wissend, welch mächtiger Gegner zu überwinden war, übertrug nun den Oberbefehl dem tapfern Mainhard von Neuhaus, und dieser brachte in kürzester Zeit sein Heer auf nicht weniger als hunderttausend Mann, während Procopius kaum über dreißigtausend zu verfügen hatte. Am 30. Mai 1434 kam es bei Böhmischbrod zwischen Lipan und Hrzrb, zur Schlacht und nie hat die Welt einen erbitterteren Kampf gesehen, als diesen. Der schwächste Theil der

image
not
available

Durch Blut und Mord ward das Pabstthum abermals gerettet worden, aber die Reformation blieb deßwegen doch nicht aus!

---

und die Waffen durch Beharrlichkeit im Glauben und in der Reinheit der Sitten sich Anerkennung zu verschaffen. So gewannen sie bald, sowohl in Schlesien als in Mähren, ja sogar bis weit ins Polnische hinein, eine bedeutende Ausdehnung und da sie äußerst fleißige und ruhige Menschen waren, so wurden sie von den adeligen Gutsbesitzern sehr begünstigt. In Folge der Reformation erhielten sie förmliche Religionsfreiheit, aber der dreißigjährige Krieg brachte ihnen fast vollständige Vernichtung. Doch einigten sich Viele von ihnen nachher im Geheimen wieder und aus ihren Resten entstand dann die „erneuerte Brüdergemeinde," welche sich anno 1722 unter Begünstigung des Grafen von Zinzendorf bildete und Herrnhut gründete. — Man vergleiche hierüber: „Cranz alte und neue Brüderhistorie," sowie: „Spangenbergs historische Nachrichten von der evangelischen Brüderunion in Europa und Amerika."

image
not
available

gefangen haben, wie sie in diesem und wie in jenem Lande zu Werke giengen, dieß kurz zu beschreiben, liegt uns nunmehr ob. Beginnen wir mit dem Lande, in welchem die Reformation ihren Anfang nahm!

I. Die Ausrottung des Protestantismus in Deutschland.

Es liegt ein Widerspruch in den Worten, welche wir so eben brauchten, denn der Protestantismus wurde ja in Deutschland nicht ausgerottet, sondern er hat vielmehr daselbst immer noch seinen Hauptsitz und seine Hauptkraft; aber versucht wurde seine Ausrottung, versucht mit allen Mitteln, auch den schlechtesten, und auch gelungen ist sie, diese Ausrottung, zwar nicht überall, aber doch in einem großen Theile des Landes. Gelungen ist sie an vielen, vielen Orten, in welchen die neue Lehre bereits festen Fuß gefaßt, gelungen durch die Mittel des Feuers und des Schwerts, gerade wie zu den Zeiten der Ketzerkreuzzüge! Ja sogar die Thatsache, daß von den 42 Millionen Deutschen etwa 19 Millionen Protestanten geblieben sind und vom Pabstthum nicht überwältigt werden konnten, sogar diese Thatsache haben wir nur dem Umstande zu verdanken, daß das deutsche Kaiserreich von jeher aus verschiedenen kleineren Monarchien bestand, welche dem Obermonarchen, das ist dem Kaiser, immer nur eine bedingte Unterthanenschaft zugestanden. Hätten die Habsburger dieselbe Macht über Deutschland besessen, wie die Valois und Bourbonen über Frankreich, dann wäre der Protestantismus Deutschlands schon im sechszehnten Jahrhundert sicherlich mit derselben Vollständigkeit ausgemerzt worden, als es später im siebenzehnten und achtzehnten Jahrhundert der Hugenottismus in Frankreich wurde, denn die Habsburger waren seit der Begründung ihrer Macht so sehr Männer nach dem Herzen der Päbste," daß diese Letzteren mit ihnen allen, einige wenige rühmliche Ausnahmen abgerechnet, stets anfangen konnten, was sie wollten.

„Vernichtung der Ketzer, d. i. der Lutheraner" (denn Lutheraner, Reformirte, Protestanten u. s. w. u. s. w. haben in den Augen der Katholischen die gleiche Bedeutung, wie Ketzer) war von der ersten Minute an, da Luther auftrat, das Stichwort der Päbste

ourde daher schon Clemens VII. im Jahr 1529 bitter-
Kaiser Karl V., mit dem er deßhalb in Bologna zusam-
aus politischen Gründen sich weigerte, mit dem Schwerte
schlagen, um auf diese Weise das Bannurtheil des Pabstes
Lutheraner mit Gewalt zu vollziehen. Weit glücklicher
t Paul III. (1534—50), denn ihm gelang es im Jahr
en ersten wirklichen Religionskrieg in Deutschland, den
nten schmalkaldischen, zu entzünden; aber um so
wurde sein Nachfolger Julius III., als der Kaiser am
552, trotzdem ihm der Pabst eine Hülfsarmee
)0 Mann, ferner eine Kriegssteuer von 200,000
, weiter die Sequestrirung verschiedener Kloster-
Spanien und endlich eine Menge verschiedener
Vortheile anbot, um den Krieg fortzusetzen,
t den Protestanten den sogenannten Passauer
abschloß, wodurch dieselben uneingeschränkte Religions-
elten! Eine noch viel bitterere Pille bekam einige Jahre
ıl IV. zu verkosten, als anno 1555 in Augsburg gar
ionsfrieden abgeschlossen wurde. Ein Religionsfrie-
ob der Protestantismus statt einer bloßen Ketzerei eine
wäre! Als ob man mit Ketzern Friede machen
l IV. protestirte daher und verlangte vom Kaiser Karl
en Drohungen, daß der abgeschlossene Reichstags-Ab-
ıll und nichtig erklärt werde: „indem es an der Zeit
heraner mit Stumpf und Stiel auszurotten;" allein
ıte auf dieses Verlangen des Pabstes nicht eingehen,
rchten mußte, dadurch einen Krieg zu erzeugen, der
erkrone kosten könnte. So mußten die Päbste trotz
s es erleben, daß der Protestantismus in Deutschland
erstarkte und sogar im Begriff war, den Katholicismus
ängen. Allein — sein Ziel ließ deßwegen Rom doch
jenblick aus den Augen und endlich, endlich kam
r Rache! Schon am 10. Juli 1609 war es dem
s V. gelungen, den größten Theil der katholischen
chlands zu bewegen, daß sie unter dem Vorsitz des
milian von Bayern ein Bündniß, die sogenannte
a, gegen den Protestantismus schlossen. Ueberdieß

wurde der Kaiser Matthias, ein Mann, welcher ganz in den Händen der Jesuiten war, dahin bestimmt, daß er in dem zu zwei Drittheilen protestantisch gewordenen Böhmen dem Weiterumsichgreifen der neuen Lehre ein Ziel zu setzen sich anheischig machte und deßhalb die Zerstörung verschiedendr neu erbauten protestantischen Kirchen anbefahl. So war Alles vorbereitet, um bei der nächsten günstigen Gelegenheit einen Hauptschlag gegen das verhaßte Ketzerthum zu führen, und der Pabst jubelte, als am 23. März 1618 einige erbitterte protestantische Edelleute zu Prag unter Anführung des Grafen Thurn auf das Schloß stürmten und die wegen ihres Ultrakatholicismus verhaßten kaiserlichen Räthe Martinitz und Slawata nebst dem Secretär Fabricius zum Fenster hinaus in den Graben hinabwarfen, denn nunmehr mußte doch endlich der längst ersehnte Krieg beginnen, jener Krieg zwischen Katholicismus und Protestantismus, der zum Vernichtungskrieg des Letzteren bestimmt war und auch wirklich erst nach dreißig Jahren ein Ende nehmen sollte, obwohl nicht dasjenige, welches sich die Päbste gewünscht hatten! Freilich im Anfang gieng Alles so, wie man es haben wollte. Der Herzog Maximilian von Bayern, welchem Paul V. einen geweihten Degen sandte, damit er ihn recht oft in Protestantenblut tauche, drang in Böhmen ein, schlug am 8. November 1620 die Protestanten auf dem weißen Berge bei Prag auf's Haupt, vernichtete die bisher bestandene Religionsfreiheit, führte die Jesuiten nach Böhmen zurück, indem er zugleich allen akatholischen Gottesdienst verbot, vertrieb alle Reformirten und Lutheraner, im Ganzen über zweihundert Adelsgeschlechter und über 30,000 der gewerbfleißigsten Familien, welche sofort in Preußen, Sachsen, Holland und der Schweiz Zuflucht fanden, confiscirte ihre Güter im Werth von mehr als vierzig Millionen Gulden und ließ schließlich ihrer zwanzig Tausend, die weder auswandern noch zum Katholicismus zurückkehren wollten, theils mit dem Schwerte hinrichten, theils öffentlich verbrennen. Alles aber, wie natürlich, Alles im Namen Christi, der nur Liebe geathmet! Doch einige Jahre später wendete sich das Kriegsglück, besonders als der Schwedenkönig Gustav Adolph über die Ostsee herüber kam und die beiden großen Heerführer der Katho-

den Tilly und den Wallenstein, auf's Haupt schlug; allein
natürlich nicht unsere Absicht sein kann, eine Geschichte des
jährigen Kriegs zu schreiben, so begnügen wir uns damit,
ren, daß alle während jener Kriegsdauer regierenden Päbste,
V., Gregor XV., Urban VIII. und Innocenz X., den
Eifer zeigten, das Kriegsfeuer zu schüren und die katho-
artei sowohl mit Geld als mit Truppen zu unterstützen.
süßesten duftende Opfer war ihnen „Ketzerblut“ und alle
r Ueberredungskunst wurden in Bewegung gesetzt, um die
en Fürsten, besonders den Kaiser Ferdinand II., immer
ue zu inflammiren, daß sie in der Ketzervertilgung nicht
n. Endlich im Jahr 1648 nahm dieser gräßliche Krieg
, aber nur erst nachdem Tausende von Städten und Dör-
sche gelegt und die Hälfte der Einwohnerschaft Deutsch-
gerottet, die andere Hälfte aber an den Bettelstab ge-
rden war! Das sonst so schöne und blühende Land glich
ls einer Einöde und die Menschen, durch dreißigjähriges
abgekommen, hatten zum Theil nicht nur Religion und
, sondern auch alles menschliche Gefühl verloren. Kurz
nd Deutschlands war ein schauderhafter und darum ge-
Welt in ein förmliches Entzücken der Dankbarkeit gegen
htigen, als endlich die Kämpfenden des Mordens müde
d sich die Herzen der Fürsten zu einem Friedensschlusse
lcher denn auch in der That zu Münster und Osnabrück
beide Theile ehrenwerthen Bedingungen abgeschlossen
uf der ganzen weiten Erde gab es Niemanden, der sich
ensverkes nicht gefreut hätte, nur einen Einzigen aus-
Und wer war dieser Eine? Niemand anders als der
ocenz X., welcher nicht nur während der in Osnabrück
Verhandlungen durch seinen Legaten Chigi gegen
ensschluß protestiren ließ, sondern sogar
6. November 1648 eine Bulle ausfertigte, in
, nachdem der Frieden bereits abgeschlossen
wischen den Katholiken und Protestanten ab-
e Uebereinkunft, als der Religion zuwider
chte des Pabstes verletzend, für null und
r ungerecht und unbillig, für verworfen,

eitel und verdammt erklärte; ja in welcher er zugleich aussprach, daß jener Friede ohne allen Einfluß und Erfolg für die Vergangenheit, Gegenwart und Zukunft sei, sowie daß Niemand, und hätte er sich auch durch den feierlichsten Eid gebunden, sich im Einzelnen oder im Ganzen an ihn zu halten habe! So Innocenz X.! Er allein verfluchte, was die ganze übrige Menschheit segnete! Doch wie die Welt jene Bulle ansah, das sieht man am besten daraus, daß man dieselbe „sogar in Oesterreich“ von den Kirchthüren, an welche sie die päbstlichen Legaten anschlugen, abriß und öffentlich verbrannte!

Von jener Zeit an hatte der Protestantismus in Deutschland ein auch von den katholischen Mächten anerkanntes gesetzliches Recht zur Existenz. Es sollte fernerhin im ganzen Reich Niemand seiner Religion wegen verfolgt werden, sondern vielmehr allen Christen, ob sie nun den Namen katholisch oder lutherisch oder auch reformirt führten, gestattet sein, an allen Orten und in allen Städten des Vaterlandes nach ihrer Weise zu Gott zu beten. So schrieb es der westphälische Frieden vor und sicherlich wäre dieser Frieden überall gehalten worden, wenn nur Einer nicht gewesen wäre, nehmlich der Pabst zu Rom. Aber Er kannte keine Duldung, ja er konnte sogar keine kennen, wenn er die Grundsätze des Pabstthums nicht verleugnen wollte! Er als Pabst, Er, der sich den Urquell und das Centrum des Christenthums nannte, Er konnte doch solche Menschen, die ihm nicht als ihrem Oberhaupte gehorchen, unmöglich als Christen ansehen? Er, von dessen Vorfahren die berühmte Ketzerverbrennungsbulle: „In coena domini“ *), welche grundsätz-

*) Diese berüchtigte Bulle (man heißt sie die „Nachtmahlsbulle“, weil sie mit den Worten »in coena domini« anfängt) rührt in ihrem ersten Entwurfe ohne Zweifel von dem überstolzen Bonifaz VIII. her, wurde aber von Urban V., Julius II., Paul III., Gregor XIII. und namentlich von Pius V., sowie von Urban VIII. weiter ausgebildet und vervollkommnet, wie denn auch die beiden letzteren Päbste verordneten, daß dieselbe jedes Jahr am grünen Donnerstag von allen katholischen Kanzeln der ganzen Welt herab verlesen werden sollte. Leider (für die Päbste nehmlich) girng man in vielen Staaten nicht hierauf ein, indem ihr Inhalt doch gar zu großen Anstoß erregte;

Jahre öffentlich in den Kirchen Roms verkündigt wurde,
gen war, Er konnte doch unmöglich aufhören, auf Mittel
, welche den Untergang der Ketzer zur Folge haben muß-
um, wenn nun auch in Deutschland der „Ketzermord im
weil die Fürsten ihre Hand nicht mehr dazu boten, auf-
wurde deßhalb doch fortgefahren, Alles, was nicht katho-
auf jegliche, selbst die ungerechteste und gewaltthätigste
verfolgen und zu bedrücken, indem man hoffte, daß hie-
Akatholiken ihr Glaube verleidet und sie in Folge dessen

—

rchenstaate und besonders in Rom wird sie jetzt noch alle Jahre an
ge verkündigt, „denn ihr Inhalt ist das wahre Conterfei dessen,
bste wollen, denken und fühlen." Einmal nehmlich ist in ihr zu
Pabst der Oberherr sei über die ganze Christenheit und zwar nicht
Clerus und die Bischöfe, sondern auch über die Fürsten, Könige
Zum zweiten steht darin der furchtbare Fluch, dem Jeder verfällt,
end etwas den Pabst oder überhaupt die römische Katholicität be-
flucht und gebannt werden im Namen Gottes des
ohnes und heiligen Geistes, sowie der seligen
trus und Paulus, erstens alle Hussiten, Wick-
utheraner, Zwinglianer, Calvinisten, Huge-
abaptisten, Trinitarier, Unitarier, sowie alle
ndere Ketzer; zweitens alle diejenigen, welche
r aufnehmen, ihn vertheidigen oder sich nur
nd gegen ihn bezeugen; drittens jeder, welcher
ses Buch, das ohne die Sanction des apostoli-
ls erschienen ist, kauft, liest, druckt, verbreitet,
it oder auf irgend eine Weise begünstigt; vier-
iversitäten, Collegien und Domkapitel, wenn
oncilium appeliren; fünftens alle diejenigen,
rhindern, daß Gelder, Lebensmittel u. s. w. an
hen Hof geführt werden oder welche gar Ein-
ostolischen Stuhls in Beschlag nehmen; ferner
welche dem Clerus Abgaben auflegen und
ch Kaiser und Könige sein, diejenigen, welche
chtssachen des Clerus mischen und die geistlichen
iten der päbstlichen Gerichtsbarkeit entziehen die-
e den Befehlen der Päbste oder ihrer Legaten, Com-
Nuntien Widerstand entgegensetzen u. s. w. u. s. w.
der dem Pabste nicht so gehorcht, wie man Gott
ß!"

bewogen werden könnten, zur römisch-katholischen Kirche zurückzukehren. Derlei Verfahren fand selbstverständlich hauptsächlich da statt, wo die Hauptmasse der Einwohner katholisch war oder wo die Regenten sich von den Jesuiten am Gängelbande führen ließen, und die Geschichte Tyrols, Böhmens u. s. w. u. s. w. liefern der Belege hiefür eine Menge; ein mehr in's Große gehendes Beispiel aber gab auf den Antrieb Pabsts Benedikt XII. im Anfang des achtzehnten Jahrhunderts der Erzbischof von Salzburg, Leopold Freiherr von Firmian. Obgleich nehmlich sein Herrschergebiet zwischen dem gut katholischen Oesterreich und dem noch orthodoxeren Bayern eingeklammert lag, und obgleich man nicht glauben sollte, daß Unterthanen eines römischen Kirchenfürsten je ketzerisch denken lernen würden, so hatte der evangelische Glaube doch schon sehr frühe, gleich nach dem Beginn der Reformation, in den Gebirgsthälern des Salzburgischen Kreises Eingang gefunden. Allerdings ergriff der damalige Erzbischof Matthäus Lange von Wellenburg augenblicklich die strengsten Maßregeln und ließ z. B. den früheren Franziskanermönch Georg Schärer, der zu Rastadt das Evangelium predigte, sowie den feurigen Stöckel, einen Pfarrer im Gebirge, enthaupten, allein das Lutherthum wurde dadurch nicht nur nicht unterdrückt, sondern jedes Märtyrerthum erwarb ihm vielmehr neue Anhänger. Nach kurzer Zeit war die lutherische Bibel das einzige Gebetbuch, welches der Gebirgswohner des Salzkammerguts noch anerkannte; ja ein Dutzend Jahre später hatte sich der Protestantismus selbst in der „Stadt" Salzburg festgesetzt, und unter dem Erzbischof Markus Siticus, Grafen von Hohen-Ems, wagten es einige im Innern des Ländchens liegende Gemeinden gar vollends, „seine bischöfliche Gnaden um einen protestantischen Pfarrer zu ersuchen!" Markus Siticus zeigte sich jedoch schnell besonnen, schickte ein paar Dutzend Kapuziner nebst einigen Hundert Soldaten in die Gebirge, überzeugt, daß die Leute durch eine vom Schwert unterstützte Bußpredigt am besten zur Raison gebracht werden könnten. In der That verrechnete er sich auch nicht, denn Alles kehrte sofort, wenigstens äußerlich, zum Katholicismus zurück, obwohl an heimlichen Orten immer noch verbotene Zusammenkünfte stattfanden. Während

jährigen Krieges dagegen, der merkwürdigerweise für Salz-
lange Zeit des Glückes brachte, erhob der Protestantis-
neuem und ungescheut sein Haupt. Damals herrschte
der Erzbischof Paris, ein eben so fein gebildeter und
als kriegskundiger und staatskluger Mann, und dieser
sämmtlichen Gebirgspässe, welche in sein Land führten,
vertheidigen, daß ihm in jenen ganzen dreißig Jahren
er Soldat sein Gebiet betrat. Allein natürlich dachte
lange der Krieg währte, nie daran, irgend einen seiner
„des Glaubens wegen" zu verfolgen, denn seine
ihte ja nur in der Einigkeit aller Bewohner seines
is und er brauchte, wie man sich denken kann, deren
stärke, um die Angriffe des Feindes abzuwehren. Weit
r sein Nachfolger, der Erzbischof Maximilian Gan-
er zur Methode der gewaltsamen Belehrung zurückgriff;
ch er sich bald zufrieden, als er merkte, daß solche Ver-
m nicht nur nichts eintrugen, sondern vielmehr umge-
kostspielig waren. Ebenso ruhig verlief das Regiment
ofs Franz Anton, eines gebornen Grafen von Har-
bis 1727), denn, wenn man auch die Ketzer unter der
älen nie aufhörte, so that man ihnen doch keine offene

anz andere Zeit aber begann, als Leopold Anton,
von Firmian am 3. October 1727 den erzbischöfli-
estieg. Er war geizig, und da er für das Pallium
d Thaler nach Rom hatte zahlen müssen, so lag ihm
an, solches Geld aus seinen Unterthanen wieder heraus-
Außerdem kostete ihn seine Geliebte, die Gräfin von
Geld und für die aus dieser Liebschaft entsprossenen
e doch auch gesorgt werden. Neben dem Geldgeize be-
is noch eine andere Leidenschaft, nehmlich den Ehrgeiz,
achtete er nicht blos darnach, den Cardinalshut zu be-
dern auch das Bisthum Passau, welches sich dreißig
von Salzburg unabhängig zu machen gewußt hatte,
seine Metropolitan-Herrschaft zu bringen. Da nun
icht anders zu erlangen war, als nur allein durch
ersann er mit Hülfe seines Factotums und Kanzlers

Hieronymus Christian von Räll einen wirklich teuflischen Plan, die Gunst des damals regierenden Benedikt XII. zu erringen. Die Beiden beschlossen nehmlich, die sämmtlichen protestantischen Salzburger entweder mit Gewalt zu bekehren oder sie der Vernichtung zu weihen, um so dem Pabste zu zeigen, daß das Interesse der römischen Curie ihnen über alles gehe. Freilich mußte man sich der westphälischen Friedens-Artikel wegen davor hüten, die Ketzer ohne Weiteres zu verbrennen, allein man konnte sie ja so lange quälen und torturiren, bis sie in der Verzweiflung zur Rebellion griffen und dann hatte man das Recht, sie entweder hinzurichten oder aber des Landes zu verweisen und ihre Güter zu confisciren. Es war ein prächtiger Plan, und die 50,000 fl., welche Räll von der römischen Curie dafür erhielt, wohl werth!

Natürlich ging man alsbald an die Ausführung des Vorhabens und eine Menge von Jesuiten durchzogen sofort das ganze Land, um überall zur Buße zu mahnen, die Abgefallenen zu bekehren und besonders nach verbotenen Schriften, d. h. nach der Uebersetzung der Bibel oder des neuen Testamentes zu fahnden. Wer ein solches Buch hatte und es verleugnete, wurde als ein Verbrecher behandelt und entweder in's Gefängniß gesteckt, in welchem er Monate lang, ohne Verhör, schmachten konnte, oder aber frischweg über die Grenze geschafft und ihm der Wiedereintritt in's Land bei Todesstrafe verboten. Hiebei zeigte sich der Amtmann von Werften, mit Namen Franz Roman von Wezel, besonders thätig, denn um dem Erzbischofe und dessen Kanzler zu gefallen, ließ er eilf Familienväter, als verdächtig vom katholischen Glauben abgefallen zu sein, in den Thurm werfen und behandelte sie darin derartig, daß sie bald versprachen, von nun an wieder den Rosenkranz zu beten, und ihm sogar noch überdieß eine bedeutende Geldsumme als Lösegeld zahlten. Die Rechtsverletzung war eine schreiende, aber trotzdem wurde Roman von Wetzel nicht nur nicht zur Verantwortung gezogen, sondern sogar wegen seines Diensteifers höheren Orts belobt, und nun natürlich, als sie dieß sahen, ahmten die übrigen Amtleute des Salzburgischen Gebiets dem Amtmann von Werfen nach, bemüht, ihn womöglich noch zu übertreffen. Bald waren alle Gefängnisse überfüllt, doch wurde Niemand herausgelassen, als bis er die Ketzerei abgeschworen hatte. Die Gefangenschaft war übrigens nicht die einzige Qual, die man den Verdächtigen anthat, sondern es gab auch noch viel raffinirtere Strafen, indem man z. B. einem Evangelischen jedes ehrliche Begräbniß verweigerte, so daß dem Sarge nicht nur kein Geistlicher folgen, sondern auch keine Glocke und kein Gesang ertönen durfte. Ueberdieß mußte der Todte auf irgend einem Winkel beerdigt werden und was dergleichen mehr Schmach ist. In alle Häuser drangen die katholischen Priester ein, tauften die Säuglinge gewaltsam nach römischer Weise, malten den Weibern die ewige Verdammniß vor und verfluchten die ganze Familie bis in die unterste Hölle hinab, wofern nicht jeder Gedanke an den Protestantismus aufgegeben werde. Auch verbot man natürlich den Katholischen allen Umgang mit den Ketzern, um die Letzteren vollständig zu isoliren, und überhaupt that man Alles, um die Evangelischen so elend als möglich zu machen. Nahm man ihnen doch sogar ihre bürgerlichen Rechte, indem kein der Ketzerei Verdächtiger als Taufpathe oder überhaupt als Zeuge in einer Rechtssache zugelassen wurde! In solch' großer Noth fingen die Protestanten an, nächtlicher Weile an geheimen Orten sich zu versammeln, theils um sich gegenseitig aus dem Worte Gottes zu trösten, theils aber auch, um sich zu besprechen, wie diesem grenzenlosen Drucke abgeholfen werden könnte. Kaum jedoch hatte der Kanzler Räll von derlei Versammlungen Nachricht erhalten, so beeilte er sich, dieselben als Aufruhr zu behandeln, und Eilboten nach Wien zum Kaiser zu schicken, damit dieser ihm Truppen gegen die Rebellen verwillige. Allein auch die Protestanten hatten den Gedanken erfaßt, Eilboten nach Wien und nach Regensburg, wo die Gesandten der evangelischen Stände tagten, zu senden, um sich über die Verletzung des westphälischen Friedens zu beklagen, und in der That war es einigen ihrer Boten gelungen, die Stadt Regensburg zu erreichen, obwohl die Gebirgspässe sorgsam bewacht und die meisten der Abgesandten als Rebellen verhaftet wurden. Die evangelischen Stände in Regensburg nahmen sich der Unterdrückten an und ließen im April 1731 eine „Vorstellung“ an den Erzbischof ergehen, sowie sie auch den Kaiser ersuchten, der Sache seine Aufmerksamkeit zu schenken. Doch was war die Folge hievon? Der Erzbischof erklärte, seine protestantischen Unterthanen seien „offene Empörer,“

und verschärfte deßwegen die früher gegen dieselben ergriffenen Maßregeln noch um's Doppelte, indem die Aufruhrakte verkündigt und jedes Zusammenstehen von mehr als vier Personen für Rebellion erklärt wurde. Hieraus leitete man das Recht ab, mit den Protestanten anzufangen, was Einem beliebe; allein da man sich keinen Einzigen der Ketzer entgehen lassen wollte, so lag natürlich viel daran, ein genaues Verzeichniß der sämmtlichen Anhänger des Evangeliums in die Hände zu bekommen. Somit erklärte auf einmal der Kanzler Räll, es sei der Regierung darum zu thun, alle Beschwerden ihrer protestantischen Unterthanen kennen zu lernen, damit die bürgerliche Stellung derselben gesetzlich regulirt werden könnte, und verfügte sich um Jakobi 1731 persönlich von Amt zu Amt, um alle Klagpunkte zu vernehmen und zugleich die Namen und das Vermögen der Protestanten aufzuzeichnen. Voll Freude, daß es nun endlich mit den Plackereien aus sein werde (der Kanzler gab, um die Leute kirre zu machen, die Erlaubniß, den evangelischen Glauben „innerhalb der Häuser" zu bekennen), eilten die Protestanten, sich in das Ketzer-Verzeichniß eintragen zu lassen und siehe da, es stellte sich sofort heraus, daß sich im Gebiete des Erzbischofs nicht weniger als 20,678 Protestanten, worunter 850 reiche Familien, befanden. Kaum war man nun aber mit diesem Geschäfte fertig geworden, so warf Räll die Maske ab und die Verfolgungen begannen auf's Neue. Ja man verfuhr sogar noch weit grausamer als zuvor, und zum Zeichen, was da kommen werde, ließ der Dechant zu Werfen die lutherischen Bibeln, welche man confiscirt hatte, auf öffentlichem Marktplatze verbrennen. Gleich darauf, schon im September 1731, rückten 6000 Mann kaiserlicher Truppen im Salzburgischen ein, angeblich, um die geheimen Versammlungen der Rebellen zu unterdrücken, in Wahrheit aber, um das Ketzerthum mit Gewalt auszutreiben. Natürlich quartirte man die Soldaten nur allein bei den Evangelischen ein, denn man kannte dieselben ja nunmehr, und es begann sofort ein Plünderungs-System, wie man es gräßlicher sich nicht denken kann. Der Soldat hauste wie in Feindesland und kannte nur Raub und Gewaltthat. Bis auf's Blut ausgesogen, konnte bald kein Evangelischer mehr eine Steuer bezahlen und nun confiscirte man das sämmtliche Eigenthum, indem man die Leute als Bettler aus den Häusern trieb.

Wer ein böses Wort fallen ließ oder auch nur eine schiefe Miene machte, wurde gefaßt und, mit einem Andern zusammengeschmiedet, in's Gefängniß geworfen; diejenigen aber, welchen es gelang, in die Gebirge zu entkommen, jagte man wie die wilden Thiere und schoß sie nieder, als wären sie Hasen. Noch schlimmer als die Männer war das weibliche Geschlecht daran, denn die entfesselten Begierden kannten keine Schonung jungfräulicher Ehre und nicht Wenige, welche der Schande entgehen wollten, wurden unbarmherzig in den Tod getrieben. Kurz, es ist unmöglich, alle die Gräuel zu schildern, welche in diesem Vernichtungskampf des Katholicismus gegen den Protestantismus verübt wurden, und es wäre kein Wunder gewesen, wenn letzterer endlich zu den Waffen der Wiedervergeltung gegriffen hätte. Doch hiezu kam es nicht, wohl aber zu etwas Anderem.

Am Sonntag vor St. Lorenz fanden sich mehr als hundert alte Männer, gleichsam als Abgeordnete der verschiedenen protestantischen Gemeinden Salzburgs, in der einsamen Kluft des Dientnerthales, unweit St. Veit an der Salzach, zusammen und hielten Rath, wie dem allgemeinen Elende abzuhelfen wäre. Sie sahen aber keinen andern Ausweg, als Auswanderung, und so wurde denn beschlossen, ein anderes Vaterland zu suchen, unter welchem Himmel es auch sei. Sofort erboten sich einige der Kühnsten unter ihnen, ihr Leben zu wagen und über die höchsten Gebirge zu klettern, um sich mit den protestantischen Fürsten Deutschlands ins Benehmen zu setzen. Auch gelang es in der That zweien, (die andern wurden alle ergriffen und erschossen) über die Grenzen zu entkommen, und diese wandten sich nun an die mächtigsten protestantischen Regierungen Europa's, namentlich England, Schweden und Preußen, damit ihnen diese das Recht der Auswanderung auswirkten. Damals saß Friedrich Wilhelm I. auf dem Thron von Preußen und dieser sah sogleich ein, welchen Vortheil es ihm bringen würde, wenn er seinen wenig bevölkerten Landschaften die Salzburgische Emigration zuwenden könnte. Kaum hatte er aber diese Einsicht gewonnen, so drang er auch mit aller Macht darauf, daß der Erzbischof allen denen, welche sein Land verlassen wollten, freien Abzug gewähre. Ja, er erklärte kurzweg, daß er die katholischen Unterthanen seines Reiches gerade so behandeln würde, wie der Erzbischof die Salzburger, wenn Letzterer noch weitere Schwierigkeiten mache. Nun endlich gab der Kirchenfürst nach. Aber wie gab er nach? Er befahl nun die Auswanderung, statt sie zu erlauben, d. h. er jagte die Auswanderungslustigen mit Hülfe der kaiserlichen Dragoner aus dem Lande, ohne ihnen Zeit zu lassen, ihr Eigenthum zu verwerthen und sich zu der vorhabenden großen Reise vorzubereiten. Mitten im Winter mußten sie fort, dem gräßlichsten Unwetter Preis gegeben, und wer nicht gehen wollte, wurde mit den Bajonetten hinausgetrieben. Den Katholischen sagte man, sie sollten doch den Ketzern nichts abkaufen, dieweil sie ja wenige Tage später von den herrenlosen Gütern unentgeltlichen Besitz nehmen könnten, und Jene natürlich ließen sich solches nicht zweimal sagen. Gelang es aber dennoch dem Einen oder dem Andern der Protestanten, sich eine Baarsumme zu verschaffen, so wußte man ihm dieselbe unter dem Titel von „Abzugsgeldern" wieder abzunehmen, und man ließ nicht nach, als bis fast Alle, ehe sie die Grenzen überstiegen, in Bettler verwandelt waren. Das war jedoch noch nicht einmal das Aergste, sondern die religiösen Torturen übertrafen noch bei weitem die körperlichen. In der Stadt Salzburg nehmlich, welche alle Auswanderungslustige, um Pässe zu erhalten, passiren mußten, hielt man sie wochenlang hin, stahl ihnen ihre Kinder unter dem Vorwand, daß diese erklärt hätten, katholisch werden zu wollen, und bediente sich überhaupt der verworfensten Mittel, um sie für die katholische Kirche zu retten. Allein Alles war vergeblich. Je größer die Noth, je furchtbarer der Druck, und je tiefer das Elend wurde, umsomehr wuchs die Begeisterung und kein Evangelischer wollte zurückbleiben. In kurzer Zeit hatten achtzehntausend Menschen ihrem Vaterlande den Rücken gekehrt, und an manchen Orten sah es so öde aus, als wäre die Pest hindurch gezogen. Allein was lag dem Fürst-Erzbischofe daran? Ich will keine Ketzer mehr im Lande wissen," erklärte er, „und wenn Dornen und Disteln auf den Aeckern wachsen sollten!" Für solch' gutkatholische Gesinnung wurde er auch vom Pabste großartig belohnt, denn Clemens XII. gab ihm dem Titel „Excelsus!", das ist zu deutsch: „Hoheit" !"

Später freilich ersah die neue „Hoheit" zu ihrem Schrecken, daß, jemehr die Bevölkerung abnahm, desto weniger Gelder in den

liesen, und um also wenigstens den letzten Rest der Pro=
estzuhalten, ließ der Erzbischof allen seinen noch übrigen
n folgenden Eid abfordern: „Ich schwöre zu dem leben=
! und allen Heiligen, daß ich nicht allein zu dem allein=
:den römisch=katholischen Glauben mit Herz und Mund
ne, sondern auch glauben will, daß diejenigen, welche
ert sind oder noch auswandern werden, wirklich zum
ren.“ Allein dieses plumpe Mittel, die Leute vom Fort=
thalten, hatte gerade die umgekehrte Wirkung, denn plötz=
t aus dem unterirdischen Salztempel bei Hallein ihrer
:rgknappen hervor und zeigten dem Erzbischof ihr evan=
laubensbekenntniß an. Da knirschte er denn doch mit
ı, als er sah, daß sein herrliches Bergwerk, die beste
uelle seines Erzbisthums, verwaist dastand! Den Berg=
lgten noch etwa zweitausend Menschen nach, dann war
nderung zu Ende. Im Ganzen hatten nicht weniger als
zwanzigtausend das Land verlassen! Wie sah es nun
Kirchhofsstille herrschte, wo früher rege Betriebsamkeit
Leben verbreitet hatte, und ganze Menschenalter gingen
he der ungeheure Riß sich nur wieder nothdürftig zu=
e; dagegen konnte der Erzbischof voll Stolz sagen, daß
ganzen Lande kein Einziger mehr lebe, der nicht den
bete und vor den Heiligen auf den Knieen liege!
ener Zeit an gab es übrigens in unserem Vaterlande
verfolgungen „im Großen“ mehr, denn man sah von
verschiedenen Regierungen ein, daß dieselben mehr
s Nutzen brächten, und somit mußte der Pabst für die
s Vergnügens, einen Religionskrieg angefacht zu haben,
land wenigstens entbehren.

Ausrottung des Protestantismus in Frankreich.

ı Deutschland so hatte sich der Protestantismus auch
ch sehr stark verbreitet, obgleich sowohl der König
ls auch sein Sohn Heinrich II. äußerst strenge gegen
: der neuen Lehre auftraten und theils in der Stadt
s in Aix und Toulouse verschiedene derselben auf dem

Scheiterhaufen rösten ließen. Allein die Ruhe und Freudigkeit, mit welcher die zum Tode Verurtheilten starben, erschien als ein Zeichen der Wahrheit ihrer Lehre und vermehrte demnach die Zahl ihrer Bekenner, statt sie zu vermindern. Dazu kam noch, daß der Hauptverbreiter der neuen Lehre, Jean Chauvin (Calvin) von Noyon in der Pickardie, durch Geburt, Sprache und Sitten den Franzosen nahe stand und in der geistreichen Königin Margaretha von Navarra, der Schwester Franz I., eine vielmächtige Gönnerin und Beschützerin fand. So verbreitete sich die neue (nach Calvin „die calvinistische" genannte) Religion mit wunderbarer Schnelligkeit über alle Stände und Volksklassen und die besten Köpfe, die gelehrtesten Männer der Nation, die reichsten Bürger, sogar der vornehmste Adel und selbst einige Personen des Königlichen Hauses wurden heimliche Anhänger derselben. Offen jedoch wagten sie nur selten hervorzutreten, weil man jeden, der sich freimüthig zum Calvinismus bekannte, ohne Weiteres verhaftete und hinrichtete. Eine ganz andere Aera aber sollte für die Calvinisten oder Reformirten beginnen, als nach dem Tode Heinrichs II. im Jahr 1559 Franz II. den französischen Thron bestieg.

Der neue König nehmlich, ein siebenzehnjähriger, an Geist und Körper gleich schwacher Jüngling, war unfähig, die Zügel der Regierung selbst zu lenken, und Frankreich bedurfte daher nothwendig einer Regentschaft. Allein wem sollte diese letztere zufallen? Der Catharina von Medicis, als der Mutter des Königs, den Herzogen von Bourbon, als den nächsten Verwandten des Königshauses, oder den Prinzen von Guise, als den angesehensten Edelleuten des Staates? Die „Guisen" stammten von dem uralten Hause der Herzoge von Lothringen ab, indem während der Regierung des Königs Franz I., der zweitgeborene Bruder des Herzogs von Lothringen, mit Namen Claudius, die Grafschaft Guise in der Pickardie erheirathete, eine Grafschaft, welche sofort von König Franz zum Herzogthum erhoben wurde. Anno 1559 war das Haupt der Familie Herzog Franz von Guise, der älteste Sohn des Claudius, ein Mann von großer Tapferkeit, ausgezeichnetem Geiste und grenzenlosem Ehrgeize, und ihm zur Seite standen fünf Brüder, worunter der berühmteste der Cardinal Carl von Lothringen. Sie alle waren vom verstorbenen Könige mit

Ehrenstellen überschüttet worden und hatten die Gunst desselben dazu benützt, um einen großen Theil der Staatsstellen ihren Freunden zu verschaffen; am meisten jedoch suchten sie ihre Macht dadurch zu befestigen, daß sie als eifrige Verfechter des Katholicismus, sowie als entschiedene Gegner der neuen Religion auftraten. Die „Bourbons“ stammten von Robert, dem zweiten Sohne Ludwigs IX. ab, indem derselbe die Grafschaft Bourbon, welche gleich darauf in ein Herzogthum verwandelt wurde, erheirathet hatte. Sie standen dem Thron am nächsten, und wenn Franz II. nebst seinen drei Brüdern ohne männliche Erben starb, so ging das Recht der Thronfolge auf das Haupt der bourbonischen Familie, zu damaliger Zeit Anton von Bourbon, Herzog von Vendome und (durch seine Vermählung mit Johanna von Albret) Titularkönig von Navarra, sowie Besitzer der Herrschaft Bearn, über. Uebrigens stand auch Anton von Bourbon, genannt König von Navarra, nicht allein da, sondern er besaß sowohl zwei Brüder, den Cardinal Carl von Bourbon, einen gutmüthigen aber wenig begabten Mann, und den Prinzen Ludwig von Bourbon-Condé, einen kühnen und tapfern Helden, als auch verschiedene Vettern, wie z. B. den Herzog von Montmorency und den von Mont-Pensier nebst dessen Bruder dem Prinzen von La Roche-sur-Yon. „Catharina von Medicis“, des verstorbenen Königs Wittwe, war, wie man schon aus dem Namen sieht, eine Abkömmlingin der Herzoge von Florenz und zeichnete sich durch verschiedene Eigenschaften aus, einmal nehmlich durch eine mehr als gewöhnliche Schönheit, dann durch einen fast außerordentlichen Verstand, endlich durch eine grenzenlose selbst vor Verruchtheit nicht zurückschreckende Energie, mit der sie alle ihre Pläne verfolgte. Als einer nahen Verwandtin des Pabstes Pius IV. lag ihr natürlich der Katholicismus sehr am Herzen, noch mehr aber war es ihr um das Regieren zu thun und darum beschloß sie auch, die Regentschaft an sich zu reißen, es möge kosten was es wolle.

Solches war übrigens nur möglich, wenn sie sich mit der einen der beiden so eben genannten Partheien verbündete, denn nur hierdurch erlangte sie die gehörige Uebermacht. Allein welchen von den zwei Concurrenten sollte sie sich zum Verbündeten wählen, den Herzog von Guise oder den von Bourbon und Navarra? Die

Wahl fiel für eine Verwandtin des Pabstes nicht schwer, ohnehin da die Guisen, ganz von demselben Gedanken beseelt, ihr auf halbem Wege entgegen kamen. Der Bund wurde geschlossen und die ganze Macht zwischen Herzog Franz und Catharina von Medicis nebst ihren beiderseitigen Anhängern getheilt. Die nächste Folge hievon war, daß die bourbonische Parthei vom Hofe entfernt und fast alles politischen Einflusses beraubt wurde, indem man das Haupt derselben, den König von Navarra, auf seine Besitzung Bearn verwies, den Prinzen von Condé in einer außerordentlichen Mission nach Madrid schickte und den Connetable, d. i. den Generalissimus Frankreichs, Anna von Montmorency, einen nahen Verwandten der Bourbons, unter ehrenvollen Ausdrücken zur Ruhe setzte. Allein man kann sich nun wohl denken, daß die Bourbonen eine solche schmähliche Behandlung nicht mit kaltem Blute ertrugen, sondern im Gegentheil Tag und Nacht auf nichts anderes sannen, als wie sie den Guisen die Macht wieder aus der Hand reißen könnten. Besonders empört war der feurige Condé und derselbe veranstaltete daher alsbald mit seinen innigeren Vertrauten eine geheime Zusammenkunft auf seinem Schlosse Laferte, an der Grenze von Champagne, um über das, was zu thun sei, zu berathschlagen. Unter diese Vertraute nun gehörte auch der Admiral von Frankreich, Caspar von Coligni, aus dem Hause Chatillon, ein durch seine Tapferkeit, Entschlossenheit und Kriegserfahrung hochberühmter Mann, sowie dessen Bruder Dandelot, der verwegenste und unerschrockenste Franzose der vielleicht je geboren wurde, und diese beiden bekannten sich ganz ungescheut zur calvinistischen Religionslehre. Daher kam es denn, daß, als der größere Theil der Versammlung den tollkühnen Plan, dem Despotismus der herrschenden Parthei mit dem Schwerte in der Hand ein Ende zu machen, zu adoptiren bereit schien, Coligni dieses Vorhaben, weil es bei der Uebermacht der Gegner nothwendig unglücklich ausfallen müsse, nur unter der Bedingung billigte, daß man sich mit den obwohl unterdrückten und verfolgten, doch zahlreichen und durch ganz Frankreich verbreiteten Bekennern der neuen Glaubenslehre in Verbindung setze, um so nicht bloß eine mächtige Parthei in Frankreich selbst zur Genossin zu bekommen, sondern sich auch zugleich der Beihülfe der Protestanten in Deutschland und England zu versichern. Solcher Plan fand allgemeinen Beifall. Man beschloß also einstimmig, die Guisen mit Hülfe der Protestanten zu stürzen, und beauftragte den Admiral, nebst seinem Bruder Dandelot und dem Vicedom von Chartres, aus dem Hause Bourbon-Vendome, die Häupter der Calvinisten zu gewinnen, natürlich unter dem Versprechen, daß der Calvinismus von nun an eine in Frankreich ebenso berechtigte Religion sein solle, als der Katholicismus. So rief also die Verbindung Catharinas von Medicis mit den ultrakatholischen Guisen eine entgegengesetzte Union, nehmlich die der Bourbonen mit den bisher politisch unbedeutenden Protestanten hervor.

Fast aber hätte diese Verbindung gleich im Anfang zur vollkommenen Unterdrückung des Protestantismus geführt. Es geschah ıehmlich, daß ein protestantischer Edelmann, mit Namen La Re-ıaudie, ein tollkühner und über die bisher seiner Religion wegen duldeten Unbilden äußerst erbitterter Mann, sich in der Hoffnung, e Prinzen von Bourbon werden als nunmehr erklärte Freunde s Protestantismus sein Vorhaben unterstützen, mit verschiedenen deren Mißvergnügten verband, um die Häupter der Guisen, welche damals mit dem ganzen Hofe in der Stadt Blois befanden, uheben, und so den König Franz zu nöthigen, die Reichsstatt-rschaft dem Prinzen von Condé, dem Beschützer des Calvinis-, zu übertragen. Der Plan wurde jedoch verrathen und die u führten den König alsbald von Blois auf das feste Schloß Amboise, wo sie sich so gut als möglich verschanzten und alle baren Truppen an sich zogen. Allein als La Renaudie mit tapferen Schaar nachrückte und Gefahr da war, daß er das Amboise stürmen würde, so beschloß der Herzog von Guise t zu gebrauchen, und sandte dem Anführer der unzufrie-alvinisten den Herzog von Nemours entgegen, mit dem Ver-. daß die Forderungen der Protestanten, wenn sie mit Ehr-orgetragen würden, sofort bewilligt werden sollten. La traute dem Versprechen und sandte fünfzehn seiner tapfer-ossen als Unterhändler nach Amboise, doch kaum hatten Schloß betreten, so wurden sie als Aufrührer verhaftet und gleich darauf erschossen. Ueber solche niederträchtige Treulosigkeit empört, rückte La Renaudie im Sturmmarsch vor, allein die Guisen hatten die Zeit, welche über den Verhandlungen hingegangen war, zu Herbeiziehung neuer Truppen benützt und die Calvinisten erlitten daher, von der Uebermacht erdrückt, eine bedeutende Niederlage. Die Meisten von ihnen lagen todt auf dem Schlachtfeld; nicht Wenige nahm man gefangen und nur Einzelnen gelang es dem Blutbade zu entrinnen. Mit den Gefangenen übrigens machte man kurzen Proceß. Sie wurden alle den andern Tag entweder ertränkt oder gehängt oder enthauptet; der junge König aber, sowie sein Bruder nebst seiner Mutter und den sämmtlichen Damen des Hofs, sahen diesen Hinrichtungen als einem ergötzlichen Schauspiele zu!

So endigte die sogenannte Verschwörung von Amboise (18. März 1560) mit dem Untergange der sämmtlichen Verschworenen. Allein damit begnügten sich die Guisen nicht, sondern da sie von nun an die Ueberzeugung hegten, daß die Calvinisten oder Hugenotten (diesen Spottnamen erhielten die Reformirten seit der Verschwörung von Amboise) *) ihre gefährlichsten oder unversöhnlichsten Feinde seien, so beschlossen sie die vollständige Vertilgung derselben und sandten nach allen Richtungen Frankreichs die strengsten Befehle, den Protestantismus gänzlich zu unterdrücken. Diesen Befehlen kam man auch, zwar nicht allüberall, aber doch in den meisten Provinzen, besonders in der Dauphiné, dem Gouvernement des Herzogs von Guise, und in der Provence, wo der Generallieutenant von Tavannes kommandirte, mit großem Eifer nach und die königlichen Gensdar-

---

*) Der Name „Hugenotten“ hatte einen eigenthümlichen Ursprung. In der Stadt Tours nehmlich herrschte der Aberglaube, daß der längst verstorbene König „Hugo“ Nachts als ein Gespenst durch die Straßen ziehe und jedesmal durch das sogenannte „Hugothor“ verschwinde. Nun versammelten sich die Calvinisten jener Stadt im Anfang stets gar heimlich und bei Nacht, und überdieß kamen sie gewöhnlich in einem nahe bei dem Hugothor gelegenen Hinterhause zusammen. Somit nannte man sie in Tours spottweise „Hugenotten.“ Da aber zufälligerweise die ersten Fäden der Verschwörung von Amboise in Tours entdeckt wurden, so hatte dieß zur Folge, daß man den im Anfang nur in Tours gebräuchlichen Spottnamen bald in ganz Frankreich auf die Calvinisten anwandte.

men hausten daselbst auf eine wirklich himmelschreiende Weise. Uebrigens nicht blos an die Protestanten niederen Rangs wagten sich die Guisen, sondern auch an die Höhergestellten. Ja sie ließen sogar den Prinzen Condé verhaften, und auch durch das Pariser Parlament (ein ihnen durchaus unterthäniges Gericht) am 26. November zum Tode verurtheilen, indem sie zugleich in den König drangen, den Parlamentsspruch zu unterschreiben und alsbald vollziehen zu lassen. Indessen erkrankte gerade an diesen Tage Franz II. gefährlich und starb gleich darauf am 2. Dezember 1560, ohne daß das Urtheil von ihm unterschrieben worden wäre. Nun kam der erst zehn Jahre alte Carl IX. als ältester Bruder des Verstorbenen auf den Thron und hiedurch wurde natürlich eine vormundschaftliche Regierung nothwendig. Auf solche hatte als Mutter des Königs Catharina von Medicis den meisten Anspruch, allein sie fürchtete die Einsprachen der Herzoge von Guise, deren grenzenlose Gewaltthätigkeit sie in den letzten paar Monaten, da sie mit ihnen verbündet gewesen war, nur allzugut kennen zu lernen Gelegenheit gehabt hatte. Somit näherte sie sich nun auf's eiligste dem Könige on Navarra, und versprach, wenn er mit seiner Parthei und sei- m Einflusse zu ihr halten wolle, sofort den Prinzen von Condé, nen Bruder zu begnadigen, ferner die Hinrichtungen der Huge- tten zu sistiren und endlich eine Reichsversammlung einzuberufen, welcher die Angelegenheiten der Calvinisten rechtlich geordnet den sollten. Auf diese Bedingungen gieng der König von Na- ra ein und die Folge hievon war, daß Catharina von Me- s durch seine Hülfe zur Reichsverweserin und Vor- derin des Königs ernannt wurde.

Durch solchen schnellen Wechsel im Regierungssysteme kamen rotestanten Frankreichs auf einmal in eine ganz andere Stel- und statt der bisherigen Verfolgung trat nun eine Periode ulдung ein. Ja, die Königin-Regentin erließ sogar am nuar 1562 ein Edict, welches den Hugenotten vollkommene t gab, ihre Religion in allen Städten Frankreichs auszuüben. lange sollte diese Toleranzzeit nicht andauern, denn Pabst VI. wurde dadurch so erbittert, daß er mit ganz andern , als bisher zur Unterdrückung des Protestantismus ange- vorden waren, zu Werke zu gehen beschloß. Seine Absicht gieng nehmlich dahin, die sämmtlichen katholischen Mächte, besonders aber den Kaiser von Deutschland, den König von Spanien, den Herzog von Savoyen und die Fürsten Italiens mit den Oberhäuptern des Katholicismus in Frankreich zu vereinigen, um so durch diesen gewaltigen Bund Alles, was protestantisch hieß, vollständig zu erdrücken. Der Plan war großartig und die Guisen gingen sogleich auf denselben ein, indem sie sich zu seiner Ausführung sogar mit dem Connetable von Montmorency, ihrem bisherigen Feinde, jedoch einem eifrigen Katholiken, verbanden; der Pabst aber sandte den Cardinal von Ferrara, sowie den Jesuiten-General Lainez nebst einem ganzen Heere von Bettelmönchen nach Frankreich, um das Volk, besonders aber die Barone und Großen des Reichs für den bevorstehenden Kampf vorzubereiten. Von Dorf zu Dorf, von Stadt zu Stadt zogen die Mönche und forderten alle Welt auf, die Waffen gegen die Protestanten zu ergreifen. Noch thätiger erwiesen sich die Jesuiten, denn ihnen gelang es sogar, unter den Bourbons selbst Unfrieden zu stiften und sowohl den schwachen Cardinal von Bourbon, als auch den König von Navarra durch große Versprechungen *) auf ihre Seite herüber zu ziehen. Trotzdem aber stand es um die Sache der Hugenotten nicht schlecht, denn ihre Lehre fand besonders beim niederen Adel und bei dem angeseheneren Theile des Bürgerstandes immer mehr Eingang, so daß die Zahl der reformirten Gemeinden damals weit über zweitausend betrug. In der Normandie gab es fast keine Stadt und kein Dorf, in welchem nicht ihr Glaube die Oberhand gehabt hätte, und ebenso verhielt es sich in Guienne, in Languedoc, in den Ce-

---

*) Der Pabst entblödete sich nickt, dem Titular-Könige von Navarra das Versprechen zu geben, er werde den König von Spanien, welcher sich im factischen Besitz des Königreichs Navarra befand, dazu bewegen, dieses Königreich herauszugeben, sobald der Titularkönig zu ihrem Bunde trete. Sollte übrigens der König von Spanien sich zu dieser Herausgabe nicht verstehen, so mache er, der Pabst, sich anheischig, dem Könige von Navarra die Insel Sardinien zu verschaffen! — Ganz ähnliche Versprechungen wurden auch anderen Oberhäuptern der Protestanten gemacht, allein diese waren klüger und wiesen die meineidigen Anträge mit Verachtung zurück.

vennen, im Fürstenthum Orange, in der Champagne, in der Dauphiné u. s. w. u. s. w. Kurz es gab wohl nie mehr Protestanten in Frankreich, als gerade zu jener Zeit, und wenn es daher zum Kriege zwischen beiden Partheien kam, so mußte der Kampf voraussichtlich ein eben so blutiger als langdauernder werden.

Den ersten Anstoß gab der Herzog von Guise. Im Begriff nehmlich, mit seinem Bruder, dem Cardinal von Lothringen, nach Paris zu reisen, kam er mit einem Gefolge von zweihundert Bewaffneten nach dem Städtchen Vassi in der Champagne. Es war ein Sonntag und die reformirten Einwohner Vassi's hielten in einer Scheune vor den Stadtmauern gerade zu der Zeit, als der Herzog ankam, ihren Gottesdienst. Solches gewahrend, umstellten die guisischen Reiter die Scheune, spotteten und schimpften über die darin Befindlichen auf die roheste Weise und machten sofort, als die Reformirten die Antwort nicht schuldig blieben, von ihren Waffen Gebrauch, indem sie in die Kirche einritten und Alles, was ihnen in den Wurf kam, Männer, Weiber und Kinder, niederstießen. Ueber sechzig der unbewaffneten Hugenotten blieben todt auf dem Platze und mehrere Hunderte wurden schwer verwundet, so daß der Name „des Gemetzels von Vassi", welchen man dieser Schandthat gab, wohl gerechtfertigt ist. Allein obwohl sich nun ganz Vassi erhob, um den Mördern den Garaus zu machen, so gelang es dem Herzoge doch, weiter zu ziehen, ohne einen Mann verloren zu haben. Dagegen aber konnte er sich wohl denken, daß ein Hugenottenaufstand nunmehr unvermeidlich sei und darum eilte er, nachdem er so schnell [als] möglich noch einige Tausend seiner Anhänger an sich gezogen [ha]tte, mit diesen nach Paris, um sich der Hauptstadt des Reichs [zu] versichern. In der That gelang ihm dieß auch, denn der größte [T]heil der von jeher gut katholisch gesinnten Bevölkerung jener Me[tro]pole stand auf seiner Seite und begrüßte ihn mit Jubel. So[g]leich brachte er den minderjährigen König nebst dem ganzen Hofe [der] Sicherheit wegen nach Melun, bewaffnete die sämmtlichen zu [ihm] stehenden Pariser, ließ die Versammlungshäuser, welche die [Hu]genotten in den Vorstädten besaßen, niederbrennen, gestattete dem [Pöbe]l die Plünderung und Niedermetzelung aller Ketzer und meldete [schli]eßlich sowohl dem Pabste als dem Könige von Spanien diesen ersten Sieg seiner Waffen, indem er sie zugleich aufforderte, ihm die vertragsmäßig versprochene Hülfe zu leisten.

Hiemit hatte der Krieg — man nennt ihn den ersten Hugenottenkrieg — factisch begonnen, denn es berief nun der Prinz von Condé, das seit dem Abfalle seines Bruders, des Königs von Navarra, anerkannte Oberhaupt der Hugenotten, sofort die Ersten und Vornehmsten seiner Parthei nach der Stadt Orleans, deren er sich mit Hülfe der Reformirten am 2. April bemächtigt hatte, und hier wurde beschlossen, der Gewalt — Gewalt entgegenzusetzen.*) Zugleich erließ Condé ein Manifest an sämmtliche reformirte Kirchen in Frankreich, in welchem er dieselben aufforderte, so schnell als möglich kriegserfahrene Leute nach Orleans zu senden, und schrieb auch sofort an die protestantischen Fürsten Deutschlands, besonders an den Churfürsten von der Pfalz, sowie an die Königin von England, um deren Hülfe in Anspruch zu nehmen. Das Manifest Condé's verfehlte seine Wirkung nicht. Nicht nur nehmlich strömten eine Masse Bewaffneter nach Orleans, sondern die Hugenotten brachten auch alsobald alle die Städte (darunter auch Lyon, Rouen, La-Rochelle, Nismes, Grenoble, im Ganzen über fünfzig), in welchen sie den Katholiken überlegen waren, in ihre vollkommene Gewalt, wobei natürlich Blutvergießen nicht immer ganz vermieden werden konnte. Fast dieselbe Taktik verfolgten die Guisen und ihre Anhänger. Sie forderten nehmlich am 21. April alle Edelleute Frankreichs auf, bewaffnet zu ihnen zu stoßen, um „die schlechten Christen“ zu bekämpfen, und zwangen den in ihrer Gewalt befindlichen minderjährigen König zur Erlassung eines Edicts, worin er erklärte, daß in ganz Frankreich nur eine einzige

---

*) Zum Beweise, welch' mächtige Herren zum Protestantismus sich bekannten, führen wir die Namen von einem Dutzend derselben an. Diese sind: Coligni, Dandelot, der Prinz von Portien mit Namen Anton von Croy, Franz von La-Roche-Foucauld, der mächtigste Herr in Poitou, dann der Graf von Rohan, das Haupt der Reformirten in der Bretagne, der Graf von Grammont aus der Gascogne, der Graf von Montgomery aus der Normandie u. s. w. u. s. w. Diese zusammen unterzeichneten am 11. April eine Bundesakte, in welcher sie sich mit Gut und Blut verpflichteten, die Waffen nicht aus der Hand zu legen, als bis sie den König aus der Hand der Guisen befreit und sich das Recht der freien Religionsübung erobert hätten.

Religion und zwar die römisch-katholische existiren dürfe. Auch bemächtigten sie sich aller Städte, in welchen die Protestanten die Minderheit bildeten, verfuhren aber hiebei auf ganz andere, d. h. auf viel blutigere Weise als ihre Gegner, denn ihr Grundsatz war keineswegs „Bewältigung des Feindes“, sondern vielmehr „Vernichtung desselben“. So enstand denn nun ein Bürgerkrieg, wie er gräuelvoller und scheußlicher sich nicht gedacht werden kann. Raub und Plünderung, Morden und Zünden waren die Mittel, durch welche sich die Katholischen den Sieg zu verschaffen suchten, und mit gutem Beispiele gieng der päbstliche Befehlshaber von Avignon voran, indem er in der von ihm am 6. Juni eroberten Stadt Orange alle Reformirten, selbst Kinder, Greise und Frauen, auf die martervollste Weise umbringen ließ. Besonders erpicht zeigten sich die Guisischen auf die Einfangung „reformirter Prediger“ und der Pabst befahl, dieselben sofort ohne Weiteres und ohne alle Ausnahme zu verbrennen. Ja, auf allen katholischen Kanzeln wurde jeden Sonn- und Festtag öffentlich verkündet, daß ein Hugenottenmord ein Gott wohlgefälliges Opfer sei, und so konnte es nicht fehlen, daß sich in kurzer Zeit große Banden von Dieben, Räubern und Mördern zusammenthaten, um unter dem Deckmantel der Religion alle Verbrechen zu verüben, welche Haß, Raubgier und Mordlust ihnen eingaben! Natürlich übrigens können wir uns nicht darauf einlassen, alle die Gräßlichkeiten, welche in diesem Kriege vorkamen, im Einzelnen zu schildern, allein wenn man edenkt, daß z. B. der Marschall von St. André die tadt Poitiers, welche er am 1. August erstürmte, cht volle Tage lang der Plünderung Preis gab und lle Reformirten mit keiner einzigen Ausnahme an en Fensterrahmen aufhängen ließ; daß in der Stadt ar an der Seine nicht blos alle Männer, Frauen d Kinder ermordet, sondern auch an den Leichnan noch die schaudervollsten Gräuel verübt wurden; ß in der Stadt Troyes, wo es ebenso zuging, r königliche Procurator Ralet seinen eigenen hn, weil er sich zu dem neuen Glauben bekannt hatte, aufzuhängen befahl; daß in der Stadt Maçon der Gouverneur St. Point, dessen Palast neben der Saonebrücke stand, jedesmal, so oft er Damen bewirthete, zum Vergnügen derselben ein halb Dutzend gefangener Reformirter von der Brücke herab in den Fluß stürzen ließ; daß Blaise von Montluc, nachmals Marschall von Frankreich, nie anders austritt, als von zwei Henkersknechten begleitet, und öffentlich von sich rühmte, es habe nie einen Mann gegeben, welcher mehr Hugenotten durch Schwert und Galgen habe hinrichten lassen, als er; daß in der Provence, in welcher der Generallieutenant Sommerive kommandirte, die Bekenner des reformirten Glaubens nicht blos erschossen, niedergehauen und aufgehängt, nicht blos zu todt geschlagen, gesteiniget oder durch Oeffnung der Adern getödtet, nicht blos verbrannt, lebendig begraben oder von hohen Häusern auf Lanzen, welche man in den Straßen aufgestellt hatte, herabgestürzt wurden, sondern daß man sogar Lebenden einzelne Glieder abhieb oder ausriß, daß man ihnen den Bauch aufschnitt und die Eingeweide den Hunden und Schweinen vorwarf, ja daß man mit den abgeschnittenen Köpfen der Ermordeten wie mit Kegelkugeln spielte und in die Leiber von lebenden Weibern und Frauen dicke Spieße einstieß, an welchen man sie nackt so lange herumtrug, bis sie endlich vor Schmerz wahnsinnig geworden und Gott lästernd den Geist aushauchten; — wenn man dieß alles bedenkt, so wird man wohl zugeben müssen, daß nie ein grausamerer Krieg geführt wurde, als dieser. Aus diesem Grunde konnten die Hugenotten, obwohl sie anfangs strenge Kriegszucht hielten, am Ende nicht mehr abgehalten werden, Wiedervergeltung zu üben, und es ließ z. B. der General Duras bei der Erstürmung der kleinen Feste Lauzerte in Quercy über 500 Menschen, worunter 174 katholische Priester, welche daselbst eine Zuflucht gesucht hatten, über die Klinge springen; doch muß man der Wahrheit gemäß bezeugen, daß die Protestantischen ihren Gegnern, den Katholischen, an Grausamkeit nicht zum zehnten Theile gleich kamen.

Ein ganzes Jahr lang dauerte der Krieg auf diese Weise fort; da kam es endlich auf der Ebene bei Dreux am 19. Dezember 1562 zu einer Entscheidungsschlacht, in welcher Condé geschlagen und sogar gefangen wurde. Nun zog der Herzog von Guise vor die Stadt Orleans, um mit der Eroberung dieses Hauptbollwerks der Protestanten dem Kriege ein Ende zu machen, allein er wurde am Nachmittag des 18. Februar 1563, wie er eben nach dem Schlosse Cornee, wo er sein Hauptquartier hatte, sich begeben wollte, von einem protestantischen Edelmann, Namens Jean Poltrot de Meray, welcher „als Ueberläufer“ anscheinend zur Guisischen Parthei hielt, aus einem Hinterhalt meuchlings geschossen und so schwer verwundet, daß er schon am 24. Februar starb. Dieser Verlust schien unersetzlich und Catharina von Medicis fühlte dieß auch so sehr, daß sie sofort beschloß, mit den Reformirten Frieden zu machen. Am 7. März fanden die ersten Besprechungen statt und schon am 12. März kam ein Vertrag zu Stande. Den Reformirten wurde allgemeine Gewissensfreiheit bewilligt und ihnen zugleich gestattet, in den Vorstädten größerer Städte öffentlichen Gottesdienst zu halten; in Paris aber durften sie ihre Religion nicht ausüben, so wenig als man ihnen die Erbauung von Kirchen gestattete. Es war also keine Religionsfreiheit, welche ihnen bewilligt wurde, sondern nur Religionsduldung und von einer Gleichstellung mit den Katholiken konnte ohnehin keine Rede sein; allein dennoch wurden die katholischen Prälaten und besonders der Oberpriester in Rom „über solche Nachgiebigkeit gegen verruchte Ketzer, wie er sich ausdrückte, aufs höchste erbittert und sein einziges Bestreben ging dahin, den Vertrag so bald als möglich wieder zu annulliren. Der Bürgerkrieg übrigens, obwohl er nur ein Jahr gedauert, hatte Frankreich an den Rand des Verderbens gebracht. Zahllose Dörfer und Städte waren verheert, geplündert und in Einöden verwandelt. Tausende von Menschen, ihres Eigenthums beraubt, liefen heimathlos als Bettler herum. Diebstahl, Raub, Ehebruch, Mord war an die Stelle des Rechts getreten und an Religion oder gar Frömmigkeit dachten nur

Wenige mehr. Kurz der Zustand Frankreichs erschien als ein solcher, daß es nur durch einen langen Frieden wieder gesunden konnte.

Allein was sagte der Pabst nach diesem Allem? Sein Vortheil verlangte die Aufhebung der abgeschlossenen Uebereinkunft, — sein Vortheil die Wiederanfachung des Bürgerkriegs! Somit belegte er die Königin von Navarra mit dem Banne, weil sie sich weigerte, ihrem Sohn, dem nachherigen König Heinrich IV., nur allein gut katholische Lehrer zu geben, und ertheilte zugleich dem General-Inquisitor Espinosa von Spanien den Befehl, sich der in Bearn an der Gränze Spaniens residirenden Königin mit List oder Gewalt zu bemächtigen, um sie nebst ihrem Sohne in die Inquisitionskerker nach Sevilla zu bringen. Es war dieß ein offenbarer Gewaltact, allein doch wäre der Befehl richtig ausgeführt worden, wenn sich die kluge Königin nicht zu wahren und den General-Inquisitor zu überlisten gewußt hätte. Mißglückte aber auch dieser Streich, so gelang dafür ein anderer. Der verschmitzte Cardinal Antinori nehmlich, welchen der Pabst in einer geheimen Mission nach Frankreich sandte, brachte es um jene Zeit dahin, daß auf dem Schlosse Roussillon bei Vienne eine Zusammenkunft zwischen der Königin Catharina von Frankreich und der Königin von Spanien stattfand, an welcher der berühmte Herzog von Alba, der Herzog von Savoyen sowie die Cardinäle von Lothringen, von Armagnac, von Strozi und von Montluc Theil nahmen. Auf diesem „Geheimcongresse", dessen Seele Antinori war, wurde mitten unter den glänzendsten Festen, mit welchen man den eigentlichen Zweck der Zusammenkunft bemänteln wollte, zweierlei abgemacht, einmal daß die sämmtlichen Katholiken Frankreichs, Spaniens und Italiens sich zu einer heiligen Ligue oder Verbrüderung zusammenthun sollten, um die Ehre Gottes, der katholischen Kirche und des Pabstthums zu vertheidigen, sodann, daß man sich, um die Reformation in Frankreich gänzlich zu unterdrücken, vor allem der Häupter der Hugenotten zu versichern und dieselben, sei's auf diese, sei's auf jene Weise aus der Welt zu schaffen habe, **ja daß sogar eine allgemeine Niedermetzelung der Ketzer das einzige Mittel sei, welches Frank-**

reich den religiösen Frieden auf die Dauer wieder geben könne. *) Erst nachdem dieses und anderes besprochen und abgemacht war, gingen die beiden Fürstinnen wieder auseinander; die oberflächlich urtheilende Welt aber meinte, die hohen Damen hätten sich nur deßwegen in Roussillon ein Rendezvous gegeben, um sich gegenseitig zu belustigen und um gut zu essen und zu trinken.

Die volle Wahrheit kam freilich erst viele Jahre lang nachher zu Tag, allein einigen Argwohn scheinen die Reformirten doch damals schon gefaßt zu haben, denn als die Königin-Regentin sofort befahl, 6000 Schweizer anzuwerben, und überdieß aus aufgefangenen Briefen klar wurde, daß die katholische Parthei einen neuen Schlag im Schilde führe, riefen Condé und Coligni im August 1567 ihre tapfersten Lieutenante zu einem geheimen Kriegsrath zusammen, und auf diesem wurde beschlossen, „jedenfalls nicht zuzuwarten, bis man sie am Ende, an Händen und Füßen gebunden, zu Paris auf das Blutgerüst schleppe!" Wußten die Hugenottenführer doch gar wohl, daß, wenn sie dem weit zahlreicheren Feinde, der noch überdieß alle festen Plätze Frankreichs inne hatte, auch noch den Vortheil des „ersten" Streiches gestatteten, ihr Untergang ein nothwendiger sein müßte! Somit wurde abgemacht, daß sie am 29. September 1567 in ganz Frankreich auf einmal losschlagen, und so dem Feinde zuvorkommen wollten. Es war also eine vollständige Verschwörung, und richtig gelang es ihnen, nicht nur das Geheimniß derselben bis zu dem genannten Tage zu bewahren, sondern auch nicht weniger als fünfzig feste Plätze, worunter die Städte Nismes, Alby, Orleans, Montpellier u. s. w. durch Ueberrumpelung in ihre Hände zu bekommen. Ja ein noch Größeres wäre ihnen beinahe gelungen, nehmlich das, sich der Person des Königs in der Stadt Maux zu bemächtigen, wenn nicht die 6000 neu angeworbenen Schweizer dem Hofe die schnellste Hülfe gebracht hätten. So aber entkam die Königin-Mutter mit ihrem Sohne glücklich nach Paris und rief nun sogleich alle guten Katholiken

*) Der Herzog Alba meinte, man solle sich nicht die unnütze Mühe machen, „Frösche zu fangen," sondern müsse sich vielmehr ernstlich mit dem Fange „der Lachse und anderer großen Fische" beschäftigen, da zehntausend Frösche nicht so viel werth seien, als ein einziger Lachskopf."

unter die Waffen. Ueberdieß sandte sie Eilboten nach Madrid und Rom um Hülfstruppen, und in der That stießen alsbald acht Compagnien spanisch-niederländische Gensdarmen, nebst drei Regimentern Fußvolk, unter dem Herzoge von Armberg, zu der königlichen Armee, während zu gleicher Zeit der Feldherr des Pabstes, Ludwig von Gonzaga, mit 14,000 Italienern und Schweizern, welche er mit Kirchenfondgeldern geworben hatte, heranrückte. Solcher Uebermacht konnten die Hugenotten nicht widerstehen und deßhalb zog sich Condé, nachdem er in der Schlacht von St. Denis, in welcher der Connetable von Montmorency seinen Tod fand, fast das Unglaubliche geleistet hatte, in die Champagne zurück, um sich daselbst mit dem Pfalzgrafen Johann Casimir, der ihm 6000 Reiter und 300 Landsknechte aus Deutschland zuführte, zu vereinigen. Nun kam die Sache der Hugenotten wieder oben auf und zwar um so mehr, als die italienischen Truppen alle Kriegszucht in der königlichen Armee zu Schanden machten. Hiedurch bewogen und um einer fast sicheren Niederlage zu entgehen, schlug die Königin-Mutter einen Vergleich vor, welcher denn auch am 23. März 1568 abgeschlossen wurde und etwa auf denselben Bedingungen beruhte, wie der Frieden vom Jahr 1563. Gleich nachher ging Condé's Heer auseinander und die deutschen Söldner kehrten in ihre Heimath zurück.

Abermals hatte also Frankreich Frieden; aber was für ein Friede war es? Gleich nach Abschluß desselben zogen die Jesuiten Bettelmönche allüberall im Lande herum und verkündeten laut und offen, daß man den Ketzern sein Wort nicht zu halten brauche, sondern daß es vielmehr Pflicht aller guten Christen sei, sich zu bewaffnen und die Hugenotten zu vernichten. Hiedurch aufgestachelt, rotteten sich die Katholischen an vielen Orten zusammen, fielen über die Reformirten her und tödteten derselben in den Monaten April, Mai und Juni über Zehntausende. Wohl beklagten sich die Reformirten, allein weder die Gerichte, noch der Hof, noch die Königin-Regentin gewährten Abhilfe. Im Gegentheil konnte man wohl merken, welches die Absichten Katharinas von Medicis seien, indem Pabst Pius V. ihr schon im Mai 1568 die Erlaubniß ertheilte, gegen das Versprechen, den Erlös nur zu Ausrottung der reformirten Lehre zu verwenden, Kirchengüter bis zum Betrag von drei Millionen Livres zu verkaufen. Bald trat auch die Regentin offen auf und promulgirte im September selbigen Jahres zwei Edikte, in welchen sie den Reformirten befahl, binnen vierzehn Tagen alle Aemter und Würden niederzulegen und sodann bei Verlust des Lebens und Eigenthums die Ausübung jeder andern Religion als der katholischen in ganz Frankreich verbot. Nun brach der dritte Hugenottenkrieg aus, zu dem Pabst Pius natürlich abermals sein Contingent unter der Anführung seines unehelichen Sohnes, des Grafen von Santafiore stellte, während die Hugenotten von England mit Geld, von Deutschland aber mit Soldaten verstärkt wurden. Zwei Jahre lang wurde mit abwechselndem Glücke gestritten; allein endlich sah die Regentin ein, daß eine Besiegung der Protestanten durch Waffengewalt unmöglich sei, und schloß daher am 8. August 1571 zu St. Germain den dritten Frieden, in welchem den Hugenotten weit größere Rechte zuerkannt wurden, als früher. Sie erhielten nehmlich nicht blos die Freiheit der Religionsübung, nicht blos die Befähigung zu allen öffentlichen Aemtern und Würden, sondern auch als Unterpfand, daß man es ehrlich mit ihnen meine, die Schlüssel der vier Städte La Rochelle, Montauban, Cognac und La Charité.

So schien es denn, daß dieser Frieden ein bleibender sein werde und man schrieb dieß dem Umstande zu, daß König Karl IX., welcher damals sein einundzwanzigstes Jahr erreicht hatte, einen weit größeren Einfluß auf die Regierung ausübte, denn zuvor. Dieser Monarch nehmlich, ein von seiner durch und durch schlimmen und verdorbenen Mutter zur größten Sittenlosigkeit und Herzensverderbtheit auferzogener junger Mann, wußte in Wort und Miene so außerordentlich zu heucheln und sich so vollkommen zu verstellen, daß nicht blos seine ganze Umgebung, sondern sogar seine Mutter selbst fast immer von ihm getäuscht wurde. Darum, als er sich während der Friedensunterhandlungen den Abgeordneten der Hugenotten gegenüber nicht blos freundlich und herzlich benahm, sondern sich auch gegen den tapferen La Noue, genannt „Eisenarm“ (er ersetzte seinen ihm abgeschossenen rechten Arm durch einen eisernen), und gegen den ritterlichen Grafen von Teligny, den Tochtermann Colignys, in vertraulicher Weise dahin aussprach, er werde im Interesse Frankreichs und weil durch einen auswärtigen Krieg der Wiederausbruch religiöser Unruhen im Innern am sichersten verhindert würde, den protestantischen Niederländern, welche sich damals ihre Freiheit erkämpften, gegen den König von Spanien Hülfe leisten, und zugleich durch Vermählung seiner Schwester Margarethe mit dem Sohne des inzwischen verstorbenen Königs Anton von Navarra den Religionsfrieden befestigen, — da, als der König sich so benahm, schenkten ihm die Hugenotten vollständigen Glauben. Ja der Admiral Coligny beschloß sogar, der Aufforderung desselben, an den Hof zu kommen, Folge zu leisten, und wurde, als Karl IX. ihn zu Blois vor dem versammelten Hofe auf's Ehrenvollste empfing, ihn wiederholt Vater nannte und unter Thränen erklärte, wie er noch keinen schöneren Tag gehabt habe als diesen, weil er nun gewiß sei, daß die Unruhen in seinem Reiche für immer ein Ende hätten, vollständig überzeugt, *der König sei ein ehrlicher Freund der Hugenotten geworden und habe alle Unduldsamkeit des Papismus für immer bei Seite gelegt.* Wer hätte aber auch anders denken können, besonders da Karl nun wirklich Anstalt machte, seine Schwester mit Heinrich von Navarra zu vermählen und zugleich den Coligny zum Oberanführer der gegen Spanien zu errichtenden Armee ernannte?

Nicht lange hernach, zu Anfang des Jahres 1572, sandte Pabst Pius V. seinen Neffen, oder wie andere meinten, seinen Sohn, den Cardinal von Alessandria, an den französischen Hof, mit dem Auftrag, den König zu bewegen, die Prinzessin Margarethe nicht mit dem Prinzen von Navarra, sondern mit dem Könige von Portugal zu vermählen. Solches war wenigstens die „*ostensible*“ Seite der Mission des Cardinals, allein sie war nur darauf berechnet, die Hugenotten noch mehr über die wahren Gesinnungen König Karls zu täuschen. In Wahrheit nehmlich war der Cardinal gekommen, *den König daran zu erinnern, „daß er den längst beschlossenen und auf dem Schlosse Roussillon abgemachten Plan gegen die Ketzer endlich zur Ausführung bringe.“* Solches versprach ihm auch der König „insgeheim“, vor dem versammelten Hofe dagegen in öffentlicher Audienz wies er den päbstlichen Legaten mit seinem Antrag wegen der Vermählung Margarethens streng ab und erklärte sogar gleich darauf der Königin Wittwe von Navarra, welche damals mit ihrem Sohne Heinrich sowie mit dem Prinzen von Condé, dem Grafen von Nassau und einem zahlreichen Gefolge an den Hof nach Blois gekommen war: „er ehre sie, die Königin, mehr, als den Pabst, und wenn daher der Letztere die Dispensation zur Ehe zwischen dem Prinzen Heinrich und der Prinzessin Margarethe wegen ihrer zu nahen Verwandtschaft verweigere, so werde er seine Schwester selbst an der Hand nehmen und zur Trauung führen.“ Auf diese Art gelang es dem Könige, alle Welt über seine wahren Absichten zu täuschen, und besonders war es der Admiral Coligny, welcher, wie schon oben bemerkt, von der Ehrlichkeit des Monarchen vollkommen überzeugt war. Wohl erinnerten ihn einige seiner Glaubensgenossen von La Rochelle aus an den unversöhnlichen Haß der Katholiken gegen die Reformirten, an den Schwur der Königin Katharina, alle Ketzer zu vernichten, an den Charakter des Königs, welcher sich von Jugend auf die Grundsätze Machiavellis angeeignet habe, sowie endlich an das päbstliche Dekret, daß man Ketzern kein Wort halten dürfe; allein der Admiral erklärte standhaft, „es sei lediglich kein Anlaß zu Argwohn und Verdacht mehr vorhanden, denn Gott habe den Sinn des Königs offenbar umgewandelt.“ Dieser Ueberzeugung Colignys traten nach und nach die meisten Hugenotten bei und Karl IX. wußte sie hierin immer mehr zu verstärken, indem er den jungen Herzog von Guise, den Sohn des ermordeten Franz von Guise, bewog, sich mit Coligny, trotzdem daß die Guisen dem Letzteren die Schuld jenes Mordes, wenigstens die moralische, zuschrieben, zu versöhnen. Ja, als nun gar am 18. August die Trauung des Königs Heinrich von Navarra mit der Prinzessin Margarethe (diese Trauung war wegen des am 10. Juni erfolgten Todes der Königin von Navarra, d. i. der Mutter Heinrichs, um einige Wochen verschoben worden) wirklich vollzogen wurde, so wäre es doch wahrhaftig ein Wahnsinn gewesen, an der Ehrlichkeit König Karls noch länger zu zweifeln!

So standen die Dinge in Paris, als eine voreilige That die heimlichen Pläne Karls IX. beinahe vollständig über den Haufen geworfen hätte. Es geschah nehmlich, daß auf den Admiral Coligny, als dieser am 22. August 1572, einem Freitage, vom Louvre, wo er mit dem Könige beisammen gewesen war, nach seiner Wohnung zurückkehrte, aus dem Fenster eines Hauses, unter dem er langsam vorüber ging, ein Schuß abgefeuert wurde, welcher demselben den Zeigefinger der rechten Hand wegriß und ihn zugleich am linken Arm schwer verwundete. Natürlich stürmten seine Begleiter sogleich in das Haus ein und ob sie gleich den Mörder selbst, welcher auf einem bereit gehaltenen Pferde durch die Hinterthüre entflohen war, nicht mehr trafen, so stellte es sich doch im Augenblicke heraus, daß der Attentäter kein anderer sei, als Nikolaus Louviers de Maurevert, ein Mensch, welcher schon früher einmal einen Meuchelmord gegen einen vertrauten Freund Colignys begangen hatte und unter die zuverlässigsten Diener des Herzogs von Guise gehörte. Ueberdieß war das Haus, aus welchem der Schuß fiel, Eigenthum des Stiftsherrn Villemuire, der vormals Hofmeister des Herzogs von Guise gewesen war, und diente gewöhnlich, wenn der Herzog in Paris war, dessen Dienerschaft zur Herberge. Somit ließ sich fast nicht daran zweifeln, daß man die wahre Urheberschaft des Mordes in Niemand anderem zu suchen habe, als in der Guisischen Parthei und die Hugenotten sprachen dieß auch offen genug aus, indem sie zugleich (den König von Navarra und den Prinzen Condé an der Spitze) ihren Willen, Paris, wo ihr Leben in Gefahr sei, zu verlassen, kundthaten. Doch was geschah nun von Seiten des Königs? Er ließ augenblicklich den König Heinrich von Navarra, seinen nunmehrigen Schwager, sowie den Prinzen von Condé nebst den ersten Parteiführern der Hugenotten vor sich kommen, stellte sich, als wäre er über die an Coligny begangene Unthat auf's furchtbarste erbost und schwur ihnen einen heiligen Eid zu, daß er die Anstifter, Ausführer und Mitwisser des Mordversuchs und wenn sie auch noch so hoch stünden, sämmtlich dem Galgen überliefern werde. Zur Bekräftigung dieses seines Schwures sandte er überallhin Reiter aus, den Mörder zu verfolgen, setzte eine besondere Commission zur Untersuchung des Verbrechens nieder und erließ sogar einen Verhaftbefehl gegen den Herzog von Guise, wodurch Letzterer genöthigt wurde, sich für die nächste Zeit (sie dauerte nur zweimalvierundzwanzig Stunden) zu verbergen. Ja mit diesen Maßregeln noch nicht einmal zufrieden, besuchte er am andern Morgen, begleitet von seiner Mutter und seinen beiden Brüdern nebst vielen andern hohen Herrn und Damen, den verwundeten Admiral, sprach sich äußerst theilnehmend gegen ihn aus, bezeugte den tiefsten Schmerz über den versuchten Meuchelmord und betheuerte sich unter schrecklichen Flüchen, daß er eine Rache üben wolle, welche der Welt zum ewigen Beispiel dienen werde. Ganz auf dieselbe Art äußerte sich auch die Königin-Mutter und so gelang es, sowohl dem Admiral Coligny als auch dem Grafen Teligny, dessen Tochtermann, sowie dem Prinzen Condé und dem König von Navarra nebst den meisten der Hugenottenführer allen Verdacht zu benehmen. Sie blieben also mit ihrem ganzen Gefolge in Paris, denn dem Vicedom von Chartres, welcher in seiner kühnen Weise darauf drang, entweder augenblicklich an dem Herzog von Guise Wiedervergeltung zu üben und so den Krieg mit den Katholischen von neuem zu beginnen oder doch wenigstens Paris aufs eiligste zu verlassen und sich in La Rochelle zu sammeln, stimmten nur Wenige bei und ließen ihn, der sich um keinen Preis halten ließ, fast allein ziehen.

Dessen ungeachtet sah König Karl ein, daß er den Eindruck, den die voreilige That Maurevert's gemacht hatte, nicht ganz verwischen könne, und daß namentlich auch die vielen in Paris (hauptsächlich in den Vorstädten) ansässigen Hugenotten durch das neuerwachte Mißtrauen zur Vorsicht ermahnt werden müßten, und darum beschloß er, „das, was er thun wollte, so schnell als möglich zu thun.“ Das Versprechen nehmlich, welches er dem Pabste geleistet, sollte nunmehr in Erfüllung gebracht und der längst beabsichtigte Hugenottenmord im Großen ausgeführt werden! Kaum war er also von seinem Besuche bei Coligny ins Louvre zurückgekehrt, so hatte er eine lange Unterredung mit seiner Mutter und dann wurden die Hochangesehensten unter der katholischen Parthei auf den Abend in den Garten der Tuilerien beschieden, um über die Vollziehung des königlichen Beschlusses zu berathschlagen. Es war ein furchtbares Tribunal, welches dort Nachts um neun Uhr zusammenkam, und bestand außer dem Könige und seiner Mutter: aus dem Herzoge von Anjou, dem Herzoge von Nevers, dem Großprior Grafen von Angoulème dem Siegelbewahrer Birago, dem Marschall von Tavannes und dem Grafen von Gondi-Retz. Der König trug seinen Plan vor und alsbald wurde einstimmig beschlossen, demselben unbedingt Folge zu geben. Welches war nun aber der Plan? **Kein anderer, als daß alle Hugenotten in ganz Frankreich zumal getödtet werden sollten!** Für Paris sollte schon die kommende Nacht die Mordnacht sein, während man den verschiedenen Gouverneuren im Lande herum durch eigene Boten den Befehl ertheilen wollte, augenblicklich das Beispiel der Hauptstadt nachzuahmen! Also hatten es der Pabst und der König mit einander abgemacht, und darum hatte Letzterer „bei Gottes Tod," seinem Lieblingsfluch, geschworen! „es solle kein einziger Reformirter übrig bleiben, um ihm nachher über die Blutthat Vorwürfe zu machen, nur allein Zweie, nehmlich den König von Navarra und den Prinzen von Condé (ihrer Verwandtschaft mit dem königlichen Hause wegen) ausgenommen, das heißt dann ausgenommen, wenn sie in den Schooß der katholischen Kirche zurückkehren würden!" Kaum war man hierüber einig, so gieng man auch an die Vorbereitungen zur Ausführung und zwar mit einer Schnelligkeit, Ruhe, Heimlichkeit und Energie, die wirklich Staunen erregt. Vor allem wurde der Herzog von Guise, der sich in den letzten paar Tagen, wie in der Comödie, „öffentlich-verborgen" gehalten, ins Schloß berufen und ihm die obere Leitung des „En-gros-Mords" sowie insbesondere die Tödtung Colignys, mit welcher die gräßliche Tragödie eröffnet werden sollte, übertragen. Der Herzog versammelte alsbald die Hauptleute der Schweizergarde sowie die Obristen der königlichen Truppen und machte sie in Gegenwart des Königs mit dessen Willen bekannt. Dann berief er den ersten Bürgermeister von Paris, mit Namen Charon, sowie den Prevot der Kaufleute, Claude Marcel, ins Louvre und befahl ihnen (wiederum in Gegenwart des Königs) augenblicklich alle Thore der Stadt schließen zu lassen und die sämmtliche katholische Bürgerschaft zu bewaffnen. Zuletzt kam er mit dem Marschall von Tavannes über folgende Instruktion überein: „nach Mitternacht stellt sich das Militär vor dem Louvre, die Bürgermiliz aber vor dem Hotel de Ville (Rathhaus) auf; einzelne Abtheilungen der bewaffneten Bürger vertheilen sich in die sämmtlichen Quartiere von Paris, und alle Katholischen tragen als

Erkennungszeichen ein weißes Kreuz am Hute, sowie eine weiße Binde an dem linken Arm; das Signal zum Morde wird durch die Glocke des Louvre gegeben und sobald diese ertönt, müssen alle Ausgänge der Stadt mit Ketten gesperrt, sowie alle Häuser der Katholiken durch angezündete Pechfackeln erleuchtet werden; die Soldaten und bewaffneten Bürger aber dringen sofort in die Häuser der Hugenotten ein und hauen ohne Schonung Alles nieder, was Ketzer heißt."

Solches war der graußliche Mordplan und ganz auf dieselbe Weise, wie wir soeben gesagt, wurde er auch ausgeführt. Nicht ein Einziger von den Vielen, welche um ihn wußten, schreckte vor dem furchtbaren Verbrechen zurück — nein, nicht ein Einziger!!*) Noch hatte am 24. August, einem Sonntage und zugleich dem Tage des heiligen Bartholomäus, die die zweite Stunde nach Mitternacht anzeigende Frühmettenglocke vom Thurme der Abtei St. Germain l'Auxerrois nicht angeschlagen, da eilte schon der Herzog von Guise, von dem Herzog von Aumale, seines Vaters Bruder, und dem Grafen von Angoulême nebst dreihundert Bewaffneten begleitet nach der Wohnung des Admirals. Sie klopften an's Thor und Labonne, des Admirals Haushofmeister, kam herab, um zu fragen, wer da sei. „Macht auf im Namen des Königs," riefen sie, und wie nun Labonne, ohne etwas Arges zu denken, öffnete, wurde er alsbald von hundert Stichen zumal durchbohrt, — ohne Zweifel das erste Opfer dieser schrecklichen Nacht! Ueber den Lärm eilten die Diener Coligny's, welche

---

*) Unter den hugenottischen Edelleuten, zu welchen sich Karl IX. dem Anscheine nach besonders hingezogen fühlte, gehörten Teligny, La-Noue und der liebenswürdige Graf Franz von La Rochefoucauld, mit welchen dreien Karl an diesem nehmlichen Abende, d. h. am Abende der Mordnacht noch gespeist und gespielt hattt. Dessen ungeachtet fiel es ihm nicht ein, dieselben zu retten oder ihnen auch nur Gelegenheit zu geben, durch eine schleunige Flucht dem Verderben zu entgehen, denn alles Gefühl der Menschlichkeit war ihm abhanden gekommen. Nur allein seinen ersten Wundarzt Paré, dessen außerordentliche Kenntnisse er nicht entbehren zu können glaubte, ließ er zu sich rufen und verschloß ihn mit eigener Hand in sein Garderobezimmer. Dann stieg er vollkommen gleichgültig in seine Schmiedewerkstätte hinab und beschäftigte sich darin auf seine gewöhnliche Weise, die Stunde des Blutbades erwartend.

an seinem Krankenlager wachten, die Treppe herab, flohen aber entsetzt zurück, als sie den Hof voller Bewaffneten sahen. Sie verrammelten die Hausthüre, doch der Herzog von Guise ließ dieselbe sprengen und nachdem alles Lebendige, was sich seinen Leuten entgegenstellte, niedergemacht war, eilten drei guisische Edelleute, welche der Herzog selbst ausgelesen hatte, mit Namen Lebesme, Sarlabous und Achilles Petrucci, von einigen Schützen begleitet in das Zimmer hinauf, in welchem der Admiral lag. Dieser erhob sich mit Anstrengung und griff nach dem Schwerte, das zu seinen Häupten hieng, aber er war zu schwach, es zu führen und seufzend sank er zurück, während die drei Mörder ihm ihre Dolche in die Brust bohrten und seinen Körper wie sein Gesicht mit ihren Schwertern zerhieben. Kaum war dieß geschehen, so nahmen sie den noch zuckenden Leichnam und warfen ihn durch's Fenster in den Hof hinab zu den Füßen ihres unten harrenden Oberanführers; dieser aber übergab ihn sofort dem durch den Lärm herbeigelockten Pöbel, welcher ihn durch die Straßen schleifte und schließlich an einem Galgen aufhängte. Nun durchsuchten sie das ganze Haus und mordeten jeden darin Befindlichen, worunter auch den Tochtermann Coligny's, den Grafen Teligny, sowie den tapferen Guerchi, den Adjutanten des Admirals, jedoch diese beiden nur nach dem heftigsten Widerstande und nachdem ihre Leiber mit Wunden bedeckt waren.

Der Anfang des Mordens war gemacht und ein Eilbote verkündete dem König, was mit Coligny geschehen. Alsobald ertönte die Glocke des Louvre, allen andern Thurmglocken in Paris das Zeichen gebend, und im Nu loderten in der ganzen Stadt Fackeln und Pechkränze auf. Auf dieses Signal hin verwandelte sich die Todtenstille der Nacht urplötzlich in lautes Getümmel, und gefolgt von ihren Bewaffneten eilten die Herzoge von Guise, von Nevers und von Montpensier, sowie die Marschälle von Tavannes und von Retz durch die Straßen und riefen die Bürger von Paris zu den Waffen. „Nieder mit den Ketzern!“ schrieen Tausende. „Schlagt todt!“ brüllten andere Tausende. In alle Wohnungen der Hugenotten wird eingebrochen. Wen man darin findet, ersticht man oder haut ihn nieder. Vom Schlafe aufgeschreckt, wehrlos, zum großen Theil nur halb angekleidet, werden die Meisten der ausersehenen Opfer eine leichte Beute der Mörder; diejenigen aber, denen es gelingt, auf die Straße zu entkommen, werden gejagt und erlegt wie das Wild im festgezogenen Kreise. Nirgends ist Rettung und bald sind alle Straßen mit Blut und Leichen bedeckt. Weder Alter noch Geschlecht, weder Rang noch Verdienst wird geachtet. Man erschlägt Verwandte als wären es Fremde, und selbst zehnjährige Knaben rennen mit dem Mordstahl herum, um Hugenottenkinder in ihrem Bette zu erstechen. Bald hört man nichts mehr als das Knallen der Musketen, gemischt mit dem Aechzen der Verwundeten, mit dem Krachen und Klirren der zerschmetterten Thüren und Fenster mit dem Brüllen und Heulen der Raubenden und Mordenden und von unsäglichem Grausen erfüllt stoßen sich Viele, die vielleicht dem Tode hätten entrinnen können, den Dolch eigenhändig in die Brust!

Ging es aber in den Straßen von Paris also furchtbar blutig zu, so bot das Louvre, die geheiligte Wohnung des Monarchen von Frankreich, eine noch weit gräßlichere Scene dar. Gleich nach Mitternacht war König Karl IX., begleitet von seiner Mutter und seinen Brüdern auf den Balkon des Schlosses getreten, um den Anfang des Blutschauspiels zu erwarten. Schweigsam sah er lange in die Nacht hinaus, da krachte endlich unter dem Balkone ein Schuß, das Zeichen des Eilboten des Herzogs von Guise, daß Coligny ermordet sei. Nun erhob sich der König mit wilder Lust und gab sofort Befehl, die Stränge der Schloßglocke anzuziehen. Mit ihrem ersten Schlag stellten sich die Schweizergarden am Eingang des Hofes in zwei langen Reihen auf, um jeden Hugenotten niederzuschießen, der in's Louvre eindringen oder dasselbe verlassen wollte; ein anderer Theil der Garden aber, unter Anführung der Capitäne Coconna und Cruice, warf sich in die Gänge des Schlosses, drang in alle Gemächer, in welchen hugenottische Edelleute oder Bedienstete schliefen, riß sie aus ihren Betten hervor und schleppte sie in den Hof hinab, wo sie auf Befehl des Gardeobersten d'O alsobald niedergemacht wurden. Dieß Alles übrigens that man so stille, als möglich, um den in einem anderen Flügel wohnenden König von Navarra nicht zu frühe aufmerksam zu machen, denn man suchte die Möglichkeit eines bewaffneten Widerstandes um jeden Preis zu vereiteln. Nun hatte Heinrich von Navarra am Abend des 23., eine Stunde vor Mitternacht, den Prinzen von Condé nebst den vertrautesten seiner Freunde in seine Gemächer geladen, um sich mit ihnen zu berathen, wie sie es halten wollten, wenn König Karl wegen des Mordangriffs auf den Admiral ihnen nicht diejenige Genugthuung gebe, welche sie verlangten. Die Berathung dauerte mehrere Stunden lang, endlich aber kamen sie überein, gleich am frühen Morgen vom Könige noch einmal Gerechtigkeit zu fordern und ihm zugleich zu erklären, daß sie sich solche selbst verschaffen würden, wenn sie Karl nicht gewähre. Natürlich jedoch legten sie sich nicht mehr zu Bette, da es bereits gegen drei Uhr Morgens ging, sondern beschlossen, beim Mondlicht im Hofe Ball zu spielen, bis der König aufgestanden sein würde. So wenig ahnten sie die schrecklichen Vorfälle dieser Nacht! Kaum aber waren sie auf den Vorsaal hinausgetreten, so wurden sie von einer starken Wache umringt und durch die Uebermacht, sowie durch die Ueberraschung gezwungen, sämmtlich ihre Degen abzugeben. Den König von Navarra und den Prinzen von Condé führte man zum Könige auf den Balkon und hier erst kam ihnen das furchtbare Bewußtsein dessen, was vorging. Was erblickten sie nehmlich? Auf dem Platze unter dem Balkone ein tobendes Menschengewühl und unweit davon ganze Haufen von Leichen durch Pechfakeln gräßlich erleuchtet, neben sich aber auf dem Balkone den König Karl, die Büchse in der Hand und nach seinen eigenen Unterthanen, welche sich durch Schwimmen über die Seine retten wollten, schießend. »Tués! Tués!« brüllte der König eben, als sie auf den Balkon traten, indem er nach einer andern Büchse griff, welche ihm sein Spanner frisch geladen überreichte, denn dieß war seine Beschäftigung während der ganzen Mordnacht. Schaudernd wichen die beiden Prinzen zurück, aber der Monarch wandte sich in selbigem Augenblicke um, schalt sie unter furchtbaren Flüchen Verräther und Rebellen und drohte ihnen den Kopf vor die Füße zu legen, wenn sie nicht binnen dreien Tagen ihren gottlosen Unglauben abschwören und zur katholischen Religion zurückkehren würden. Dann ließ er sie abführen und in enge Verwahrung bringen, so daß sie, obwohl verhaftet, doch wenigstens ihres Lebens sicher waren. Ganz anders dagegen verfuhr man mit ihren Freunden und Genossen, denn diese wurden ergriffen, in den Schloßhof hinabgebracht und ohne alles Weitere sogleich ermordet. Viele leisteten Widerstand und rissen, da sie selbst keine Waffen besaßen, den Gardisten ihre Wehr vom Leibe um ihr Leben wenigstens so theuer als möglich zu verkaufen. Andere suchten sich durch die Flucht zu retten, wurden aber von den Gardisten in alle Zimmer und Gänge verfolgt und überall, wo es war, unbarmherzig niedergemacht, so daß es um 4 Uhr Morgens keinen Winkel im ganzen Schlosse mehr gab, der nicht mit Blut gedüngt gewesen wäre. Mehr als zweihundert der Tapfersten und Angesehensten unter den Hugenotten, lauter Herzoge, Grafen und Barone, sowie über sechshundert untergeordnete Edelleute und Diener fanden in dieser Nacht im Louvre ihren Tod. Ja von allen Hugenotten, welche im Schlosse einlogirt waren, kamen außer Condé und Navarra nur Fünfe mit dem Leben davon, und auch diese nur, weil es ihnen gelang, sich in das Schlafzimmer Margarethens, der Gattin des Königs von Navarra und zugleich der Schwester König Karls, zu flüchten! *)

Während solches im Schlosse vorging, hörte das Morden in der Stadt keinen Augenblick auf und nicht ein einziges Haus, in welchem man einen Hugenotten vermuthete, blieb von der Durchsuchung verschont. Ja zum Morden kam auch noch das Rauben und Plündern, sowie die Gewaltthat an Weibern, denn den bewaffneten Bürgern und Soldaten schlossen sich Pöbelhaufen und Banden vom niedersten Gesindel an, welche die Verwirrung benützten, um mit dem Morde den Diebstahl zu verbinden und zugleich ihre viehischen Gelüste zu befriedigen! Nur allein ein Theil der

---

*) Diese Fünfe waren der Herzog von Grammont, der Herzog von Düras, der Herr von Armagnac, erster Kämmerer Navarras, Herr von Bons, erster Stallmeister, und der Capitän Gaston von Leyran. Aus vielen Wunden blutend und von einem Dutzend Gardisten verfolgt, stürmten sie die Zimmerthüre der Königin und diese, obwohl nur halb angekleidet, trat dem Anführer der Gardisten dem Hauptmann Nancai so kühnlich entgegen, daß derselbe es nicht wagte, weiter vorzudringen, weil Letzteres nicht möglich gewesen wäre, ohne die Königin von Navarra, die Schwester seines Souverains, persönlich zu verletzen. Margaretha schloß also ihr Zimmer ab, wartete, bis das Hauptgemetzel vorüber war, und eilte dann zum Könige, um sich ihm zu Füßen zu werfen und so lange mit Bitten nicht nachzulassen, bis er die Begnadigung jerne Fünfe gewährte.

in der Vorstadt S. Germain, jenseits der Seine, wohnenden Reformirten, worunter der Graf von Montgomery, der Vidame (oder auch Vicedome) von Chartres und Andere entgingen dem Morde. Als nehmlich der Herzog von Guise nach jener Vorstadt aufbrach, fand er das Brückenthor, durch welches man allein hinüber gelangen konnte, verschlossen. Augenblicklich sandte er nach den Schlüsseln, allein bis diese endlich herbeikamen, verging eine geraume Zeit und inzwischen war es einem Reformirten welcher den Mord an Coligny mit angesehen, gelungen, über die Seine hinüberzuschwimmen und seine Glaubensgenossen von diesem Ereigniß in Kenntniß zu setzen. Natürlich ergriffen diese alsbald die Flucht, obwohl freilich in einer solchen Verwirrung, daß Viele, die zu Fuß waren, ohne Schuhe und Strümpfe, Andere aber, die ein Pferd besaßen, ohne Sattel und Zeug forteilten. Trotzdem gelang es nicht Wenigen, zu entkommen und sich in Calais nach dem sicheren England einzuschiffen, den größeren Theil jedoch holte der Herzog mit seinen Reitern ein und gewährte natürlich keinem Einzigen Schonung.

Endlich brach der Tag an, aber welchen Gräuel beschienen die Strahlen der erwachenden Sonne? Auf allen Thürschwellen lagen Todte und wo man hinblickte, sah man Verstümmelte mit noch zuckenden Gliedern. In den Rinnsteinen rieselte das Blut, wie vor einem Schlachthaus, und in der Seine stockten sich die Leichname so schockweise, daß kein Nachen mehr durchkommen konnte. Trotzdem nun aber Tausende und Abertausende hingeschlachtet waren, hörte das Morden nicht auf, sondern dasselbe wurde vielmehr am Tage mit demselben wahnsinnigen Eifer fortgesetzt, wie in der Nacht. Die Menschen schienen nicht mehr Menschen zu sein, sondern Cannibalen, die sich in Blut gebadet hatten! Trugen doch Viele an ihren Hüten statt des vorgeschriebenen weißen Kreuzes die abgeschnittenen Ohren der Erschlagenen! Trieben doch Andere selbst mit den Todten noch ihr Spiel, indem sie ihnen Köpfe und Hände abhieben und dieselben vor Lust wiehernd einander wie Bälle zuwarfen! Streiften doch wieder Andere in Rotten umher und trugen gleichsam als Fahnenzeichen schreiende Wickelkinder herum, welche sie an hohe Stangen nach Art des gekreuzigten Jesus angenagelt hatten! Erst am Abend, zur Vesperzeit, ließ der König durch alle Straßen von Paris bekannt machen, daß ein Jeder sich in seine Wohnung zurückzuziehen habe, indem es die Nacht durch nur den königlichen Garden verstattet sein solle, durch die Stadt zu marschiren. Allein nur Wenige kümmerten sich um diesen Befehl und das Morden und Rauben hörte weder in der Nacht, noch am andern Tag auf. Auch meinte es der König mit jener Bekanntmachung wohl nicht so ernstlich, denn gegen Sonnenuntergang hin ritt er mit seiner Mutter, seinen Brüdern und allen Damen des Hofs durch die mit Blut getränkten Hauptstraßen der Stadt und man konnte es aus den fröhlichen Gesichtern, sowie aus den scherzhaften Reden der vornehmen Cavalcade nur zu deutlich ersehen, welch' unendliche Freude ihnen die Schauderscenen machten, durch welche sie passiren mußten.*) Sagte der Monarch doch lachend, als er auf seinem Spazierritte an dem Galgen vorbeikam, an welchem der Leichnam des Admirals in Ketten hing: „einen lieblicheren Anblick hätte er in seinem Leben nicht gesehen und der Verwesungsgeruch Coligny's dufte wie eitel Rosen und Veilchen!“ Wie hätten sich also die Pariser, wenn ihr König so dachte, in ihrem Ketzermords-Vergnügen stören lassen sollen?

Während nun aber Paris in Blut schwamm, ging es in den Provinzen und besonders in den größeren Städten derselben, um kein Jota anders zu. Noch in der Nacht vom 23. auf den 24. waren überall hin Eilboten geflogen, um den Gouverneuren die strengsten Befehle zu bringen, sich der Güter und der Personen der Reformirten zu bemächtigen und die fanatische Wuth des Volks auf

---

*) Als einen Beweis der gräßlichen Sittenverderbniß des französischen Hofes zu jener Zeit fühlen wir uns gedrungen, anzuführen, daß die Königliche Cavalcade besonders lange an dem Ufer der Seine verweilte, wo die „nackten“ (die plündernden Rotten hatten sie nehmlich all' ihrer Kleider beraubt) Leichname der im Louvre ermordeten hugenottischen Edelleute lagen. Die Königin Katharina und ihre wollüstigen Hofdamen weideten sich an diesem Anblick und insbesondere zog der Körper des Barons Carl von Soubise du Pont, dessen Gattin kurze Zeit zuvor wegen seines angeblichen Unvermögens auf Trennung der Ehe geklagt hatte, ihre Aufmerksamkeit auf sich!!

sie loszulassen. Natürlich gehorchten die Beamten fast ohne Ausnahme und somit wurde in den Städten Lyon, Orleans, Bordeaux, Toulouse u. s. w. u. s. w. am 25. und 26. August ein eben so großes Mordfest gefeiert, als in der Bartholomäus-Nacht zu Paris. Zwar allerdings einige wenige Ehrenmänner widersetzten sich, wie z. B. der Vicomte von Orthez, Gouverneur von Bayonne, welcher dem Könige schrieb, „er habe seinen Befehl den Einwohnern der Stadt sowie den Soldaten der Garnison bekannt gemacht, aber unter ihnen keinen einzigen gefunden, der sich zum Henker hergegeben hätte;" doch im Allgemeinen hielten sich nur wenige Orte von der großen Blutschuld rein und sogar in den kleinsten Dörfern wurden „Bartholomäus-Nächte gefeiert. Kam es doch, weil alle Felder voll todter Leichname lagen, deren Ausdünstung die Luft verpestete, in manchen Gegenden zu gefährlichen Epidemien! Benützten doch Viele den Reichthum an Leichnamen dazu, um dieselben auszusieden und einen Handel mit Menschenfett zu beginnen! Genau läßt sich übrigens nicht bestimmen, wie viel Calvinisten im Ganzen in jenen Mordtagen abgeschlachtet worden sind, und es variren die Angaben zwischen Fünfzig- und Hunderttausend.*) Wahrlich liegt die richtige Zahl in der Mitte und die Bartholomäusnacht wird somit ungefähr 70,000 Menschen das Leben gekostet haben.

Kein Wunder also, wenn die Freude der Ketzerfeinde eine fast außerordentliche war, und wenn besonders „der Mann in Rom" in seinem Herzen jubilirte. Doch nein, nicht in seinem Herzen blos, sondern auch offen vor aller Welt, denn Er, der Statthalter Christi, verfügte sich alles Schamgefühls baar alsbald nachdem er die erste Nachricht erhalten, mit allen seinen Cardinälen in feierlicher Procession in die Pe-

---

*) Der berühmte Sully gibt die Zahl der Ermordeten auf 70,000 an, während der Geschichtschreiber Perefixe, dessen Lebensgeschichte Heinrichs IV. im Jahr 1661 herauskam, ihre Zahl auf 100,000 schätzt. Jedenfalls ist so viel sicher, daß der grausamste Krieg nicht so viel Opfer kostete, indem man nur allein in der Hauptstadt Paris nicht weniger denn zehntausend Hugenottenleichen zählte.

terskirche, um Gott den Dank für den herrlichen Sieg des Katholicismus darzubringen, und auf der Engelsburg donnerten die Kanonen, während auf allen Anhöhen Freudenfeuer loderten. Sogar ein Jubiläum mit unbegränztem Ablaß schrieb der heilige Vater in der Freude seines Herzens aus und wie er vollends den abgeschnittenen Kopf des Admirals Coligny in Weingeist wohlverwahrt vom Könige von Frankreich zugeschickt bekam, gerieth er vor Entzücken und Dankbarkeit so außer sich, daß er dem Könige den Titel Piissimus, d. i. der Allerchristlichste zuertheilte! Ja daran war es noch nicht einmal genug, sondern weil die hohe Geistlichkeit Roms nicht in der Lage gewesen war, dem Gemetzel in Person zuzuschauen, befahl er seinen besten Künstlern, die Hauptscenen jener Schaudernacht durch den Pinsel zu verewigen, damit die Herren Cardinäle und er selbst sich doch wenigstens an der sinnbildlichen Darstellung erlustigen könnten, und die drei großen Gemälde, welche der berühmte Vasari dem blutigen Gegenstand widmete, sind gegenwärtig noch als Zierde der päbstlichen Denkungsweise im Königssaale des Vaticans aufgehängt!*) Ebenso groß wie in Rom war auch die

*) Das erste dieser drei Gemälde zeigt uns den Admiral Coligny, wie er vom Meuchelmörder Maurevert durch einen Musketenschuß verwundet nach Hause getragen wird und darunter steht: „Gregorius XIII. Pontif. Max. 1572.“ Im zweiten Gemälde sieht man, wie der Admiral in seinem Palaste nebst Teligny seinem Schwiegersohne und einigen Andern ermordet wird. Im dritten erfährt König Karl IX. den Tod des Coligny und hat seine Freude dran, im Hintergrunde aber stürzen sich Meuchelmörder mit dem Cruzifix und dem Dolch in den Händen auf wehrlose Kinder und Frauen, während sie über Haufen von Leichnamen wegklettern, um in die Häuser der Hugenotten zu dringen. — So viel von den drei Gemälden! Nicht verschweigen aber dürfen wir bei dieser Gelegenheit, daß der Pabst auch eine Denkmünze auf die Bartholomäusnacht schlagen ließ, welche er an die Gläubigen vertheilte. Auf der Vorderseite befand sich das Bildniß Seiner Heiligkeit selbst und auf der Rückseite stand ein Würgengel mit dem Crucifixe und einem Schwerte, womit er Alles, was ihm vorkam, durchstach, die Umschrift aber lautet: »Ugonottom Strages!«

Freude in Paris und es wurden in allen Kirchen öffentliche Dankfeste gehalten. Ueberdieß ordnete das Parlament an, daß für alle Zukunft jährlich am Bartholomäustage eine große Procession gehalten werden solle, um Gott für die Vernichtung der Hugenotten zu danken, und errichtete dem König Carl IX. am Ende der Brücke von Notredame ein Ehrendenkmal, welches ihn darstellte, wie er die Hugenotten mit Füßen trat!

Natürlich schien nunmehr die Sache des Protestantismus in Frankreich für immer verloren, denn der Schrecken war so groß, daß die Ueberlebenden es nicht mehr wagten, sich offen zu ihrem Glauben zu bekennen, sondern vielmehr, wenigstens äußerlich, zum Katholicismus übertraten. Doch schon wenige Wochen hernach ermannten sich die Hugenotten wieder, und besonders waren es die Bürger der festen Stadt La Rochelle, welche den Andern mit gutem Beispiele vorangingen. Einsehend nehmlich, daß sie sich entweder wehrlos der Raubsucht und Mordgier ihrer Feinde preisgeben oder aber mit den Waffen in der Hand für ihren Glauben streiten müßten, schlossen sie die Thore der Stadt und widersetzten sich mit Heldenmuth allen Angriffen der Armeen Carls IX. Andere Städte ahmten ihr Beispiel nach und neue Hugennottenkriege entstanden, deren Ende, besonders als später Heinrich von Navarra und der Prinz von Condé sich an die Spitze der Reformirten stellten, nicht abzusehen war. Natürlich wurde hiedurch der Zorn des Pabstes (Pius war längst gestorben, aber sein Nachfolger Sixt V. dachte wie er) abermalen auf's furchtbarste erregt und auf seinen Befehl mußten Jesuiten und Kapuziner ganz Frankreich durchstreifen, um alle Katholischen in Feuer und Flammen zu setzen. Die heilige Liga wurde erneuert und allen katholischen Mächten, besonders aber dem Könige von Spanien und dem Herzog von Savoyen, Befehl gegeben, in Frankreich einzurücken, um die Ketzer zu vernichten. Ja Pabst Sixtus predigte sogar überall den Kreuzzug und erklärte es für ein gottgeheiligtes Werk, wenn man den König Heinrich von Navarra und seine Glaubensgenossen allesammt, und wär's auch im Schlafe, ermorde. Doch kann es natürlich nicht unsere Absicht sein, den weiteren Verlauf der Hugenottenkriege in Frankreich zu schildern. Es lag uns vielmehr nur allein daran, den Beweis zu liefern, „auf welche Weise“ die Päbste das Gebot der christlichen Duldsamkeit ausübten, und hierüber wird der geneigte Leser schon längst im Klaren sein. Der Erfolg der Hugenottenkriege war übrigens ein ganz anderer, als man zu Rom erwartet hatte, denn trotz der päbstlichen Machtsprüche kam nach dem Tode Carls IX. und seiner beiden Brüder nicht der Herzog von Guise, das rebellische Haupt der Ultra-katholischen, sondern Heinrich IV., der rechtmäßige Nachfolger des Hauses Valois, auf den Thron und dieser gab endlich unterm 13. April 1598 durch das Edict von Nantes, welches den Hugenotten freie Religionsübung zusicherte, dem zerrütteten Frankreich den Frieden wieder.

Allzulange dauerte aber dieser Friede nicht, denn wie hätten solches die Päbste zugeben können? Schon Urban VIII. wußte anno 1628 den König Ludwig XII. dahin zu bringen, abermals den Versuch zur Ausrottung der Ketzer zu machen, und in der That wurde dem Pabste die Freude, daß die Stadt La Rochelle, das Hauptbollwerk der Hugenotten, nach einer vierzehnmonatlichen Belagerung, von der erschrecklichsten Hungersnoth getrieben, sich den Katholischen ergeben mußte. Allein seine Hoffnung, „daß Ludwig XII. auch alle übrigen Ketzer nächster Tage ausrotten werde“ (so schrieb nehmlich Urban wörtlich an den König von Frankreich), ging nicht in Erfüllung, sondern es gelang vielmehr den Engländern, den König zu zwingen, daß er den Hugenotten freie Religions-Uebung gestattete. Weit mehr Glück dagegen hatte die jesuitisch-römische Parthei mit Ludwig XIV., welchem in der That der gräßliche Ruhm gebührt, gegen den Protestantismus mehr gethan zu haben, als irgend ein anderer Monarch in der Welt.

Unter seiner Regierung bildeten die Protestanten keine „bewaffnete“ politische Parthei mehr, sondern sie lebten unter dem Schutz des Edikts von Nantes als friedliche, arbeitsame Bürger, deren bescheidenes, frommes und anspruchsloses Benehmen selbst von den Katholischen anerkannt wurde. Nur allein der Pabst und die von ihm abhängige Geistlichkeit ließ von dem Hasse nicht ab, und dachte Tag und Nacht darauf, wie man den Ketzern die Existenz untergraben könne. Doch ging dieß natürlich nicht, wenn man den Monarchen nicht auf seiner Seite hatte, und — leider war dem Könige Ludwig eine geraume Zeit hindurch nicht beizukommen. Im Gegentheil, so lange er jung und kräftig war, trat er den päbstlichen Uebergriffen mit großer Heftigkeit entgegen, allein später, nachdem er die sämmtliche Weltlust zum Uebermaße genossen, brachte ihn sein Beichtvater, der Jesuitenpater La Chaise, welchen er anno 1675 auf die Bitten Pabsts Clemens X. hin annahm, sowie seine vom genannten Pabste ebenfalls wohl bearbeitete und sogar mit der goldenen Rose beschenkte Maitresse, die vielberüchtigte Frau von Maintenon, auf den Glauben, daß es für ihn nothwendig sei, sich durch die Bekehrung der Reformirten der Gnade des ewigen Richters zu versichern, und von nun an dachte derselbe an nichts mehr, als an die Katholischmachung sämmtlicher Hugenotten. Zuerst versuchte man es durch Einschränkungen und Bedrückungen, sowie durch Verlockungen aller Art, wie man denn z. B. eine besondere Kasse bildete, aus welcher man diejenigen, welche zum Katholicismus übergingen, bezahlte. Als jedoch solche Mittel nichts helfen wollten, wurden vom Jahr 1670 an andere Saiten aufgezogen, und man verbot nicht nur alle Heirathen zwischen Katholiken und Reformirten, sondern man erklärte sogar alle Hugenotten für unfähig, irgend ein Amt zu bekleiden oder auch nur ein Handwerk zu treiben, und beraubte überdieß mehr als 600 Ortschaften geradezu des Rechts, protestantischen Gottesdienst zu halten. Auf das Uebergehen vom Katholicismus zum Protestantismus wurde Todesstrafe gesetzt, hugenottische Kinder aber nahm man ihren Eltern zu Tausenden weg, unter dem Vorwande, daß diese Kinder Lust hätten, katholisch zu werden. Zu gleicher Zeit befreite man jeden neubekehrten Erwachsenen auf zwei Jahre von allen bürgerlichen Lasten, sowie besonders von der Last der Einquartierung, während man umgekehrt in die Häuser derjenigen Reformirten, welche ihrem Glauben nicht entsagen wollten, so viel Soldaten in's Quartier legte, daß die Hausbesitzer es in die Länge unmöglich aushalten konnten. Man nannte diese Einquartierungen gewöhnlich nur „gestiefelte Missionen" oder auch „Dragonaden", weil sich unter den hiezu verwendeten Soldaten die Dragoner am unmenschlichsten benahmen; allein der Zweck dieser Dragonaden, welcher natürlich kein anderer war, als die Hugenotten durch die Noth zu zwingen, sich zu bekehren, wurde doch nicht erreicht: im Gegentheil, all' die vielen Plackereien und Schindereien hatten keine andere Folge, als die, daß die Hugenotten sammt und sonders daran dachten, auszuwandern und diesen Entschluß, wo es nur irgend ging, zur That machten. Nun erließ Ludwig XIV. ein strenges Edikt (1682), nach welchem jeder Auswanderungs-Versuch mit lebenslänglicher Galeerenstrafe, jede Beihülfe zur Auswanderung aber mit Geldstrafe von mindestens 3000 Livres belegt werden sollte. Ueberdieß wurde allen Katholiken verboten, von einem Hugenotten Haus oder Güter zu kaufen, und jeder schon abgeschlossene Verkauf für null und nichtig erklärt. Zu gleicher Zeit bewachte man überall die Grenzen, besonders die gegen das Meer hin auf's Genaueste, um alle Auswandernden zu fassen, und befahl sogar die Verhaftung derer, welche nur „verdächtig" waren, Frankreich verlassen zu wollen. Allüberall, wo kleinere hugenottische Gemeinden, denen man ihre Kirchen längst geschlossen hatte, bestanden, streiften Soldaten und Milizen in Masse herum, um jede gottesdienstliche Versammlung, sei sie auf freiem Felde oder in den Häusern, mit Gewalt zu unterdrücken, und alle Prediger, die man einfing, wurden sofort zum Rad, zum Galgen oder zu den Galeeren verurtheilt. Anno 1684 ging der König noch weiter und erklärte offen, daß in seinem Reiche für die Zukunft nur eine einzige Religion existiren dürfe. In Folge dessen wurden die Dragonaden in's Große getrieben und jede protestantische Landschaft so lange mit einer Armee überschwemmt, bis die Bauern, von den Gewaltthätigkeiten der Soldaten zur Verzweiflung getrieben (und um nicht Hungers sterben zu müssen) sich herbeiließen, ihren Glauben abzuschwören. Auf diese Art bekehrte man in Bearn, in Languedoc, Guienne, Poitou u. s. w. binnen Jahresfrist gegen hunderttausend Reformirte und nun versicherte der Pabst Innocenz XI. dem frömmelnden König, daß, weil die noch übrig gebliebenen Ketzer „nur aus Eigensinn" an ihrem Glauben festhielten, die völlige Wiedervereinigung derselben mit der Kirche nicht einen einzigen Blutstropfen kosten werde. Auch gelang es ihm wirklich, dem Monarchen diese Ueberzeugung beizubringen und ihn in Folge dessen zu überreden, den Protestantismus geradezu und völlig zu verbieten. So wurde denn am 22. Oktober 1685 die Aufhebung des Edicts von Nantes decretirt und den Reformirten „bei Todesstrafe und Confiscation ihres Vermögens“ die Ausübung ihrer Religion untersagt. Alle hugenottischen Kinder sollten augenblicklich katholisch getauft und von nun an auf Kosten ihrer Eltern in der katholischen Religion erzogen werden, den hugenottischen Lehrern und Predigern aber wurde anbefohlen, sich entweder zu bekehren, oder aber, wofern sie nicht auf die Galeeren wollten, Frankreich binnen vierzehn Tagen zu verlassen. Kurz der König wollte mit dem Protestantismus ein für allemal ein Ende machen!

Man kann sich nun wohl denken, wie den Hugenotten zu Muthe war, als dieses fanatische Edikt erschien. Jeder dachte von dieser Zeit an nur noch an Flucht und obgleich Galeerenstrafe auf dieselbe, auf ihre Begünstigung aber Todesstrafe gesetzt war, so gelang es doch Tausenden und Abertausenden, über die Grenzen zu entkommen. „Fort! Aus dem Lande hinaus!“ war ihr Wahlspruch und somit verkleideten sie sich als Bettler, als Bauernknechte, als vagirende Musikanten, als Pilger, als Studenten, als Soldaten oder als was es nur irgend ging, und kamen so, fast alles, was sie besaßen, zurücklassend, trotz der scharfen Bewachung der Land- und Seegrenzen nach Deutschland, nach der Schweiz, nach Holland und sogar (auf elenden Nachen) nach England hinüber. Allerdings wurden Viele ergriffen und sofort in Ketten auf die Galeeren gebracht oder auch nach Westindien deportirt; allein dieß alles schreckte die Andern nicht ab, sondern sie rückten lieber ihr ganzes Vermögen daran, die Grenzwächter zu bestechen, um nur fortzukommen, und man hat berechnet, daß Frankreich auf diese Weise binnen Jahresfrist um mehr als siebenmalhunderttausend seiner fleißigsten, wohlhabendsten und intelligentesten Einwohner kam. Mit offenen Händen nahmen die protestantisch-deutschen, sowie die Schweizer Regierungen die Flüchtigen auf, und da sich nunmehr der französische Gewerbsfleiß in's Ausland verpflanzte, so entstand dadurch für Frankreich ein Verlust, welcher durch keine Eroberungen zu ersetzen war.

Die Gesammtheit der reformirten Franzosen hatte übrigens, wie man sich denken kann, nicht entfliehen können und ebensowenig wollten von den Zurückgebliebenen alle auf einmal ihrem Glauben entsagen. Das Letztere war besonders in der Provinz Languedoc der Fall, über welche der Intendant Baville gesetzt war, und so kam es denn, daß dorten selbst im Jahr 1685 noch, trotz der Aufhebung des Edikts von Nantes, die gottesdienstlichen Versammlungen der Reformirten nicht aufhören wollten. Baville schritt daher mit großer Strenge ein, ließ die Versammlungen durch Soldaten sprengen und befahl, die dabei betheiligten Frauen und Kinder niederzuhauen, die Männer aber gefangen zu nehmen und auf die Galeeren zu bringen. Am wüthendsten hauste er gegen die Prediger und ließ jeden, dessen er habhaft wurde, alsobald entweder aufhängen, oder ersäufen, oder rädern.*) Trotz allem dem aber ließ sich der protestantische Glaube nicht vollständig bannen und wenn nun auch im Verlaufe der Zeit kein Geistlicher es mehr wagte, Gottesdienst zu halten, so glaubten sich dagegen einzelne Männer aus dem Volke, welche der Bibel besonders kundig waren, dazu berufen, ihre Mitbrüder zu trösten und ihnen Buße zu predigen. Solche Bußeprediger, die von Haus zu Haus gingen, finden sich schon im Jahr 1688 nicht wenige, in den folgenden Jahren jedoch verbreitete sich diese Schwärmerei (die Bußprediger gerirten sich meist wie die Propheten des alten Testaments und vermeinten auch die Gabe der Weissagung zu besitzen) über ganz Nieder-Languedoc und besonders in dem Cevennen-Gebirge. Natürlich ging der Intendant Baville mit dieser „neumodischen" Art von Predigern ebenso schonungslos um, als früher mit den „wirklichen" Geistlichen und verurtheilte z. B. nur allein im Monat November des Jahres 1701 einundzwanzig, welche man ergriffen hatte, zum Tode; allein dessen ungeachtet — das Märtyrerthum hat noch nie andere Folgen gehabt — vermehrte sich die Zahl der Propheten, statt sich zu ver-

*) Bei einer gottesdienstlichen Versammlung zu Orange wurden z. B. achtundzwanzig Personen getödtet, hundertfünfunddreißig aber, nehmlich siebenundneunzig Männer und achtunddreißig Frauen und Mädchen, nebst dem Prediger, gefangen genommen. Diese alle brachte man nach Montpellier, hängte sofort den Prediger auf, sperrte die Frauen, nachdem man sie durch den Henker hatte stäupen lassen, auf Lebenszeit in's Gefängniß und brachte die Männer auf die Galeeren.

mindern, und noch mehr wuchs die Schaar derer, welche aufhörten, die katholischen Kirchen zu besuchen. Pabst Clemens XI., als er dieß erfuhr, sandte Missionäre, um die Propheten durch Gegenprediger zum Schweigen zu bringen; aber das Volk wollte nichts von den Kutten wissen. Somit stellte sich, weil man nun einsah, daß nur allein Gewalt helfen könne, der Vorsteher der Missionäre, der Erzpriester Langlade du Chaila, an die Spitze der Soldaten, welche zur Aufsuchung der gottesdienstlichen Versammlungen Tag und Nacht das Land durchzogen, drang in alle Schlupfwinkel, selbst die verborgensten, ein und ließ nicht blos die eingefangenen Prediger sofort aufknüpfen, sondern versuchte es auch, die Zuhörer, deren man habhaft wurde, durch Qualen aller Art zur Angabe ihrer Glaubensgenossen zu zwingen, um ja aller Ketzer mit einem Schlage Herr zu werden.*) Eine solche Härte brachte die Leute völlig außer sich, und da er nun einst mehrere vermögliche Reformirte, welche auf der Flucht nach Genf ergriffen worden waren, in das neben seiner Wohnung errichtete Gefängniß bringen ließ und das von den Verwandten der Gefangenen angebotene ziemlich hohe Lösegeld nicht annahm, so bewaffneten sich diese Verwandten mit Sensen, Spießen und Hellebarden, umringten Nachts sein Haus, zündeten dasselbe an und ermordeten schließlich, nachdem sie die Gefangenen befreit hatten, ihn selbst. Solches geschah am 23. Juni 1702, und natürlich wurden die „Aufrührer“ augenblicklich von den Soldaten verfolgt; allein obwohl es gelang, mehrere von ihnen zu ergreifen, welche man sofort hinrichtete, so entkamen doch die Meisten und zogen sich in die Gebirge zurück, fest entschlossen, ihr Leben gegen alle Angriffe zu vertheidigen. Ihr Beispiel wirkte ansteckend. Bald bildeten sich noch andere Schaaren und unternehmende Männer, wie Castanet, Roland und besonders Johann Cavalier, ein merkwürdig begabter Bauernsohn,

---

*) Er ließ z. B. den Gefangenen die Augenbraunen oder Barthaare Stück für Stück ausreißen, oder preßte ihnen glühende Kohlen in die Hände, oder umwickelte ihnen die Finger mit ölgetränkter Baumwolle, die er sofort anzündete, oder steckte ihnen die Füße in ein Querholz, daß sie weder stehen noch liegen konnten, oder strafte die Eltern dadurch, daß er ihre Mädchen bis auf's Blut geißeln und ihre Buben entmannen ließ, woran nicht wenige starben.

traten an ihre Spitze. So entstand „der Krieg in den Cevennen", auch Camisarden-Krieg*) genannt, welcher nur erst endete, nachdem fast hunderttausend Menschen für den Glauben hingeopfert worden waren.

Im Anfang glaubte man mit den aufrührerischen Bauernsöhnen im Augenblicke fertig werden zu können, und begann damit, daß man alle diejenigen, welche im Verdacht standen, die „Räuber in den Gebirgen" mit Lebensmitteln zu versorgen, ohne weiteres Verhör hinrichtete (nur allein in der Stadt Alais wurden 62 Reformirte jeden Alters und Geschlechtes wegen solchen Verdachts aufgehängt); allein als man sah, daß die sogenannten Räuber sich dennoch mehrten und die gegen ihre Verwandten ausgeübten Grausamkeiten mit Verbrennung katholischer Kirchen und Ermordung katholischer Geistlichen wiedervergalten, mußte man doch darauf denken, ernstere Maßregeln zu ergreifen. Pabst Clemens XI. ließ also einen allgemeinen Kreuzzug predigen und verwilligte jedem, der sich bewaffnen würde, um diese „verfluchte und verabscheuungswürdige Brut" niederzuhauen und auszurotten, vollkommene Vergebung der Sünden. Auch sandte im Einverständniß mit ihm Ludwig XIV. im Anfang des Jahres 1703 den Marschall von Montrevel nebst zwanzig Bataillonen Infanterie u. s. w. in's Languedoc, um den Aufstand zu unterdrücken; aber so schnell ging die Sache doch nicht, obwohl Montrevel mit einer Grausamkeit verfuhr, welche, so zu sagen, über alle Begriffe geht. Er ließ nehmlich nicht blos alle mit den Waffen in der Hand Gefangenen, nicht blos alle der Beihülfe Verdächtigen, Greise, Weiber und Kinder, ohne Weiteres auf gemeinsamen Scheiterhaufen verbrennen, sondern er rasirte auch geradezu mehrere hundert Flecken, Dörfer und Weiler, alle daselbst befindlichen Bewohner dem Tode weihend und alles Eigenthum mit den Häusern verbrennend, vom Erdboden weg. Trotzdem aber dachten die Camisarden durchaus nicht daran, sich zu ergeben. Im Gegentheil be-

*) Woher der Name Camisard kam, weiß man nicht ganz zuverlässig. Vielleicht von Camises, d. h. Oberhemden, weil die aufrührerischen Hugenotten solche trugen, vielleicht auch von Camis, d. h. Heerstraße, so daß ein Camisarde so viel als ein Wegelagerer wäre.

standen sie mehrere glückliche Gefechte mit den königlichen Soldaten, und in Folge dessen strömten ihnen eine Menge von Rekruten zu. So commandirte nur allein Cavalier (im Jahr 1704) über ein Corps von tausend Fußgängern nebst zweihundert Reitern, welches allüberall hin unter den Katholiken Schrecken, Mord und Brand verbreitete, und über fast eben so große Corps verfügten auch die anderen Camisardenführer. Allein nun schickte Ludwig XIV. seinen besten General, den Marschall Villars, in die Cevennen und zwar mit einer so großen Armee, daß man hätte glauben können, die Zahl der Feinde betrage nicht wenige vier oder fünf Tausende, sondern vielleicht das Zehn- und Zwanzigfache. Solcher Macht konnten die Camisarden natürlich in die Länge nicht widerstehen, sondern sie mußten nothwendiger Weise nach und nach aufgerieben und erdrückt werden. Dennoch siegte Villars weniger durch Gewalt, als durch List und Bestechung, sowie durch die Bekanntmachung, daß es jedem Hugenotten, welcher sich ergeben würde, gestattet sein solle, seine Habe zu verkaufen und ohne weitere Belästigung in's Ausland zu ziehen. Hiedurch gewann er Viele, und als nun gar eine große Höhle, welche den Camisarden bisher als Hospital, Magazin und Pulverfabrik gedient hatte, entdeckt, die darin befindlichen Verwundeten ermordet und alle Vorräthe von Lebensmitteln und Kriegsbedarf fortgenommen wurden, so glaubte Cavalier dem verlockenden Anerbieten, ihn zum Oberst in des Königs Dienste zu machen, nicht mehr länger widerstehen zu dürfen, sondern trat mit dem größten Theil seiner Waffengefährten zu den Katholischen über. Wohl erklärten ihn die übrigen Anführer der Camisarden: Roland, Ravanel und Catinat, für einen Verräther und suchten den Krieg fortzusetzen; allein Marschall Villars schickte Emissäre, die wohl mit Geld versehen waren, unter sie und bekam sie auch richtig durch Bestechung ihrer Leute in seine Hände. Auf diese Art wurde der Camisardenaufstand zu Ende gebracht, aber nur erst, nachdem im Ganzen über vierhundert Städte, Dörfer und Weiler vernichtet und über fünfzigtausend Hugenotten, nebst beinahe ebensoviel Katholischen getödtet worden waren. Trotzdem hörte die reformirte Religion nie ganz auf, in Frankreich zu existiren, wie man schon daraus sieht, daß im Jahr 1728 in Montpellier ein protestantischer Prediger aufgehängt wurde, und daß sogar im Jahr 1744 eine protestantische Synode in einem abgelegenen Orte von Nieder-Languedoc zusammen kam, bei welcher nicht weniger als fünfzig heimliche hugenottische Gemeinden vertreten waren. Noch später, anno 1746, erhob der Protestantismus sein Haupt wieder freier und obgleich damals nur allein in der Stadt Grenoble über dreihundert Personen ihres Glaubens wegen hingerichtet wurden, so wirkte doch die beginnende Aufklärung so stark, daß man von nun an der päbstlichen Aufforderung zum Ketzermorde kein Gehör mehr schenkte. Der letzte Märtyrer unter den Reformirten Frankreichs war der Prediger Franz Rochette, welcher am 18. Febr. 1762 in der Stadt Toulouse durch den Strang hingerichtet wurde; seit der Revolution von 1789 aber ist der Protestantismus zum großen Horror des römischen Stuhles eine gesetzlich gestattete Religion.

III. Die Ausrottung des Protestantismus in England.

Einen ganz andern Verlauf als in Frankreich nahm die Sache des Protestantismus in England. Zwar allerdings im Anfang schien es, als ob nach dem Tode Heinrichs VIII. durch seine Tochter Marie, welche im Jahr 1553 den englischen Thron bestieg, der Katholicismus im ganzen Lande wieder mit Gewalt eingeführt werden sollte, denn diese Königin setzte sich im Augenblicke, also noch im Jahr 1553, mit dem Pabst Julius III. in Verbindung, ließ sofort alle protestantischen Wortführer einkerkern, ertheilte dem päbstlichen Legaten Pole Vollmacht, im ganzen Lande katholische Bischöfe zu ernennen, und brachte sogar das Parlament dazu, die furchtbarsten Ketzergesetze zu erlassen. Noch ärger wurde es in den vier folgenden Jahren. Es gelang nehmlich dem Pabste, zwischen König Philipp von Spanien und Marie im Jahr 1554 ein Ehebündniß zu Stande zu bringen, und die bereits vierzigjährige, aber deßwegen nur um so liebesüchtigere Dame that nun alles, was ihr stolzer, herrschsüchtiger und bigotter sechsundzwanzigjähriger Gemahl von ihr wollte. Alsbald wurde nach dem Muster der spanischen Inquisition auf den Rath des Pabstes Julius III. eine aus zweiundzwanzig Personen bestehende Ketzer-Commission niedergesetzt, an deren Spitze der Bischof Bonner von London.

ein wilder, brutaler, barbarischer Mann, stand, und es begann nun eine Verfolgung, wie sie selbst ein Innocenz III. nicht grausamer hätte verlangen können. Das niederere Volk nehmlich versuchte man mit Strafen aller Art zum alten Glauben zurückzuführen, die Geistlichen aber mußten ins Gefängniß wandern und wenn sie sich nicht dazu bequemten, den Protestantismus zu widerrufen, ohne Gnade den Scheiterhaufen besteigen. Ueber achthundert protestantische Bischöfe und Pfarrer starben auf diese Weise unter den gräßlichsten Martern, worunter die Bischöfe Latimer, Ridley, Ferrar und Hooper, sowie der berühmte Cranmer, und mit jedem Jahre schien sich der Blutdurst der Königin zu steigern. Der Pabst hatte eine unendliche Freude und ließ der Königin zu Ehren sogar eine Denkmünze schlagen; allein nunmehr fieng es an, unter dem Volk zu gähren, und wenn die „Blutige" (so nannte man Marie in ganz England) nicht im Jahre 1558 gestorben wäre, so hätte ein Aufstand nicht ausbleiben können. Ganz anderer Gesinnung war die jetzt folgende Königin, die berühmte Elisabeth, denn diese verhalf, trotz der Bannbulle des Pabstes vom 25. Febr. 1570 und trotz des papistischen Aufstandes, welchen Pius V. gegen sie erregte, dem Protestantismus alsbald wieder zu seinem Rechte*) und dieses hat er auch seither innebehalten.

Solches Fehlschlagen ihrer besten Hoffnungen mußte natürlich den Römlingen äußerst schmerzhaft sein und es wurde alles versucht, um die Elisabeth zu stürzen. Lange Zeit war dieß vergeblich; doch endlich, dreißig Jahre später, hatte Clemens VIII. die Genugthuung, in Irland einen Aufstand hervorzurufen, welcher vier Jahre lang fortwüthete und die ganze Insel beinahe in eine

---

*) In dieser Bannbulle wird Elisabeth vom Pabst als die gottloseste und lasterhafteste Person, die es geben könne, geschildert, weil sie nicht zum römisch-katholischen Glauben zurückkehren wollte. Zugleich sprach Pius alle ihre Unterthanen vom Eid der Treue los und forderte den berüchtigten Herzog von Alba auf, mit einer Armee nach England überzuschiffen, um die Priester daselbst zu unterstützen; das Königreich England selbst aber schenkte er dem Könige Franz II. von Frankreich, welcher auch richtig den Titel und das Wappen eines Königs von England annahm und ein Truppencorps nach Schottland absandte; allein die Königin Elisabeth zwang es sofort zur Capitulation und damit hatte der Occupationsversuch ein Ende.

inöde verwandelt hätte. Der Aufstand begann anno 1596, in
lchem Jahre der Pabst die Gnade hatte, die Insel dem Könige
n Spanien zum Präsente zu machen. Letzterer nahm nehmlich
der That das Präsent an und sandte den Aufständischen eine
ke Armee zu Hülfe, deren Anführer Aquila, vom Pabste den
rreichen Titel „eines Wiederherstellers des Glaubens“ bekam.
in nachdem am 24. Dezember 1601 die vereinigten Iren und
mier von Lord Mountjoy bei Kinsale auf's Haupt geschlagen
en waren, mußte Irland dem englischen Scepter wieder ge-
en und die Aufhetzereien des Pabstes hatten somit keine andere
e, als daß ein großer Theil der Urbewohner ausgerottet und
Vermögen confiscirt wurde. Vierzig Jahre lang war nun
n in Irland. Da endlich, im Jahr 1641, gelang es dem
ichen Nuntius Rinuccini eine abermalige Verschwörung
tholiken gegen die Protestanten anzuzetteln, an deren Spitze sich
nze Priesterschaft stellte. Der Plan war, das furcht-
Schauspiel der Pariser Bluthochzeit, welche wir im
Kapitel geschildert haben, zum zweitenmal aufzufüh-
und am 23. Octbr. 1641 griffen daher alle Irlän-
gleicher Zeit zu den Waffen, fielen über die
ahnenden Protestanten her und mordeten deren
eniger als fünfzig Tausende. Weiber, Kinder, Greise,
rde niedergemacht und nur die eiligste Flucht konnte einige
vom Tode retten! Das Frohlocken Roms über diese Blut-
ungeheuer und Pabst Urban VIII. schrieb deßhalb
es Jubeljahr aus; allein die Wiedervergeltung sollte
ausbleiben, wenn sie auch acht Jahre lang auf sich war-
Im Jahr 1649 nehmlich landete der berühmte Crom-
der Insel, nahm die bedeutendsten Städte im Sturm
e Bevölkerung ohne Unterschied niederhauen und vergoß
eun Monaten mehr Katholikenblut, als vorher Pro-
geflossen war! Von jener Zeit an ist die katholische
Irland eine unterdrückte geblieben und so artete das
s Pabstes in das Gegentheil dessen aus, was er

IV. Die Ausrottung des Protestantismus in Spanien.

Daß nach Spanien, in welchem Lande doch die Inquisition mit unerbittlicher Strenge wüthete, je der Protestantismus einbringen könnte, hätte man für rein unmöglich halten sollen und es würde wohl auch sicherlich nicht dazu gekommen sein, wenn nicht durch die Vereinigung der zwei Kronen „Deutschland und Spanien" auf dem Haupte Carls V. ein lebhafter Verkehr zwischen beiden Ländern entstanden wäre, durch welchen die Spanier schon sehr frühe mit dem Ketzerthum der Reformation bekannt wurden. Bereits anno 1519 nehmlich wanderten lutherische Schriften über die Pyrenäen und wurden mit solcher Begierde verschlungen, daß Leo X. sich veranlaßt sah, unterm 20. März 1521 den Groß-Inquisitor von Spanien aufzufordern, sich aller solcher Schriften zu bemächtigen und ihre fernere Verbreitung zu verhüten. Natürlich gehorchten die Inquisitoren, durchsuchten alle verdächtigen Privathäuser und setzten Jeden gefangen, der eine solche Schrift besaß, indem sie zugleich den Grundsatz aufstellten, „daß es eine ebenso verdienstvolle Handlung sei, einen Lutheraner zu erdrosseln, als einen Türken niederzuschießen." Trotz allem dem aber fand die lutherische Ketzerei mehr und mehr Eingang — und es neigten sich selbst verschiedene höhergestellte Personen, wie Juan Valdez, einer der Secretäre Carl's V., und Rodrigo de Valer, ein reicher Edelmann in Sevilla, zu derselben hin. Natürlich wurden beide gefänglich eingezogen und durch Mittel der verschiedensten Art dahin gebracht, daß sie ihre Ketzerei abschwuren. Auch sperrte man sie nachher auf Lebenszeit in's Kloster, damit ihnen das Weiterverbreiten der neuen Lehre vergehe oder vielmehr unmöglich werde; allein dennoch fand ihr Beispiel Nachahmer und der berühmte Prediger Juan Gil, gewöhnlich Dr. Egidius genannt, trat in Sevilla auf offener Kanzel mit Lehrsätzen auf, welche von denen Luthers nicht allzuweit entfernt waren. Allerdings brachte ihn die heilige Inquisition ebenfalls dazu, jene Lehrsätze abzuschwören, und er büßte seinen Freimuth noch extra mit schwerem Gefängniß, allein der Samen, welchen er durch seine Predigten gelegt hatte, war auf fruchtbaren Boden gefallen und es bildete sich wirklich in genannter Stadt um's Jahr 1555 eine heimliche protestantische Gemeinde, welche sich gewöhnlich in dem Hause Isabella's de Baena, einer ebenso reichen als hochgestellten Dame, versammelte. Bemerkt muß übrigens werden, daß die Mitglieder dieser Gemeinde nicht sowohl den untern Schichten des Volkes, als vielmehr dem höheren Adel angehörten, und daher kommt es auch wohl, daß die Gemeinde längere Zeit unangetastet forteristiren konnte. Nicht lange hernach jedoch, als zwei im Auslande lebende Spanier, nehmlich Francisco Enzinas und Juan Perez sich an die Uebertragung der Bibel in's Spanische machten (ersterer übersetzte das Neue Testament: letzterer fast die ganze heilige Schrift) und diese Bibelübersetzung nach Spanien eingeschmuggelt wurde,*) drang die eue Lehre auch unter das Volk, und die Protestantengemeinden ngen nun an, sich ziemlich zu mehren. Unter die bedeutendsten :selben gehörten (außer der von Sevilla, welche wir bereits nannt haben) die zu Valladolid, welche von Francisco Sanman (der dafür auf dem Scheiterhaufen büßen mußte) gegründet de, ferner die in der Stadt Toro, in der Stadt Zamora, Valencia, in Osma, in Logrono u. s. w. Kurz, die Verng der lutherischen Lehre war eine sehr große und es ist r, daß, wenn die Inquisition mit ihren blutigen altmaßregeln nur ein Dezennium länger gezögert , ganz Spanien vom Ketzerthum in Brand gesteckt en wäre.

Merkwürdigerweise nehmlich hatten die Mitglieder der pro-

---

*) rancisco Enzinas ließ sein neues Testament in Löwen, Juan er seine Bibel in Genf drucken; doch gelang es längere Zeit hindurch Exemplare nach Spanien einzuschmuggeln, indem der Pabst Ju- :n einer Bulle vom Jahr 1550 die strengsten Maßregeln gegen diese anordnete. Sieben Jahre später dagegen, anno 1557, machte sich ernandez, gewöhnlich nur „Julian der Kleine" genannt, ein schlauer her in Genf als Corrector in einer Druckerei lebte, anheischig, zwei bel-Uebersetzungen angefüllte Fässer über die Pyrenäen zu schaffen, ihm auch wirklich, nachdem er die wachsamen Augen der Inqui- seine Fässer hatten lauter doppelte Böden) schlau getäuscht hatte, hlbehalten im Hause eines der eifrigsten Protestanten zu Sevilla

testantischen Gemeinden ihr Geheimniß so gut bewahrt, daß die Inquisition bis zum Jahr 1557 nichts entdeckte. Da wurde ihr von einem Spion, den sie in Genf hielt, die Nachricht, daß eine große Anzahl ketzerischer Bücher, worunter besonders auch die obengenannte Bibelübersetzung, nach Spanien geschickt worden sei, und nun natürlich gieng es mit einem Eifer sondergleichen an die Auffindung derer, welche im Besitz jener Bücher sein mochten. Julian Hernandez, von dem man wußte, daß er die Bibeln eingeschmuggelt, war der Erste, welcher verhaftet wurde. Man warf ihn in ein finsteres Gefängniß, und erprobte während voller drei Jahre alle Qualen der Tortur, welche die Grausamkeit nur ersinnen konnte, an ihm, um ihn zu bewegen, seine „Mitschuldigen und Glaubensgenossen“ anzugeben. Aber er blieb standhaft und die Inquisition hätte noch lange suchen können, wenn nicht in Valadolid die Frau eines Goldschmieds, welcher den Namen Juan Garcia führte, auf Zureden ihres Beichtvaters ihren eigenen Mann denuncirt und das Lokal, in welchem die geheimen Zusammenkünfte der Protestanten stattfanden, verrathen hätte. Nun hatte jenes furchtbare Tribunal einen Anhaltspunkt und in wenigen Tagen waren in Valadolid über zweihundert, in Sevilla aber über achthundert Verdächtige in die Kerker der Inquisition geworfen. Solches geschah im Anfang des Jahrs 1558 und der Pabst Paul IV., ein ebenso grausamer, als unerbittlicher Ketzer-Verfolger, erließ schon unterm 15. Febr. 1558 ein Breve, in welchem er den General-Inquisitor von Spanien, Fernando Valdez, beauftragte, „alle Protestanten und Protestantenfreunde, und wären es sogar Bischöfe, Erzbischöfe, Patriarchen, Cardinäle und Legaten, oder Barone, Grafen, Marquise, Herzoge, Prinzen, Könige und Kaiser, ohne irgend welche Rücksicht, zu vernichten.“ So lautete die Instruktion des Pabstes und mit vollkommener Herzenslust ging der Groß-Inquisitor darauf ein, die weltliche Macht aber unterstützte ihn, wie man sich wohl denken kann, da der kalte Tyrann Philipp III. damals auf dem spanischen Throne saß, auf alle Weise. Man wollte der Welt das Beispiel geben, wie es doch möglich sei, in einem Staate alle Ketzer mit Stumpf und Stiel auszurotten!

Zwei Jahre lang brauchte die Inquisition, bis sie mit ihren

eitungen zu Ende war. Dann aber mit dem Jahr
jene furchtbaren Glaubensgerichte, welche unter
uto-da-fés« *) bekannt sind. Das Erste fand statt
559, dem Sonntage Trinitatis, und zwar in der
alladolid, in Gegenwart des Thronerben von
Carlos, sowie der Königin-Witwe Johanna, und
anderer vornehmen Personen, und man brauchte
den, nehmlich von Morgens 6 Uhr bis Mittags
vierzehn zum Feuertode verurtheilten Ketzer (sechs

> e «Auto-da-fé« kommt von dem lateinischen Actus fidei
> : dieses Wort daher auf deutsch nichts anderes als „Glau-
> Acte nun nahm man gewöhnlich an einem Sonntag vor,
> sie immer auf dem größten freien Platze der Stadt. Mit
> ite der dumpfe Schall der großen Glocke der Hauptkirche, zum
> ehr das gräßliche Schauspiel beginnen werde. Dann begaben
> n in die Gefängnisse, um die zum Tode Bestimmten „einzu-
> erhielten den sogenannten »Sanbenito«, d. i. einen weiten
> Zeuge, jedoch mit dem Unterschiede, daß auf dem Sanbenito
> erdrosselt werden sollten, ehe man sie den Flammen über-
> rennende Flammen hingemalt waren, während der San-
> verurtheilt waren, lebendig verbrannt zu werden,
> dernden Flammen, um welche Reisachbüschel tragende Teufel
> eckt wurde. Ebenso sinnreich bemalt erschienen die hohen,
> Mützen, welche man den Gefangenen auf den Kopf setzte,
> urch ein Auto-da-fé nichts anderes versinnlichen, als den
> len Gerichts. War nun dieß geschehen, und hatten sich die
> hörden mit der Geistlichkeit in den Sälen des Inquisitions-
> , so begann die Procession. Voraus eine Abtheilung Sol-
> Schaar Priester in Chorröcken mit der Schuljugend, Lieder
> Gefangenen, ein Kreuz in der Hand und einen Strick um den
> ei Mönchen begleitet; nach den Gefangenen die Ortsbehörden,
> aatsbeamten, nebst einer Schaar Adeliger zu Pferde; weiter
> rdinirte Geistlichkeit und hinter diesen, in feierlich langsamem
> lieder des heiligen Officiums, voran ihren Fiscal mit der
> der Inquisition; den Schluß endlich bildeten die sogenannten
> quisitions-Tribunals hoch zu Rosse. Also feierlich zog man
> die Hinrichtung stattfinden sollte, hier aber waren, wie sich
> großartige Gerüste errichtet, um die vielen Tausende von Zu-
> en, denn die guten Spanier betrachteten derlei Hinrichtungen
> ine Augenweide, wie andere Menschen eine Oper oder ein

Damen und acht Herren, deren Namen sogar — sie gehörten sämmtlich den höheren Ständen an — uns die Geschichte aufbewahrt hat) hingerichtet waren. Das zweite Mordschauspiel dieser Art, welchem abermals eine Menge von hochgestellten Personen, so wie namentlich auch der ganze Hof, den König Philipp II. an der Spitze, beiwohnte, wurde erst ein Halbjahr später, nehmlich am 8. Octbr. 1559, ebenfalls in Valadolid, gefeiert; von nun an aber folgten sich die Glaubens-Akte schneller und schneller und dehnten sich bald auf alle Städte Spaniens aus, in welchen Ketzer gefunden wurden. Am großartigsten waren sie in Sevilla, denn dort wurden selten weniger als dreißig oder vierzig Ketzer zumal, meist hochadelige Personen hingerichtet. Man darf übrigens nicht glauben, daß die Ketzerei sich nur allein auf die Laien beschränkte; im Gegentheil, auch viele Mitglieder der hohen Geistlichkeit, worunter nur allein fünfundzwanzig Doctoren der Theologie, acht Bischöfe und sogar ein Erzbischof (der von Toledo, mit Namen Bartolome de Carranza y Miranda) mußten sich dem furchtbaren Tribunale stellen, natürlich nicht, weil sie wirkliche und vollständige Lutheraner geworden waren, sondern weil sie vielleicht in diesem oder jenem Glaubenspunkt ein ganz klein wenig akatholisch dachten.

Mit dem Jahr 1570, nachdem man in zwölf Städten zusammen etwa 150 Auto-da-fés abgehalten hatte, war man mit dem Protestantismus in Spanien fertig geworden, und von nun an tauchte derselbe nie mehr auf, denn wenn auch im Jahr 1680 bei einem, zur Feier der Vermählung des spanischen Monarchen Don Carlo's II. mit Marie Louise von Bourbon, angestellten prächtigen Auto-da-fé in Madrid, unter den hundertundachtzehn ausersehenen Opfern der Name eines Protestanten steht, so war dieß ein flüchtiger Ausländer, den man nur im Bildniß den Flammen übergeben konnte. Ganz anders dagegen fiel das Resultat der Protestanten-Ausrottung in den spanischen Niederlanden aus. Als nehmlich Philipp II. daselbst ebenfalls die Inquisition einführte, um wie in Spanien so auch hier jede freie Religionsmeinung zu tödten, da erwachte der Grimm des Volkes und es entstand eine Revolution, über welche der König, trotz der geübten Heere, die er besaß, und trotz der furchtbaren Grausamkeit, die er anwandte, nicht Herr werden konnte. Im Jahr 1567 sandte er sogar seinen tüchtigsten ern, den blutgierigen Herzog von Alba, dahin und unter Henkersbeile fielen nicht blos Tausende aus dem gemeinen . sondern auch die Häupter der Edelsten des Landes. Ja, Wütherich setzte einen Blutrath ein, welchem alle Behörden hen mußten, und ließ, „angefeuert vom Pabste, der ihm den eines Vertheidigers des katholischen Glaubens gab und ihn nem geweihten Hute und Degen, als wäre er ein gekröntes t, beschenkte," nur allein in Brüssel über achtzehn-end Menschen auf offenem Marktplatze hinrichten, rend die Zahl der in den sämmtlichen übrigen Pro-en abgeschlachteten Protestanten bis auf hundert-'end stieg. Aber was war das Resultat? Die Niederländer en frei und Spanien, das in diesem Kriege seine schönsten open opferte und sich in eine Schuldenlast von 800 Millionen :er (à fl. 2. 24 kr.) stürzte, sank zu einer Macht zweiten ges herab!

V. Die Ausrottung des Protestantismus in Italien.

Man sollte es kaum für möglich halten, daß der Protestan-us selbst nach Italien, den Sitz des Pabstthums, eindrang, und war es so, obgleich freilich nicht in dem Maßstabe, wie nach ıkreich, England und Deutschland. Schon gleich im Anfang lutherischen Wirkens wurden verschiedene Schriften von Me-hthon, Luther, Zwingli und Anderen über die Alpen hinüber hmuggelt und dort sofort in's Italienische übersetzt;*) doch ngen sie nicht so eigentlich in's Volk ein, sondern cursirten mehr unter den Gebildeten und Gelehrten. Etwas ganz Anderes egen war es, als der Florentiner Antonio Brucioli die Bibel rsetzte und im Jahr 1530 in Venedig drucken ließ, denn dieses

---

*) Die Italiener brauchten dabei die Vorsicht, um der Wachsamkeit der uisitoren zu entgehen, jene Schriften unter „erdichteten" Namen zu drucken. hieß Melanchthon bei ihnen: »Messer Ippofilo da Terra Negra«; Zwingli ;: »Corricius Cogellus«, Martin Bucer: »Arctius Felinus« und Luther er-t gar den Namen des »Cardinal Fregoso.«

Buch wurde hauptsächlich vom niederen Volke, so wie von der Bürgerklasse verschlungen und die Nachfrage nach demselben war so groß, daß es nicht nur verschiedene Auflagen erlebte, sondern daß gleich darauf sogar neue Uebersetzungen von Fra Zaccario, Filippo Rustici und Anderen an's Tageslicht traten. Ueberdieß kamen durch die Heerzüge, welche Kaiser Carl V. in seinem Kriege gegen Franz I. von Frankreich nach Italien machte, viele Protestanten über die Alpen hinüber und diese verfehlten nicht, ihre Ansichten gegenüber von den Katholischen zur Geltung zu bringen. So kam es, daß sich die leidige Ketzerei auch in dem Hauptheimathlande des Pabstthums verbreitete, und Pabst Clemens VII. selbst schreibt vom Jahr 1530, wie er mit herzlichem Leidwesen vernommen, daß in mehreren Gegenden Italiens die abscheuliche Lehre Luthers nicht allein unter Laien, sondern auch unter den Priestern und Mönchen eingerissen habe und zwar in einem solch hohen Grade, „daß Viele der Letzteren, sowohl in ihren Privatunterhaltungen, als auch, was das Allerschlimmste, in ihren öffentlichen Predigten die Menge mit diesem Uebel anstecken". Bald bildeten sich förmlich protestantische Gemeinden, deren Mitglieder in Privathäusern zusammen kamen, um daselbst ihren Gottesdienst zu halten, so z. B. in der Stadt Faenza bei Ferrara (wo der Hof selbst protestantisch dachte), in Modena (einige Modeneser standen schon im Jahr 1520 mit Luther im Briefwechsel), in Florenz, in Bologna, in Venedig (welches von jeher einer der ungehorsamsten Söhne des Pabstes war), in Mailand, in Lucca und endlich in Neapel, so wie auf der Insel Sicilien. Kurz, es war eine allgemeine Bewegung zu Gunsten der evangelischen Freiheit und man darf sich daher nicht wundern, wenn der Cardinal Carraffa (der nachherige Pabst Paul IV.) dem Pabste Paul III. anzeigte, daß, wenn man nicht schnell einschreite, ein allgemeiner Abfall von der Kirche zu befürchten sei. Solches geschah im Jahr 1542 und nun natürlich säumte der Pabst keinen Augenblick mehr, den Evangelischen auf den Leib zu rücken.

Als das erste Mittel, durch welches man den Protestantismus vernichten könnte, erschien dem Pabste die Inquisition und zwar die Inquisition in derselben Form, wie in Spanien. Es hatte nehmlich in Italien schon seit lange her Inquisitoren, d. h. solche,

ufgabe es war, nach Ketzern zu spioniren, gegeben; allein
en unter den Bischöfen und diese Letzteren leiteten dann
processe ein. Eine „eigene" Jurisdiction hatten also die
Inquisitoren in Italien nicht und noch weniger bildeten
„unabhängigen Gerichtshof" wie in Spanien. Nun sah
ein, daß nur allein durch die Herstellung eines Tribu-
es in Spanien üblich war, Italien vor der Ueberschwem-
Ketzerei gerettet werden könne, und Paul III. gründete
ch eine Bulle vom 1. April 1543 zu Rom „eine Con-
des heiligen Officiums" mit sechs Cardinälen als Ge-
sitoren, zugleich befehlend, daß alle Ketzer-Angelegenheiten
von diesem Officium untersucht und abgeurtheilt werden
Natürlich versäumte es das neugegründete Tribunal nicht,
t seiner Thätigkeit zu beginnen, und errichtete zu diesem
erall in ganz Italien „Lokaltribunale". Kein einziger
der ganzen Halbinsel widersetzte sich diesem Beginnen
Venedig nebst Neapel fügten sich, obwohl unter einigen
hen Einschränkungen. Jetzt ging's überall an Verhaf-
der Schrecken wurde bald so groß, daß, wer sich irgend
wußte, die Flucht ergriff, um nach der Schweiz oder nach
zu entkommen. Trotzdem füllten sich die Gefängnisse
näßig an, denn man überschwemmte alle italienischen
nd Städte mit einer Bande besoldeter Spione, welche,
hohen Personen mit Empfehlungsschreiben versehen wur-
alle besseren Familien als Hausfreunde einschlichen und
ie erfuhren, augenblicklich den Inquisitoren berichteten.
en Jahren übrigens begnügte man sich mit dem „Ein-
Denuncirten, denn man hoffte, dieselben durch körperliche
wie besonders durch einsame Haft in finsteren Löchern
ngen, daß sie ihre Ketzereien abschwuren. Allein von
550 an fand man diese Procedur viel zu langweilig
nun mit dem „Verbrennen", gerade wie in Spanien und
rten. *) Natürlich aber können wir die einzelnen Hin-

allein in Venedig verbrannte man die Ketzer nicht, sondern er-
llein die Einsamkeit und Stille, mit der man solche Morde vor-
noch schauderrregender, als das Verbrennen. Um Mitternacht

richtungen nicht alle erzählen, ebensowenig, als wir alle diejenigen anführen können, welche unter den Qualen der Folter ihren Geist aufgaben, sondern wir müssen uns vielmehr begnügen, über einige wenige Haupt-Massacres zu berichten. In Calabrien nehmlich gab es zwei Städte mit Namen Santo Risto und La Guardia, welche von lauter Evangelischen (Nachkommen der alten Waldenser), zusammen etwa viertausend Seelen, bewohnt wurden. Diese wandten sich anno 1550, um protestantische Lehrer zu erhalten, nach Genf, allein hiedurch wurde das heilige Officium zu Rom, welches seine Spione überall hatte, auf sie aufmerksam gemacht und sandte alsbald zwei Inquisitoren, mit Namen Valerio Malficino und Alphonso Urbino, nach Calabrien, damit die Ketzerei sofort ausgerottet würde. Kaum waren die Inquisitoren an Ort und Stelle angekommen, so requirirten sie von Neapel ein Regiment Soldaten, marschirten nach Santo Risto, forderten die Einwohner auf, ihre Ketzerei abzuschwören, und fielen, als diese sich weigerten, über dieselben her, wie ein Rudel Wölfe über eine Heerde Schafe. Zu gleicher Zeit befahlen sie, die Stadt an allen vier Enden anzuzünden, und erlaubten den Soldaten nach Herzenslust zu plündern, zu schänden und zu morden, so daß es nur sehr wenigen der also Ueberfallenen gelang, in die Gebirge (wo sie übrigens zum größten Theil nach kurzer Zeit dem Hunger und Elend erlagen), zu entkommen. Ein ganz gleiches Schicksal ward auch der Stadt La Guardia zu Theil, nur mit dem Unterschied, daß man hier die Einwohner nicht blos kurzweg tödtete, sondern einen Theil von ihnen

---

nehmlich holte man den zum Tode Bestimmten aus seiner Zelle, schob ihm einen Knebel in den Mund, setzte ihn in eine Gondel und ruderte ihn bis über die beiden Castelle hinaus in die See, wo bereits ein anderes Boot wartete. Nun fesselte man dem Gefangenen die Hände, während man zugleich an seine Füße einen schweren Stein befestigte, legte sofort von einer Gondel auf die andere ein Brett, auf welches der Verurtheilte treten mußte, und gab dann den Schiffern das Zeichen, auseinander zu fahren. Natürlich fiel sofort das Brett ins Wasser und der darauf Stehende wurde augenblicklich in die Tiefe versenkt. Auf diese Art starben in Venedig nicht wenige Protestanten, worunter auch sehr angesehene Männer, wie Julio Guirlando, Antonio Riccetto, Francesco Spinola, ein Priester, und der ehrwürdige Bruder Baldo Lupetino, für welchen sich sogar mehrere deutschen Fürsten, obwohl vergeblich, verwandten.

Frauen, gefangen nahm und mittelst der Folter umbrachte.
n Worten man peitschte sie so lange mit eisernen Ruthen, bis
Eingeweide aus dem Leib heraushingen, oder auch überzog
Körper mit Pech, zündete dieses an und verkohlte sie auf
langsam. Mit solcher Grausamkeit wurde gegen die
jen in Calabrien verfahren, allein dieselbe ist noch eine
gegenüber von der Brutalität, welche im Jahr 1560 der
von Buccianici, Herr von Montalto, gegen seine
chen Unterthanen ausübte. Nachdem nehmlich dieser edle
sagtem Jahre mit dem Pabst Pius IV. einen Vertrag
hatte, wornach er sich anheischig machte, alle Luthera-
Herrschaft unter der Bedingung, daß der Pabst seinen
Cardinal mache, einzufangen und sofort umzubringen,
nur alsbald ihrer sechzehnhundert Männer, Weiber und
tzen, sondern probirte nun auch an diesen sei-
ngenen alle Todesarten, die es nur geben
le hängte man an den Bäumen der Landstraße
ern hieb man die Köpfe ab, wieder Andere
viertheilt oder auch mitten durchsägt, und
ige stürzte man von dem Gipfel hoher Felsen
ß sie förmlich zerschellten. Achtundachtzig
in in ein Haus zu Montalto, wie in einen
dann ging der Nachrichter hinein, holte sich
us, ließ ihn auf dem freien Platze vor dem
knieen und schnitt ihm darauf die Kehle mit
ser ab, gerade wie ein Metzger einem Lamm
m aber war er mit diesem Ersten fertig, so
s blutige Messer zwischen die Zähne, ging
ns Haus hinein und holte sich einen Zwei-
esen ebenso abzuschlachten wie den Ersten.
fort, bis alle achtundachtzig gemordet wa-
gt nun der Leser zu solchen Scheußlichkeiten, welche
unglaublich verwürfe, wenn sie nicht von katholi-
llern selbst berichtet würden?
amsten verfuhr man in Rom selbst, denn dort ver-
: 1560 an bis zum Jahr 1568 kein Tag, an wel-
rere Ketzer verbrannt, gehängt oder geköpft wurden,

und doch waren alle Gefängnisse und Kerker so angefüllt, daß man genöthigt war, neue zu bauen. Hie und da ließ man Gnade eintreten, nehmlich „die“ Gnade, daß man Einen, statt ihn zu verbrennen, nur erdrosselte, wie dieß bei dem bekannten Di-Monti gegen Erlegung von 7000 Kronen geschah. Nicht selten aber wußte man die Todesstrafe noch zu verschärfen, wie z. B. Galiazo Trezio zuerst gehangen und dann, nachdem er halb erwürgt war, abgeschnitten, wieder zum Leben gebracht, sofort ins Feuer geworfen und endlich buchstäblich zu Tode geröstet wurde. Mit diesen und andern ähnlichen Mitteln gelang es, über die Ketzerei Herr zu werden, und am Schlusse des sechszehnten Jahrhunderts gab es in ganz Italien, obwohl der Atheisten und Religionsspötter eine Menge, doch keinen einzigen Lutheraner mehr.

Solches ist päbstliche Duldsamkeit!

image
not
available

[redacted]

image
not
available

Welt erschaffen hat, wird diese doch nicht durch einen geringen, wankelmüthigen und dem Irrthum unterworfenen Sterblichen regieren wollen?" — Solcherartig sind die Argumentationen der Päbste und ihrer Anhänger. Sehen wir nun in Kurzem, wie es im Allgemeinen um diese angemaßte „Untrüglichkeit" steht und sehen wir dann insbesondere, auf welche eigenthümliche Weise das Wirken des heiligen Geistes bei ihrer Wahl sich kundgiebt und von jeher kundgegeben hat!

Was die päbstliche Untrüglichkeit in Beziehung auf die „Lehrsätze der katholischen Kirche anbelangt, so muß zugestanden werden, daß die römischen Bischöfe hierin eine wirklich bewunderswerthe Consequenz zeigten. Jeder trat in die Fußstapfen seines Vorgängers, jeder behauptete, was die Päbste, die zuvor gelebt, behauptet hatten, jeder handelte nach der Richtschnur, die ihm von seinen großen Vorbildern gezeichnet worden war, jeder bildete das, was vor ihm begonnen wurde, weiter aus, aber nur im Sinne des Beginners. Er fand dieß seinem Vortheil gemäß, denn nur auf solche Weise konnte das stolze Gebäude errichtet werden, welches man unter dem Namen „Pabstthum" begreift. Trotzdem aber gab es dennoch hie und da, sogar in den Lehrsätzen, kleine Verirrungen und der eine Pabst verdammte das, was sein untrüglicher Vorgänger als allein wahr bezeichnet hatte. Zur Kurzweil unserer Leser wollen wir dieß mit einigen wenigen Beispielen belegen. Bischof Julius I. (337—352) war mit dem berühmten Bischof Athanasius den Arianern gegenüber ganz einerlei Meinung; sein Nachfolger Liberius (352—366) aber verdammte den Athanasius und schloß ihn sogar (aus Devotion gegen den Kaiser Constantius) von der Kirchengemeinschaft aus. Dieß geschah anno 353; zwei Jahre darauf jedoch besann sich der gute Liberius eines Bessern und fand nun auf einmal, auf das Zureden verschiedener abendländischer Bischöfe hin, aus, daß Athanasius vollkommen rechtgläubig sei. Solche Inconsequenz ärgerte den Kaiser Constantius. Er setzte also den Liberius ab, schickte ihn in die Verbannung und ernannte einen gewissen Felix zu seinem Nachfolger; allein hierüber wurden die Damen Roms so betrübt, daß sie in großer Deputation zum Kaiser giengen und ihn um die Wiedereinsetzung des Liberius baten. Seine Majestät ließ sich auch in der That rühren und versprach dem Liberius zu verzeihen, wenn

image
not
available

Leib nehmen, sich aber des Kelches enthalten, „vollständige Ketzer seien, dieweil die Theilung eines und desselben Geheimnisses nicht ohne einen großen Kirchenraub vorgenommen werden könne.“ Was thaten nun aber die nachherigen Päbste? Erklärten sie nicht schon vom zwölften Jahrhundert an, daß den Laien, mit Entziehung des Kelches, nur allein das Brod gereicht werden dürfe? Ja, erhoben sie diesen ihren Ausspruch nicht zu einem auch jetzt noch geltenden Glaubensartikel, „indem sie zugleich über alle diejenigen, welche anderer Meinung zu sein sich erlaubten, den Bannfluch aussprachen?“

Einige Widersprüche in der Lehre kamen also, „trotz der Untrüglichkeit der Herren Päbste“ immerhin vor, allein was sagt man dazu, wenn ein Papst von seinem Nachfolger geradezu — statt für infallibel — für „blödsinnig“ erklärt wird? Dieses Letztere passirte dem Bischofe Hormidas (514—523), welcher den Satz, daß „Einer aus der Dreieinigkeit“ gekreuzigt worden sei, für eine „gräuelhafte“ Behauptung erklärte, denn seine Nachfolger meinten: „sei keiner von der Dreieinigkeit gekreuzigt worden, so sei auch Gott Sohn nicht im Fleische geboren; sei aber dieß nicht der Fall, dann sei die heilige Maria keine Gottesgebärerin, was doch in der ganzen Kirche als längst bewiesener Glaubensgrundsatz gelte.“ Darum machten auch die Päbste Johann II. (532—536) und Agapet I. (536—537) kurzen Prozeß und verdammten, ohne irgend eine collegialische Rücksicht zu nehmen, den Ausspruch des Hormidas als einen „gottlosen, wahnwitzigen, ketzerischen und blödsinnigen,“ wofür er auch heutzutage noch gilt.

In eine noch fatalere Verlegenheit wurde die päbstliche Untrüglichkeit durch den Bischof Vigilius (538—555) gebracht. Damals nehmlich beliebte es dem Kaiser Justinian, welcher sich mit der Theologie fast mehr befaßte, als mit der Regierung seines Reiches, die Lehren der bereits verstorbenen Kirchenväter Theodor von Mopsveste, Theodoret von Cyrus und Ilas von Edessa für ketzerisch zu erklären, obgleich die Schriften dieser drei Männer von dem Concil zu Chalcedon als orthodox anerkannt worden waren, und natürlich stimmten die Bischöfe des Morgenlandes mit der Hoftheologie Seiner Majestät des Kaisers sofort

image
not
available

„Nur könne er, so lange ihn der Kaiser in Constantinopel zurückhalte, natürlich nicht offen auftreten, sondern müsse vielmehr den Klugen spielen." Diesen Brief sandte er durch einen Vertrauten ab, allein dessen ungeachtet erfuhr der Kaiser augenblicklich davon und citirte sofort den meineidigen Priester vor sich. Vigilius flüchtete in eine Kirche, in der Hoffnung, diese werde von Justinian respectirt werden. Doch darin täuschte er sich, denn der Kaiser ließ die Thüren aufbrechen und seine Heiligkeit in's Gefängniß werfen. Das Letztere muß aber nicht sehr fest gewesen sein, da es dem Bischofe gelang, auszubrechen und bei Nacht und Nebel über die Meerenge von Constantinopel hinüber nach Chalcedon zu entkommen, wo er sich in einem Kloster verbarg. Natürlich wurde der Kaiser hierüber auf's äußerste erbost, und legte deßhalb der kurze Zeit darauf in Constantinopel zusammengetretenen Synode die Urkunde vor, in welcher Vigilius „eidlich" versprochen hatte, die Lehre des Theodor von Mopsveste u. s. w. zu verdammen, indem er zugleich verlangte, daß der Name des genannten Bischofes, „als eines Meineidigen", aus den Kirchenbüchern gestrichen werde. Pflichtunterthänigst gehorchte die Synode. Der Name des Vigilius wurde gestrichen und über die oben genannten drei Kirchenlehrer, sowie über alle ihre Anhänger, sprach man das Anathema aus. Was that nun aber Vigilius? Nach Verfluß von sechs Monaten kam ihm das Exil in Chalcedon fast unerträglich vor und er schrieb deßhalb an den Patriarchen von Constantinopel: „daß ihn damals, wo er sich dem Willen des Kaisers durch die Flucht entzogen habe, der böse Geist geritten haben müsse; nunmehr aber sei er durch fortdauerndes Nachforschen zu der unwiderruflichen Einsicht gekommen, daß der Theodor von Mopsveste nebst seinen beiden Genossen doch wirklich ein Irrgläubiger gewesen sei, und deßwegen erkläre er sich bereit, nicht blos die drei genannten Kirchenlehrer, sondern auch alle diejenigen, welche von deren Rechtgläubigkeit überzeugt wären, bis in die unterste Hölle hinab zu verdammen." Eine solche Sprache hörte man in Constantinopel gerne, allein dessen ungeachtet wurde Vigilius nicht sogleich wieder zu Gnaden angenommen, sondern derselbe mußte zuvor in einer weitläufigen Schrift alles das für ungültig erklären, was er je zu Gunsten des Theodor von Mopsveste, des Theodoret von Cyrus

image
not
available

solch' wichtige Veränderungen mit ihr vornehmen, daß beide Texte nicht selten im Widerspruch mit einander stehen. Welche Uebersetzung ist nun die vom heiligen Geist dictirte, die Clementinische oder die Sixtinische? Ein noch weit interessanteres Intermezzo in dem bunten Treiben „Höchstihrer Untrüglichkeiten" lieferte Urban VIII. (1623—1644) durch seinen Hader mit dem großen Mathematiker und Astronomen Galiläi. Dieser Letzere nehmlich klärte die Welt, theils als Professor auf der Universität Pisa, theils durch verschiedene Schriften, die er herausgab, über das von Kopernicus entdeckte Sonnensystem, nach welchem die Sonne ein Fixstern ist, um welchen sich die Erde dreht, auf, und scheute sich nicht, die ewigen Grundwahrheiten der Natur laut zu verkünden. Allein — wie stimmte dieß mit dem bisherigen Kirchenglauben? Darum kam schon dem Pabste Paul V. die Sache sehr bedenklich vor und er setzte sofort eine Congregation von Cardinälen nieder, um das neue System einer genauen Prüfung zu unterwerfen. Die Cardinäle kamen dem Willen des Pabstes nach, fanden jedoch in ihrer glorreichen Weisheit bald aus, daß die Erde sich keineswegs um die Sonne drehe, ebensowenig als sie rund seie, und erklärten demgemäß das System des Kopernicus für schriftwidrig und ketzerisch. Galiläi mußte also im Jahr 1615 vor dem Pabste erscheinen, entgieng aber durch die kräftige Fürsprache seines großen Gönners, Cosmo II., Herzogs von Florenz, für dießmal noch einer Verurtheilung. Doch mußte er sich verpflichten, daß er von nun an jenes gotteslästerliche System weder mündlich noch schriftlich weiter verbreiten, sondern vielmehr seine Tage in stiller Zurückgezogenheit verbringen wolle. Sechszehn Jahre lang schwieg nun Galiläi, allein endlich konnte er sich doch nicht mehr halten, sondern es drängte ihn, die Wahrheit zu verkünden, mochte daraus entstehen, was da wollte. Somit schrieb er seinen berühmten „Dialog über das Ptolemäische und Kopernicanische System", welcher im Jahr 1632 erschien und alsobald das größte Aufsehen erregte. Ohne Zweifel dachte Galiläi, Vernunft und Wahrheit müßten am Ende doch über den alten Sauerteig, auch wenn dieser zum Kirchenglauben gehöre, Herr werden, und überdieß verließ er sich wohl auch ein klein wenig auf die Freundschaft, welche ihm der nunmehrige Pabst Urban VIII. früher „als Cardinal" erwiesen hatte. Allein in

image
not
available

zu wachen, daß der berühmte Mathematicus nicht in seine alten Irrthümer zurück verfalle?

Was sagt nun der Leser zu diesem hübschen Stückchen päbstlicher Untrüglichkeit? Was sagt er besonders dazu, daß es bis zu Anfang des neunzehnten Jahrhunderts (erst Pius VII. nehmlich decretirte die Wahrheit des Kopernikanischen Systems) von den Päbsten bei Strafe der Excommunikation verboten war, daran zu glauben, daß die Erde sich um die Sonne bewege? Zum Schlusse übrigens noch ein anderes Stückchen päbstlicher Infallibilität. Derselbe Urban VIII., von dem wir soeben gesprochen, erließ unterm 30. Januar 1642 ein Gebot, daß sich kein Mensch, er sei nun Geistlicher oder Weltlicher, fernerhin unterstehen solle, in den Gotteshäusern „Tabak zu kauen, zu schnupfen oder zu rauchen“, und Innocenz XII. bedrohte diejenigen, welche die Frechheit hätten, in der St. Peterskirche Tabak zu schnupfen, gar mit dem großen Anathema. Benedikt XII. aber, der anno 1724 auf den Thron kam und selbst ein großer Liebhaber des Tabakschnupfens war, hob alle diese untrüglichen Aussprüche seiner Vorgänger auf und gestattete den Gläubigen, unbeschadet ihrer ewigen Seligkeit, auch während des Gottesdienstes eine Prise zu nehmen! Punctum satis!

Weit lustiger noch als die Infallibilität der „Pabstlehre“ ist die Untrüglichkeit „der Pabstwahl“, und es gehört fast mehr als ein „Berge-versetzender“ Glaube dazu, nicht zu lächeln, wenn man Einem sagt, „jede Pabstwahl sei ein Akt des heiligen Geistes.“ Wie es nehmlich bei diesen Wahlen zuging, darüber hat der Leser aus den früheren Büchern dieser Geschichte gelegentlich wenigstens Einzelnes erfahren, und schon aus diesem Wenigen mußte er die Erkenntniß schöpfen, daß bei allen Pabstwahlen immer nur allein menschliche Interessen und menschliche Leidenschaften den Ausschlag gegeben haben. Wir erlauben uns nun, um der päbstlichen Unfehlbarkeit die Krone aufzusetzen, durch einige wenige Beispiele die Frage, ob bei einer Pabstwahl „der heilige“, oder „ein anderer, etwas schlimmerer“ Geist die Hauptrolle spielte, noch etwas klarer und deutlicher zu formuliren.

Nachdem die römischen Bischöfe durch die Christianisirung der

image
not
available

ten, so waren die Straßen Roms nicht weniger als achtundfünfzig Tage lang der Schauplatz der blutigsten Scenen. Endlich erschien der Longobardenkönig Dieterich vor den Mauern der ewigen Stadt, ernannte sofort Felix IV. zum Bischof, und drohte, jeden über die Klinge springen zu lassen, welcher den Letzteren nicht anerkenne. Nun gab es Ruhe, wenigstens auf die nächsten paar Jahre; allein kaum war anno 530 Felix gestorben, so spaltete sich Rom abermals in zwei Parteien, an deren Spitze die beiden Priester Bonifacius und Dioscurus standen. Beide wendeten große Summen Geldes auf, um ihre Anhängerschaft zu vermehren; ja sie scheuten sich sogar nicht, alle gottesdienstlichen Gefäße in den Kirchen, welche zu ihrem Sprengel gehörten, einzuschmelzen oder zu verkaufen, damit sie ihre Leute gut bezahlen könnten. Doch blieb der Kampf achtundzwanzig Tage lang unentschieden, bis es endlich dem Bonifaz gelang, den Dioscurus durch Gift aus dem Wege zu räumen und so der Gegenpartei die Spitze abzubrechen. Nun war Bonifacius allein Herr und bewies die Heiligkeit seiner Gesinnung sogleich damit, daß er den von ihm ermordeten Gegner zum Ueberfluß noch bis in die unterste Hölle verdammte und diesen seinen Bannfluch an allen Kirchthüren anheften ließ. Nach seinem Tode kam jedoch der arme Gebannte wieder zu Ehren, denn Agapet I. erklärte das Anathema seines Vorgängers „für ein aus bloßem Rachedurst hervorgegangenes", absolvirte den Dioscur im Grabe, und ließ die Bonifacischen Bannbriefe öffentlich in der Peterskirche verbrennen. Ist das nicht wieder ein hübsches Beispiel von der Unfehlbarkeit der heiligen Väter?

Noch blutiger gieng es nach dem Tode Pauls I. im Jahr 767 in der ewigen Stadt zu. Kaum nehmlich erfuhr der Herzog Toto von Negi, das Oberhaupt einer mächtigen römischen Adelsfamilie, daß der heilige Vater in den letzten Zügen liege, so sammelte er seine Freunde und Vasallen, bewaffnete dazuhin seine Diener und Trabanten, besetzte die Peterskirche und ließ in demselben Augenblicke, als Paul I. den letzten Athemzug aushauchte, zwar nicht sich selbst, wohl aber seinen Bruder Constantin zum römischen Bischofe ausrufen. Das Manövre gelang vollkommen und Constantin, zum Nachfolger Petri ordinirt, bestieg den päbstlichen Stuhl. Allein einige andere römische Adelsfamilien nebst

image
not
available

lassen würde. Auch thaten sich in der That jene vornehmen Unzufriedenen, welche von Pavia aus Hülfe herbeigeholt hatten, noch in derselben Nacht zusammen, und da die Anhänger des ermordeten Herzogs von Negi, weil sie ihres tapferen Oberhauptes beraubt waren, es nicht verstanden, den durch die Flucht der Longobarden errungenen Sieg zu benützen, so gelang es denselben (den Unzufriedenen nehmlich), ihrer Partei neuen Muth einzuflößen und sogar die flüchtigen Longobarden bis zum Morgen wieder in die Stadt zu bringen. Nun bemächtigten sie sich der Engelsburg und nahmen den Mönch Philipp, der ihnen lediglich keinen Widerstand entgegensetzte, gefangen. Zu gleicher Zeit glückte es ihnen auch, einen Aufstand, welchen Constantin, der Bruder des ermordeten Herzogs Toto (nunmehr freilich zu spät) erregte, mit Waffengewalt niederzuschlagen, und schließlich bekamen sie den Constantin selbst in ihre Gewalt. Darauf natürlich wurde sogleich eine neue Pabstwahl angeordnet, und wie sich von selbst versteht, gieng kein anderer aus der Urne hervor, als derjenige, welchen die jetzt siegreiche Parthei schon längst zu dieser Würde designirt hatte, nehmlich Stephanus III. Dieser aber begnügte sich nicht damit, über seine beiden Nebenbuhler Herr geworden zu sein, sondern er wollte sich auch dafür rächen, daß dieselben es nur gewagt hatten, mit ihm zu concurriren. Somit wurde der arme Philipp für das kurze Vergnügen, vierundzwanzig Stunden lang römischer Bischof gewesen zu sein, zum ersten tüchtig mit Schlägen traktirt und sodann auf Lebenszeit zum Gefängniß bei Wasser und Brod verurtheilt; jenem Mönch aber, welcher den Bischof zum Pabste ausgerufen hatte, riß man auf Befehl des neuen heiligen Vaters die Zunge aus, warf ihn gebunden in eine Gosse und ließ ihn sich dort langsam verbluten. Am allerallerschlimmsten übrigens kam der arme Constantin weg, denn dieser wurde, nachdem man ihm die Augen aus ihren Höhlen herausgeschnitten hatte, in nacktem Zustande rücklings auf ein Pferd gesetzt und so durch alle Straßen Roms geführt, bis endlich ein barmherziger Samariter den vor Schmerz und Blutverlust wahnsinnig Gewordenen durch einen Dolchstoß von seinen Leiden erlöste. Ebenso furchtbar grausam verfuhr der Pabst gegen die Anhänger Constantins, und Alle, deren man habhaft werden konnte, wurden den wahnsinnigsten Qualen und schließlich dem Tode geweiht. Nun

image
not
available

sei's ohne Gewaltanwendung) auf den Bischofsstuhl „erhoben," so daß also der heilige Geist, wie es sich von selbst versteht, ganz aus dem Spiele blieb! Noch eklatanter trat dieß in der nun folgenden Periode, nehmlich in der des päbstlichen Damen-Regiments hervor, denn in dieser wußte, wie wir in dem Buche „Der Pabst und die Keuschheit" bereits ausführlicher dargethan haben, die Partei der Grafen von Tusculum die päbstliche Würde in ihrer Familie nicht weniger als hundert und fünfzig Jahre lang sozusagen „erblich" zu machen, und wahrlich, von jener Zeit zu behaupten, daß auch nur ein Funken von Heiligkeit, nur eine Idee von christlichen Zwecken bei der Pabstwahl mildthätig gewesen sei, wäre ein vollständiger Wahnsinn! Die damaligen Päbste waren ja nur die Creaturen der jeweiligen Machthaber in Rom und auch diejenigen, welche von den deutschen Kaisern, den großen Gegnern der tusculanisch-italienischen Parthei, von Zeit zu Zeit auf den Stuhl Petri erhoben wurden, hatten diese ihre Würde ganz allein den weltlichen Interessen und den menschlichen Leidenschaften zu verdanken.*) Ganz dieselben Gründe walteten bei den Pabstwahlen der nun folgenden drei Jahrhunderte ob, bei welchen es sich ebenfalls stets nur um den Sieg irgend einer Parthei handelte, mochte nun diese Parthei die deutsche, die italienische, die spanische oder die französische sein. Oder glaubt man etwa, bei dem Kampfe zwischen den Welfen und Ghibellinen habe sich je ein anderes Interesse eingemengt, als nur allein das rein menschliche? Glaubt man denn, wenn ein

---

*) Bei dieser Gelegenheit wollen wir dem Leser das kleine Intermezzo erzählen, welches der von Kaiser Otto III. auf den päbstlichen Thron gesetzte Gregor V. mit seinem tuskulanischen Gegner Johann XVII., genannt Johann Philagethes, aufführte. Letzterer fiel nehmlich, als Kaiser Otto Rom zum zweitenmal eroberte, im Jahr 998 in die Hände Gregors und dieser ließ ihm sofort Augen und Zunge ausreißen, sowie Nase und Ohren abschneiden, befahl sodann den auf diese Art Verstümmelten rücklings auf einen Esel zu setzen, um ihn, den Schwanz des Esels in der Hand, durch alle Straßen zu führen, und warf ihn schließlich in einen Kerker, in welchem er ihn ohne Speise und Trank liegen ließ, bis er verhungert war. So handelte der vom Kaiser ernannte Pabst, allein man darf sich über solch viehische Grausamkeit nicht wundern, da auch die von der italienischen Partei erkiesten Heiligkeiten, wenn sie ihrer Gegner habhaft wurden, auf dieselbe Manier zu Werke giengen.

image
not
available

vester VI. nannte, erwählte, während die Parthei der römischen Adeligen Paschalis II. (anno 1099) auf den Stuhl Petri setzte. Auch diese zwei Päbste bannten und excommunicirten sich gegenseitig nach Herzenslust, jedoch ohne daß das Anathema einem von ihnen an der Gesundheit geschadet oder auch nur den Appetit verdorben hätte. Welcher aber war der Untrügliche? Die katholische Welt meint, Paschalis sei es gewesen, und vielleicht war es auch so, da derselbe den Sylvester überlebte und sich sogar das Vergnügen machen konnte, den Leichnam seines Gegners ausgraben und in die Tiber werfen zu lassen.

Nach dem Tode des Paschalis (1118) gab es abermalen Scandal, indem die beiden großen Adelsgeschlechter Caetani und Frangipani sich darum stritten, aus wessen Mitte der neue Pabst hervorgehen solle. Die meisten Cardinäle waren Caetanisch gesinnt und erwählten Einen, der sich Gelasius II. nannte; allein noch während die Kirchenfürsten versammelt waren, brach Cencio, das Haupt der Frangipani, in ihren Sitzungssaal ein, packte den soeben gewählten heiligen Vater bei der Gurgel, schlug ihn, bis er ganz mit Blut bedeckt war, und warf ihn endlich mit Ketten beladen in ein finsteres Gefängniß. Ganz ebenso ergieng es den Prälaten, welche ihn gewählt hatten, denn sie wurden alle von den Frangipanis so furchtbar mißhandelt, daß sie für todt auf dem Platze blieben. Nunmehr wählte die Parthei des Cencio (es war dieß die sogenannte „deutsche" Parthei) einen aus ihren Mitte, welcher den Namen Gregor VIII. annahm, allein „in Ruhe seiner hohen Würde sich zu erfreuen", wurde ihm leider nicht vergönnt, denn die Anhänger des Gelasius erregten einen Aufstand, holten ihren Separatpabst aus dem Gefängniß heraus und vertrieben den Gregor aus der heiligen Stadt. Letzterer wandte sich sofort an den deutschen Kaiser Heinrich V., welcher auch wirklich mit einer starken Armee nach Italien rückte und den Gelasius nöthigte, nach Frankreich, wohin sich gewöhnlich alle bedrängten Päbste wandten, zu entfliehen. Kaum jedoch war der Kaiser mit seiner Armee wieder abgezogen, so kehrte Gelasius aus Frankreich zurück und schlich sich in Rom ein, um zu sehen, ob er nicht abermals als heiliger Vater fungiren könnte. Anfangs lebte er verborgen, allein nach wenigen Wochen schon animirten ihn seine Anhänger, öffentlich aufzutreten. Demgemäß erschien er an einem schönen Morgen mit dem päpstlichen Ornate angethan in der Kirche von San Lorenzo, um daselbst das Hochamt zu halten; doch den Augenblick darauf stürmte Gregor VIII. mit den Frangipanis heran und es entspann sich ein blutiges Gefecht zwischen den beiden Partheien, welches bis in die Nacht hinein dauerte. Das Resultat war, daß Gelasius abermals flüchten mußte, aber — welcher von beiden war der Untrügliche, der Gregor oder der Gelasius?

Die Cardinäle, welche den Caetanischen Pabst auf der Flucht nach Frankreich begleitet hatten, wählten nach dessen Tode im Jahr 1119 den Erzbischof Guido von Vienne zu seinem Nachfolger, ınd dieser, der sich Calixt II. nannte, wußte es durch seine Klug- ıeit und durch die Hülfe der Normannen so weit zu bringen, daß r im Jahr 1120 wieder nach Rom zurückkehren konnte. Ja es :lang ihm sogar, seinen Gegner Gregor gefangen zu nehmen.)och wie behandelte er ihn? Etwa als Collegen? Im Gegentheil, ließ ihn in ein blutiges Hammelfell (als Zeichen des päbstlichen ırpurs) kleiden, setzte ihn auf ein schäbiges Kameel, das Gesicht ch dem Schwanze zugekehrt, und führte ihn unter dem Schalle ich gestimmter Trompeten durch alle Straßen Roms, um ihn ießlich auf Lebenszeit bei Wasser und Brod in's Kloster zu ren. Nunmehr war Calixt oben auf, aber war er wirk-) der ächte und veritable „Untrügliche?"

Wenige Jahre später, anno 1130, gab es abermals eine streitige stwahl. Die Frangipanis in Verbindung mit den Corsis er- ten Innocenz II. zum Pabste, die entgegengesetzte Partei wählte den Cardinal Peter Leo, ein Mitglied der überaus n, aber von jüdischen Voreltern herstammenden Familie Leonis, Kirchenoberhaupte. Auf des Letzteren Seite — Peter Leo als Pabst den Namen Anaklet II. an — standen die mei- ardinäle, sowie der normännische König Roger von Unter- . zu Innocenz aber hielt der deutsche Kaiser Lothar. Eine ıng nun, nehmlich so lange Lothar in Italien verweilte, war ngipanische Pabst Meister und erklärte sofort seinen Gegner „für einen Sohn der Hölle, der ihm das Reich Gottes machen wolle;" allein kaum hatte Lothar der Stadt Rom cken gekehrt, so erschien der Sprößling Israels mit einem normännischen Heere vor deren Mauern und Innocenz mußte sich nach Frankreich flüchten. Dort blieb er auch bis zum Jahr 1138, in welchem Anaklet starb. Nun aber erfolgte ein Umschwung zu seinen Gunsten, indem es ihm durch ungeheure Geldopfer gelang, die Hauptanhänger des verblichenen Judenpabstes auf seine Seite zu bringen und sogar den von dieser Parthei bereits erwählt gewesenen Nachfolger des Anaklet zur Verzichtleistung auf seine Würde zu vermögen. Auch regierte er in der That von nun an als alleiniger Pabst bis zu seinem Tode, und wurde somit factischer Inhaber der Untrüglichkeit; allein gebührte diese Eigenschaft nicht auch Anaklet, der doch vom Jahr 1130—1138 den Stuhl Petri inne gehabt hatte!

Die Wahl Alexanders III. im Jahr 1159 führte abermalen ergötzliche Scenen herbei. Die Cardinäle waren nehmlich so sehr unter einander gespalten, daß sie während des Wahlaktes selbst hart hinter einander geriethen und schließlich die Einen Alexander III. die Andern aber Victor III. ihre Stimme gaben. Voll tödtlichen Hasses giengen die Neugewählten alsobald auf einander los und Victor riß dem Alexander den Purpurmantel von den Schultern, um ihn sich selbst umzuhängen. Doch Alexander nicht faul, warf mit Hülfe seiner Anhänger den Victor zu Boden und bemächtigte sich des Mantels zum zweitenmale. Nun stürmten die Anhänger Victors die Kirche, in welcher die Cardinäle tagten, und versetzten durch ihre Drohungen und Flüche die entgegengesetzte Parthei in einen solchen Schrecken, daß die Matadore derselben nebst ihrem soeben erwählten Alexander in einen festen Thurm flüchteten, in welchem sie sofort von den Victorianern belagert wurden. Natürlich regte sich jetzt auch die Parthei Alexanders und durch volle neun Tage hindurch bekriegte man sich in Rom mit Feuer und Schwert. Schließlich gelang es beiden Päbsten, dem Blutvergießen zu entrinnen, und es ließ sich sofort Alexander im Kloster zu Nympha, Victor aber in der Abtei Forsa zum „Untrüglichen" ordiniren. Kaum war dieß geschehen, so ging das gegenseitige Bannen und Verfluchen los. Alexander nannte den Victor „den Vorläufer des Antichrist," Victor aber hieß den Alexander „einen Sohn Belials, des Obersten der Hölle," und so gieng es fort, so lange die beiden lebten. In Folge dessen trennte sich nun auch die Chri-

image
not
available

gönnten, so fiel ihre Wahl auf einen alten Mönch mit Namen Peter de Murrhone, welcher als Eremit einige Meilen von Rom entfernt in einer Waldes-Einöde lebte. Peter ließ sich nur mit vieler Mühe überreden, die päbstliche Tiara anzunehmen, denn sein Einsiedlerleben gefiel ihm weit besser, als die Untrüglichkeitsanmaßung zu Rom, und auch nachdem er unter dem Titel Cölestin V. den Pabststuhl bestiegen hatte, konnte er sich in das päbstliche Wesen nicht recht finden. Es gieng ihm viel zu weltlich und hofmäßig zu und der viele Saus und Braus wollte ihm gar nicht gefallen. Somit befahl er den Cardinälen sofort ihrem vielen Saufen, Fressen und Schwelgen Einhalt zu thun, ihre großen Hofhaltungen aufzugeben, ihre Pferde zu verkaufen, ihre Bedienten zu entlassen, ihre Maitressen in's Kloster zu schicken und mit einem Wort so einfach, demüthig und arm zu leben, wie die Jünger Jesu gelebt hatten. Er selbst gieng mit gutem Beispiel voran und hielt sich, um nur Eines anzuführen, statt eines Marstalls einen einzigen Esel nach dem Muster Christi, welcher seinen Einzug in Jerusalem bekanntlich ebenfalls auf einem Esel bewerkstelligt hatte. Kurz er that Dinge, welche seit vielen Jahrhunderten in Rom nicht erhört worden waren, und die Cardinäle erschracken ob solchen gräßlichen Neuerungen bis in den Tod. Ja als Cölestin gar vollends wegen künftiger Pabstwahlen äußerst strenge Verordnungen erließ,*) waren

---

*) Schon Gregor X. hatte, damit für die Zukunft mehr Ehrlichkeit und Redlichkeit in die Wahl eines Pabstes komme, im Jahr 1274 auf einer Synode zu Lyon folgende Bestimmung getroffen: „wenn ein Pabst gestorben ist, sollen sämmtliche Cardinäle in einen gemeinschaftlichen Saal (Conclave) eingeschlossen werden, der Saal selbst aber muß so eingerichtet sein, daß eben so viele Zellen, als es Cardinäle sind, an ihn stoßen und zwar lauter Zellen, die keinen andern Ausgang haben als nur allein den in den Sitzungssaal. Jedem Cardinal wird ein Diener beigegeben, aber nicht mehr als Einer; auch darf keiner der Kirchenfürsten das Conclave eher verlassen, als bis die Pabstwahl, zu welcher eine Zweidrittelsmajorität gehört, ein vollendetes Factum wurde. Ist nach drei Tagen noch keine Wahl zu Stande gekommen, so darf für die nächsten vierzehn Tage jedem Cardinale täglich nur noch eine einzige Schüssel nebst einer Flasche Wein gereicht werden; sollte aber trotz der schmalen Kost auch dieser Termin vorübergehen, ohne daß es zu einem gedeihlichen Resultate gekommen wäre, so sind die Herren Cardinäle von nun an auf Wasser und Brod zu setzen und zwar auf so

image
not
available

seines hohen Ranges begab — in seine Einöde zurück. Nun natürlich erinnerte Cardinal Cajetan seine Collegen an ihr gegebenes Versprechen und es gelang ihm auch wirklich am 24. Dezember 1294, obwohl nach langem Kampfe (denn die Cardinäle wollten ihr Wort nicht halten), unter dem Namen: Bonifaz VIII. den päbstlichen Stuhl zu besteigen. Allein so bald er fest saß, so überkam ihn auf einmal eine große Angst, der Waldbruder Cölestin möchte aus seiner Einöde zurückkehren und ihm die Tiare streitig machen, denn es existirte eine große Parthei, welche erklärte, eine päbstliche Abdankung sei etwas Unmögliches, weil die „Untrüglichkeit" in Ewigkeit „Untrüglichkeit" bleibe. Natürlich suchte er sich sofort sicher zu stellen und befahl daher seinem Trabantenhauptmann, den abgedankten Pabst aus seiner Einsiedelei nach Rom zu schleppen. In der That wurde der Eremit auch sogleich in aller Stille ergriffen, aber auf dem Transport wußte er sich seinen Wächtern zu entziehen udd entfloh gegen das Meer hin, um nach Dalmatien hinüberzuschiffen. Hier jedoch ward er abermals eingefangen und auf Befehl des Bonifaz nach Anagni in ein festes Zimmer gebracht. Umsonst bat der arme Mann fußfällig, daß man ihn nach seiner Einsiedelei entlasse; umsonst versprach er mit dem theuersten Eide, daß es ihm gar nie einfallen werde und nie eingefallen sei, zum zweitenmal auf die Pabstwürde zu reflektiren! Bonifaz VIII. konnte eine solche Gesinnung nicht begreifen, sondern hielt vielmehr Alles für pure Verstellung und ließ ihn daher, um sich vor dem vermeintlichen Nebenbuhler für immer und ewig zu sichern, von Anagni in einen engen Kerker des Schlosses Fumone bringen, wo derselbe am 19. Mai 1296, nachdem man ihm Monate lang selbst das Nöthigste entzogen hatte, am Hungertyphus verstarb. So endigte diese Komödie äußerst tragisch; doch wurde Cölestin später zum Lohne für seinen Märtyrertod unter die Heiligen versetzt und gute Katholiken feiern seinen Gedächtnißtag (19. Mai) heute noch. *)

---

*) Cölestin oder vielmehr Peter de Murrhone war auch der Stifter des anachoretischen Mönchsordens der „Cölestiner", einer Unterabtheilung der Benedictiner. Sie trugen weiße Kleidung mit schwarzen Kapuzen und lebten ganz dem beschaulichen Leben. Viele von ihnen waren Eremiten von Profession.

Sieht nun der Leser, welcher Geist bei den Pabstwahlen herrschte? Erkennt er nun das wahre Wesen der päbstlichen Untrüglichkeit? Noch deutlicher wird ihm dieß werden, wenn wir jetzt an die Zeit der großen Kirchenspaltung selbst kommen, denn in dieser spielt die menschliche Verworfenheit eine so große Rolle, daß da selbst dem allerbornirtesten Pabstfreunde die Augen aufgehen müssen.

Zweites Kapitel.

Die Zeit der großen Kirchenspaltung.

Es ist eine unsern Lesern aus dem früher Gesagten längst bekannte Thatsache, daß mit dem Jahr 1377 Pabst Gregor XI. aus Avignon wieder nach Rom übersiedelte, um diese Stadt von Neuem zum Sitze des päbstlichen Stuhles zu machen. In Avignon waren die Päbste nichts anderes gewesen, als die Unterthanen der französischen Könige und es hatten daher in jener Zeit nur allein geborne Franzosen die Tiare erlangt. Solches mußte anders werden, wenn nicht am Ende der Pabst zu einem bloßen Werkzeug in der Hand Frankreichs herabsinken sollte, und eben darum verlegte Gregor, obwohl selbst ein geborner Franzose, die päbstliche Residenz in die zunächst nur vom Pabste abhängige Stadt Rom zurück. „Lange genug," so sagt ein berühmter Kirchenschriftsteller, „lange genug, um dem Volke allen Glauben an die Göttlichkeit des Pontificats zu nehmen, war Letzteres von der französischen Politik ausgegangen; jetzt sollte es einmal wieder den Anschein bekommen, als ob die Pabstwahl vom heiligen Geiste dictirt werde!"

Ein Jahr nachdem Gregor zurückgekehrt war, starb er. Sogleich kam die ganze Stadt in die größte Aufregung und die Häupter der wichtigeren Adelsfamilien, sowie die Vornehmsten aus dem Volke einigten sich dahin, daß, um den apostolischen Stuhl fortan wieder in Rom zu erhalten, nothwendigerweise ein Römer oder doch wenigstens ein Italiener zum Pabste gewählt werden müsse. Diesen ihren Entschluß theilten sie den Cardinälen mit und setzten, als dieselben erwiderten: „sie könnten jetzt noch nicht wissen, welchen Mann

image
not
available

zu setzen, und ganz gegen Erwarten kam von nirgends her eine Protestation gegen die Wahl, selbst nicht einmal von den französisch gesinnten Cardinälen, welche nach dem Abzug Gregors XI. in Avignon zurückgeblieben waren. Im Gegentheil auch sie erkannten den neuen Pabst ausdrücklich an und ließen sich von ihm verschiedene Beneficien ertheilen. Nach kurzer Zeit jedoch begehrten sie, Urban solle den Pabstsitz nach Avignon zurückverlegen, dieweil man nur dort zu leben verstehe, und diesem Verlangen stimmten auch die meisten in Rom befindlichen Cardinäle bei. Urban jedoch weigerte sich dessen beharrlich und schalt die Kirchenfürsten wegen ihres Hangs zu weltlicher Lust mit den härtesten Worten aus. Ja, im Bewußtsein, daß er nicht ihnen, sondern dem römischen Volke seine Wahl verdanke, behandelte er sie von nun an auf solch stolze und zugleich verächtliche Weise, daß ihnen ihre Existenz in Rom vollständig entleidet wurde! „Solches muß anders werden!" dachte Jeder und demgemäß machte sich von den sämmtlichen in Frankreich geborenen Cardinälen, nachdem sie sich vorher insgeheim unter einander verständigt hatten, Einer nach dem Andern unter dem Vorwande, der großen Hitze wegen einen kleinen Landaufenthalt zu nehmen, im Anfang des Monats Mai 1378 zu den Thoren Roms hinaus, um sofort in Agnano im Neapolitanischen zusammenzukommen. Hier waren sie sicher, denn die Königin Johanna von Neapel, welche von Urban sogleich nach seiner Thronbesteigung mit der Absetzung bedroht wurde, wenn sie nicht seinen Nepoten Prignano zum Gemahl und Mitregenten erhebe, mußte natürlich eine Todfeindin des neuen Pabstes sein. Kaum übrigens hatten sich die Cardinäle in Agnano festgesetzt, so verlangten sie von Urban, daß er abdanken solle. Urban weigerte sich; aber die Kirchenfürsten, hierauf vorbereitet, rückten nun mit einem Manifeste hervor, in welchem sie die tumultuarische Art und Weise, wie die Wahl Urbans zu Stande gekommen sei, zum großen Ergötzen der Welt, genau darlegten. Zugleich setzten sie sich mit den bei Urban zurückgebliebenen fünf Cardinälen (den vier Italienern und dem Spanier) in Verbindung und machten denselben solch lockende Versprechungen, daß auch sie zu ihnen übertraten und nach Agnano flüchteten. Nunmehr stand der Pabst ganz allein; allein er kümmerte sich dessen nur wenig, sondern erklärte vielmehr alle die sechszehn Flüchtigen für abgesetzt und ernannte sofort ein neues, aus fast lauter Römern bestehendes Cardinals-Collegium. Dieß hieß Oel ins Feuer gießen, und in der That beantworten die in Agnano versammelten Cardinäle das päbstliche Absetzungs-Dekret damit, daß sie am 20. Septbr. 1378 eine neue Pabstwahl vornahmen, aus welcher Cardinal Robert von Genf, welcher sich den Namen Clemens VII. gab, als einstimmig Erkorener hervorgieng. Jetzt gab es auf einmal „zwei Päbste", von denen Jeder behauptete, daß er der einzig Untrügliche sei; — zwei Päbste, von denen Keiner, „weil Jeder einstimmig gewählt war", vor dem Andern etwas voraus hatte, während doch nur Einer wahrer Vicegott sein konnte, und von dieser Zeit an datirt sich die große Kirchenspaltung, welche nur erst nach einundfünfzig Jahren ein Ende nehmen sollte!

Das war eine tolle Zeit, die jetzt begann, eine Zeit, in welcher die ganze christliche Welt sich in zwei große Parthieen spaltete, die Clementisten und die Urbanisten, die sich gegenseitig mehr haßten, als die feindlichen Brüder in der Tragödie! Eine Zeit, n welcher die beiden Gegenpäbste einander mit solch' grimmiger Buth und mit solch' gräßlichen Flüchen verfolgten, daß man hätte neinen können, die heiligen Oberhirten der Christenheit seien mit llen ihren Anhängern durch einen Zauberspruch „in wilde Thiere" rwandelt worden! Ganz im Anfang freilich schien die Sache des emens eine verlorene zu sein, indem ja Urban von der ganzen hristenheit als Pabst anerkannt worden war. Auch wollten deßb König Wenzel von Deutschland und König Ludwig r Große von Ungarn dem Clemens geradezu verbieten, daß die päbstlichen Insignien anlege; allein die Königin Johanna n Neapel erklärte sich aus Haß gegen Urban sogleich für ihn, Frankreich konnte natürlich auch nicht zurückbleiben, da es in seinem Interesse liegen mußte, einen französisch innten Pabst zu haben. Ueberdieß sprach gegen Urban Umstand, daß ganz sicherlich nicht der heilige Geist, sondern iehr der stürmische Andrang des Volks seine Wahl dictirt hatte, und t Umstand wußten seine Feinde gar wohl zu benützen. Kurz, das Schisma entwickelte sich schon nach ganz kurzer Zeit zur vollkommenen Thatsache, und Frankreich, Neapel, Castilien, Arragonien, Navarra und Schottland anerkannten den Franzosen, die übrigen europäischen Staaten aber, also namentlich Deutschland, Oberitalien, Ungarn, Polen, Dänemark u. s. w. u. s. w., den Römer als Pabst an. Jeder Theil behauptete steif und fest, „sein Pabst sei der rechte“, und um dieß zu beweisen, schlug man seinen Gegner mit der Faust nieder oder that ihm auf sonst eine Weise Gewalt an! So ließ z. B. Clemens im Neapolitanischen sämmtliche Cleriker, welche verdächtig waren, Urbanisten zu sein, mit Hülfe der Königin Johanna aufgreifen und ohne Ausnahme entweder lebendig verbrennen, oder hängen, oder ersäufen, oder auf sonst eine Manier um's Leben zu bringen. Nicht minder wild verfuhr Urban, wie denn in der Stadt Rom selbst alsbald nach Bekanntwerdung der Wahl des Clemens alle französisch Gesinnten, oder vielmehr alle wirklichen und vermeintlichen Anhänger des Clemens, Männer, Frauen und Kinder, ohne Weiteres niedergestoßen oder aufgeknüpft wurden. Am ärgsten ging's zu, wenn irgendwo ein Bisthum zur Erledigung kam, auf welches sowohl die Urbanisten als die Clementisten Anspruch zu haben glaubten, denn dann ernannte jeder der beiden Untrüglichen einen Bischof und nun kam es regelmäßig zwischen den beiden Candidaten und ihren Anhängern nicht blos zu den blutigsten Raufereien, sondern auch zu Scandalscenen, die wahrhaft entsetzlich waren. So etwas hatte die Welt noch nicht gesehen, seit sie erschaffen worden war! Alle Ordnung der Dinge schien verkehrt worden zu sein und Niemand wußte mehr mit Gewißheit, auf welcher Seite das Recht sei und auf welcher das Unrecht. Ja, die Wahrheit war zur Lüge und die Lüge zur Wahrheit geworden! Oder wie? Belegte nicht z. B. Urban VI. den König Johann von Castilien, als dieser zum französischen Pabste übertrat, mit dem Banne und entband seine Unterthanen des Eides der Treue? Forderte er sie nicht auf, sich gegen ihren König und Herrn zu empören, und bedrohte er sie nicht mit den Strafen der ewigen Verdammniß, wenn sie dieses unterlassen würden, während umgekehrt Clemens sie wegen ihres Uebertritts zu ihm segnete und ihnen Kraft seiner Machtvollkommenheit die ewige Seligkeit zuerkannte? Gerade aber wie dem Könige Johann, so erging es auch allen andern Fürsten, Regenten und Menschen. Jeder, welcher „diesen“ Pabst anerkannte, wurde von „jenem als ein Sohn der Verruchtheit, als ein schuftiger Ketzer, ja als das Nichtswürdigste und Abscheulichste von Allem, was da existirte, erklärt, so daß es auf der ganzen weiten Welt keinen Christen gab, der nicht von dem Einen oder dem Andern der beiden Untrüglichen zur Hölle verdammt gewesen wäre! Wenn man aber vom „ersten“ zum „andern“ übertrat, ei, war man da nicht „ein Gesegneter des Herrn“, ein „Gebenedeiter, über den die Engel jauchzen“, ein „Musterbild eines guten Christen?“ Beim Himmel, eine lustigere Zeit konnte es nicht geben, denn man konnte jede Minute zwischen Himmel und Hölle wechseln!

Doch die Gutgesinnten trauerten in ihren Herzen und setzten ihre einzige Hoffnung „des Besserwerdens“ auf die Zeit des Todes des einen oder des andern der beiden Gegenpäbste, denn dann, glaubte man, werde die ärgerliche Spaltung ein Ende nehmen. Allein als nun diese Zeit eintrat, so zeigte sich's, wie falsch man gerechnet hatte. Nachdem nehmlich Urban VI. am 18. Oktbr. des Jahres 1389 in großer Verachtung gestorben*) war, wählten die in Rom befindlichen Cardinäle schon am 2. November selbigen Jahrs den Cardinal Peter de Tomacelli, der sich Bonifaz IX. nannte, zum Pabste und man besaß also abermals zwei Untrügliche. Allerdings hatte es sich sowohl der Gegenpabst Clemens VII., als auch der

*) Die Verachtung hatte ihren guten Grund, denn es gab nicht leicht (...)en Pabst, welcher mehr Abscheulichkeiten ausgeübt hätte, als er. So nahm (...) z. B. seinen Nepoten Butillus, welcher in Neapel eine vornehme Nonne ge(...)ändet hatte und deßwegen von den Gerichten zum Tode verurtheilt worden (...)r, nicht blos in Schutz, sondern pardonnirte ihn sogar vollständig. So ließ (...) sechs seiner Cardinäle, welche er im Verdacht hatte, daß sie mit seinem Rivalen (...)heimlicher Verbindung stünden, in's Gefängniß werfen und in seiner eigenen (...)gen Gegenwart so lange martern, bis sie den Geist aufgaben. So befahl er (...)mals, einige Dutzend Cleriker, welche sich auf einer Zusammenkunft tadelnde (...)ßerungen über ihn erlaubt hatten, mit dem ganzen Leibe bis an den Hals (...)uf, so daß allein der Kopf heraussah, in Säcke einzunähen und ins Meer

König Karl VI. von Frankreich sehr angelegen sein lassen, die Cardinäle von einem solchen Schritte abzuhalten, um dem Kirchenschisma ein Ende zu machen; allein die italienische Partei unter der Geistlichkeit fürchtete, der Pabstsitz möchte, wenn Clemens VII. „allgemein“ anerkannt würde, definitiv in Avignon bleiben, und darum zog sie es vor, die Kirchenspaltung fortzusetzen. Einen solchen Pabst nun aber, wie den Bonifaz IX., hatte die Christenheit noch nicht gesehen, denn unter ihm wurde der römische Stuhl zu einem förmlichen Handels- und Wucherhaus. „Kein Verbrechen,“ so erzählt ein gleichzeitiger Schriftsteller, „war so schwer, daß nicht um Geld Dispensation dafür zu haben gewesen wäre, kein Cleriker war so verrucht, daß er nicht für Geld ein Bisthum hätte gewinnen können. Alles verkaufte der Pabst und wenn er konnte, verkaufte er es lieber zweimal als einmal; ja sogar während des Gottesdiensthaltens frug er die ihm beistehenden Priester, ob sie Geld brächten, und wenn sie ihm mit Nein antworteten, so brach er in die schrecklichsten Verwünschungen aus.“ Kurz, es war eine gräuliche Wirthschaft; allein die Römer hatten doch wenigstens Einen Trost, nehmlich den, daß es am Hofe zu Avignon nicht viel besser zuging!

Am 16. September 1394 starb Clemens VII. und nun war abermalen Gelegenheit vorhanden, durch Anerkennung des Bonifacius dem Schisma ein Ende zu machen; doch die Avignoner Cardinäle, die keine Lust „nach Rom“ hatten, gingen augenblicklich ins Conclave und wählten den Cardinal Peter de Luna, welcher sich Benedict XIII. nannte, zum Pabste. Nun begann die gegenseitige Verfluchung von neuem und da in der ganzen Christenheit jeder Cleriker seiner Gemeinde nur allein denjenigen als den richtigen Pabst anempfahl, von welchem er den größten Vortheil zu erlangen hoffte, so wurde das Aergerniß der Spaltung schlimmer denn je. Endlich jedoch fingen wenigstens der „denkenden“ Welt die Augen an aufzugehen und nicht Wenige sprachen es offen aus, daß man recht gut auch „ohne Pabst“ existiren könnte, „denn das Doppelpabstthum, das sich gegenseitig verdamme, sei der beste Beweis, daß die ganze Geschichte nur auf Spiegelfechterei beruhe.“ Ueber solche Worte erschrack der hohe Clerus gar sehr und man fing an, ernstlich darauf zu denken, wie es möglich wäre, dem Streite ein Ende zu machen. Um den „Frieden der Kirche" war es den Herren Prälaten natürlich nicht zu thun, aber sie wurden von der Furcht getrieben, die Laien möchten sich am Ende von der Fessel des Priesterthums emancipiren, und sie, die Kirchenfürsten müßten, wenn das Pabstthum aufhöre, ihre Stellung ebenfalls verlieren. Das „Hohepriesteramt" hängt ja mit dem „Priesterthum" so genau zusammen, daß wenn Eines fällt, auch das Andere in den Sturz mit verwickelt wird! Kein Wunder also, wenn die Herren Bischöfe, Erzbischöfe und Cardinäle zu begreifen anfingen, wie die Kircheneinheit um jeden Preis wieder hergestellt werden müsse, und wenn sie in Folge dessen den Versuch machten, durch Agenten, welche sie zwischen den beiden Päbsten hin und hersandten, dieselben für das Einigungswerk zu bearbeiten. Aber — da kamen sie schön an! Der römische Pabst nehmlich ließ derlei Friedens-*stifter* sofort ins Gefängniß werfen, wenn nicht gar aufknüpfen, der Avignoner dagegen beförderte sie ohne Ausnahme kopfüber zum enster hinaus, daß der eine wie der andere den Hals brach. Jarum auch nicht? War ja doch jeder der beiden Päbste, sowohl r Benedikt als der Bonifaz, davon überzeugt (oder wenn er es cht war, so stellte er sich wenigstens so): daß er allein der chtmäßige Pabst sei und daß er darum auch nicht wei-:n und wanken dürfe, selbst wenn die ganze Welt rüber zu Grunde ginge! Nun aber wurde die Sache den tlichen Fürsten doch endlich gar zu bunt und insbesondere ärgerte König Carl VI. von Frankreich, denn ihm hatte Benedikt XIII., ange er noch Cardinal war, versprochen, der Wiedervereinigung Christenheit unter Einem Haupte nicht entgegen sein zu wollen. ie Majestät beschloß also, gegen Seine Heiligkeit Gewalt zu *chen* und sandte den Marschall Boucicault mit einer Armee Avignon, um den widerspenstigen Pabst Vernunft zu lehren. Marschall eroberte die Stadt, belagerte den Pabst in seinem Schlosse und zwang ihn endlich zur Uebergabe. Nun natürlich enedikt nach und versprach abzudanken, wenn auch sein Neben-abdanke." Solches fand man ganz in der Ordnung und es *also* eine Gesandtschaft nach Rom gesandt, um den Bonifaz gleichen Erklärung zu bewegen. Allein was erwiderte dieser? nte: „es gebe nur einen einzigen Weg, die Einheit der Kirche wieder herzustellen und dieser bestehe darin, daß der unrechtmäßige Pabst abdanke; da nun aber Er, der Römer, der rechtmäßige Pabst sei, so komme das Abdanken natürlich dem Avignoner zu." Ueber solche Antwort wurden die Gesandten des Benedikt wüthend, und erklärten, „ihr Pabst sei noch viel rechtmäßiger als der in Rom, denn Benedikt habe doch seine Stelle weder durch Simonie erworben, noch durch Wucher befleckt, wie man dem Bonifaz nachsage." Sie mochten Recht haben, allein was war die Folge? Nichts anderes, als daß sie Rom über Kopf und Hals verlassen mußten, und von einer Einigung konnte also natürlich nicht mehr die Rede sein.

Ebenso wenig kam es hiezu, als Bonifaz gleich darauf am 29. September 1404 verstarb, denn die römischen Cardinäle beeilten sich sofort, den Cardinal Guzmann, welcher den Titel Innocenz VII. annahm, zum Pabste zu machen, und dieser brach nicht blos augenblicklich alle Verhandlungen mit Frankreich ab, sondern wollte überhaupt von einem Frieden in der Kirche nichts wissen. Gerade so dachte auch sein Nachfolger — Innocenz VII. starb nehmlich schon nach anderthalb Jahren —, der von den Römern anno 1406 unter dem Namen Gregor XII. auf den Stuhl Petri erhobene Cardinal Corrario und „wenn man alle die Künste und Liste, alle die Täuschungen, Nichtswürdigkeiten und Betrügereien schildern wollte, durch welche er die Union zu hindern und die Welt am Narrenseile fortzuführen suchte, so müßte man ganze Bücher voll schreiben." *) Damit gab sich aber die der gräuelhaften Wirthschaft überdrüssige Welt nicht zufrieden, sondern man drang vielmehr von allen Seiten darauf, daß die beiden Päbste sich entweder vergleichen oder aber abdanken müßten. Endlich brachten es auch wirklich die Fürsten Europa's so weit, daß in der Stadt Saona, deren Neutralität aufrecht zu erhalten die Genuesen sich verpflichtet hatten, eine Zusammenkunft zwischen den beiden Gegnern und zwar in Gegenwart ihrer beiderseitigen Cardinals-Collegien stattfinden sollte, um sich gegenseitig zu vergleichen. Ja beide Päbste, sowohl Benedikt als Gregor, verpflichteten sich sogar

---

*) Dieß sind die eigenen Worte des gut päbstlich gesinnten Theodor von Niem in seinem berühmten Werke de schismate ecclesiae.

„eidlich“, auf dieser Zusammenkunft die Einheit der Kirche wieder herzustellen! In der That ging nun auch Benedikt XIII. mit seinen Cardinälen nach der besagten Stadt Saona, allein etwas saumseliger erwies sich Gregor XII., denn er brauchte nicht weniger als ein volles halbes Jahr, bis er nach Lucca kam und hier machte er abermalen Halt. Offenbar war es ihm mit der Zusammenkunft kein Ernst, sondern er suchte vielmehr nach glimpflichen Ausflüchten. Darum erklärte er das eine Mal, er könne nicht nach Saona kommen, weil sein Gegner Benedikt auf nichts als Mord sinne, und das andere Mal schob er die Schuld auf seine Cardinäle, die es verrätherischer Weise mit dem Franzosen hielten und ihn ans Messer liefern wollten. Hierüber erbost verließen ihn die meisten der Letzteren und flohen im Mai 1408 nach Pisa, wo sie in einem öffentlichen Manifeste an ein allgemeines Concil appellirten. Nun wurde der Wirrwarr noch größer, als zuvor. Gregor excommunicirte seine Cardinäle und diese nannten ihn dafür einen Schismatiker und Ketzer, ja sogar einen Vorläufer des Antichrists. Somit wurde Italien in zwei Parthieen zerrissen, aber ohne daß es dem Avignoner Pabste etwas genützt hätte. Im Gegentheil kam dieser noch schlechter weg als der Gregor. Nachdem er sich nehmlich eine geraume Zeit in Saona aufgehalten, zog er mit seinen Cardinälen nach Avignon zurück und verkündigte der Welt mit triumphirender Stimme: „daß es nunmehr Jedermann klar sein müsse, wie sein Gegner, der es nicht gewagt habe, nach Saona zu kommen, ein Usurpator sei, während ihm, dem Benedikt, die Pabstwürde ganz allein rechtmäßig zukomme.“ Darüber wurde der König von Frankreich, welchem Benedikt eidlich versprochen hatte, nie mehr mit solchen Ansprüchen zu kommen, wüthend und befahl dem Marschall Boucicault, sich des Pabstes zum zweiten Male zu bemächtigen. Natürlich blieb nun Letzterem nichts übrig, als der Gewalt zu weichen. Er entfloh also nach Arragonien in Spanien, und beeilte sich von da aus die Franzosen nebst ihrem Könige mit dem Interdikte zu belegen. Die betreffende Bulle ist aus Perpignan vom März 1409 datirt, hatte aber nicht die Wirkung, welche Benedikt ohne Zweifel von ihr erwartete. Im Gegentheil spottete ein großer Theil der Franzosen über dieselbe und der König ließ sie auf öffentlichem Platze in Paris verbrennen.*) Gleich darauf traf den Benedikt ein neuer Schlag, denn auf die Aufforderung Carls VI. hin, wurde er von dem französischen Theil seiner Cardinäle, die sofort nach Frankreich zurückkehrten, verlassen und von allen den Ländern, welche früher seine Oberherrlichkeit anerkannt hatten, blieben ihm nur noch Arragonien, Castilien und Navarra.

Ging aber dem Benedikt das Wasser bis an den Hals, so ging es dem Gregor XII. bis an den Mund. Nachdem ihm nehmlich seine Cardinäle oder wenigstens der größte Theil derselben verlassen und die Römer in Folge dessen sich gegen ihn empört hatten, eilte er nach Venedig, um von hier aus seine Bannblitze gegen alle seine Gegner zu schleudern. Allein gleich darauf kündigten ihm auch die Venetianer den Gehorsam auf und nun mußte er über Hals und Kopf in der Kleidung eines armen Fischers auf das Gebiet des Königs Ladislaus von Neapel, der ihm allein noch treu blieb, flüchten, wobei er um ein Kleines von dem Patriarchen von Aquileja gefangen genommen worden wäre. Er also hatte durch den Streit mit seinen Cardinälen noch weit mehr an Terrain verloren, als Benedikt XIII. durch seinen Kampf mit Carl VI.! Allein dessen ungeachtet fuhr jeder von ihnen Beiden fort, in allen Dekreten und Bullen „sich den einzig rechtmäßigen Pabst, den Andern aber den Abschaum der Hölle zu nennen!!“

Wie sollte nun aber diesem grandios tollen Wirrwar ein Ende gemacht werden? Das einzige Mittel war, weil an das Nachgeben des Einen oder des Andern der beiden Päbste nicht mehr gedacht werden konnte, „die beiden Gegner abzusetzen und einen neuen rechtmäßigen Pabst zu wählen.“ Somit erließ König Carl VI. von Frankreich ein Dekret, worin er allen seinen Unterthanen bei Strafe seiner höchsten Ungnade verbot, irgend einem

---

*) Die Ueberbringer der päbstlichen Bannbulle wurden vom König ins Gefängniß geworfen und darin bis an ihren Tod festgehalten; während des Verbrennens der Bannbulle aber, auf dem freien Platze vor dem Louvre in Paris, mußten sie von einer Schandbühne aus zusehen (man hatte sie überdieß in Armsünderkleider gesteckt und ihnen einen Zettel angeheftete, worauf mit großen Buchstaben geschrieben stand, daß ihr Herr und Meister ein schuftiger Betrüger sei) und waren mehrmals nahe daran, von dem Volke zerrissen zu werden.

der beiden Päbste fernerhin zu gehorchen, und zugleich lud er die Cardinäle ein, ein öcumenisches (oder allgemeines) Concil zu berufen, auf welchem die Pabstfrage endgültig entschieden werden sollte. Die Cardinäle (nehmlich die französischen, welche von Benedikt XIII., und die italienischen, die von Gregor XII. abgefallen waren) kamen auch wirklich noch im Jahr 1408 in Livorno zusammen; doch konnten sie sich lange Zeit nicht entschließen, dem Begehren des Königs zu willfahren. Sie hatten ja seither das Recht gehabt, aus ihrer Mitte heraus bei jeder Vakanz den neuen Pabst zu erwählen — — sollten sie nun dieses Recht einem Concile abtreten? Es war freilich eine harte Zumuthung, allein da der Streit auf eine andere Art nicht beigelegt werden konnte, so willigten sie doch endlich ein und schrieben also auf den März des Jahres 1409 eine öcumenische Synode nach Pisa aus. Dieser Aufforderung gaben die meisten weltlichen Fürsten ihre volle Zustimmung, und ebenso einverstanden war der größte Theil der eistlichkeit, besonders der italienischen (die von Neapel ausgeommen), französischen und deutschen. Somit wurde die ausgeriebene Kirchenversammlung außerordentlich stark besucht und als in die beiden Gegenpäbste der Vorladung, sich auf der Synode stellen und derselben über ihr Anrecht auf den Pabststuhl chenschaft zu geben, nicht nur keinen Gehorsam leisteten, sondern mehr das Concil, weil es „von keinem Pabste" berufen sei, für unrechtmäßiges und gesetzloses erklärten und sogar so weit gen, daß jeder von ihnen ein eigenes „rechtmäßiges" Concil f, nehmlich Gregor XII. das seinige nach Ravenna und Beft XIII. das seine nach Perpignan,*) durch welche „Gegenle" der Wirrwarr bis zum Wahnsinn gesteigert werden mußte

---

*) Das von Gregor nach Ravenna zusammengerufene Concil kam zu Stande, wohl aber das, welches Benedikt nach Perpignan ausgen hatte. Ja, das Letztere war sogar sehr zahlreich besucht und zwar nicht is Castilien und Arragonien, sondern auch aus Navarra, Savoyen und nem Theile von Frankreich. Es kam jedoch unter den Prälaten selbst zu Reibereien, indem Viele von ihnen (die aus Frankreich und Savoyen) en, daß Benedikt sich dem öcumenischen Concil zu Pisa unterwerfen solle, der Pabst sich dessen weigerte, das Concil sofort verließen, den Benedikt n spanischen Bischöfen allein forttagen lassend.

— als, sagen wir, dieses Alles von den versammelten Prälaten, Bischöfen und Doctoren des Näheren überlegt wurde, so konnten sie nicht mehr umhin, die genannten Gegenpäbste „als des Meineids schuldige Ketzer und Schismatiker" feierlichst abzusetzen. Diese Sentenz ward am 5. Juni 1409 ausgesprochen und zugleich allen Christen bei Strafe des Bannes und der ewigen Verdammniß verboten, irgend einem der beiden abgesetzten Päbste auch nur noch den geringsten Beistand zu leisten. Gleich darauf schritten die Cardinäle zur Wahl eines neuen Pabstes und die Mehrzahl ihrer Stimmen fiel auf den Cardinal Petrus von Candia, welcher sich den Namen Alexander V. gab.

Nunmehr glaubte natürlich sowohl das Concil, als auch die Mehrzahl der Christenheit, daß es mit der Kirchenspaltung sofort ein Ende haben werde; allein diese Hoffnung erwies sich als leerer Wahn. Nicht blos nehmlich traten weder Gregor noch Benedikt ihre vermeintlichen Rechte ab, sondern sie fuhren vielmehr fort, der Eine in Neapel, der Andere in Spanien als Päbste zu fungiren und man hatte demnach nunmehr durch die Erwählung Alexanders V. „statt zweier": drei Päbste. Ja, nicht blos drei Päbste hatte man, sondern sogar drei Kirchen, und zwar drei Kirchen, die sich gegenseitig, trotzdem daß die Lehren und Gebräuche in allen dreien die gleichen waren, für ketzerisch erklärten und bis in die unterste Hölle verdammten! Der Wirrwarr hatte sich also nicht blos nicht gelegt, sondern wo möglich noch verstärkt. Gab es doch lediglich keine Hoffnung, daß Einer der drei Untrüglichen abtreten werde, und sogar, wenn einer derselben starb, war voraussichtlich die päbstliche Trinität alsbald wieder ersetzt! Die Wahrheit dieser Befürchtung zeigte sich auch sofort beim Tode Alexanders V. im Jahr 1410. Kaum hatte nehmlich der Pabst die Augen geschlossen, so traten die Cardinäle auch schon ins Conclave und wählten den Balthasar Cossa, welcher sich den Namen Johann XXIII. gab, zu seinem Nachfolger, so daß also die päbstliche Dreiheit fortdauerte. Auch die Bannflüche, welche die Untrüglichen auf einander schleuderten, führten, wie man sich denken kann, zu keinem Resultate, denn wenn der Eine glaubte, den ärgsten Fluch erlassen zu haben, so kam der Andere mit einem noch ärgeren, und am Ende setzte der

Dritte erst den allerärgsten darauf. Kurz, es schien kein Mittel zu geben, die päbstliche Einheit wieder herzustellen!

Balthasar Cossa oder vielmehr Johann XXIII. (der Leser kennt den gräßlichen Menschen aus unsern frühern Schilderungen!) kam aber doch auf ein solches Mittel. Im Anfang seiner Regie-ung nehmlich donnerte er mit seinen Bannflüchen nicht blos auf ine Gegenpäbste, sondern auch auf die „Länder" los, von denen die-lben anerkannt worden waren, sowie auf die „Regenten," unter deren hutz sie standen. So belegte er namentlich den König Ladislaus Neapel mit dem Interdikte und befahl unter Anderem allen chöfen, die ihm gehorchten, besagten König als einen Meineidi- und Gotteslästerer, als einen Ketzer und Hochverräther alle ntage bei brennenden Fackeln und unter dem Läuten der Glocken em ewigen Fluche zu belegen. Ja, er forderte sogar die ganze enheit auf, das Kreuz gegen Ladislaus zu nehmen, und ver- einem Jeden, welcher sich an solchem heiligen Kriege bethei- icht blos vollkommenen Ablaß, sondern auch (wenn einer im fallen würde) unmittelbaren Eintritt in den Himmel mit iger Uebergehung des Fegfeuers. Allein alle diese Machi- wollten nicht ziehen und Ladislaus blieb nach wie vor im n Besitze seines Königreichs. Nunmehr fiel es dem Bal- ssa ein, den besagten Regenten an einer andern Seite zu zwar an derjenigen, an welcher fast alle Menschen schwach versprach ihm also für's erste die für die damalige Zeit Summe von zweimalhunderttausend Dukaten, und für's Berechtigung zur Besetzung verschiedener höherer Kirchen- ch eigenem königlichen Ermessen, wofern er sich herbei- n Johann XXIII., statt des Gregor XII., als Pabst Solch gewichtigen Gründen konnte der König nicht ondern er fand nun auf einmal aus, daß nicht Gre- Johann der rechtmäßige Pontifex sei, und ließ bei im Oktober 1412 durch sein ganzes Reich bekannt ei hoher Strafe von nun an Jedermann den Jo- r den Gregor als Pabst anzuerkennen habe: „denn vägung der Sache sei ihm die Untrüglichkeit Johanns klar geworden!" Das Volk gehorchte, weil es an's

Gehorchen gewöhnt war (im Ganzen lag ihm auch nichts an der Person des jeweiligen Pabstes) und auf diese Art wurde Gregor XII. der mächtigsten Stütze, welche er noch in Italien hatte, beraubt. Ja er mußte sogar in aller Eile, um nicht von Ladislaus gefangen genommen und nach Rom ausgeliefert zu werden, nach Rimini zu einem Freunde Carl Malatesta und von da nach Dalmatien hinüber flüchten. Dorthin freilich reichte der Arm des Pabstes Johann nicht, allein derselbe hatte nun doch den Trost, daß wenigstens ganz Italien zu seiner Fahne schwor und daß hiedurch seine „Untrüglichkeit" einen weiteren Zuwachs erhielt.

Natürlich versuchte Johann dasselbe Manoeuvre, welches ihm mit Ladislaus von Neapel so gut geglückt war, nun auch mit den Regenten von Kastilien, Arragonien und Navarra, welche bis jetzt dem Benedikt XIII. treu geblieben waren, allein diese wollten nichts von ihm wissen, sondern verlangten vielmehr ein allgemeines Concil, auf welchem der unsinnige Zwiespalt endlich geschlichtet werden sollte. Eben darauf drangen auch die übrigen Fürsten und Könige Europas, besonders Kaiser Sigismund von Deutschland, denn obwohl das Concil von Pisa ein so gar schlimmes Resultat gehabt hatte, so gab es doch sicherlich keinen andern Ausweg, um die Einheit der Kirche wieder herzustellen und dadurch dem jetzigen trostlosen Zustande ein Ende zu machen. Nur natürlich mußte man sich dießmal nicht damit begnügen, die existirenden Päbste für abgesetzt zu „erklären," und an ihrer Stelle einen neuen Pontifex zu erwählen, sondern man mußte, ehe man zu einer solchen Neuwahl schritt, die bestehenden Päbste zur förmlichen Abdankung „nöthigen" und zugleich die ganze Kirche an Haupt und Gliedern so „reformiren", daß eine ähnliche Confussion nicht mehr vorkommen konnte! So dachte damals die ganze Laienwelt, die Vornehmen wie die Geringen, die Fürsten wie die Völker, und sogar ein großer Theil der Priesterschaft stimmte dem allgemeinen Ruf nach einem reformatorischen Concile bei. Allein hiegegen wehrte sich Johann XXIII., in der Voraussicht, daß es dann seiner Untrüglichkeit an den Kragen gehen würde, mit Händen und Füßen und erst als er im Frühjahr 1413 mit König Ladislaus Streit bekam und in Folge dessen, weil der Letztere mit einer

Armee gegen Rom heranzog,*) genöthigt war, zu Kaiser Sigismund, der damals in Oberitalien verweilte, zu flüchten, um von diesem Hülfe in seiner Noth zu begehren, — erst dann ließ sich der Oberpriester dazu herbei, die verlangte Synode auszuschreiben, welche denn auch ein Jahr später, im Jahr 1414 in Constanz zusammenkam.

Abermals hatte man also eine öcumenische Kirchenversammlung, welche sich das Recht herausnahm, über das Pabstthum zu Gericht zu sitzen, und deßwegen alle drei existirenden Päbste vor ihr Forum rief. Weder Gregor noch Benedict erschienen in Person, wohl aber schickten sie Gesandte, um ihre Sache zu vertreten; Johann XXIII. jedoch zog, in der Hoffnung, die versammelten Prälaten hiedurch zu bestimmen, daß sie ihn als den allein rechtmäßigen Pabst ansehen, die beiden Gegenpäbste aber als Betrüger und Usurpatoren behandeln würden, schon am 28. Oktober 1414 mit großem Gefolge in die Stadt Constanz ein. Allein seine Berechnung war eine falsche, denn nicht nur wurde gleich im Anfang vorgeschlagen, daß die Einheit der Kirche am besten dadurch erreicht werde, wenn alle drei Päbste zumal abdanken, sondern es machte sich auch die Ueberzeugung geltend, daß das Pabstthum selbst nur dann wieder zu Ansehen gelangen könne, wenn der total unwürdige, (der geneigte Leser beliebe sich an das zu erinnern, was wir in dem Buche „der Pabst und die Keuschheit" von Balthasar Cossa erzählten) Johann XXIII. vom Stuhl Petri entfernt würde. Somit drang man von allen Seiten darauf, den Lebenswandel Johanns einer genauen Untersuchung zu unterwerfen, und hierüber erschrack der arme Mann so sehr, daß er erklärte, des lieben Friedens

*) Die Freundschaft zwischen König Ladislaus und Pabst Johann nahm deßhalb ein so schnelles Ende, weil Letzterer Verschiedenes von dem, was er versprochen, nicht einhielt. Hierüber wurde Ladislaus so erbittert, daß er ohne Weiteres auf Rom loszog, um den Pabst gefangen zu nehmen und sofort aufzuknüpfen. Diesen Zweck erreichte er allerdings nicht, weil Johann über Hals und Kopf mit seinen Cardinälen entfloh, allein der König rächte sich deßwegen doch, denn er ließ die ganze Besatzung auf der Engelsburg nebst verschiedenen Prälaten, die sich dorthin geflüchtet hatten, über die Klinge springen, und gab die sämmtlichen Kirchen der ewigen Stadt seinen Soldaten zur Plünderung preis. Kein Wunder also, wenn Pabst Johann von Furcht erfüllt war!

willen, d. h. um die befürchtete Untersuchung zu vermeiden, abdanken zu wollen, sobald die beiden Gegenpäbste Gregor und Benedikt dasselbe thäten. Ernst war es ihm jedoch mit dieser Erklärung nicht. Dieß sieht man am besten daraus, daß er am 21. März 1415 als Postknecht verkleidet, heimlich aus Constanz entfloh und sich nach Schaffhausen unter den Schutz Friedrichs, des Herzogs von Oesterreich-Tyrol, begab. Von dort aus schrieb er an den Kaiser Sigismund nach Constanz, daß er das Concil nicht mehr anerkenne, und befahl zugleich den ihm ergebenen Bischöfen und Cardinälen, die Synode sofort zu verlassen und ihm zu folgen. Er hoffte nemlich hiedurch einen Zwiespalt in die Kirchenversammlung zu werfen und es so möglich zu machen, daß er als Pabst fortexistiren könne. Im Nothfall wollte er nach Avignon übersiedeln, um wenigstens einen Theil des Gebietes, welches ihn bisher anerkannt hatte, zu retten. Doch alles vergeblich! Allerdings folgten dem entflohenen Pabste im Anfang gegen hundert Cardinäle und Prälaten, allein als sie sahen, daß die Zurückgebliebenen *) in ihrer großen Mehrzahl sich durch den Wegzug des Pabstes durchaus nicht beirren ließen, und als sie sich zugleich, weil der Kaiser den Herzog Friedrich von Oesterreich-Tyrol in Acht erklärte, in ihrer eigenen Person nicht mehr sicher fühlten, sondern vielmehr befürchten mußten, abgefaßt, eingefangen und ins Gefängniß geworfen zu werden, so beschlossen sie, durch Aufgeben Johanns sich selbst zu salviren, und kehrten sofort nach Constanz zurück, wo sie als reuige Sünder mit aller Freudigkeit wieder aufgenommen wurden. So stand Johann bald ganz verlassen da, hütete sich aber wohl, der Aufforderung, sich vor dem Concile zu stellen, Folge zu leisten. Hätte er ja doch in diesem Fall, da man nunmehr seinen früheren Lebenswandel untersuchte und die Scheußlichkeiten, die er

---

*) Die Abreise von hundert Prälaten machte gar keine Lücke in die Versammlung, so groß war diese. Sie bestand nehmlich aus 1 Kaiser, 26 Fürsten, 140 Grafen, 1 Pabst, 25 Cardinälen, 7 Patriarchen, 20 Erzbischöfen, 91 Bischöfen, 600 Doctoren und Aebten und 4000 Priestern geringerer Sorte. Auch fehlte es nicht an den nöthigen weiblichen „Zugvögeln,“ wie man denn allein über 700 vaccirende Damen ꝛc. zählte, die stabilen „Basen und Freundinnen“ natürlich ungerechnet.

begangen, ungescheut an's Tageslicht brachte, Zeuge seiner eigenen Schande sein müssen! Einen Nutzen übrigens brachte ihm seine Abwesenheit von Constanz nicht, denn nicht nur sprach das Concil am 29. Mai 1415 die Absetzung über ihn aus und verurtheilte ihn zugleich zu lebenslänglicher Gefängnißstrafe, sondern der Kaiser Sigismund ließ ihn auch sofort durch den Kurfürsten von Brandenburg in Freiburg im Breisgau, wohin er sich zuletzt noch geflüchtet, aufgreifen und wie einen andern gemeinen Verbrecher in sichern Verwahrsam bringen. *)

„Ein" Pabst von den Dreien wäre somit glücklich beseitigt worden. Nun handelte es sich darum, auch den beiden andern den Todesstoß zu geben, und demgemäß begann man mit den Bevollmächtigten derselben zu unterhandeln. Am gefügigsten zeigte sich Malatesta, der Abgesandte Gregors, welcher, wie wir wissen, nach Dalmatien hatte flüchten müssen und nur noch über ein ganz kleines erritorium den geistlichen Oberherrn spielen konnte. Ein solches ontificat hatte offenbar keinen großen Werth mehr, schon deßgen nicht, weil es fast gar nichts mehr eintrug. Somit hatte Gre: seinem Gesandten keine andere Instruktion gegeben als die: „seine rzichtleistung auf das Pabstthum so theuer als möglich zu verichern," und dieß gelang denn auch vollkommen. Das Concil ährte nehmlich dem abtretenden Pabste außer einer nicht unbeenden Geldsumme die sehr einträgliche Stelle eines Legaten in Mark Ancona, sowie den ersten Platz im Cardinalscollegium, Gregor hatte wirklich das Glück noch zwei volle Jahre lang :arb 89 Jahre alt) seinen beiden neuen Aemtern vorzustehen. diese Art war man auch des „zweiten" Pabstes losgewornd es blieb nur noch Benedikt XIII. übrig, allein dieser sich wie ein Verzweifelter und ließ sich durch keinerlei Verngen, nicht einmal die der reichsten Einkünfte, welche die bieten konnte, kirre machen. „Seine göttliche Würde," meinte sse eine Abdankung gar nicht zu, und da nun die beiden äbste glücklich entfernt seien, so habe man, um die Einheit

---

Wie es diesem Papste später ergangen, haben wir früher schon gees dürfte daher eine Wiederholung des weiter oben Gesagten überder Kirche wieder herzustellen, gar nichts zu thun, als ihn, den Benedikt, allgemein anzuerkennen." Hierauf blieb er, man mochte ihm sagen, was man wollte. Ja, er erklärte sogar, daß er ganz sicher alle, welche seine Untrüglichkeit noch ferner bestreiten wollten, als gotteslästerliche Rebellen mit den härtesten Strafen belegen werde. Nun ging Kaiser Sigismund selbst nach Spanien, lud die Könige von Arragonien, Castilien und Navarra nach Perpignan, wo Benedikt residirte, ein, um den Letzteren mit Geld und guten Worten dahin zu bringen, daß er dem Frieden der Kirche nicht länger mehr hinderlich sein wolle. Die drei Könige erschienen und erklärten sich mit dem Kaiser einverstanden; allein Benedikt weigerte sich entschiedener, als je. Als er aber sah, daß er nicht durchlangte, sondern daß man ihn am Ende gefangen genommen hätte, hetzte er das Volk in Perpignan auf, einen Aufstand zu erregen, und benützte die daraus entstehende Verwirrung, um mit Vieren seiner Cardinäle nach Penisola, einem festen, auf einem Felsen am Meere, im Königreich Valencia gelegenen Orte, zu flüchten. Hier blieb er, obwohl das Constanzer Concil am 17. Juni 1417 seine Absetzung decretirte, und obwohl am Ende auch der König von Arragonien, als der Letzte seiner Beschützer, von ihm abfiel und ihn aufforderte, seine Stelle niederzulegen, wie ein Adler im Felsenneste unangetastet bis an sein Lebensende im Jahre 1424. Man wollte ihn nehmlich nicht gewaltsam gefangen nehmen, da die Eroberung der Burg, auf welcher der eigensinnige Mann saß, eine Menge Blutes gekostet hätte, und da man ja überdieß wußte, daß mit seinem Tode auch sein Pabstthum aufhören müsse. So ließ man ihn denn ungestört von Penisola herab auf die übrige Christenheit Bannflüche herabdonnern und die ganze Welt lachte über seine wahnsinnige Behauptung, daß er mit den vier Cardinälen, die ihm zur Seite standen, und mit den paar hundert Einwohnern Penisolas „die ganze heilige katholische und apostolische Kirche" repräsentire, während das ganze übrige Europa in Häresie und Ketzerthum verfallen sei. Der Mann war offenbar toll, und mit einem Tollen ist nichts anzufangen! Man erwartete also wie gesagt geduldig bis zu seinem Absterben, allein merkwürdigerweise sollte das Schisma auch jetzt noch kein Ende nehmen. Der verrückte Benedikt hatte nehmlich den oben genannten vier Cardinälen einen heiligen Eid abgenommen, daß sie nach seinem Tode einen neuen Pabst wählen würden und diese Posse wurde nun auch in der That ausgeführt. Drei der Cardinäle wählten den vierten mit Namen Aegidius Munoz, welcher sich den Namen Clemens VIII. gab, und so pflanzte sich das Schisma noch verschiedene Jahre lang bis anno 1429 fort, wo besagter Clemens VIII. sein Miniaturpontifikat an den rechtmäßigen Pabst zu Rom gegen das Bisthum Majorka verkaufte.*) In Wahrheit übrigens, d. h. factisch hatte die Kirchenspaltung schon am 11. November 1417 mit der Wahl des Cardinal Kolonna, welcher sich den Namen Martin V. gab, ein Ende genommen, und man hatte nun wieder einen einzigen Untrüglichen, statt deren Zweien oder Dreien!**)

Was denkt jedoch der Leser von der Sache? Greift er sich nicht bedenklich an die Stirne, wenn das Wort „Untrüglichkeit" auch nur genannt wird? Muß ihm nicht jedes Conclave als ein Tummelplatz der wildesten Leidenschaften erscheinen und jeder Pabst als ein Mensch, der nichts kennt, als die Selbstsucht, nichts als die blindeste und zugleich rücksichtsloseste Liebe zu seinem eigenen Ich?

Man hätte nun übrigens denken sollen, daß das Cardinalscollegium, gewitzigt durch die furchtbare Gefahr des kaum über-

---

*) Hiezu war er, so zu sagen, durch die Noth getrieben, da er im andern Fall leicht hätte Hungers sterben können. Zwei seiner Cardinäle hatten nehmlich bei dem Tode Benedikts alles Geld, was er besaß, alle goldenen Kreuze und Kelche, alle Juwelen und Edelsteine, alle Reliquienschreine und Muttergotteszierrathen heimlicherweise auf die Seite gebracht, um später gemüthlich davon zu leben. Da nun aber das Pabstthum in Penisola sich lediglich keiner Einkommensquelle erfreute, so mußte am Ende nothwendigerweise mit der Welt Frieden gemacht werden.

**) Festlicher, als der Pabst Martin, ist wohl noch kein Pabst eingeweiht worden. Kaum nehmlich hatte ihn das Costnitzer Concil gewählt, so ging's in feierlicher Procession zur Domkirche und der Pabst saß dabei auf einem weißen Zelter, welcher vom Kaiser und dem Kurfürsten von der Pfalz, der Eine rechts, der Andere links gehend, geführt wurde. Der Zug bestand aus allen anwesenden Fürsten, Grafen, Prälaten und Priestern, zusammen über 5000 Herren, des zusehenden Volks aber war eine solche Menge, daß man die Köpfe nicht zählen konnte.

wundenen Schismas, Vorsorge getroffen haben werde, daß ein solcher Zwiespalt nicht mehr vorkommen könne; allein schon nach wenigen Jahren wiederholte sich der tolle Spectakel abermalen. Nach dem Tode Martins V. nehmlich, am 27. Februar 1431, wurde der Cardinal Gabriel Condelmerio, der sich sofort Eugen IV. hieß, zum Pabste erwählt und ihm zugleich zur Pflicht gemacht, ein neues öcumenisches Concil zu berufen. Der Grund lag nahe, denn zu jener Zeit wüthete, wie der Leser aus dem früher Erzählten weiß, der Hussitenkrieg in seiner furchtbarsten Ausdehnung und alle gegen die verdammten Ketzer ausgesandten Kreuzheere waren noch zu Schanden geworden. So wollte man denn, nachdem sich die gewöhnlichen päbstlichen Mittel: „Feuer und Schwert“ als vergebliche erwiesen, zur List seine Zuflucht nehmen, und die Hussiten durch „scheinbare“ Concessionen so berücken, daß sie freiwillig in den Schoos der Kirche zurückkehrten. Dieses war der eine Zweck des Concils, ein Zweck, der, wie wir wissen, auch wirklich erreicht wurde, das andere Ziel aber, welches verfolgt werden sollte, war die „Verbesserung der Kirche an Haupt und Gliedern“. Die ganze Welt schrie ja damals nach einer Reformation! Die ganze Welt war ja damals über das gräßliche Verderbniß, welches in der christlichen Kirche herrschte, entsetzt! Somit mußte Eugen IV., so ungern er es auch that, dem Willen des Kaisers Sigismund und der andern Fürsten Europa's gemäß, das begehrte Concil berufen und dasselbe am 23. Juli 1431 durch seinen Legaten in Basel eröffnen lassen; allein sein Grundsatz, wie er sich dieser Synode gegenüber zu verhalten habe, stand von Anfang an fest. „Er wollte, daß die ganze jetzige Kircheneinrichtung mit allen ihren Auswüchsen und Mißbräuchen unverrückt stehen bleibe, und namentlich wollte er, daß von der Gewalt, dem Einkommen und den Vorrechten des Pabstes auch nicht ein Jota verloren gehe.“ Ebendasselbe wollten auch die sämmtlichen Cardinäle und höheren Kirchenfürsten, die niedere Geistlichkeit aber, insbesondere die Doctoren der Theologie an den Universitäten, sowie die wissenschaftlich Gebildeten unter den Mönchen, gestanden in Uebereinstimmung mit der gesammten Laienwelt ein, daß der Zustand der Dinge unter der

Priesterschaft ein entsetzlicher, daß die Kirche ganz dicht am Rande des Abgrunds angekommen, und daß vor lauter Pabstthum, Götzenthum und Irrthum vom Christenthum kaum noch eine Spur zu finden sei.

Der Pabst konnte also nicht umhin, das von der Laienwelt wie von der Geistlichkeit, besonders aber von Kaiser Sigismund verlangte Concil einzuberufen, und dasselbe wurde nach langem Zögern und Hinausschieben wie gesagt am 23. Juni 1431 eröffnet. Allein der Zudrang war kein so großer, wie bei dem in Constanz, und besonders fehlten die höheren Prälaten (Kaiser Sigismund mußte die deutschen Erzbischöfe bei hoher Strafe zum Erscheinen ermahnen), denn, da man wußte, daß die wirkliche und ernstliche Absicht vorhanden sei, das Concil zu einer Reformation der Kirche zu steigern, eine Absicht, welche dem Pabste und den übrigen Gewaltigen in der Kirche ein Gräuel war, so wurde gleich von Anfang n Alles versucht, um das Ansehen der Synode in den Augen der Welt zu schwächen. Dieser Versuch gelang auch wirklich, und um r Menschheit vollends „den Respect" vor den Basler Reformaren zu nehmen, sandte Eugen IV. schon im November 1431 nem Legaten, dem Cardinal Julian, den Befehl zu, das Concil, ter dem hohlen Versprechen, nach sieben Jahren ein anderes h Bologna zu berufen, aufzulösen, und zwar „weil dasselbe seine ugnisse überschreite und namentlich auf nichts Anderes ausgehe, die päbstliche Gewalt zu schmälern." Allerdings widersetzte der Legat aus Klugheitsgründen der Ausführung dieses Befehles, n er meinte, daß man dem Reformations-Verlangen der Welt gstens „zum Scheine" Rechnung tragen müsse; allein Pabst n wollte nicht einmal von einem solchen Scheine etwas wissen publicirte sofort im Januar 1432 eine Bulle, kraft welcher Basler Concil förmlich aufgehoben wurde. Er meinte natürie versammelten Prälaten und Priester werden nunmehr seinem gemäß augenblicklich auseinander laufen, doch zu seinem en mußte er erfahren, daß er falsch calculirt habe. Kaiser und nehmlich, welcher mit vielen andern Fürsten und Herren on nach Basel gekommen war, befahl der Versammlung, rren, indem er den Pabst dazu bewegen werde, sein Aufecret zurückzunehmen. Das Concil blieb also und erklärte sich am 15. Februar 1432 „für ein rechtmäßig versammeltes", dessen Macht „über" der des Pabstes stehe. Kaum erfuhr dieß Eugen IV., als er sein Auflösungsdecret wiederholte und namentlich allen Cardinälen und Clerikern, welche ihren Sitz in Rom selbst hatten, „bei Verlust ihrer Pfründen" anbefahl, sofort Basel zu verlassen. Diese letztere Motivirung blieb nicht ohne Wirkung, und es machten nun wirklich nicht wenige Prälaten Anstalt, dem geharnischten Dictate zu gehorchen. Doch Kaiser Sigismund intervenirte zum zweitenmale und dießmal auf eine ziemlich derbe Weise. Somit besann sich der Pabst eines Bessern, d. h. er versöhnte sich „dem Scheine nach" mit dem Concile, um seine Zwecke, weil offene Gewalt nichts nützte, auf Neben- und Schleichwegen zu erreichen. Zum Haß gegen die Versammlung hatte er übrigens auch Grund genug, denn dieselbe machte sich ernstlich daran, die Kirche wenigstens in etwas zu reformiren, und Einzelne unter den freisinnigeren Clerikern wagten es sogar, dem Pabstthum vorzuwerfen, daß eine wüste Gier, die alle menschliche Ordnung mit Füßen trete, in ihm lebe. Ganz denselben Sinn athmeten auch die Beschlüsse, welche nunmehr gefaßt wurden. „Von nun an nehmlich sollten alle kirchlichen Wahlen wieder canonisch sein und alle Simonie (Bestechung, Kauf ꝛc.) aufhören; von nun an sollten alle Cleriker (von unten an bis oben hinauf) ihre Concubinen abschaffen und wer binnen zwei Monaten von der Bekanntmachung dieses Decretes an keine Folge leiste, solle abgesetzt werden, und wäre er der römische Bischof selber; von nun an sollten die kirchlichen Einrichtungen der verschiedenen Länder nicht mehr durch päbstliche Willkühr, sondern durch alljährliche Provinzial-Synoden geregelt werden; von nun an sollte das Leben der Geistlichen ein christliches und ehrbares, das Leben der Mönche und Nonnen aber ein nach dem Muster der apostolischen Armuth geregeltes sein; von nun an müsse der bisher von den Päbsten mit der Excommunikation getriebene Mißbrauch aufhören und es dürfe keine Stadt und kein Land mehr mit dem Interdicte belegt werden, außer im Falle offener Ketzerei; von nun an müssen die Possenspiele, Schmausereien, Tänze, Jahrmärkte und Narrenfeste, welche man seither in den Kirchen getrieben, aufhören,*) damit der Gottesdienst wieder auf eine würdige Weise gefeiert werden könne; von nun an dürfe von der apo-

---

*) In der damaligen Zeit hatte die Unordnung beim Gottesdienst einen solch' hohen Grad erreicht, daß man wirklich befürchten mußte, das ganze äußere Kirchengerüste möchte zusammenfallen. Ja von einem Gottesdienst war eigentlich ar nicht mehr die Rede, sondern nur noch von gewissen Ceremonien und Fest-ifzügen, welche das Auge blendeten und die Sinne reizten. Einige dieser Aufge, wie z. B. die Esels- und Narrenfeste, zeichneten sich übrigens nicht ıs durch das zur Schau gelegte äußere Gepränge aus, sondern auch durch eine hrhaft kolossal-obscöne Satyrisirung der Kirche selbst. Am Eselsfeste nehmlich n feierte dieses Fest zweimal im Jahre, einmal um Weihnachten, zu Ehren Esels, auf welchem Christus in Jerusalem einzog, und das anderemal im , zu Ehren des Esels, auf welchem Maria mit dem Jesuskinde nach Aegyp-flüchtete) putzte man einen Esel, den man zum Knieen abgerichtet hatte, als Ilichen heraus, setzte ihm ein Barett auf, zog ihm eine Stola an und ihn an den Altar, damit er daselbst eine Messe halte. Natürlich konnte el weder sprechen noch singen, sondern alles dieß wurde von einem hinter rsteckten menschlichen Stellvertreter versehen; allein so oft es ans „Amen" wickte man den Esel so lange, bis er statt Amen „Ya" brüllte, worüber e versammelten Andächtigen in ein wieherndes Freudengelächter ausbra-Noch scandalöser ging es bei den Narrenfesten zu, welche, wie die Sa-der Alten, im Dezember, d. i. von Weihnachten bis auf den letzten nach Epiphanias gefeiert wurden. Bei einem solchen Feste mußte sich er von der niederen Geistlichkeit, den man als lustigen Bruder kannte, Abt oder Bischof oder gar Pabst verkleiden, und nun führte man ihn er Prozession und unter Begleitung von einer Menge auf verschiedene umter Gestalten, unter dem lautesten Halloh der Zuschauer, in die wo man ihn unter den tollsten und lächerlichsten Feierlichkeiten Nun nahm der Pseudobischof oder Pseudopabst den Altar ein und chamt ganz auf dieselbe Weise, wie wenn er ein wirklicher Bischof ewesen wäre. Während dem aber verübten seine vermummten Behm als Sacristane und Chorknaben dienen sollten, allerlei gemeine Possenspiel. Die einen nehmlich tanzten um den Altar herum e schmutzigsten Lieder dazu; Andere benutzten den Altar als Wirths-t Würste hervor, um sie auf demselben zu verspeisen, legten ein und tranken sich's gegenseitig zu, spielten Karten oder würfelten ich dabei der gotteslästerlichsten Flüche; wieder Andere, die als nnen verkleidet waren, fingen an sich zu entkleiden und führten ckten Zustande die allerüppigsten und obscönsten Stellungen aus, rter vielleicht ins Rauchfaß pißte, oder eine andere Schweinerei

stolischen Kammer d. i. von den Päbsten, weder unter diesem, noch unter jenem Titel irgend etwas für die Verleihung einer kirchlichen Stelle gefordert oder genommen werden, und es seien also die Annaten, die Palliengelder, die Reservationen u. s. w. u. s. w. für immer und ewig als abgeschafft zu betrachten; von nun an habe ein Pabst nicht mehr an die Schätze dieser Welt, sondern nur noch an die Schätze des Himmels zu denken, und darum solle ihm auch jedes Jahr von einem Cardinal die Regel vorgelesen werden, wie er sich zu betragen habe, um für die ganze Welt ein Sittenspiegel zu sein." Also decretirten die in Basel versammelten Väter und man kann sich nun wohl denken, mit welchen Augen der Pabst das Concil betrachtete. Zwar allerdings wußte man wohl, daß die meisten jener Beschlüsse nur darauf berechnet waren, einen rechten Lärm in die Welt hinaus zu machen, und daß es im Ganzen genommen duraus beim Alten bleiben werde;*) allein die den Geldpunkt betreffenden Decrete griffen doch so sehr in's Fleisch des Papstthums ein, daß mit der Synode, wenn der römische Stuhl nicht zu Schaden kommen wollte, auf diese oder jene Weise ein Ende gemacht werden mußte.

---

auftischte. So ging es fort, so lange das Hochamt dauerte, der Hauptjubel entstand aber erst, wenn der Pseudopabst unter Verdrehung der Augen und mit heiliger Grimasse die Kirche entlang schritt, um dem Volke seinen Segen zu ertheilen, denn hierin, in der Verspottung des Priesterstandes und seiner priesterlichen Functionen lag gerade die Pointe des Festes. Man darf übrigens nicht glauben, daß nur der gemeine Pöbel sich dabei betheiligte; im Gegentheil auch der hohe Adel nebst der sämmtlichen Damenwelt fand sich regelmäßig ein. Ja selbst die Mitglieder der höheren Geistlichkeit, die Aebte, Bischöfe und Erzbischöfe schloßen sich nicht aus, sondern lachten gar herzlich, wenn der Pseudobischof seine Rolle mit Witz und Humor durchführte, hiedurch (wenigstens stillschweigend) zugebend, daß der ganze damalige Gottesdienst, d. h. das ganze damals übrige Chrstenthum nichts sei, als ein großartiger pfäffischer Hocus-Pocus.

*) Nicht einmal im geringsten Frauenkloster, so versichern Schriftsteller, welche unmittelbar nach der Zeit der Basler Synode lebten, ist es durch jene Beschlüsse anders geworden und von einer Besserung der Zucht und Sitte im großen Ganzen war ohnehin nicht die Rede.

An einem Vorwande, das Concil „ohne Gewaltthätigkeit" zu sistiren, fehlte es zum Glück nicht. Eugen stand nehmlich damals mit der griechischen Kirche wegen ihrer Wiedervereinigung mit der römischen in Unterhandlung und verlangte deßhalb, daß die Synode von Basel mit den griechischen Delegaten in ein „gemeinschaftliches" öcumenisches Concil zusammentrete, welches, da man den Griechen eine Reise nach Basel doch unmöglich zumuthen könne, am besten in einer italienischen Stadt, wie z. B. Ferrara, abgehalten würde. Der Vorschlag erschien ganz plausibel, allein die Basler Versammlung merkte bald, was des Pudels Kern sei, und als daher der Papst durch eine vom 18. September 1437 datirte Bulle die sofortige Verlegung der Synode nach Ferrara anbefahl, so weigerte sich die Mehrzahl der Anwesenden, dem päbstlichen Gebote zu folgen. Die Vornehmsten freilich, die Cardinäle, Erzbischöfe und Bischöfe, besonders die italienischen und französischen, „gingen", die untergeordneten Geistlichen aber, d. i. die Abgeordneten der Domcapitel und Klöster, die Delegirten der Universitäten, die theologischen Doctoren und Professoren u. s. w. u. s. w. „blieben" und erklärten sich für die einzig rechtmäßige öcumenische Synode, deren Gewalt von keinem Pabst erschüttert werden könne, weil dieselbe „über dem Pabste" stehe. Umgekehrt aber decretirte der Pabst die Synode für aufgelöst und drohte ihr, wenn sie nicht gehorche, mit dem Bannfluch. Nunmehr citirten die Basler den Eugen vor ihr Forum und suspendirten ihn, da er nicht erschien, am 21. Januar 1438. Ja sie gingen noch weiter und erklärten die Synode von Ferrara „für eine Zusammenkunft von Schismatikern", welche auf dem Boden der Ketzerei angekommen sei. Hiegegen remonstrirten natürlich die in Ferrara oder vielmehr in Florenz (denn der Pabst hatte die Synode schon nach kurzer Zeit, Bequemlichkeitshalber, in letztere Stadt verlegt) Versammelten auf's heftigste und erließen ein Manifest, in welchem sie die Welt versicherten: „nur allein sie, die vom Pabst Berufenen, bilden das wahre öcumenische Concil, in Basel aber tage bloß Lumpengesindel, lauter gemeine Bursche aus der untersten Classe der Clerisei, bestehend aus Apostaten, Blasphemisten, Rebellen, Kirchenschändern und Zuchthauscandidaten, welche sammt und sonders nicht mehr werth seien, als daß man sie zum

Teufel jage, von dem sie ausgegangen." Mit solcher Sprache war, wie man sich denken kann, der Pabst vollkommen einverstanden, und darum belegte er auch sofort das Basler Concil mit seinem Bannfluche. Das letztere jedoch ließ sich hiedurch nicht einschüchtern, sondern bezahlte Verachtung mit Verachtung, Schimpfwort mit Schimpfwort, Verfluchung mit Verfluchnng. Ja es erklärte sogar am 25. Mai 1439 den Pabst frischweg für einen Simonisten, Meineidigen und unverbesserlichen Ketzer, als einen Störer des Friedens, Verschwender der Kirchengüter und offenen Rebellen wider Gott, decretirte deßhalb in feierlicher Session seine Absetzung und erwählte schließlich in der Person des Herzogs Amadeus von Savoyen einen neuen Pabst, welcher sich den Namen Felix V. gab.

Nun war das Schisma abermalen fix und fertig und das gegenseitige Verfluchen und Bannen ging abermalen los. Doch muß man es dem Pabste Felix zum Ruhme nachsagen, daß er sich weit mehr in den Grenzen des Anstandes und der Sitte hielt, als sein Gegner Eugen. Jener konnte selbst als Pabst die gute Erziehung, die er genossen, nicht verbergen, dieser aber entwickelte eine solche Bravour im Schimpfen, wie vielleicht kein anderer Pabst weder vor ihm noch nach ihm. Er nannte den Felix einen „Höllenhund und Antichrist", ein „goldenes Kalb und einen Muhammed", er hieß die Väter zu Basel „reißende Thiere und in Menschen verkleidete Teufel, welche einen Götzen Moloch errichtet hätten"; ja er ging in seiner Wuth sogar so weit, „daß er die Straßenräuber, welche den Baslern die Lebensmittel abschneiden würden, absolvirte und segnete!" Dabei unterließ er es natürlich nicht, an alle weltlichen Fürsten Schreiben zu erlassen, worin er sie aufforderte, mit dem Basler Concil alle Verbindung abzubrechen, indem dasselbe offenbar nichts anderes beabsichtige, als eine neue Kirchenspaltung hervorzurufen, und wandte zugleich alle Mittel der Ueberredung und der Bestechung an, um die hervorragenderen unter den in Basel tagenden Theologen für sich zu gewinnen. In der That gelang ihm auch Letzteres über Erwarten gut, und schon nach wenigen Jahren hatte das Basler Concil dieselbe Stellung eingenommen, wie in neuester Zeit das deutsche Rumpf-Parlament, nachdem die große Mehrzahl der angesehensten Abgeordneten dasselbe verlassen hatte. Das „formelle Recht" war offenbar auf Seiten der Basler, „die Macht und das Ansehen" dagegen auf Seiten Eugens und der Synode von Florenz. Kurz, das Ende vom Liede war, daß das Basler Concil im Jahr 1443 im Bewußtsein seiner Unmacht sich von selbst auflöste und der von ihm ernannte Pabst Felix von freien Stücken abdankte. Auf diese Art wurde Eugen wieder alleiniger Untrüglicher; aber ich frage dich, mein lieber Leser, was hältst du von solcher Untrüglichkeit?

Seit jener Zeit hat es keine zwiespältige Pabstwahl mehr gegeben, doch — kehrte deßhalb der heilige Geist im Conclave ein? Du lieber Himmel, nach wie vor gaben bei jeder neuen Pabsternennung immer nur menschliche Interessen und Leidenschaften den Ausschlag! Jeder Cardinal beschäftigte sich während seiner ganzen Cardinalslaufbahn nur allein mit der Idee, wie er die höchste Stufe in der Kirche erklimmen möchte, und ließ daher kein Mittel unversucht, durch welches er sich das „Jawort" eines seiner Collegen erkaufen konnte. Sah er aber bei einer Vakanz des päbstlichen Stuhles ein, daß es ihm für dießmal noch unmöglich sein werde, seinen großen Schluß-Endzweck zu erreichen, so wollte er doch wenigstens nur einen Solchen auf dem Pabstsitze sehen, von welchem er hoffen konnte, daß derselbe recht bald das Zeitliche gesegnen und hiedurch zu einer neuen Pabstwahl, welche möglicherweise zu „seinen" Gunsten ausfallen konnte, Gelegenheit geben würde. Daher finden wir denn auch, daß in den letzten paar Jahrhunderten meist nur schwächliche Greise die Tiare erhielten, welche schon nach wenigen Jahren ins bessere Jenseits hinübergiengen; allein trotzdem, d. h. trotz des hohen Alters und der ruinirten Gesundheit fast sämmtlicher Pabst-Candidaten, ging es im Conclave doch beinahe immer ebenso stürmisch und leidenschaftlich zu, als auf dem berühmten polnischen Reichstage! Zum Beleg hiefür nur einige wenige Beispiele. Nach dem Tode Clemens XI. im Jahr 1721 waren die Cardinäle in drei Partheien gespalten und keine wollte nachgeben. Dieses etwas nun hatte man schon oft erlebt, nicht aber das, daß die Rothhüte, wie jetzt geschah, auf einander losgingen, sich mit den Dintenfässern bombardirten und am Ende einander an den Haaren herumzausten. Erst nachdem sie sich gehörig gestoßen, geschlagen und getreten, kam die Mehrzahl überein, den alten schwachen Cardinal Michael Angelo Conti, welcher offenbar keine drei Jahre mehr leben konnte, zu erwählen, und dieser, welcher sich den Namen Innocenz XIII. gab, rechtfertigte auch wirklich die Hoffnung, die man auf ihn gesetzt hatte, indem er schon nach zwei Jahren und zehn Monaten den Geist aufgab. Indessen ging es bei der Wahl seines Nachfolgers nicht minder stürmisch zu, denn die Cardinäle stritten sich zwei volle Monate herum, bis sie endlich über den sechsundsiebenzigjährigen Cardinal Orsini, der sich Benedikt XIII. nannte, einig wurden. Noch heftiger war der Streit, nachdem auch dieser Papst schon nach wenigen Jahren, nehmlich anno 1730, verstorben war. Nicht weniger als vierundfünfzig Cardinäle gingen damals in's Conclave, aber es war drei volle Monate hindurch nicht möglich, den Geist der Einigkeit (vom heiligen Geist wollen wir natürlich nicht sprechen) unter ihnen einziehen zu sehen. Endlich jedoch erhielt der Cardinal Lorenzo Corsini die Mehrheit und zwar einfach deßwegen, weil er achtundsiebenzig Jahre alt und bereits halb erblindet war. Da mußte doch offenbar der Tod in kurzer Zeit anklopfen! Aber siehe da, Clemens XII. (diesen Namen gab sich Corsini, als er Pabst wurde) pontificirte zum großen Aerger seiner Wähler noch volle zehn Jahre lang! Nach seinem Tode beschlossen die Cardinäle vorsichtiger zu sein und in keinem Falle einen solchen Candidaten ihre Stimme zu geben, welcher fähig sei, den Stuhl Petri abermals zehn Jahre lang nicht zu erledigen. Allein der Mensch denkt und Gott lenkt. Nachdem nehmlich die Rothhüte (es waren ihrer dießmal siebenundfünfzig) sich volle 6, sage sechs Monate lang über den tauglichsten Candidaten gestritten und während dieses ihres Streites oft einen solchen Höllenlärm verführt hatten, daß man sie auf eine halbe Meile weit hörte, einigten sie sich endlich, um nicht außer dem Gespötte auch noch die Verachtung der christlichen Welt auf sich zu laden, auf den Cardinal Prosper Lambertini, welcher damals zwar erst fünfundsechzig Jahre (ein wahres Jünglingsalter für einen Pabst!) zählte, aber von einer äußerst wankenden Gesundheit zu sein schien. Doch Lambertini — er hieß sich als Pabst Benedikt XIV. — erholte sich — ganz gegen die Prophezeihung seines Leibarztes, den die Herren Wähler vorher zu Rath gezogen hatten — von dem Tage seiner Thronbesteigung an mit jedem Jahre mehr, und machte erst am 3. Mai 1758 einem neuen Pabstkandidaten Platz. Zum Glück gehörte er unter die besten Päbste, die je regiert haben, und somit sah die christliche Welt sein langes Regieren für eine wahre Wohlthat an, im vollen Gegensatz gegen die Cardinäle, von denen sich Viele wegen dieser päpstlichen „Unsterblichkeit“ (so nannten sie sein langes Leben) ein Gallenfieber anärgerten.

Ganz auf dieselbe Weise ging es auch bei den folgenden Pabstwahlen zu, allein es wäre zu ermüdend, alle diese Details zu erzählen. Zum Schlusse nur noch ein lustiges Stücklein, welches der Cardinal Felice Peretti von Montalto nach dem Tode Gregors XIII. schon im Jahre 1585 zum großen Ergötzen aller damaligen (und jetzt noch lebenden) Christen aufführte. Felice Peretti — geboren anno 1521 — war der Sohn sehr armer Eltern und mußte in seiner Jugend als Schweinehirt fungiren. Durch Vermittlung eines Oheims wurde er aber im dreizehnten Jahre eines Lebens, anno 1534, ins Franciskanerkloster zu Ascoli aufgenommen und studirte nun da so eifrig, daß er bald als ein künfiges „Kirchenlicht“ galt. Nun stieg er schnell von Stufe zu Stufe npor, bis ihn sein Hauptgönner Pabst Pius V. im Jahre 1570 ım Cardinal ernannte. Seit dieser Zeit ging all sein Dichten und rachten dahin, nicht zu ruhen, bis er die Pabstkrone erworben ıbe, und zwar nahm er sich vor, „um jeden Preis“ zum Ziele zu mmen. Solches war nun natürlich auch das Bestreben seiner litcardinäle, allein in Beziehung auf die Wahl seiner Mittel ging Er“ ganz anders zu Werk, als seine Collegen. Sobald nämlich ıus V. gestorben und Gregor XIII. Pabst geworden war, zog) der Cardinal Montalto „seiner angegriffenen Gesundheit wegen“, e er sagte, in die Einsamkeit zurück, und beschäftigte sich von jetzt an, es schien, mit gar nichts anderem mehr, als seinem Seelenheile. ermann glaubte, daß er für die Welt und ihre Freuden gänzlich aborben sei, und er selbst stellte sich so, als ob er bereits mit einem

Fuß im Grabe stünde. Mußte er aber je seiner Pflicht gemäß im Cardinals-Collegium erscheinen, so kam er immer „schwankenden Schrittes auf einen dicken Stab gestützt", und hustete bei jedem Tritte, wie ein Schwindsüchtiger, dem die Lunge abhanden gekommen. Mit schwacher Stimme gab er dann seinen Collegen in Allem Recht und meinte am Schlusse einer jeden Sitzung, Gott werde ihn wohl bald aus diesem irdischen Jammerthal erlösen. Tröstete man ihn darauf damit, daß er doch noch nicht so alt sei, um schon an den Tod denken zu müssen, so legte er sich immer acht Jahre weiter bei, als er wirklich zählte, und — wer hätte, wenn man sein eingefallenes, mit gemalten Runzeln überdecktes Gesicht, sein mattes, trübes Auge und seinen gebückten, schleichenden Gang betrachtete, seine Behauptung Lügen strafen mögen? Kurz, er wußte sich so außerordentlich zu verstellen, daß ihn seine meisten Collegen für einen hinfälligen, halb kindisch gewordenen Greis erachteten, und ihn spöttisch unter sich nur „den Esel aus der Mark" (er war nämlich in Grotta a Mare unsern Montalto in der Mark Ancona geboren) nannten, worüber er jedoch, wenn er es erfuhr, immer nur sanft und blöde lächelte. Ein solcher Mann mußte offenbar als der tüchtigste Pabst-Candidat gelten, denn nicht nur durfte man hoffen, daß seine Lebenszeit eine äußerst gemessene sei, sondern es stand auch zu erwarten, daß er die ganze Regierung den Cardinälen überlassen würde. Darum, als nun Gregor XIII. im Jahre 1585 verstorben und die Cardinäle, zweiunddvierzig stark, ins Conclave gegangen waren, um einen neuen Papst zu wählen, einigten sie sich auch zum großen Verdruß der beiden Cardinäle Farnese und Medicis, welche beide als die Vornehmsten die meiste Aussicht zu haben glaubten, schon nach kurzer Zeit auf den Cardinal Montalto, der seinerseits seine Stimme dem Cardinal Rusticucci in „leisem, hinfälligem und völlig erschöpftem Tone" gab. Kaum jedoch wurde das Ergebniß der Abstimmung bekannt, und kaum überzeugte sich Montalto, daß Er der erwählte Pabst sei, so richtete er sich (wie sein Geschichtsschreiber Leti erzählt) stramm und kerzengerade auf, warf die Krücke, auf welche er bisher seinen scheinbar siechen Körper gestützt hatte, in eine Ecke, und stimmte sofort das Te Deum mit einer solch' kräftigen Stimme an, daß der ganze Sitzungssaal vom Donner seines Basses wiederhallte! Verdutzt, verblüfft, vernichtet schauten die Cardinäle darein, als sich der schwache, hinfällige, ja fast blödsinnige Greis, für den sie ihn bisher gehalten, sich so auf einmal in einen gesunden, kräftigen und energischen Mann verwandelte, allein — der Fehler war einmal gemacht und ließ sich für jetzt nicht mehr repariren! Montalto blieb Pabst und regierte während seines ganzen Pontifikats mit einer Strenge und Energie sonder Gleichen.

Ist das nicht eine lustige Geschichte, o Leser? Aber wenn es bei einer Pabstwahl so komödienmäßig zugeht, wie es bei der Wahl Sixt V. (diesen Namen gab sich der Cardinal Montalto), wo bleibt denn da die Untrüglichkeit und der heilige Geist?

Siebentes Buch.

Der Pabst und die Neuzeit.

Motto: Ir Gewalt ist veracht,
Ir Kunst wird verlacht,
Ir Lügen nit g'acht,
G'schwächt ist ir Macht,
Recht ist's, wie's Gott macht.

Ambrosius Blaurer.

Erstes Kapitel.

Die Wiederauferstehung des Pabstthums.

Am 29. August des Jahres 1799 war Pius VI. in der Ge-
angenschaft zu Valence an der Rhone verstorben und die ganze
Welt meinte damals, daß es nunmehr mit dem Pabstthum ein Ende
aben werde. Rom und den Kirchenstaat, das Fürstenthum Avignon
ıd die Grafschaft Venessain hatten die Franzosen in Besitz ge-
mmen und dem früher so gewaltigen Kirchenfürsten war kein
ıziges Fleckchen Erde übrig geblieben, welches er das seinige nennen
inte. Ja, der Haß seiner früheren Unterthanen hatte sich nicht
mal damit begnügt, daß er selbst als elender Bettler in die
mde geschickt wurde, sondern man verfolgte sogar seine Be-
steten, sowie überhaupt Alles, was mit der römischen Curie zu-
nenhing, auf's grausamste und stieß Jeden nieder, welcher als
stlicher bekannt war!*) Kein Wunder also, wenn die Cardinäle

---

*) Besonders grausam ging es in Avignon zu, wo in der Nacht vom
f den 17. Oktober 1791 die wuthentbrannten Avignoner, unter der Füh-
ourdans, Duprats und Jouves, den letzten päbstlichen Vicelegaten Philipp
mit allen seinen Leuten ohne Barmherzigkeit hinschlachteten, und noch jetzt
ın am Thurme Trouillas die Stelle, von welcher die Ermordeten drei
rke hoch hinabgestürzt wurden. Das Volk hatte aber auch Grund zu seinem
ın die unterirdischen Folterkammern der Inquisition im päbstlichen Schlosse
ausend andern blutigen Mysterien, welche dort während des Pabstregi-
elten, mußten selbst eine Lammsnatur zum blutgierigen Wolfe umwan-
hmen wir nur allein die Geschichte, welche der »Sallo brulée,« d. i.
dsaale, ihren Namen gab, so wird der Leser schon genug haben! Es

und Prälaten über Hals und Kopf aus Rom entflohen und sich dahin zurückzogen, wo sie in ganz Europa nur noch allein Schutz fanden! Wohin flohen sie nun aber? Nun natürlich — der Leser wird sich dieß schon zum Voraus gedacht haben — in's Oesterreichische, denn kein anderes Land, selbst nicht einmal Spanien, wollte um jene Zeit mehr etwas von der Statthalterschaft Christi wissen. Doch stand es beinahe ein ganzes Jahr an, bis sich die in alle Welt zerstreuten Rothhüte in Venedig zusammenfanden, um der Christenheit ein neues Oberhaupt zu geben. Dieß geschah am 14. Mai 1800 und der Erwählte war der Cardinal-Bischof Gregor Barnabas Chiaramonti, welcher sich den Namen Pius VII. gab!

Die Welt hatte also wieder einen Pabst, aber freilich einen ziemlich nichtssagenden, da er kein Territorium mehr besaß und ihm außer Oesterreich Niemand Gehorsam oder auch nur Glauben schenkte. Da geschah es, daß der berühmte General Bonaparte die Schlacht bei Marengo schlug und, nachdem er hiedurch Herr über die Geschicke Italiens geworden war, den Pabst wieder in seine Rechte einsetzte. Verwundert fragt der Leser, aus welchem Grunde dieß geschehen sei, da doch Bonaparte keineswegs dafür bekannt war, irgend wie „zu den Gläubigen" zu gehören; allein die Antwort darauf ist sehr leicht. Bonaparte hatte damals schon im Sinne, sich zum Kaiser der Franzosen aufzuwerfen und somit schloß er Frieden mit der

---

begab sich nehmlich im Jahr 1509, daß der Neffe oder vielmehr der uneheliche Sohn des damaligen päbstlichen Legaten, nachdem er die Ehefrau eines Edelmanns geschändet hatte, von Letzterem ohne Weiteres erstochen und in die Rhone geworfen wurde. Die That geschah bei Nacht, ohne daß irgend Jemand zusah. Somit blieb auch der Thäter unbekannt und der Legat hatte lediglich keinen Anhaltspunkt, denselben ausfindig zu machen, obwohl er sich denken konnte, wer er sei. Was that er also? Er lud die ganze vornehme Welt Avignons und insbesondere alle Edelleute, welche junge schöne Frauen hatten, zu einem Feste in's Schloß ein, ließ dann, als die Geladenen bei Tische saßen, die Thüren des Saales schließen und zündete sofort mit eigener Hand große Pechfässer an, welche von oben herab in den Saal geworfen wurden. In Folge dessen entstand eine furchtbare Feuersbrunst und alle Geladenen, darunter also auch der Ehemann, welcher den Schänder seiner Frau erstochen, verbrannten elendiglich. Auf diese Art rächte der Legat seinen Sohn und von dort an bekam der Saal, in welchem die Gräuelthat vorfiel (man stellte ihn natürlich nach dem Brande wieder her) den Namen: »la Salle brulée.«

Kirche oder vielmehr mit der hohen Priesterschaft, damit diese ihn in der Erreichung seiner Zwecke unterstütze. Die Franzosen sollten wieder päbstlich-römisch denken lernen, dieweil der freie Vernunftglaube in das Reich eines Despoten nicht paßt, oder vielmehr, weil der Despotismus nur da gedeihen kann, wo den Unterthanen das Denken abhanden gekommen ist. Aus diesem Grunde schloß Bonaparte im Jahr 1801 ein Concordat mit Pius VII. und setzte ihn sogar wieder zum Beherrscher des Kirchenstaates ein. Natürlich erwies sich der Pabst äußerst dankbar, ja nicht blos dankbar, sondern geradezu devot, indem er hoffte, durch den mächtigen Helden, den Zukunfts-Imperator der Welt, in alle seine früheren Rechte wieder eingesetzt zu werden. Demgemäß nannte er den General Bonaparte „den Wiederhersteller der katholischen Religion,“ „den Beschützer des Glaubens“ und „den Erretter der Kirche aus dem Abgrunde der Revolution.“ Ja, er ging sogar so weit, daß er nachher, als sich Bonaparte unter dem Titel Napoleon I. zum Kaiser von Frankreich emporgeschwungen hatte, zu Ehren desselben ein neues Fest, „das Fest des heiligen Napoleon,“ stiftete und der Aufforderung des Kaisers, ihn in Paris zu krönen (am 31. Octbr. 1804), auf's bereitwilligste Folge leistete. Allein schon damals, bei seiner Anwesenheit in Paris nehmlich, konnte Pius gar deutlich merken, daß es dem Beherrscher der Franzosen keineswegs darum zu thun sei, die Macht des Pabstthums wieder herzustellen, sondern daß ihn besagter Monarch vielmehr nur allein deßwegen nach Frankreich hatte kommen lassen, um den Parisern ein Schauspiel zu geben. Napoleon I. wollte durch Pius VII. „der Gesalbte des Herrn“ werden, gerade wie einst der Kronräuber Pipin durch den Pabst Zacharias, doch sobald dieser Zweck erreicht war, konnte der Pabst wieder abziehen. So dachte Bonaparte, und Pius zog auch wirklich ab, aber nicht mit denselben Gefühlen, mit denen er nach Frankreich gekommen war. Im Gegentheil, die Behandlung „von Oben herab,“ welche ihm Napoleon angedeihen ließ, hatte ihn tief gedemüthigt, und der Groll, daß die französische Kirche durch die Verordnung des Kaisers, sowie besonders durch die Wiederherstellung der sogenannten „gallikanischen Kirchenfreiheiten vom Jahr 1682“ *) von Rom fast gänzlich unabhängig

*) Ueber die gallikanischen Kirchenfreiheiten, die sogenannten „vier Artikel“ oder die quatuor propositiones cleri Gallicani, haben wir schon im

gemacht wurde, fraß ihm wie ein nagender Wurm am Herzen. Namentlich mußte es ihn mit dem tiefsten Schmerze erfüllen, daß aller und jeder „Geldabfluß“ aus Frankreich an die römische Curie auf's strengste verpönt war, daß ferner der Kaiser sich vorbehielt, alle Bischöfe und Erzbischöfe seines großen Reiches selbst zu ernennen, und dem Pabste nur das formelle Recht der Bestätigung ließ, daß sodann mit den kirchlichen Reformen, d. h. mit der Unterdrückung des Obscurantismus vollkommen Ernst gemacht wurde, und daß endlich von der Zurückgabe des „ganzen“ Kirchenstaats an die römische Curie nicht nur keine Rede war, sondern daß man dieser vielmehr fast handgreiflich zu verstehen gab, wie man sie so zu sagen nur dulde und nur „aus Gnaden“ fortexistiren lasse. Dazu kam dann noch der weitere Gräuel, daß in ganz Deutschland die Klöster aufgehoben, deren Güter eingezogen, und alle Bischofs-Sitze säcularisirt *) wurden, ja, daß diese Säcularisation sich sogar bis nach dem bisher so gut katholischen Neapel (seitdem der Bruder Napoleons, der König Joseph, daselbst regierte) erstreckte. Was Wunder also, wenn Pius VII. endlich, da er im Zorn fast erstickte, so störrisch wurde, daß ihn ein Schriftsteller der damaligen Zeit „mit einem verhetzten Maulthiere“ verglich, welches weder auf Worte noch Schläge mehr geht!

Freilich, das konnte sich der Pabst wohl denken, daß gegen die Uebermacht eines Napoleon nichts auszurichten sei, allein er war einmal wüthend darüber, daß ihm der Kaiser die in Paris vorgenommene Salbung so schlecht lohne, und somit beschloß er, um keinen Preis mehr einen Schritt vorwärts zu machen, sondern vielmehr allen napoleonischen Peitschenhieben und Spornenstichen den Eigensinn und die Halsstarrigkeit eines zum äußersten Gebrachten entgegen zu setzen. Demgemäß weigerte er sich, den König Joseph

---

zweiten Buche des ersten Bandes berichtet und bemerken daher hier nur kurz, daß dieselben zwar durch die Könige Ludwig XIV. und Ludwig XV. modificirt, von Napoleon aber in erweiterter Gestalt wieder hergestellt wurden.

*) Säculum bedeutet in der Kirchensprache „die Welt und das weltliche Leben“, im Gegensatz zur „Kirche und zum kirchlichen Leben.“ Säcularisation ist daher die Verwandlung einer kirchlichen Sache in eine weltliche oder, um noch deutlicher zu sein, die Verwandlung der Güter der geistlichen Herren in weltliche Herrensitze und das Inbesitznehmen der Bisthümer durch die weltlichen Fürsten.

von Neapel anzuerkennen, und widerstand zugleich der Aufforderung Frankreichs, den Code Napoleon im Kirchenstaat einzuführen, auf's hartnäckigste. Auch ließ er sich nicht nur nicht darauf ein, seine Häfen den Engländern zu verschließen, sondern setzte sich vielmehr mit denselben, obwohl sie Ketzer waren und der Kaiser Napoleon, welcher England durch die sogenannte Continentalsperre von allem Verkehr mit dem Festlande Europa's ausschließen wollte, hiedurch auf's höchste beleidigt werden mußte, in die genaueste heimliche Verbindung. Natürlich vergalt nun der Kaiser Gleiches mit Gleichem und befahl dem General Miollis, in Rom einzurücken. Solches geschah am 2. Februar 1808, und es wurde sofort das päbstliche Militär entwaffnet, dem Pabst selbst aber die Alternative gestellt, entweder mit Frankreich ein Angriffs- und Vertheidigungsbündniß, um endlich einmal der in Italien herrschenden Unordnung ein Ende machen zu können, einzugehen, oder aber des Verlusts seiner Hauptstadt Rom gewärtig zu sein. Napoleon behandelte also den Pabst, wie man sieht, immer noch mit einer gewissen Rücksicht, denn er stellte nur solche Forderungen an ihn, welche naturgemäß waren; allein Pius VII. verschloß sich beharrlich allen Vernunftgründen, oder vielmehr er wurde immer starrköpfiger, je nachgiebiger sich der französische Kaiser zeigte. Statt also sich mit politischer Klugheit zu fügen, pochte er, dem Kaiser gegenüber, „auf seine geistigen Waffen" und befahl seinem Legaten in Paris, seine Pässe zu verlangen. Nun natürlich war es mit der Geduld Napoleons zu Ende und derselbe vereinigte sofort am 2. April 1808, um dem römischen Oberpriester den Ernst zu zeigen, die päbstlichen Provinzen Urbino, Ancona, Macerata und Camerino mit dem Königreich Italien. Trotzdem aber gab der Pabst auch jetzt noch nicht nach,

---

In dem betreffenden Decrete Napoleons heißt es folgendermaßen: „In Erwägung, daß Roms weltlicher Regent sich beständig geweigert hat, sich mit den Staaten von Oberitalien und von Neapel zur Vertheidigung der italienischen Halbinsel gegen die Engländer zu verbinden, während doch das Interesse jener Königreiche, sowie des Kirchenstaates selbst solches nothwendig erfordert: in Erwägung ferner, daß die Schenkung Carls des Großen, unseres erhabenen Vorfahren, durch welche er dem Pabste die den Kirchenstaat ausmachenden Länder gab, zum Wohle der Christenheit gemacht wurde, nicht aber zum Vortheile

sondern protestirte vielmehr auf's heftigste gegen solche Gewaltthat, verbot den italienischen Bischöfen, von irgend einer französischen Behörde Befehle anzunehmen, und ging schließlich so weit, daß er dem Kaiser wegen seiner frevelhaften Besetzung eines Theils des Kirchenstaats in einem Breve vom 3. April 1809 geradezu, wie wenn die Zeiten Gregors VII. wieder gekommen wären, mit dem Banne und Interdicte drohte. Das war denn doch zu viel!

Bisher hatte der Kaiser die Stadt Rom nebst den unmittelbar dazu gehörigen Provinzen dem Pabst noch gelassen, allein da Pius es, wie wir soeben gesehen, in der Frechheit auf's äußerste trieb, so decretirte Napoleon am 17. Mai 1809 vom Feldlager bei Wien aus, daß auch der letzte Rest des Kirchenstaates dem Königreich Italien einzuverleiben sei, während Rom selbst zu einer freien kaiserlichen Stadt erklärt wurde.*) Die Ausführung des kaiserlichen Befehls ließ natürlich nicht lange auf sich warten und der Pabst sah sich in Folge dessen zu Ende des Monats Mai 1809 gerade eben so gut säcularisirt, als die übrigen Kirchenfürsten Europa's. Doch zeigte sich Napoleon noch so großmüthig, daß er dem halsstarrigen Oberpriester nebst dessen Cardinälen einen bedeutenden jährlichen Gnadengehalt aussetzte und seine unmittelbaren

---

der Feinde unserer heiligen Religion; in Anbetracht endlich, daß der Botschafter des römischen Hofes in Paris auf Befehl des Pabstes am 30. März seine Pässe verlangt hat, haben wir beschlossen und beschließen: die Provinzen Urbino, Ancona, Macerata und Camerino werden unwiderruflich und auf ewig mit unserem Königreiche Italien vereinigt."

*) Das betreffende Decret lautet folgendermaßen: „In Anbetracht, daß unser erhabener Vorfahr, Carl der Große, die verschiedenen Güter und Grafschaften, welche er dem Pabste schenkte, nur unter dem Titel von Lehen abgab, und daß also durch diese Schenkung Rom nie aufhörte, einen Theil des fränkischen Reiches auszumachen; in Anbetracht ferner, daß die Vermischung der geistlichen Macht mit der weltlichen zu einer ewigen Quelle von Zwistigkeiten wurde, durch welche sich die Päbste nur zu häufig verleiten ließen, den Einfluß der geistlichen Macht zur Unterstützung ihrer weltlichen Ansprüche zu mißbrauchen: in Anbetracht endlich, daß im Pabstthum die Angelegenheiten des Himmels, die doch keinem Wechsel unterworfen sind, auf so lange, als die römischen Bischöfe eine weltliche Gewalt haben, mit irdischem Interesse verwechselt und vermischt werden, haben wir beschlossen: die Staaten des Pabstes sind auf immer und ewig mit dem französischen Reiche vereinigt."

Güter, Domänen und Paläste von jeder Auflage und Steuer, sowie sogar von der weltlichen Gerichtsbarkeit befreite. Man hätte also denken sollen, Pius werde sich nunmehr in dankbarer Annahme solcher Großmuth in das Unvermeidliche gefügt haben, allein es trat gerade der umgekehrte Fall ein. Voll Trotz und Ingrimm wies der Pabst alle Anerbietungen Napoleons ab und griff sofort, indem er sich zugleich auf der Engelsburg verschanzte, nach der alten vaticanischen Donnerbüchse. Er dachte in seiner Verblendung nicht daran, daß das Schloß dieser Büchse schon seit Jahrhunderten verrostet sei, und meinte in der That, Bann und Interdict werde einen Napoleon vernichten. Ja am Ende träumte er gar noch von einem Kreuzzug gegen Frankreich, wie in den Zeiten der berüchtigten Waldenser-Kriege! Wahrhaftig man sollte es kaum für möglich halten, aber deßwegen steht die Wahrheit doch nicht minder fest da: „der Pabst erließ wirklich am 9. und 10. Juni 1809 zwei Bannbullen, in deren ersten er den Kaiser Napoleon selbst als den Urheber der päbstlichen Säcularisation, in der zweiten aber alle Theilnehmer an der Besitznahme des Kirchenstaats zur untersten Hölle verdammte!"

Das war ein freches Stückchen und sollte böse Früchte tragen! In der Nacht vom 6. auf den 7. Juli 1809 nehmlich drang auf Befehl des französischen Kaisers der General Radel mit einem Trupp Soldaten durch ein Fenster und über die Gartenmauer in den befestigten Palast des Pabstes ein, durchbrach die vermauerten Thüren, entwaffnete die Schweizer-Garde, erstürmte das Zimmer, in welchem sich Pius verschanzt hatte, und verlangte von diesem die kategorische Erklärung, daß er auf seine weltliche Macht verzichte und zugleich die Bannbullen widerrufe. Der Pabst weigerte sich dessen und erklärte, lieber das Aergste über sich ergehen lassen zu wollen, als daß er einen solchen Verzicht unterschreibe. Ueberdieß bedrohte er den General Radel mit den härtesten Kirchenstrafen, falls derselbe sich etwa an ihm vergreifen wolle, allein leider hatte der General keinen großen Respect vor den päbstlichen Blitzen, denn er ließ den Kirchenfürsten sofort auf einen Lehnstuhl festbinden und durch das eingeschlagene Fenster hindurch an einem Seile auf die Straße hinabbaumeln, wo ein verschlossener Wagen des hohen Herrn wartete. Im Galopp und von einer starken Escorte begleitet, ging's durch Rom hindurch, zunächst nach Florenz, von da nach Turin und dann über den Mont-Cenis nach Grenoble. Hier machte man Halt und wies dem Pabst einen kaiserlichen Palast zur Wohnung an. Ueberdieß bot ihm Napoleon zum zweitenmale einen Gnadengehalt von zwei Millionen Francs, sowie einen fürstlichen Hofhalt in irgend einer Stadt des südlichen Frankreichs an. Allein der Pabst erklärte, „mit einem Gebannten“ nichts zu thun haben zu wollen und benahm sich überhaupt so trotzig, daß ihn der Kaiser über Valence und Nizza nach Savona bringen und daselbst als Gefangenen bewachen ließ. Doch auch hier blieb Pius gleich hartnäckig und weigerte sich namentlich, den vom Kaiser ernannten Bischöfen die canonische Bestätigung zu ertheilen, mit der offen ausgesprochenen Absicht, hiedurch die Franzosen gegen ihren Kaiser aufzubringen. Ebenso bestimmt und entschieden erklärte er sich gegen die Scheidung Napoleons von Josephinen und gegen dessen Wiedervermählung mit Marie Louise. Ueberdieß sorgte er durch die beiden Priester Gregori und Sala, sowie durch den Cardinal di Pietro dafür, daß in Lyon eine Menge Pamphlete gedruckt wurden, in welchen die Verfahrungsweise Napoleons den härtesten Tadel erfuhr. Kurz, er that Alles, was er nur ersinnen konnte, um demjenigen zu schaden, welchem er doch (im Jahr 1801) so zu sagen sein Dasein verdankte. Um nun solchen Umtrieben ein Ende zu machen, ließ Napoleon den Pabst am Ende des Jahres 1812 nach Fontainebleau schaffen und brachte ihn da endlich so weit, daß derselbe durch eine vom 25. Jan. 1813 datirte Urkunde die vier Artikel der gallikanischen Kirchenfreiheit anerkannte und sich zur Bestätigung der vom Kaiser nominirten Bischöfe verpflichtete. Kaum jedoch hatte er diesen Vertrag eingegangen und kaum hatte man in Folge dessen in Frankreich die Hoffnung gefaßt, daß die Kirche nunmehr Frieden haben werde, so erklärte der Pabst sein gegebenes Wort für null und nichtig, und widerrief Alles, was er soeben versprochen hatte: „indem das Pabstthum neben den in den bekannten vier Artikeln von 1682 enthaltenen Freiheiten unmöglich existiren könne“,*) Napoleon wurde über solchen frechen Wortbruch auf's

*) Merkwürdiger Weise berief sich der heilige Vater in dem Schreiben an Napoleon, in welchem er seinen Wortbruch zu bemänteln suchte, auf seinen Vor-

image
not
available

und er verlor natürlich keinen Augenblick, seinen Nutzen zu wahren. Gingen doch die Alliirten darauf aus, die alte Karte von Europa, wie sie vor der französischen Revolution bestanden hatte, wieder herzustellen, und den durch Napoleon vertriebenen Herrschergeschlechtern zu ihrem alten Rechte zu verhelfen! Somit wandte sich Pius zum zweitenmale an den Kaiser Franz,*) sowie auch an die Monarchen von England, Preußen und Rußland, und forderte von ihrer Gerechtigkeitsliebe, daß sie ihm den Kirchenstaat wieder überlassen sollten. Die vier Monarchen ließen sich auch wirklich auf das Verlangen ein, keineswegs jedoch aus religiösen oder kirchlichen Gründen (denn Dreie von ihnen waren ja akatholisch und nur allein der Kaiser von Oesterreich bekannte sich zur Pabst-Religion), sondern vielmehr aus rein politischen Interessen. Wem hätte man nehmlich den Kirchenstaat geben sollen? Etwa dem Könige Murat, welcher damals noch in Neapel florirte? Oder den Oesterreichern? Oder gar den Franzosen? Gott bewahre! Italien sollte wieder werden, was es vor der französischen Revolution gewesen war: ein in sich zerrissenes, ohnmächtiges Land! Ueberdem, — mußte nicht wenigstens Dreien von jenen vier Monarchen, jenen Dreien nehmlich, die „die heilige Allianz“ bildeten und das „Von-Gottesgnadenthum“ als ihren obersten leitenden Grundgedanken aufstellten, vor Allem aber dem Kaiser von Oesterreich, welchem Oberitalien als Eigenthum zugefallen war, ausnehmend viel daran gelegen sein,

---

*) In dem Briefe an den Kaiser Franz schreibt der Pabst unter Anderem wörtlich Folgendes: „Nicht Herrschsucht oder Länbergier, sondern das Beste der Religion und unsere heiligen Pflichten gegen Gott und die Kirche, sowie gegen unsere Völker, besonders aber der von uns bei unserer Erhebung zum Pontificate geleistete Eid, die Besitzthümer des heiligen apostolischen Stuhls zu erhalten, zu vertheidigen und zu wahren, verpflichten uns auf's dringendste zur Reclamation unserer Staaten, denn diese sind nicht etwa unser Erbgut, sondern das Erbgut des heiligen Petrus selbst, welchem sie Gott gegeben hat, um seine himmlische Gewalt, die Seelen zu regieren und die Einheit in dem ganzen Körper der Gläubigen zu bewahren, in so vielen Ländern und unter so vielen einander oft feindlich gegenüber stehenden Völkern frei und ungehindert ausüben zu können.“ Auf diese Art motivirte der Pabst seine Ansprüche auf den Kirchenstaat, wir aber überlassen es dem Leser, derlei schwunghafte Phrasen in's richtige Deutsch zu übersetzen.

daß in ganz Italien auch die letzte Spur der Revolution vernichtet werde? Hätte sich also, da ein conservatives oder vielmehr reactionäres Italien ohne Pabst gar nicht denkbar ist, anders handeln können, als sie gehandelt haben? Nein, der Pabst mußte wieder eingesetzt werden, wenn das System der heiligen Allianz siegreich sein sollte, und darum ward er eingesetzt!

Am 24. Mai des Jahres 1814 kehrte Pius VII. nach Rom zurück und nahm wiederum vom Kirchenstaate Besitz. Das Pabstthum war also in all seiner Glorie wieder hergestellt!

Zweites Kapitel.

Die Päbste bleiben die Alten.

Ein einzigesmal, seitdem der Kirchenstaat gegründet worden war, hatten sich die Bewohner desselben für eine Zeit lang glücklich gefühlt. Dieser Zeitraum fällt in die Jahre 1809—1814, in welchen Rom nebst allem, was dazu gehörte, von den Franzosen regiert wurde. Kaiser Napoleon hatte nehmlich nach der Abführung des Pabstes im Jahr 1809 für Rom und den Kirchenstaat einen außerordentlichen Staatsrath, unter dem Vorsitze des bekannten Generals Miollis, ernannt und dieser hob augenblicklich (8. Juli) das Inquisitionsgericht, die Freistätten für Verbrecher, sowie überhaupt das ganze mittelalterliche Statut, unter welchem die Päbste bisher regiert hatten, vollständig auf. Statt dessen wurde der Code Napoleon eingeführt und überall die strengste Gerechtigkeit gehandhabt. Nicht minder zum Vortheil des Landes veränderte sich die Civilverwaltung des Kirchenstaates, denn man warf den ganzen bisherigen Schlendrian gleichsam mit Einemmale über den Haufen. Besonders thätig aber erwies sich die neugegründete Polizei und bald hörten die vielen Diebstähle, Einbrüche und Mordthaten, welche sonst unter dem Regimente des heiligen Vaters an der Tagesordnung gewesen waren, gänzlich auf. Kurz, die Bewohner des frühern päbstlichen Gebietes fühlten während der französischen Herrschaft, daß sie Menschen seien und das Recht hätten, als freie, denkende Wesen zu existiren, und darum wurde auch die Absetzung des Pabstes im Römischen von Niemand bedauert, als nur allein von dem weitver-

image not available

stellung des Mittelalters mit der ganzen mittelalterlichen Denkungsweise! Natürlich ließ sich der Wiener Congreß auf die päbstlichen Forderungen nicht weiter ein, denn es war ja rein unmöglich, die Geschichte von 1789—1814 mit Einem Strich auszuwischen; allein was that nun der Pabst? Er protestirte feierlichst wider alle Verfügungen, welche den Interessen und Ansprüchen des heiligen Stuhles nachtheilig sein könnten und gab diese Protestation durch seinen Cardinal-Legaten zu den Akten!

Wenn nun aber auch die Zurückführung der gesammten europäischen Christenheit in's Mittelalter auf dem Congresse zu Wien nicht gelingen wollte, so versuchte der Pabst dieses Experiment mit umsomehr Glück in seinen eigenen Staaten, denn hier schaffte er natürlich den Code Napoleon, sowie alle übrigen von den Franzosen gemachten Neuerungen alsbald ab und setzte ganz dieselbe Ordnung der Dinge wieder ein, wie sie vor anno 1789 geherrscht hatte. Die ganze Gerechtigkeitspflege, die ganze Civilverwaltung, die ganze Polizei, kurz Alles und Alles wurde wieder mittelalterlich gemacht und blieb es auch unter den folgenden Päbsten bis auf die neueste Zeit herab. Ja, wenn heute Kaiser Karl V. wieder aus seinem Grabe erstünde, so würde ihm der Hochgenuß zu Theil, zu sehen, wie seine peinliche Halsgerichtsordnung mit ihren Folterqualen und Todesurtheilen wenigstens noch in einem Land der Welt zu Recht besteht, nehmlich in dem Lande, über welches der heilige Vater, der Stellvertreter Gottes auf Erden, herrscht! Eine detaillirte Schilderung der römischen Zustände wird uns übrigens der Leser nicht zumuthen, denn sonst müßten wir den Umfang dieses Werkes verzehnfachen; allein damit derselbe doch wenigstens einen „kleinen" Begriff von der wirklich bodenlos erbärmlichen Wirthschaft im Kirchenstaate bekomme, erlauben wir uns auf ein paar Thatsachen aufmerksam zu machen, durch welche sich das Pabst-Regiment vor allen Regierungen in der Welt auszeichnet. Der ganze Kirchenstaat nehmlich wurde bis in die neueste Zeit, d. h. so lange der Pabst Herr über denselben war, von oben bis unten herab von „Priestern" regiert, und es gab keine Beamtenstelle (wenigstens keine höhere), die nicht in der Regel von einem Geistlichen versehen wurde, — natürlich ohne daß

image
not
available

einziges Beispiel anzuführen, unter den 683 Gefangenen, die sich am 31. August 1855 im Fort Urban in Bologna befanden, nicht weniger als hundertvierundzwanzig Unglückliche, gegen welche niemals eine Klage erhoben worden war, sondern die man vielmehr, wie die Gefängnißliste sich ausdrückte, nur allein „aus Vorsicht" eingesperrt hatte! Fragt man nun aber, wie die Eingesperrten behandelt wurden, dann schaudert Einem wirklich die Haut; denn schon die Lokalitäten sind von der Art, daß man verrückt werden könnte. Gräßliche Löcher ohne Licht und Luftzug, entweder tief unten in der feuchten Erde oder hoch oben unter dem vor Hitze rauchenden Dache, — Löcher, in welchen ein solcher stinkender Qualm herrscht, daß auch der Gesundeste in wenigen Wochen dem Siechthum anheimfällt, solche Löcher nennt man im Kirchenstaat Gefängnisse! *) Dazu kamen dann noch die Prügelstrafen, welche überall von den Untersuchungsrichtern nach Laune und Willkühr angewendet wurden, sowie die übrigen Torturen und Marterungen, die nicht selten den Wahnsinn oder den Selbstmord des Gefangenen zur Folge hatten. Am allerübelsten waren natürlich die politischen Gefangenen daran, denn wenn man auch gegen einen Banditen oder Mörder noch hie und da wenigstens die äußere Form der Justiz beobachtete, so fielen bei einem politisch Verdächtigen alle derlei Rücksichten weg. Ein

*) Nachdem anno 1859 der größte Theil des Kirchenstaats vom Pabst abgefallen und zum neuen Königreich Italien gekommen war, wurde den Leiden des Volks so viel möglich Rechnung getragen, und da heißt es denn in dem „amtlichen" Berichte des Marchese Pepoli über die Gefängnisse Umbriens unter Anderem folgendermaßen: „Als ich zu Orviedo mit einer Magistrats-Person die Gefängnisse besuchte, waren wir Beide genöthigt, schon nach wenigen Augenblicken die Lokalitäten wieder zu verlassen, so stinkend und erstickend war die Luft darin! Es zeigte aber auch der sieche Anblick der Verurtheilten deutlich genug, wie diese Gefängnisse, abgesehen von Hunger, Ketten und Schlägen, an und für sich schon die Macht hatten, einen Menschen, der in ihnen leben mußte, zu tödten. Nicht minder schlecht beschaffen fand ich die Gefängnisse von Magione, Spello, Gualto, Tadino, Fecoli, Castiglione und Perugia. Ueberall herrschte eine feuchte, faulende Luft, so daß die Wände von Wasser triesten und das Stroh in den Feldbetten vollkommen verfault war." Dazu noch die ebenso kärgliche als erbärmliche Nahrung, dann die ewige Anwendung des Ochsenziemers und zuletzt die geistige Tortur durch die Priester!! — Was will man mehr?

solcher wurde ohne Weiteres Jahre lang im Gefängniß herumgezogen, bis man ihn endlich verurtheilte, und dann kam er schließlich regelmäßig ins Bagno (das päbstliche Zuchthaus), wo man ihn mit den gemeinsten Dieben und Straßenräubern zusammensperrte. Der Leser glaubt vielleicht, eine solche gräßliche Willkührlichkeit und Tyrannei sei unmöglich, allein er wird sich nicht mehr verwundern, wenn wir ihm sagen, daß alle politischen Vergehen von einem „besonderen" Staatsgerichtshof, der sogenannten „heiligen Consulta", in welcher „nur allein Geistliche" Sitz und Stimme haben und die mit so besondern Machtvollkommenheiten ausgerüstet ist, „daß sie einem Angeklagten weder eine Confrontation mit einem Zeugen, noch auch nur einen Vertheidiger zuläßt", abgeurtheilt werden, denn was läßt sich von einem „solchen" Gerichte anders erwarten, als grausame Verfolgung und tyrannische Bedrückung?

Erbärmlicher noch, wenn irgend möglich, als um die Justiz des Kirchenstaates, stand es bis jetzt um die Polizeiverwaltung jenes Landes. Man darf nehmlich mit Recht sagen, daß vom Jahr 1814 an in keinem europäischen Staate die Sicherheit des Eigenthums und der Person so gefährdet war, wie in dem vom Pabste beherrschten Gebiete, in welchem es von Banditen und Räubern, wörtlich genommen, „wimmelte". Gibt es doch nicht wenige Städte im Patrimonium Petri, in denen es während der letzten vierzig Jahre geradezu lebensgefährlich war, sich Abends nach Sonnenuntergang vor das Thor hinauszuwagen oder auch nur eine Promenade in den Straßen zu machen! Ja, unter den Päbsten Pius VII., Leo XII. Pius VIII. und Gregor XVI., also vom Jahr 1814 bis zum Jahr 1846, haben die Räuber in der römischen Campagna eine Art von europäischer Berühmtheit erlangt und die päbstliche Regierung sah sich nicht selten gezwungen, mit ihnen, wie mit einer legitimen Macht, förmliche Verträge abzuschließen. Wohl gab es päbstliche Polizeisoldaten und päbstliche Gensdarmen in ziemlicher Anzahl, allein wagte man es je, mit Energie gegen das Banditenwesen einzuschreiten? Sicherlich nicht! Im Gegentheil, die größere Hälfte der Priesterschaft des Kirchenstaates stand mit den Räubern in geheimer Verbindung und benützte sie, um die des Liberalismus Verdächtigen zu verfolgen oder gar zu tödten! So kam es denn, daß einzelne Räuberchefs, wie z. B. der berüchtigte Passatore, nicht blos diesen oder jenen Reichen und Vornehmen entführten, um von ihm ein bedeutendes Lösegeld zu erpressen, sondern daß sie sogar ganze Städte und Dörfer, in welche sie am hellen Tage eindrangen, entweder brandschatzten oder ausplünderten, und überhaupt eine weit größere Macht ausübten, als die Päbste selbst mit allen ihren Schlüsselsoldaten und Gensdarmen. *) Was sagt nun der Leser zu einer solchen Wirthschaft?

---

*) Statt aller weiteren Einzelnheiten, welche zu Hunderten in den Zeitungen nachgelesen werden mögen, wollen wir zum Belege des von uns Gesagten nur allein folgendes Räuberstückchen erzählen. Eines Abends war das Theater in Bologna eines neuen Singspiels wegen sehr angefüllt, allein als der Vorhang aufgezogen wurde, sahen die Zuschauer zu ihrem Entsetzen statt der Sänger und Schauspieler etliche und vierzig Banditen auf der Bühne stehen, welche ihre Flintenläufe auf das Parterre und die Logen gerichtet hatten. Einzelne glaubten einen Moment lang, diese Scene gehöre zu dem neuen Stücke, allein sie wurden bald eines Andern belehrt, denn der Chef der Räuber trat vor, rief verschiedene Vornehme und Reiche, welche in den Logen befindlich waren, bei ihren Namen auf und eröffnete ihnen, daß sie dazu ausersehen seien, die von dem gesammten anwesenden Publikum zu erlegende Brandschatzungssumme einstweilen vorzuschießen. Zugleich erklärte er, daß er, sofern Jemand nur den geringsten Versuch machen würde, das Theater, dessen Thüren natürlich von den Räubern sorgfältig verschlossen worden waren, zu verlassen, oder durch Schreien von Außen Hülfe herbeizurufen, unverzüglich auf die Zuschauer Feuer geben lassen werde. Was war nun in einem solchen kritischen Falle zu thun? Natürlich nichts Anderes, als sich zu fügen, denn jeder der Anwesenden meinte schon, eine Flintenkugel im Herzen sitzen zu haben. Die mit Namen Aufgerufenen verstanden sich also bereitwillig dazu, die verlangte Summe von mehreren Tausend Scudi, die sie ihrer Größe halber natürlich nicht in der Tasche bei sich führten, von Hause zu holen, und der Räuber-Anführer gab ihnen zu diesem Behufe eine bewaffnete Escorte mit, welche den strengsten Befehl bekam, jeden von ihnen, der Miene mache, auszureißen oder die Hülfe Vorübergehender anzusprechen, alsobald niederzustoßen. Auf diese Art wurden die auserlesenen Geißeln in ihre verschiedenen Wohnungen gebracht und während der ganzen Zeit ihrer Abwesenheit mußte das Publikum im Theater aus Furcht vor den Räubern, welche ihre Büchsen in stetem Anschlag hielten, ruhig ausharren. Endlich kamen die Escortirten zurück, übergaben dem Banditen-Chef die verlangte Summe und den Augenblick darauf war Letzterer mit allen seinen Leuten verschwunden; nicht jedoch, ohne daß er vorher noch die Artigkeit gehabt hätte, dem Publikum die fest verschlossenen Thüren zu öffnen. — Ist das nicht ein lustiges Stücklein und zwar um so lustiger, wenn man bedenkt, daß dasselbe in einer Stadt von 72,000 Einwohnern ausgeübt wurde?

schlecht, wie mit der Justiz und der Polizei, stand
it es jetzt noch mit allem Uebrigen: absonderlich mit
r Industrie, dem Ackerbau und der Volkserziehung.
ersten Hebel des Glücks eines Landes liegen im Kir-
lich darnieder und man darf mit vollkommenstem
aß die Regierung seit langen Jahren Alles gethan
irgend geschehen konnte, um jeden beginnenden selbst-
hwung schon im ersten Keime zu ersticken. So ist
nstaat trotz seines ungeheuren Naturreichthums, wel-
zer fleißiger Hände bedürfen würde, um die präch-
zu erzeugen; — trotzdem er von den herrlichsten
ert wird, welche zu Fabrikanlagen so zu sagen selbst
- trotzdem er an zwei Meere grenzt und im Besitz der
häfen ist, in welchen der Handel zur schönsten Blüthe
gen könnte; trotzdem, sagen wir, ist der Kirchenstaat
sten und heruntergekommensten Länder, welche es in
Allein, wie könnte dieß auch anders sein, wenn
, auf welcher Culturstufe die päbstlichen Unterthanen
vielmehr in welcher Unwissenheit und Geistesträgheit
Gewalt erhalten werden? Allerdings gibt es im Kir-
ht weniger als sieben Universitäten, nehmlich fünf zwei-
wie zu Perugia, Comerino, Ferno, Macerata und Fer-
dei ersten Rangs, wie die zu Bologna und die zu Rom,
: sogar mit dem Namen »Sapienza« oder die Weisheit
Allein wie steht es trotz dieser hochtönenden Namen
issen der Professoren? Sind sie nicht bei weitem zum
ile Theologen oder doch wenigstens dem Priester- oder
de Angehörige, welche in Fächern dociren, von denen sie
r nichts oder nur sehr wenig verstehen? Wird es irgend
rten, und wäre er ein Lumen mundi, gestattet, sich auf
sieben Universitäten zu habilitiren, wenn er nicht vorher
isbekenntniß abgelegt hat, durch welches er beweist, daß
,t dem Obscurantismus huldigt? Ja, ist nicht gerade
Wissenschaft, welche die Grundlage aller Wissenschaften
mlich die Wissenschaft von der Natur und dem Geiste,
ndern Worten die Philosophie, gänzlich von allen Kathe-
Kirchenstaates ausgeschlossen? Hieraus kann man zur

Genüge sehen, wie es um das höhere geistige Wesen, trotz aller pompösen Namen, in den päbstlichen Staaten steht; allein hievon wollten wir eigentlich nicht sprechen, sondern vielmehr „von dem Volksunterrichte im engern Sinne“, von den Schulen auf dem Lande und in den Städten, in welchen die Söhne und Töchter der bürgerlich und bäurisch Gebornen im Lesen, Schreiben und Rechnen, sowie in der Geschichte, Geographie, Physik u. s. w. unterrichtet werden sollen. Wie steht's da? Du lieber Gott im Himmel: es steht gar nicht! Der Pabst meint, daß zum Seligwerden nichts gehöre, als recht viel Beichten und Rosenkranzbeten, nebst regelmäßigen Opfern und Messebesuchen, und somit scheint er die obengenannten Unterrichts-Gegenstände für rein überflüssig zu erachten. Deßwegen gibt es auch im ganzen Kirchenstaate noch nicht einmal ein Schullehrerseminar, um darin junge Männer zum Volksunterrichtgeben zu erziehen, sondern man überläßt vielmehr dieß ganze Geschäft den Mönchen und Nonnen. Das glorwürdige Resultat hiervon aber ist, daß von allen Unterthanen des Pabstes kaum der fünfte Theil nothdürftig lesen und schreiben kann! Auf diese Art erzieht der Pabst seine Kinder und auf diese Art regiert er sein Land. Darum — hatten wir nicht recht, als wir oben sagten, „das Wiederheraufbeschwören des Mittelalters sei ihm wenigstens in seinen eigenen Staaten gelungen?

Eine andere Frage jedoch ist die, ob die Bewohner des Kirchenstaates sich unter einem solch mittelalterlichen Regimente glücklich fühlen oder nicht. Leider aber fällt die Antwort hievon durchweg und unbedingt verneinend aus. So verwahrlost nehmlich auch der größte Theil der Bevölkerung durch das obengeschilderte päbstliche Regierungssystem werden mußte, so fühlten die Leute doch instinktiv heraus, daß nie ein besserer Zustand der Verhältnisse eintreten könne, so lange besagtes System nicht über den Haufen geworfen und der Pabst seiner weltlichen Macht entkleidet sei. Darum wird es wohl auch in der ganzen Welt kein Land geben, in welchem Jahr aus Jahr ein die Unzufriedenheit der Unterthanen mit dem Regenten eine größere gewesen wäre als im Kirchenstaate. Ja, solche Unzufriedenheit steigerte sich nach und nach bis zur Verachtung und zum Hasse, und das Volk ließ keine

bei, um diesen seinen Gefühlen Luft zu machen.
denn alle Augenblicke Aufstände und Revolutionen,
einere, theils größere Dimensionen annahmen, und
it endigten, daß der Pabst aus Rom und seinen
eben wurde. Allerdings auf die Länge dauerten
: nicht, sondern der Pabst kehrte regelmäßig nach
jon wieder auf den Vatican zurück, aber — man
r kam nie zurück durch die Anstrengungen
reu gebliebenen Partei oder der von ihm
en Armee, sondern immer nur durch Hülfe
jonette, und durch die Unterstützung aus-
Potentaten; — so anhaltend und ein-
ar der Haß, den die päbstlichen Unter-
gen ihren heiligen Oberhirten hatten.
iehung erinnern wie nur an den Aufstand im Februar
der zeitlichen Herrschaft des Pabstes sogar „in we-
Tagen" (vom 4. bis auf den 8. Februar) ein Ende
l er damals 10,000 Mann Schweizertruppen unter-
ngs wurde der Aufstand schon nach wenigen Wochen
ndem am 21. März die Oesterreicher in Bologna
llein wie wäre es Seiner Heiligkeit ergangen, wenn
absburg nicht so gar „ultra-päbstlich" gedacht hätte?
Fall trat schon im Jahr 1832 wieder ein, in wel-
erreicher nach Bologna und die Franzosen nach An-
um den heiligen Vater vor seinen „lieben Kindern"
und in den späteren Jahren wiederholte sich dieselbe
oft, daß die Oesterreicher und Franzosen eigentlich
hr aus dem Kirchenstaate hinauskamen. Sie wußten
bald sie gehen würden, auch der Pabst gehen
ı nun einem solchen unnatürlichen Verhältnisse endlich
Ende zu machen, erklärten später die sämmtlichen Groß-
Pabste Gregor XVI., daß seine Regierungsweise den
und Interessen des Volkes nicht entspreche und daß
züglich Reformen eintreten müßten. Allein was that
Er gab gute Worte und that nichts! Im Gegentheil,
regierte, wurde kein Lichtstrahl in's Land hereingelassen
te deßhalb ohne die fremden Bajonnete die Ordnung

nicht einen Augenblick lang aufrecht erhalten werden können. Endlich starb er und nach seinem Tode, im Jahr 1846, kam Johann Maria, Graf von Mastai-Feretti unter dem Namen Pius IX. an die Regierung. Man hatte ihn gewählt, anscheinend, um der Volkserbitterung über das erbärmliche Regiment seines Vorfahren Rechnung zu tragen, und in der That schienen auch die ersten Schritte, welche er that, den Anbruch einer neuen Zeit zu verkündigen. Er proklamirte nehmlich eine Amnestie, nahm verschiedene Reformen in der Verwaltung vor, und umgab sich mit ganz andern Rathgebern, als sein Vorfahr gehabt hatte. Der Jubel und die Begeisterung seiner Völker war daher ein grenzenloser und nie wurde ein Monarch von seinen Unterthanen mehr verehrt, als Pius IX. Aber bald mußte man einsehen, daß der Jubel ein thörichter gewesen sei, denn wie wäre es möglich, daß die Päbste sich änderten? Sie müßten ja in diesem Fall ihr ganzes System, also so zu sagen „sich selbst" aufgeben, und so Etwas wäre doch eine allzustarke Zumuthung! Um es also kurz zu sagen, bereute der Pabst schon nach kurzer Zeit seine im Anfang an den Tag gelegte durchaus unpäbstliche Freisinnigkeit und entfloh am 25. Nov. 1848 mit Hülfe des baierischen Gesandten, des Grafen Spaur, verkleidet aus Rom, um auf der Festung Gaëta im Neapolitanischen vor seinen aufrührerischen Unterthanen Rettung zu suchen. Natürlich benützten die Römer diese Flucht, um unbekümmert über den Bann und das Interdikt, welches der Pabst schleuderte, eine provisorische Regierung zu bilden und sofort, nachdem die Herrschaft des Pontifex auf ewige Zeiten für abgeschafft erklärt worden war, dir Republik zu proklamiren; allein die Freude war nur eine kurze. Im März 1849 nehmlich beschlossen die katholischen Mächte, die Herrschaft Seiner Heiligkeit auf dessen Bitte mit Waffengewalt wieder herzustellen, und es besetzten demgemäß die Oesterreicher die sogenannten Legationen (den gegen das adriatische Meer hin gelegenen Theil des Kirchenstaates), während die Franzosen im April in Civita-vecchia landeten und nach blutigem Kampfe sich in Rom selbst festsetzten. Nicht lange hernach, am 12. April 1850, zog Pius IX. wieder in Rom ein und kehrte sofort, „von allem Aufklärungsschwindel für immer geheilt," zu jenem frühern Regimente zurück, urch welches seine Vorgänger ihre Unterthanen bekanntlich so unendlich glücklich gemacht haben. Der Pabst war wieder der Alte, allein ebendeßwegen konnte er auch nicht existiren ohne den Schutz der Oesterreicher und Franzosen! Allerdings versuchte er es mit allen ihm zu Gebot stehenden Mitteln, eine eigene Armee zu bilden, um sagen zu können, daß seine Regierung auf selbstständigen Füßen stehe, allein von welcher Art war die Soldateska, die er zusammenbrachte? Sie bestand aus einem, von allen Weltgegenden zusammengeworbenen Lumpengesindel, welches zu Nichts zu benützen war, als nur allein zu Mord und Brand,*) dagegen aber vor jedem bewaffneten Feind auf's feigste und schmählichste davon lief. Ebendeßwegen gab es auch kein Mittel, jenen Theil des Kirchenstaates, welchen man die Mark Ancona und die Legationen nennt, nach dem Jahre 1859, d. h. nachdem die Oesterreicher in dem letzten italienischen Krieg Mailand verloren hatten und in Folge dessen gezwungen waren, das päbstliche Gebiet sich selbst zu überlassen, — für den Pabst zu retten, sondern im Gegentheil die Unterthanen revoltirten alsbald, die päbstlichen Truppen wurden

---

*) Wir erinnern den Leser nur an die Gräuelthaten, welche dieses päbstliche Söldnergesindel (die Italiener selbst schämen sich, in des Pabstes Armee einzutreten und überlassen solche Ehre den Baiern, Württembergern, Schweizern, Badenern, Tyrolern, Sachsen, Irländern u. s. w.) in Perugia verübte, — Gräuelthaten, welche dem Anführer jener Truppe, dem Schweizeroberst Schmidt, den Namen „des Mordbrenners von Perugia" eintrugen. Bei jener Affaire nehmlich verschonten die Päbstlichen, wie man zu sagen pflegt, das Kind im Mutterleibe nicht, sondern hauthirten, nachdem längst aller Widerstand der damaligen Revolutionäre aufgehört und die Waffenfähigen die Stadt verlassen hatten, gegen die zurückgebliebene Masse auf eine solch' cannibalische Weise, daß selbst die Panduren und Raitzen gegenüber von ihnen wie Engel erscheinen. Wurden doch Frauen und Mädchen, nachdem man sie aufs viehischste mißbraucht, lebendig an Spieße gesteckt und so in den Straßen herumgetragen! Warf man doch Mütter mit sammt ihren Säuglingen in Oelfässer, die man sofort anzündete, oder stürzte sie zu den Fenstern hinaus, um sie dann unten mit den Bajonetten aufzufangen! Kurz selbst in Magdeburg ging es seiner Zeit nicht gräßlicher zu, als in Perugia; allein dessenungeachtet fand sich Pabst Pius keineswegs bewogen, den unmenschlichen Anführer jener Truppen mit dem Banne zu belegen, sondern im Gegentheil, — er ernannte ihn zum Lohne für solche Heldenthaten in Gnaden zum Generale und Brigadecommandanten.

geschlagen und seither gehören jene Provinzen durch eigene Wahl zu den Besitzungen des Königs Victor Emanuel von Piemont oder wenn man lieber will von Italien. Mit einem Worte also, auch die letztvergangene Zeit hat auf's klarste gezeigt, daß der Pabst in seinen Staaten unmöglich existiren könnte, wenn er nicht von fremden Bajonneten gehalten würde, und es steht über allen Zweifel erhaben, daß, wenn die französischen Truppen, welche seit dem Jahr 1849 in Rom stehen und dort die Ordnung aufrecht erhalten, heute die ewige Stadt verlassen und sich in Civita-vecchia einschiffen würden, daß, sagen wir, in diesem Fall keine vierundzwanzig Stunden vergingen, ohne daß Pius IX. mit allen seinen Cardinälen und Oberpriestern, mit allen seinen Gensdarmen, Spionen und Sbirren, sowie endlich mit sammt seiner ganzen Musterkarte von Militär zum Lande hinausgejagt wäre. — Glaubt nun der Leser, da er sieht, daß der Pabst auch nicht einen einzigen Unterthanen (natürlich die Pfaffen abgerechnet) hat, auf den er sich verlassen kann, — glaubt er nun an die Erbärmlichkeit des Regiments des Statthalters Christi auf Erden?

Wie nun aber die Päbste der Neuzeit „hierin“ die Alten sind, so auch in „jeglichem Anderen!“ Nehmen wir nur einmal ihren Sinn „für apostolische Armuth,“ — ist es hierin in irgend etwas anders geworden, denn es zuvor war? Schon im ersten Buche dieses Werkes haben wir, als von den Pallien, Annaten und dergleichen ähnlichen Wucher-Einkommenstheilen der römischen Curie die Rede war, darauf aufmerksam gemacht, daß diese „Ernennungs-“ oder vielmehr „Stellenkaufssteuern“ gar nie aufgehoben, sondern vielmehr nur in bestimmte „fixe Taxen“ verwandelt seien, und wir brauchen daher in dieser Beziehung kaum etwas Weiteres hinzuzusetzen. So geht denn jede Ernennung, jede Beförderung zu einer höheren Kirchenstelle, also z. B. die Beförderung zum Bischof, zum Erzbischof, zum Cardinal u. s. w. auch jetzt in neuerer Zeit noch, ganz wie früher, rein allein „vom Pabste“ aus, oder es macht dieser wenigstens auf das Bestätigungs-Recht Anspruch. Allein weder Bestätigung noch Ernennung geschieht „umsonst,“ sondern vielmehr nur gegen eine Prämie, und die alte Simonie dauert also immer noch fort. Gerade so verhält es

„Dispensations-Geldern“, mit der „Heiligenfabri-
: „Reliquienhandel“ und wie der Grimskram aller
cht auch nur um ein Tüpfelchen ist der Pabst in
ders geworden, als seine Vorfahren, nur daß er
: mit etwas mehr Decenz zu Werke geht, als
nothwendig hielt. Wurde ja doch nicht einmal
el eingestellt, obwohl derselbe, wie jeder denkende
vird, die allerniedrigste und gemeinste der vielen
ichen Wuchererfindungen ist!
zt der Leser. „Der Ablaß besteht noch, und man
für ein ordentlich Stück Geld Vergebung seiner
?“ Ganz sicherlich, denn nicht einmal die von
„Taxa sacrae poenitentiariae“, d. i. der päbst-
ant für die Sünden, ist abgeschafft, obwohl
szettel“ von der sämmtlichen aufgeklärteren ka-
r eine fluchwürdige und gotteslästerlichere Beutel-
wurde! Ablaßscheine stehen also dem, der darnach
in Geld immer noch zu Dienst, nur wird nicht
kasten“, wie zu Tetzels Zeiten, herumgetragen
Anstand, besonders in solchen Ländern, wo durch
testantismus die Papisterei durch zu derbes Auf-
ire, bei weitem mehr beobachtet. Sogar „den
aß“, das sogenannte Jubeljahr, haben
unsere Tage herab beibehalten und sich durch
auf den Zeitgeist, welcher jenes Institut nicht
sondern was noch mehr ist, „für lächerlich“ er-
en, dasselbe jedes 25. Jahr, wie es Paul II.
irte, auszuschreiben. Allerdings, anno 1800
irch die großen politischen Wirren, in welche
var, verhindert, denn es gab ja damals, wie
chen haben, so zu sagen, „gar keinen Pabst,“
er in Rom residirte und etwas in der Welt
egen aber ließ sich 25 Jahre später Leo XII.
h keine Rücksichten abhalten, die längst für be-
neralwallfahrt nach Rom wieder in's Leben zu
och in seinem Ausschreiben vom 24. Mai 1824:
ünde, wenn man dem auserwählten

Volke die große Wohlthat des Jubeljahres, welches es anno 1800 habe entbehren müssen, noch länger vorenthalten würde," und lud daher die ganze Christenheit zum Besuche Roms „als der vorzugsweise heiligen und von Gott begnadigten Stadt" ein!! In der That wurde nun auch das Fest ganz nach alter Weise und mit allen von den Vorfahren überlieferten Ceremonien am Tage vor Weihnachten, dem 24. Dezember 1825, Mittags zur Zeit der ersten Vesper eröffnet und die Römer nebst den vielen in Rom zusammengekommenen Fremden zeigten einen großen Enthusiasmus. Doch bemerkte man sogleich, zum großen Leidwesen des heiligen Vaters, daß die meisten der fremden Wallfahrer aus „Bettlern, Gaunern und Banditen", sowie besonders auch „aus Liebedienerinnen und Gelegenheitsmachern" bestanden, und Leo XII. erließ deßhalb eine neue, noch dringendere Aufforderung an die Gläubigen, „doch ja die Gelegenheit zur Erlangung vollkommenen Ablasses nicht zu versäumen." Ja, er verlängerte sogar die Zeit der Wallfahrt bis zum Jahre 1827, ohne Zweifel, um statt der vielen Armen, welche die Hospize füllten, „auch ordentliche und gesittete, sowie namentlich vermögliche, d. h. opfernde" Fremde herbeizulocken! Allein es war alles vergeblich. Die Menschheit ließ sich einmal nicht in's Mittelalter zurückversetzen, und somit blieb das besagte Jubeljahr in Deutschland, Spanien, Polen, Frankreich u. s. w. fast gänzlich unbeachtet. Nicht einmal die besseren Classen der Italiener nahmen daran Theil und demgemäß wurde wenigstens der Eine und Hauptzweck jenes Festes, der Zweck nehmlich, die etwas leeren päbstlichen Cassen mit den gefallenen Opfern zu füllen, fatal verfehlt. Dieß hielt jedoch den Pabst Pius IX. ganz und gar nicht ab, ebenfalls Vorbereitungen zu treffen, um anno 1850 die besagte Jubelfeier zu wiederholen, allein da kamen die Jahre 1848 und 1849 und in diesen konnte natürlich von einer solchen Friedensfestlichkeit ebenso wenig die Rede sein, als anno 1800. Mußte doch Pius seinen Staaten anno 1849 (wie wir oben gesehen) flüchtig den Rücken kehren, und kam erst im Sommer 1850 wieder, aber auch dann nicht, um in Frieden und Eintracht mit seinen Unterthanen zu regieren! Die Zeiten hatten sich erschrecklich geändert, denn nicht einmal die Aussicht auf ein Jubeljahr, das

rnte- und Freudejahr für die Römer war, konnte
ıbst gewinnen! Einen solchen Starrsinn konnte Pius
:greifen, aber was war zu machen?
mit dem Jubeljahr glückte es den Päbsten mit
›fennige, d. i. jener andern „Haupteinnahms-
:chen Kurie, über die wir im ersten Buche dieses
schon berichtet haben. Allerdings ist der „heut-
›fennig nicht mehr derselbige, welcher im Mittel-
elen Völkern Europa's nach Rom bezahlt wurde,
.Abgabe" oder gar „Steuer", die dem Pabst zu
ist jetzt nirgends mehr die Rede. Man versteht
n Zeiten unter jenem Pfennig ein „freiwilliges
3 dem oft „so gar sehr bedrängten" heiligen Vater
allein eben weil man priesterlicherseits auf das
einen so großen Nachdruck legt, so erlauben wir
ist dieses Almosen ein wirklich freiwil-
es nicht vielmehr ein moralisch erzwun-
ird antworten: „nein, die Spende ist eine rein
Spendenden überlassene und Niemand wird ge-
:ben durch diese Freiwilligkeit will man ja be-
e Verehrung gegen den heiligen Vater in den
iken wurzelt." Aber wie? Gehen nicht in den
denen man für den Pabst sammelt, die Priester
›gar nicht selten die Nonnen und Schwestern von
ıd von Familie zu Familie, um jeden katholisch
:ich" aufzufordern, sein Scherflein auf dem Altar
.legen? Ja, wird nicht derjenige, welcher sich
Verhältnissen entsprechendes Opfer darzubringen,
nicht des Pabstes und Papismus, sondern
ıtholischen Kirche und der katholischen
:schrieen und verfolgt? So und nicht an-
ı meisten Orten (obwohl natürlich nicht überall)
:te Freiwilligkeit! Allein sei dem wie ihm wolle,
3 sicher, daß der Peterspfennig unserer Tage
nicht mehr einträgt, als jener Pfennig des Mit-
3 die Päbste immer und immer wieder mahnen,
.im Eifer des Sammelns" nachzulassen. So

belief sich, um nur ein einziges Beispiel und zwar eines aus der neuesten Zeit anzuführen, die im Jahr 1860 ersammelte Summe nach der officiellen römischen Zeitung (Giornale di Roma) auf nicht weniger als zehn Millionen und siebenmalhunderttausend Francs, und in den ersten vier Monaten des Jahres 1861 gingen nur allein aus den nordamerikanischen Freistaaten, nebst Peru, Chile und einigen anderen Centralamerikanischen Republiken 4,500,000 Dollars, das ist 11,250,000 Gulden ein. Sind das nun nicht recht hübsche Baarsummen und wird also noch jemand denjenigen Glauben schenken, welche die Meinung zu verbreiten suchen, der Pabst sei gegenwärtig „in Kümmerniß und Noth“ verfallen? Freilich wenn man nach der „Verwendung“ dieser ungeheuren Silbermasse fragt, dann schweigen die Pabstfreunde stille; denn der größte Theil dieses merkwürdig vielen Geldes wird zu Zwecken vergeudet, die keineswegs kirchlicher Natur sind. Es geht darauf, einzig und allein um die Banditen- und Lumpengesindelshorden, welche dermalen Unteritalien unsicher machen, zu besolden; es geht darauf, um dem Könige Victor Emanuel, welcher Italien zu einem einzigen, geordneten und großen Staate heranbilden möchte, Schwierigkeiten zu bereiten und dagegen den von seinen Unterthanen seiner Grausamkeit, Tyrannei und Barbarei wegen fortgejagten König von Neapel wieder in seine Staaten einzusetzen; es geht darauf, um die Zeiten des Mittelalters mit all den schrecklichen Auswüchsen jener Periode wieder heraufzubeschwören, und die Welt in dieselbe Finsterniß, dieselbe Unwissenheit und dasselbe Elend zurückzuversenken, worein sie vor 4000 Jahren versunken war! Ist es unter solchen Umständen ein Wunder, wenn die blinden Anhänger des Pabstthums so sehr darauf dringen, daß der Peterspfennig nie zu fließen aufhöre?

In Beziehung auf die apostolische Armuth also sind die Päbste „die Alten“ geblieben, nicht minder aber auch in Beziehung auf die apostolische Demuth. Seitdem nehmlich anno 1814 Pius VII. wieder als Statthalter Christi anerkannt wurde, gingen alle seine und seiner Nachfolger Bestrebungen nur allein dahin, die alte Macht des „Pontifex Maximus“ wieder herzustellen und Rom wieder zum Mittelpunkt der Christenheit zu erheben. Freilich war dieß eine merkwürdig schwere Aufgabe, denn um solchen Zweck zu erreichen, mußte man es dahin bringen, daß der durch die französische Revolution, sowie durch den Geist der Neuzeit überhaupt total über Bord geworfene Glauben an die apostolische Heiligkeit wieder siegreich in die Gemüther einziehe, oder mit andern Worten: man mußte die Menschen zwingen, wieder so zu denken, wie unsere Voreltern vor vier- oder fünfhundert Jahren gedacht haben. Sicherlich ein grandioses, ja sogar ein übermenschliches und dem Anscheine nach unerreichbares Unternehmen! Doch die Päbste verzagten nimmermehr, sondern gedachten ihrer großen Vorgänger, welche auch das Unmögliche möglich zu machen wußten, und nahmen sich vor, dasselbe zu leisten. Freilich nach den Grundsätzen der Ehrlichkeit, der Redlichkeit und der Humanität durfte man dabei, wie sich von selbst versteht, nicht viel fragen, allein wenn man nur seinen Zweck erreichte, was lag am Uebrigen? Solcher Gedanken war auch Pius VII. voll und darum machte er es zu einer seiner ersten Regierungshandlungen, einen Orden wieder in's Leben zu rufen, der viele Jahrzehnte hindurch sich als die beste Stütze des Pabstthums erwiesen hatte; dieser Orden aber war kein anderer, als der der Jesuiten, welcher von Pabst Clemens XVI. „als ein gemeinschädlicher und gegen das Christenthum verstoßender" am 21. Juli 1773 für alle Staaten der Christenheit auf immer und ewig abgeschafft worden war. Pius sah nehmlich nur zu deutlich ein, daß es nur allein diesen Gefürchteten, den ersten und größten Feinden der Aufklärung, nur ihnen, welche vor keinem Verbrechen, vor keiner Lüge und vor keinem Meineid sich scheuten, wenn sie nur dadurch zum Zwecke gelangten; — er sah ein, sagen wir, daß es nur ihnen gelingen könne, den Pabstthron wieder in seiner alten Glorie aufzurichten und darum stellte er auch den Orden schon am 7. August 1814 wieder her.*) Zu solcher Einsicht war er übrigens nicht erst im

*) Zur Zeit Clemens XIV. wurden die Jesuiten, sogar päbstlicher Seits, als eine Art „Teufelsbrut" behandelt, welche man no.hwendig vernichten müsse, wenn man nicht selbst zu Grunde gehen wolle; Pius VII. aber war des Lobes der Jesuiten voll und rühmte in seiner Bulle vom 7. August 1814 außer ihrer Gelehrsamkeit auch noch besonders „ihre Sittlichkeit und Religiosi-

Jahr 1814 gekommen, sondern er hatte selbigen Orden vielmehr schon zehn Jahre vorher auf der Insel Sicilien, auf welche sich der bigotte König Ferdinand von Neapel vor seinen aufrührerischen Unterthanen geflüchtet hatte, mit dessen Einwilligung wieder hergestellt, und gleich nachher (übrigens ganz insgeheim) noch bei verschiedenen anderen katholischen Potentaten angefragt, ob sie der Wiederaufrichtung des verpönten Institutes feindlich entgegentreten würden oder nicht. So kam es denn, daß der Schritt, welchen Pius an jenem berüchtigten 7. August wagte, nicht so gar auffallend gefunden wurde, sondern daß vielmehr die Söhne Loyola's in nicht wenigen Ländern Europa's alsobald nach der officiellen Wiederherstellung ihres Ordens eine günstige Aufnahme fanden. Ja, durch den Reichthum, welchen sie (von früher her schon) besaßen, durch die Schlauheit ihrer Politik, sowie durch die Rücksichtslosigkeit in der Wahl ihrer Mittel, erlangten sie bald den Einfluß, die Gewalt und die Verbreitung wieder, welche sie vor ihrer gewaltsamen Aufhebung gehabt hatten, und es gibt nunmehr kein Reich, weder in der alten, noch in der neuen Welt, in welchem sie sich nicht, sei's offen oder heimlich, sei's mit oder ohne Erlaubniß der Regierung, in nicht geringer Anzahl eingenistet

---

tät", zwei Eigenschaften, welche man bisher an den Jesuiten noch nicht entdeckt hatte. Dann sprach er von den einstimmigen (diese Einstimmigkeit war übrigens blos in seiner Einbildungskraft vorhanden, denn sonst wußte Niemand etwas davon) Wünschen der sämmtlichen Regenten, sowie der ganzen katholischen Welt den Orden wieder hergestellt zu sehen, und meinte, daß vox populi auch vox Dei sei. Zum Schlusse aber verrieth er doch den wahren Grund, warum er jene berüchtigte schwarze Rotte wieder aus dem Grabe hervorrief, indem er sagt: „wir würden uns vor Gott eines schweren Verbrechens schuldig machen, wenn wir diese geschickten und erfahrenen Ruderer, die sich selbst anbieten, das Schifflein Petri durch die stürmischen, jeden Augenblick Schiffbruch und Tod drohenden Wellen zu leiten, verschmähen würden, und darum beschließen wir vermöge unserer päbstlichen Machtvollkommenheit, daß diese Bulle (die Wiedereinsetzungsbulle nehmlich) in unseren, sowie in allen übrigen Staaten der Christenheit Geltung haben und weder einem Urtheil, noch einer Revision von Seiten irgend eines Richters unterworfen sein solle, bei Vermeidung des Zorns des Allmächtigen und der heiligen Apostel Petrus und Paulus."

hätten, so daß ihre Macht bis vor wenigen Jahren eine fast allgewaltige genannt werden konnte. Ueberall, selbst in solchen Ländern, welche vorwiegend protestantisch waren, hatten und haben sie theils durch ihre geheimen Emissäre, theils durch die öffentlichen Missionen (in welchen sie durch ihre mit viel theatralischer Beigabe gewürzten Beredtsamkeit auf die Menge einwirken) ihre Hand mit im Spiele und in rein katholischen, besonders aber in rein monarchischen Staaten waren und sind sie durch die Vorspiegelung, daß sie allein im Stande seien, dem revolutionären Elemente einen Riegel vorzuschieben, die förmlichen Hahnen im Korbe.*) So großartig waren die Folgen des Schrittes, welchen Pius VII. am 7. August 1814 vornahm!

Hiemit jedoch gab sich, wie man sich wohl denken kann, der heilige Vater nicht zufrieden, sondern nachdem ihm das Jesuitenstücklein gelungen, suchte er auch alsobald die heilige Inquisition wieder einzuführen. Dieselbe war ja, wie wir aus den früheren Darstellungen dieses Buches wissen, ein Hauptmittel zur

*) Auch nach ihrer Aufhebung im Jahre 1773 hatten die Jesuiten im Stillen und unter veränderten (weltlichen) Namen fortzuexistiren nie aufgehört, sowie sie es auch verstanden, den größten Theil ihres unermeßlichen Vermögens zu retten. Nach ihrer Wiederherstellung durch den Pabst wurden sie alsobald von dem Könige der beiden Sicilien, von dem Herzoge von Modena, dem Könige von Sardinien, sowie von den übrigen Fürsten Italiens anerkannt. Ein Jahr später, am 29. Mai 1815, setzte sie Ferdinand VII. von Spanien wiederum in Besitz aller ihrer anno 1767 entzogenen Güter und Rechte, und um dieselbe Zeit wurden sie auch unter dem Titel der „Redemptoristen" in Bayern sowie im Kaiserthum Oesterreich anerkannt. Nicht minder festen Fuß faßten sie in Belgien und in der Schweiz, wo sie sich vor allem der Erziehung der Jugend bemächtigten, und sogar in Frankreich, trotzdem daß sie dort gesetzlich verboten blieben, wußten sie sich wenigstens Duldung zu verschaffen. Am allermeisten jedoch breiteten sie sich in den Vereinigten Staaten Nordamerika's aus, wo sie eine Menge von Erziehungshäusern gründeten, und daß sie in dem gutkatholischen Centralamerika, sowie in den weiter südlich gelegenen Ländern jenes Welttheils ebenfalls eingebürgert sind, brauchen wir wohl nicht erst zu sagen. Von protestantischen Ländern blieben sie freilich ausgeschlossen, aber auch hier nur dem Namen nach; denn unter Titeln aller Art schlichen sie sich fast überall an den Höfen ein und auf das Volk wirkten sie durch jene berüchtigten Missionen, über welche besonders in den letzten Jahren so viel in den Zeitungen zu lesen gewesen ist.

Erhaltung der päbstlichen Macht, warum hätte er also dieses Mittel verschmähen sollen! Im Kirchenstaate ging dieß natürlich sehr leicht, denn dort war ja der Pabst Herr und Meister. Somit wurde schon im August 1814 ein Generalinquisitor ernannt, und das ganze glorreiche Institut, unter dem Titel „des heiligen Officiums", als höchste Gerichtsbarkeit wieder aufgerichtet. Allüberall hin drangen nun die Spione des Officiums und Jeder, der sich auf irgend eine Weise verdächtig machte, dem Pabstthum abhold zu sein, wurde sofort ergriffen und den düsteren Gefängnissen des heiligen Tribunals übergeben. Zum Ueberfluß machte man die Verbrechen, welche unter das Forum der Inquisition gehören sollten, noch expreß namhaft, und zwar waren dieselben: „Gotteslästerung, Immoralität, ungebührliches Benehmen gegen die Kirche, Nichtheiligung der Feste, Vergehen gegen die Fastenzeit, sowie insbesondere Abfall vom Glauben." Auch erklärt ein unterm 14. Mai 1829 erlassenes Generaledikt ausdrücklich, daß alle diejenigen, welche entweder in ihrer eigenen Wohnung oder bei Anderen Bücher von ketzerischem Inhalt (oder auch nur solche, welche von als ketzerisch bekannten Schriftstellern verfaßt seien) besitzen oder je besessen haben, unter die vom wahren Glauben Abgefallenen zu rechnen seien, und hieraus kann man schließen, welch ungeheurer Spielraum den Inquisitoren gelassen war. Ueberdieß erfahren wir aus jenem Generaledikt noch ferner, daß Jeder, welcher einen bei der Inquisition angestellten Diener, oder einen ihrer Zeugen, Ankläger und Spione, sei's durch eine Handlung oder in Worten, „beleidige" oder auch nur „zu beleidigen gedroht habe", ebenfalls dem Inquisitionsgerichte verfallen sei, und der Pabst weist ausdrücklich alle seine Sbirren, Gensdarmen und Beamten an, den Dienern des heiligen Officiums bei der Einfangung solcher Verbrecher behilflich zu sein. Ja, um das Maß des Gräßlichen voll zu machen, wird von Pabst Pius VIII. gar noch decretirt, daß jeder, der ein Wort des Tadels über die Inquisition hört oder überhaupt Zeuge eines der vor die Gerichtsbarkeit des heiligen Officiums gehörenden Vergehen ist, und das was er gesehen oder gehört hat, nicht alsobald einem Inquisitoren denuncirt, — daß, sagen wir, ein jeder Solcher gerade ebenso bestraft werden soll, als wenn er das Verbrechen selbst begangen hätte! Kurz, das von den Päbsten der Neuzeit wieder in's Leben gerufene Inquisitions-Tribunal war ganz dasselbe scheußliche Institut, wie das, welches verschiedene Jahrhunderte vorher im südlichen Frankreich und in Spanien die Menschheit zur Verzweiflung brachte.*) Doch da es unsere Pflicht ist, durchaus und in Allem die Wahrheit zu sagen, so fügen wir der Consequenz wegen hinzu, daß allerdings ein Unterschied stattfand, aber auch nur ein Einziger. Man richtete nehmlich, um die Menschheit nicht gar zu sehr vor den Kopf zu stoßen und um ein Einschreiten der europäischen Mächte zu verhindern, keine „Scheiterhaufen" mehr auf, sondern strafte, wie ein vom Jahr 1856 herrührendes Regulativ besagt, mit Excommunication, mit Vermögenseinziehung, mit Landesverbannung, mit lebenslänglichem Gefängniß, insbesondere aber mit Peitschenhieben, sowie in schwereren Fällen mit heimlicher Hinrichtung. Auf diese Art paradirte die Inquisition im Kirchenstaate und bis auf die neueste Zeit hat sie in den dem Pabste noch unterworfenen Städten ihre Thätigkeit einzustellen nicht einen Augenblick für nöthig gefunden. Allein wenn es nun auch

---

*) Ein besonderer Gegenstand der Qual und Furcht waren für die päbstlichen Unterthanen die geheimen „Spione und Vertrauten" der Inquisition, denn man konnte in keiner Gesellschaft, ja nicht einmal im Familien- oder Freundeskreise sicher sein, nicht von einem von ihnen gehört und sofort angegeben zu werden. Wurden dieselben doch von dem heiligen Officium aus allen Ständen, den niedersten wie den höchsten, ausgewählt! Gehörten doch nicht wenige dem weiblichen Geschlechte an! Hüllten doch Alle ihre Namen und Personen in das tiefste Dunkel, da sie wohl wußten, daß sie sowohl vom Volke als vom Adel auf's tiefste gehaßt und verachtet seien! Eben aber, weil ihr Handwerk ein so erbärmliches war, genossen sie auch (außerdem daß man sie gut bezahlte) besonderer Privilegien und waren, gerade wie wenn sie dem Priesterstande angehören würden, keinem bürgerlichen Gerichtshof unterworfen. Ja sogar, wenn sie bei der Verübung eines Verbrechens, und wäre es das schwerste gewesen, über der That ergriffen wurden, hatte der Großinquisitor das Recht, ihre Auslieferung unter dem Vorwande, selbst Gericht über sie zu halten, sofort zu verlangen und ihre Begnadigung zu decretiren. Daß er aber von diesem Rechte zu jeder Zeit vollen Gebrauch machte, kann man sich wohl denken, denn sonst hätte sich keiner der spionirenden Schufte mehr zu dem niederträchtigen Geschäfte hergegeben!

den Päbsten möglich wurde, durch jenes Institut „für den Kirchenstaat“ die Schrecknisse des Mittelalters wieder heraufzubeschwören, so wollte ihnen dieß trotz aller Mühe, die sie sich gaben, in andern Ländern Europa's nicht gelingen. Ueberall, besonders in Frankreich, Deutschland, England, Portugal u. s. w. u. s. w. wies man den heiligen Vater mit seinem Ansinnen zurück und sogar die italienischen Fürsten wehrten sich, wenigstens einige Zeit lang, gegen dieses gräßliche Tribunal. Nur allein König Ferdinand VII. von Spanien, als der Bigotteste aller Bigotten, gehorchte den Befehlen des Pabstes Pius, ernannte sofort (bereits im Jahr 1814) eine Inquisitions-Junta und stellte gleich darauf das ganze Tribunal in seiner alten Glorie wieder her. Doch hatte es auch „hier“ keinen Bestand, sondern wurde vielmehr, nachdem es anno 1820 von den Cortes abgeschafft und anno 1826 von der Reaktion wieder eingesetzt worden war, endlich im Jahr 1835 (hoffentlich für immer) über Bord geworfen. Während nun aber Spanien (zu großer Betrübniß des Pabstes Gregor XVI.) auf die eben angegebene Art den Geist der Finsterniß abschüttelte, gelang es Seiner Heiligkeit, das benannte Tribunal in Sardinien, Modena und Toskana wieder einzuführen und zwar auf ganz dieselbe Weise, wie im Kirchenstaate selbst. Das war ein Hochgenuß für den Statthalter Christi, allein leider trug dieser Genuß den Stempel der Vergänglichkeit in sich. Sardinien nehmlich erwachte schon nach wenigen Jahren (1847) zu einem bessern Bewußtsein, verjagte sofort die Inquisitoren und zog die sämmtlichen Güter des Tribunals ein. Etwas länger dauerte es, bis auch für Modena und Toskana die Stunde der Erlösung schlug, und es wurden z. B. in letzterem Staate noch anno 1852 die Eheleute Madiai wegen Uebertritts zum Protestantismus vom Generalinquisitor zu den Galeeren verurtheilt; allein mit dem Befreiungsjahr 1859 öffneten sich auch hier die Kerker des heiligen Officiums, die Inquisitoren flohen und ihr Gerichtshof wurde für ewige Zeiten geschlossen. Somit existirt also, Rom ausgenommen, die Inquisition in keinem Theil der Welt mehr; doch wenn dieß auch der Fall ist, so haben wir solches glückliche Resultat sicherlich nicht den Päbsten zu verdanken, denn wäre es nach ihrem

Kopfe gegangen, so würden jetzt noch allüberall die Scheiterhaufen brennen!

Weil nun aber das Gebot, die Inquisition wieder einzuführen, nirgends recht durchgreifen wollte, so versuchten es die Päbste auf andere Weise, der um sich greifenden Aufklärung einen Damm entgegen zu setzen, wohl wissend, daß Aufklärung und Pabstthum nicht neben einander bestehen könnten. Sie fragten sich, woraus denn die Menschen die Aufklärung und insbesondere die Ketzerei: „das Pabstthum nicht mehr anerkennen zu wollen", schöpften, und sie mußten sich antworten: „aus nichts Anderem, als aus dem Evangelium oder „dem Worte Gottes", wie es die Ketzer nennen!" Hierin, in dem Worte Gottes, lag die größte Gefahr, denn wer dieses Wort las, dessen Herz wandte sich auch sofort nothgedrungen von dem römischen Kirchenthume ab! Darum mußte man darauf denken, dieses heilige Wort der Menschheit zu verschließen, nach dem Beispiele des großen Pabstes Innocenz III., welcher, wie wir weiter oben gesehen, den Satz aufstellte: „daß die heilige Schrift ein selbst den Gelehrten unverständliches Buch sei," sowie nach dem anderen Beispiele Innocenz IV., welcher schon anno 1244 decretirte, „daß alle Uebersetzungen des Evangeliums in die Landessprachen den Flammen übergeben werden müßten." Man mußte darauf denken, die Menschheit glauben zu machen, daß das Lesen in der Bibel zum Ketzerthum führe, dieweil die Lesenden den Inhalt entweder gar nicht oder falsch verstünden, und daß es also für einen guten Katholiken ein Verbrechen sei, eine in die Landessprache übersetzte Bibel im Hause zu haben. In diesem Sinne nun erließ Pius VII. unterm 20. Juni 1816 ein Breve an den Erzbischof von Gnesen, worin er die von Ketzern in die Volkssprache übersetzten Bibeln rundweg „für verboten" erklärte und zugleich den Verbreitern solcher Bibeln, den sogenannten evangelischen Bibelgesellschaften, mit den heftigsten Worten entgegentrat,*) indem er zugleich jeden Ka-

---

*) In seiner Wuth ging der Pabst so weit, daß er die englische Bibelgesellschaft, welche es sich zum Grundsatz gemacht hat, die Bibel in alle Sprachen der Welt übersetzen und unter alle Völker vertheilen zu lassen, „eine An-

tholiken bei Strafe der Excommunikation ermahnte, nie und nimmer von einer solchen Bibel Gebrauch zu machen. In diesem Sinne veröffentlichte Pabst Leo XII. bei seinem Regierungsantritt (3. Mai 1824) ein allgemeines Rundschreiben an die katholischen Bischöfe, worin er sagt, daß die von den Bibelgesellschaften verbreiteten Evangelien nichts Anderes seien, „als großartige Fälschungen" oder vielmehr „Evangelien des Teufels", und „daß es daher die erste Pflicht eines Bischofs sein müsse, seine Heerde vor solcher heilloser Erfindung zu warnen und so das gottlose Vorhaben der Bibelgesellschaften zu durchkreuzen." In diesem Sinne wirkten auch Pius VIII. und Gregor XVI., welche sich sogar nicht entblödeten, darauf zu dringen, „daß die Pest der bösen Bücher dem Scheiterhaufen übergeben werde," und in diesem Sinne endlich verfuhr Pabst Pius IX., wenn er noch in seiner neuesten Allokution an die Cardinäle (vom Jahr 1860) die französischen und andern Bibelübersetzungen „für Verdrehungen des Wortes Gottes und für himmelschreiende Fälschungen" erklärte! „Fort mit dem Evangelium," war der Wahlspruch der Päbste, und er mußte es sein, denn die freie Luft, welche in demselben weht, drohte das fast zur Mumie erstorbene Sacerdotium in alle Lüfte fortzuführen und darum Wehe den Bischöfen, die es wagen möchten, solcher künstlichen Verfinsterung entgegenzutreten, denn es würde ihnen ergehen, wie dem edlen Wessenberg, welchen im Jahr 1827 wegen seines bibelfreundlichen Wirkens der päbstliche Bannfluch traf!

Trotz allem dem aber wollte auch das Bibelverbot nicht recht ziehen. Im Gegentheil, je mehr man, sei's im Beichtstuhle, sei's von der Kanzel herab, sei's in öffentlichen Zeitschriften, vor dem Lesen der Bibel warnte, um so erpichter wurden die Leute darauf, dieses gräßliche Buch in die Hände zu bekommen, und man mußte daher nachgerade abermals auf ein anderes Mittel denken, um das Pabst-

---

stalt boshafter Arglist, durch welche die Grundpfeiler der Religion untergraben würden, eine Pestilenz der Menschheit, einen Schandfleck des Glaubens und ein höchst seelengefährliches Institut, eine neue Art Unkraut, welches der böse Feind gesäet habe" u. s. w. u. s. w. nannte. Aus dieser wuthentbrannten Sprache kann der Leser zur Genüge erkennen, wie höchst gefährlich dem Pabste die aus dem Lesen der Bibel hervorgehende Aufklärung erschien!

thum vor dem gänzlichen Umfallen zu schützen. Allein worin sollte dieses Mittel bestehen? „Für den Tod ist kein Kräutlein gewachsen," sagt ein altes Sprüchwort und — das Pabstthum, schon einmal am Schluß des 18. Jahrhunderts halb todtgeschlagen, war nun so altersschwach und elend geworden, daß es an's Sterben ging. Wo nun das Kräutlein finden, welches, wie die junge Bathseba dem alten David, dem wankenden Pabstgreise neues Leben einhauchen sollte? Lange, lange dachten die Römlinge nach, und immer und immer wieder fanden sie nichts, als daß sie, die Päbste — alt geworden, oder vielmehr die Alten geblieben seien, während sich die ganze übrige Welt verjüngt hatte und eine andere geworden war. Die große Masse hatte keinen rechten Respekt mehr, weder vor Pabstthum, noch Kirchenthum (kein Wunder, da die bearbeitenden Mönche fehlten!) und ließ sich nicht einmal ferner durch Bann und Interdict schrecken; die Fürsten und Regenten waren durch die Säcularisation der Bischofssitze und Klostergüter Herren großer Ländereien geworden und nahmen sich's nun gar vollends heraus, bei der Besetzung der Bischofssitze und geistlichen Stellen, über die doch einzig und allein der Pabst zu verfügen haben sollte, ein Wort mitzusprechen und so dem heiligen Vater sein monarchisches Recht zu rauben; die Geistlichkeit selbst hatte sich vielfach vom Geiste der Neuzeit anstecken lassen und parirte nicht mehr jedem Winke, wie früher; ja es kam sogar vor, daß sie sich diesem oder jenem Befehle der römischen Curie, unter Zeichen der Mißbilligung geradezu widersetzte und in diesem ihrem Widerstand bei den weltlichen Fürsten Schutz fand. Solches Alles mußte anders werden, wenn das Pabstthum bestehen wollte! Die Priesterschaft mußte wieder zum Gehorsam zurückkehren, die Fürsten mußten ihren Einfluß auf die Besetzung der Kirchenstellen (somit auch auf die Geistlichen selbst) verlieren und die Menschheit mußte, damit sie den Pabst wieder als Vicegott anbete, in ihrer religiösen Anschauung um einige Jahrhunderte retourniren! Das war das Ziel, welches erreicht werden mußte! Allein durch welches Mittel? **Einfach durch die Concordate!**

Was ist denn ein Concordat? Der Leser hat dieses Wort in den letzten zehn Jahren schon so oft in den Zeitungen gelesen oder in Gesellschaften darüber disputiren hören, daß es vielleicht als überflüssig erscheinen könnte, über den Begriff desselben sich weiter auszulassen, allein da es doch möglich wäre, daß Dieser oder Jener über die wahre Bedeutung der Concordate noch nicht mit sich in's Reine gekommen ist, so müssen wir dem viel angefochtenen Worte immerhin einige Zeilen widmen. Wörtlich übersetzt heißt Concordat nichts anderes als ein „Friedens- und Eintrachts-Vertrag" (vom Lateinischen Concordia), der historischen Bedeutung nach aber ist ein Concordat ein Vertrag ganz anderer Art, nehmlich eine zwischen dem Pabste als dem monarchischen Oberhaupte der römisch-katholischen Kirche und einem weltlichen Regenten abgeschlossene Uebereinkunft, durch welche die katholisch-kirchlichen Verhältnisse in dem Lande des Letztern festgestellt werden. Eine solche Uebereinkunft — das erste Concordat, von dem man weiß — schlossen schon im Jahr 1122 Pabst Calixt II. und Kaiser Heinrich V. zur Beilegung des Investitur-Streites (der Leser wird sich dessen aus dem zweiten Buche dieses Werkes erinnern) mit einander ab, und in den daranffolgenden Jahrhunderten wurden noch manche ähnliche Concordate zu Stande gebracht. Man sah die Sache immer „wie eine Art Friedensschluß zwischen zwei kriegführenden Mächten" an, so daß bei dem einen Concordat das päbstliche, bei dem andern das weltliche oder staatliche Interesse besser wegkam, und wir erinnern in dieser Beziehung nur an das Concordat zwischen Kaiser Sigismund und Martin V. vom Jahr 1418, an das Aschaffenburger oder Wiener Concordat von anno 1447, an das Concordat zwischen Franz I. von Frankreich und Pabst Leo X. vom Jahr 1516, an das Concordat zwischen Pius VII. und dem Consul Bonaparte vom Jahr 1801 u. s. w. u. s. w. Bei allen diesen Uebereinkünften stand auf der einen Seite der Pabst als der anerkannt unumschränkte Regent der Kirche, auf der andern Seite der weltliche Monarch als das Oberhaupt der Regierung des betreffenden Staates da, und hierin, in dieser äußeren Form, sah also das eine Concordat aus, wie das andere; in ihrem Inhalt dagegen, d. h. in den Vertragsbestimmungen, fand ein großer Unterschied statt und der Pabst mußte in manchem Lande ein Recht opfern, welches er in einem andern Staate, wo die Regierung günstiger für ihn gestimmt war, durchsetzte. Dieß ist die kurze Geschichte der Concordate. Allein so kurz sie auch ist, so wird der Leser doch daraus gesehen haben, daß es sich bei einer solchen Uebereinkunft nie um etwas anderes handelte,

:lches Recht dem souveränen Oberhaupte der katholi=
ı diesem oder jenem Staate vertragsmäßig zukommen
:ltliche Regierung also, welche ein Concordat abschließt,
abst als „Mitregenten" in ihrem Staate an, weil sie
ıen der kirchlichen Angelegenheiten zugesteht; ja nicht
tregenten" erkennt sie ihn an, sondern sogar „als
bhängigen Nebenregenten", indem sie zugibt
Angelegenheiten entweder gar nichts mehr, oder nur
er Vertrag ausdrücklich festsetzt, mitsprechen zu dürfen.
ıshängeschild" für die Concordate ist nun allerdings
n anderer. Man hat nehmlich, wenn von Concor=
: ist, römischer Seits immer nur die Worte: „Freiheit
gigkeit der Kirche" im Munde, und sagt: „wir Ka=
n nichts anderes, als das Recht, unsere religiösen
ı Angelegenheiten selbst zu ordnen und wer uns dieses
ıgibt, der übt einen Gewissenszwang auf uns aus."
Sprache der Römlinge und es hat schon Viele gegeben,
das Hochtönende dieser und ähnlicher Phrasen täuschen
ı wir fragen kurzweg: „wer hat in der katholischen
:echt, die kirchlichen Angelegenheiten zu ordnen? Die
). h. die Gesammtheit der Gläubigen, oder der Pabst
haupt derselben?" Die Antwort ist einfach und lautet:
ı der Pabst hat dieses Recht, die Katholiken
müssen als Unterthanen gehorchen." Wenn
wird, man solle den katholischen Einwohnern dieses
Staates die Befugniß einräumen, ihre religiösen und
ıgelegenheiten frei nach eigenem Ermessen zu ordnen,
nan in der Wahrheit nichts anderes, als daß dem
:e Befugniß ertheilt werde, oder um noch deut=
: „wenn gesagt wird, die katholische Kirche dieses oder
s muß das Recht haben, sich selbst zu regieren," so
gut deutsch: „man muß den Pabst und die mit
ndete Hierarchie dominiren lassen", und somit
chtigen Phrasen „Freiheit und Unabhängigkeit der Kirche"
:s, als eine Umschreibung vom päbstlichen Imperium.
steht auch in keinem Concordate Etwas vom „Glauben
: Religionsübung", sondern es handelt sich vielmehr

immer nur darum, „wer die obersten Kirchenstellen zu besetzen habe,“ ob der Pabst oder der weltliche Regent, sowie „von wem die Ernennung der niedereren Geistlichen ausgehen solle,“ ob von den Bischöfen oder den staatlichen Behörden! Es handelt sich nur darum, ob der Staat ein Recht habe, ein Wort darein zu sprechen, wenn der Pabst dieses oder jenes kirchlich-klösterliche Institut, das vielleicht bis jetzt nicht bestand oder schon längst aufgehoben ist, in's Leben rufen will; ob er ein Recht habe dagegen einzuschreiten, wenn der Pabst seinen Beamten, den Clerikern, befiehlt, den Religions-Unterricht des Volkes auf diese oder jene Weise einzurichten; ob er ein Recht habe, sich zu widersetzen, wenn es dem Pabst beliebt, diesen oder jenen seiner Unterthanen aus irgend einem Grunde mit kirchlichen Strafen zu belegen! Man sieht also deutlich genug, was die Päbste mit einem Concordate bezwecken. Sie wollen nichts anderes, als daß man sie für eine unabhängige Macht im Staate anerkenne, für eine Macht, welche ihr eigenes Beamtenthum (die Geistlichkeit) habe, für eine Macht, deren Decrete ebenso gut befolgt werden müßten, als die Decrete der Regierung selbst!

So und nicht anders verhält es sich mit den Concordaten, allein wie kam es nun, daß trotz allem dem die weltlichen Regenten auf derlei Verträge eingingen? Sie mußten doch wohl einsehen, daß sie sich hiedurch gewisser „Hoheitsrechte“ begaben, welche ihnen unbezweifelt gehörten, und hätten also schon ihres eigenen Interesses halber alle dießfallsigen Vorschläge Roms abweisen sollen! Sie mußten doch wohl einsehen, daß es, um die kirchlichen Angelegenheiten ihrer Staaten zu ordnen, einer „auswärtigen Macht“, welche offenbar nur ihr eigenes Wohl im Auge haben konnte, gar nicht bedurfte! Man sieht, die Sache war klar genug; allein deßwegen steht die Thatsache doch fest, daß die Päbste, wenn auch nicht allüberall, so doch in den meisten Staaten Europa's, zu ihrem Zwecke gelangten! Und warum? Die Jesuiten mit ihrer Klugheit standen auf ihrer Seite und leiteten die Unterhandlungen! Am Leichtesten ging es in „rein katholischen“ Staaten, besonders wenn diese noch nebenbei „rein monarchisch-absolutistisch“ regiert waren, wie z. B. in Oesterreich, Neapel, Modena, Toscana, Sardinien u. s. w., denn weltlicher Absolutismus und

potismus pflegen stets Hand in Hand zu gehen. Ueber-
an nicht hoffen, den Teufel der demokratischen Auf-
ein übermächtiges Sacerdotium vom Lande ferne zu
as schwerer hielt es mit solchen katholischen Staaten,
die Kammern" ein Wort mit zu sprechen hatten, und
wegen z. B. in Frankreich das anno 1817 zwischen
. und Pius VII. bereits abgeschlossene Concordat des
nwillens der Nation wegen anno 1819 in den für
Stuhl günstigsten Bestimmungen (der Pabst erhielt aber
rtheile genug, wie schon daraus erhellt, daß ihm er-
achtzehn neue Bisthümer zu creiren, die natürlich nur
engen) wieder abgeändert werden. Noch mehr Wan-
bte das von Pabst Pius VII. mit König Ferdinand
en" abgeschlossene Concordat und dasselbe kam erst,
von den Cortes mehrmals abgeändert worden war,
efinitiv zu Stande. Ein ähnliches Schicksal hatte die
al abgeschlossene Uebereinkunft, und Rußland (für
sogar erst anno 1847 auf einen Vertrag mit dem
Weit gefälliger erwies sich das Königreich Baiern,
n schon anno 1817 eine für die päbstliche Curie sehr
reinkunft (eingeführt wurde sie erst anno 1821) zu
allergefälligsten aber benahmen sich die katholischen
er Schweiz, welche, nachdem sie mit dem Sturze
re Unabhängigkeit wieder erlangt hatten, sich bis zur
nechtschaft gegenüber dem Papismus erniedrigten. Doch
rein katholische" Staaten gingen Verträge mit den
sondern es ließen sich hiezu auch solche Länder herbei,
atholiken und Protestanten (selbst wenn das protestan-
t das überwiegende war) zusammen lebten. So z. B.
nno 1821, Hannover 1824 u. s. w. u. s. w. Kurz,
n römischen Oberhirten durch ihre vortrefflich geschulten
, welche kein Mittel der Ueberredung, der Bestechung,
ie und des Hölleheißmachens (hauptsächlich katholische
pielten eine große Rolle in dieser Angelegenheit) un-
en, beinahe mit allen Staaten der Christenheit Con-
zwar meist sehr günstige Concordate abzuschließen. Ja,
zar gegründete Hoffnung, auch die wenigen Regierungen,

deren Widerstand bis jetzt noch nicht besiegt war (vielleicht „die protestantische Schweiz“ allein ausgenommen) vollends zu gewinnen, wie z. B. Baden, Württemberg u. s. w. u. s. w., und dann, wenn schließlich auch dieser Coup glückte, dann stand das Dominium des Pabstes fast wieder so festgegründet, als zur Zeit vor der Reformation.

Verwundert blickt nun vielleicht der Leser um sich und kann nicht begreifen, wie wir jenen Concordaten eine solche Wichtigkeit beilegen mögen; allein man nehme sich einmal Zeit, einen Staat, in welchem ein solcher Prachts-Vertrag florirt, des Näheren zu betrachten und dann wird man über unsere oben ausgesprochene Ansicht sicherlich nicht mehr staunen.

Die erste Folge eines solchen Vertrags mit Rom war nehmlich regelmäßig die Wiederaufrichtung der (in Folge der französischen Revolution verschwundenen) Klöster und man mußte nur staunen, mit welch' reißender Schnelligkeit die Mönche und Nonnen in Concordatsstaaten „pilzähnlich“ aus der Erde hervorschossen. Einzelne wenige Regierungen hatten allerdings über die Zahl der Klöster, welche wieder neu errichtet werden durften, in dem betreffenden Vertrage eine genaue Bestimmung getroffen, allein in den weitaus meisten Staaten ließ man „dem Drang der Menschheit nach dem Klosterleben“ oder vielmehr um klar zu sein, dem nach dem Mittelalter zurückgreifenden Pabste und seiner Hierarchie gänzlich freie Hand, und überdieß kam man römischerseits auch noch auf Mittel und Wege, um selbst da, wo die Klosterzahl fixirt war, das Mönch- und Nonnenthum zur höchsten Blüthe zu treiben. Oder wie? Erfand man nicht neue Institute, welche zwar nicht die „Form“, wohl aber den „Inhalt“ von klösterlichen Orden besitzen und deren Namen doch so unschuldig klingt, daß man Furcht haben mußte, für einen Barbaren gehalten zu werden, wenn man sie irgendwo nicht zulassen wollte? In dieser Beziehung erinnern wir den Leser nur „an die barmherzigen Brüder und Schwestern“, welche zwar die klösterlichen Gelübde nicht ablegen, aber doch nichts anderes sind, „als eine mächtige Abtheilung der großen geistigen Gensdarmerie des Pabstes.*) Den

*) Ursprünglich wurde der Orden der barmherzigen Brüder (in Frankreich Frères de la Charité, in Italien Fate ben Fratelli u. s. w. genannt),

Statuten nach nehmlich können sie, wenn sie wollen, da sie nur „einen freien Verein“ bilden, in's bürgerliche Leben zurückkehren, aber ihre Gesellschafts-Verfassung, sowie besonders das solenne, bei ihrem Eintritt in den Verein abzulegende Versprechen, sich nur allein durch Armen- und Krankenpflege dem Dienste des Herrn zu widmen, macht eine solche Erlaubniß zur Rückkehr in den bürgerlichen, oder gar ehelichen Stand zur großen Illusion. In Wahrheit sind sie also nichts anderes, als Mönche und Nonnen und zwar Mönche und Nonnen von der allergefährlichsten Gattung. Sie haben sich nehmlich seit den letzten dreißig Jahren stets und überall, besonders in Frankreich und Oesterreich*) als willenlose Werkzeuge in den Händen der Jesuiten gezeigt und führen also ihren unschuldigen Titel „barmherzige Brüder und Schwestern“ sowie ihr Handwerk der Krankenpflege eigentlich nur als Aushängeschild,

---

im Jahr 1540 von dem Portugiesen Johannes di Dio zur Verpflegung von Kranken als ein Verein für Laien gestiftet, allein schon im Jahr 1572 verwandelte ihn Pabst Gregor XIII. in einen förmlichen Bettelmönchsorden mit der Regel des heiligen Augustinus. Nunmehr verbreitete er sich mit reißender Schnelligkeit über ganz Europa und zählte schon anno 1585 nicht weniger als 224 Klöster. Anno 1634 kam der bekannte Franzose Vincent de Paula auf den Gedanken, den barmherzigen Brüdern „Schwestern“ zu geben und rief mit Hülfe einer reichen Wittwe Namens Legras, unter dem Titel »Filles de la Charité« freie Vereine christlicher Jungfrauen zur Milderung des menschlichen Elends ins Leben, welche, da sie sich „grau“ kleideten, auch den Beinamen Soeurs grises erhielten. Natürlich versagten die Päbste auch diesen Vereinen ihre Anerkennung nicht und Clemens IX. hatte sogar die Gnade, dieselben anno 1665 mit ganz ähnlichen Rechten zu beschenken, wie die Vereine der Frères de la Charité. In Folge der französischen Revolution wurde der weit verzweigte Orden (sowohl der männliche als der weibliche Theil desselben) allüberall in der ganzen Welt aufgehoben, allein er regenerirte sich bald wieder, nehmlich anno 1807 in Frankreich und anno 1808 in Deutschland. Doch trat er von dieser Zeit an nicht mehr „als Klosterorden“ auf, sondern vielmehr „als freier Verein zur Verpflegung der Kranken in den großen Hospitälern“ sowie nebenbei auch „zur Uebernahme des Schulunterrichts in Stadt und Land.“

*) Wir ersuchen den Leser, die verschiedenen Zeitungsberichte über das Wirken der barmherzigen Schwestern im Wiedener Krankenhause zu Wien aus den Jahren 1859 und 1860, sowie die Berichte über das Resultat der von der österreichischen Regierung angestellten Untersuchung nachzulesen, dann wird er sicherlich nicht mehr im Zweifel sein, zu welcher Sorte von Vereinen der Verein der barmherzigen Schwestern gehört.

„um desto weniger Anstoß zu erregen und eine um so größere Verbreitung zu finden.“ Solcher Zweck ist ihnen auch vollkommen gelungen, denn es gibt nun fast kein Land oder Ländchen in Europa, in welchem sie nicht Zweigvereine gebildet hätten. Ja, nach genauer Berechnung beträgt die Anzahl ihrer activen Mitglieder nicht weniger als achtzigtausend*) und man kann sich daher denken, wie ungeheuer groß ihr Einfluß auf das geringe Volk, mit dem sie es, sei's durch Krankenpflege, sei's durch Unterrichtgeben, fast allein zu thun haben, sein muß.

Im selben Verhältniß, wie die barmherzigen Brüder und Schwestern vermehrten sich auch die älteren, vom Pabst Pius VII. wieder in's Leben gerufenen Mönchsorden, wie z. B. der der Benedictiner, der Dominicaner, der Carmeliter, der Augustiner und vor Allem der der Franciscaner und Kapuziner. Der Pabst sah nehmlich wohl ein, daß ihm die sogenannten „gelehrten“ Orden wenig helfen, ja ihm sogar möglicherweise schaden könnten, und drang daher vor Allem auf die Wiederherstellung und Ausbreitung jener großen fliegenden Freicorps der Bettelmönche, welche, nachdem sie Innocenz III. erfunden, den Päbsten in den früheren Jahrhunderten bekanntermaßen den immensesten Nutzen gewährt hatten. Sie, welche mit dem gemeinen Volke aus einer Schüssel aßen, sie, welche die Gewissen aller Weiber ihres Sprengels in der Hand hielten, sie sollten wiederum des Pabstes stehendes Heer werden und ihm mehr Siege

---

*) Seinen Hauptsitz hat der Verein im Stifte St. Lazarus (Saint Lazare) in Paris, von welchem aus die Hauptreglements an die Zweigvereine gehen. Solche Zweigvereine aber gibt es nur allein in der Stadt Paris dreihundert, im übrigen Frankreich 831, in Belgien 301, in Spanien 179, in Deutschland 98, in den Niederlanden 75, in Sardinien 67, in den Vereinigten Staaten 51, in Irland 42, in Neapel 27, im Kirchenstaat 26, in der Schweiz 11, im Ganzen also 2008, wobei die in Toscana, in Modena, in Piemont, in Polen, in Ungarn und Böhmen, in Portugal u. s. w. bestehenden Congregationen, weil keine genauen Notizen vorliegen, noch nicht einmal in Anschlag gebracht sind. Rechnet man nun, daß jeder Zweigverein, ganz niedrig angeschlagen, zum mindesten vierzig aktive Mitglieder zählt, so ergibt sich die Summe von 80,320 Brüdern und Schwestern, eine Summe, welche, wenn man die soeben angeführten noch nicht in Anschlag gebrachten Länder ebenfalls in Rechnung bringt, sicherlich auf die Zahl von 100,000 erhöht werden darf.

erfechten, als einem weltlichen Monarchen die trefflichst eingeschulte Armee! So erhoben sich denn in Frankreich, Oesterreich, Spanien, Neapel, Toscana, Baiern, Modena, Portugal, Irland, Belgien, sowie im katholischen Theile der Schweiz die Bettelmönchsklöster wieder in ihrem alten Glanze und in manchem Ländchen, wie z. B. in Tyrol und in Altbaiern konnte man bald keine zehn Schritte weit gehen, ohne auf ein halb Dutzend jener Kuttenträger gestoßen zu sein. Ja, sogar in „paritätischen" Staaten, in welchen der Protestantismus die Uebermacht hatte, absonderlich in Preußen und England, gelang es der Erzpriesterschaft, derlei mittelalterliche Institute zur großen Verwunderung der denkenden Menschheit wieder in's Leben zu rufen! Rechnet man nun aber zu diesem Allem noch jenen andern, weit furchtbareren Orden hinzu, von dem wir schon oben gesprochen haben, nehmlich den Orden der Jesuiten, welcher unter dem Titel des Ordens der Lignorianer oder Redemptoristen auch dahin eindrang, wohin die Jesuiten selbst nicht kommen durften,*) so wird Jedermann zugeben müssen, daß die Päbste es in der kurzen Zeit seit ihrer Wiedereinsetzung anno 1814 in der That bereits wieder zu einer ganz außerordentlichen Macht gebracht hatten.

Damit war es aber noch nicht genug, sondern der Pontifex

---

*) Alphonso Maria de Liguori, ein im Jahr 1696 zu Neapel geborener und anno 1722 zum Priesterthum übergetretener Rechtsgelehrter, stiftete anno 1732 mit Genehmigung des Pabstes Clemens XII. einen neuen klösterlichen Verein, dessen Theilnehmer sich „Mitglieder des Ordens vom Erlöser" (il santo redentore; daher der Name Redemptoristen) nannten und zur Verbreitung des wahren katholischen Glaubens, sowie zum Jugendunterrichte sich verpflichteten. Hierin schon lag eine große Aehnlichkeit mit dem Orden der Jesuiten, welche ja ebenfalls hauptsächlich als Missionäre, Beichtväter und Erzieher der Jugend wirkten. Darum, als der Jesuitenorden aufgehoben wurde, übernahm der Orden der Redemptoristen dessen Rolle und wurde in Beziehung auf Proselytenmacherei und missionarische Thätigkeit ganz dasselbe, was jener gewesen war. Dessenungeachtet ließ man die Redemptoristen sowohl in Frankreich als Deutschland ohne Anstand zu, da sie den berüchtigten Namen der Jesuiten nicht führten, und erkannte ihre Gefährlichkeit erst, als sie allüberall, besonders auch in paritätischen Staaten, wie Preußen, Bayern, Württemberg, Baden, Nassau u. s. w. anfingen, als Missionsprediger und Protestantenbekehrer eine ungemeine Thätigkeit zu entwickeln.

maximus wußte auch die weitere Concession, welche er durch die Concordate erhielt, die Concession nehmlich zur Ernennung der Bischöfe und Erzbischöfe, auf's vortrefflichste zu benützen, indem er nur solchen Männern das Pallium oder die Inful verlieh, von denen er wußte, daß er sich ganz und gar auf sie verlassen könne. Derlei „sichere" Candidaten unter dem höheren Clerus aufzufinden, konnte nicht allzuschwer fallen, schon wegen des Reizes, welchen der Besitz einer solch hohen, gewinnbringenden und einflußreichen kirchlichen Würde auf jeden Priester haben mußte; um so schwieriger aber mußte es erscheinen, die große Masse „der niederen Geistlichen" ebenfalls gänzlich in's Interesse des Pabstes zu ziehen. Befanden sich doch die Pfarrer und Ortsgeistlichen weit besser, wenn sie unter dem Schutze des Staates standen, als wenn sie nur allein vom Kirchenoberhaupt und den von demselben ernannten Kirchenfürsten abhängig waren! Ueberdieß gehörte zu der Zeit, als die ersten Concordate mit Rom abgeschlossen wurden, ein großer Theil der niederen Geistlichkeit in Deutschland und Frankreich sowie überhaupt im mittleren Europa jener freisinnigeren Richtung an, weche von einem Dalberg, Wessenberg und Anderen vertreten wurde, und man konnte es sich deßhalb in Rom nicht verhehlen, daß so lange „solche" Prediger auf der Kanzel stünden und den Religionsunterricht des Volkes leiteten, der Papismus keine rechte Wurzeln fassen könne. Diese gräßliche französische Revolution und diese noch gräßlichere Pest der Aufklärung, — nicht einmal an der katholischen Geistlichkeit waren sie vorübergegangen!! Ja, es gab sogar Männer unter derselben, welche — es ist schauderhaft, nur daran zu denken! — es offen aussprachen, daß es weit besser wäre, wenn die katholische Kirche in jedem Lande sich nach den dort bestehenden Gesetzen richten würde, statt sich ihre Befehle aus dem fernen Rom zu holen! Was nützte es nun, daß durch die Concordate die Bischöfe das Recht bekamen, die Pfarrer in ihren Sprengeln zu ernennen, wenn der ganze niedere Clerus also schrecklich contrapäbstlich dachte? Solchem furchtbaren Uebelstande mußte um jeden Preis abgeholfen werden!

Mit der „damaligen" Generation der Geistlichen aber, so viel war klar, konnte man nichts anfangen, denn diese war und blieb einmal von dem Gifte der Aufklärung angesteckt; aber wie stand es um die „zukünftige“ Generation, d. h. um die in den Seminarien und auf den Universitäten befindlichen Candidaten der katholischen Theologie, aus denen man die „kommenden“ Pfarrer creiren mußte? Konnte man nicht „auf sie“ wenigstens einwirken? Konnte man nicht „sie“, die noch zu jung waren, um schon von der Aufklärung verdorben zu sein, so erziehen, daß sie für die Zukunft nicht höher schwuren, als auf den heiligen Vater zu Rom? Das war ein kluger Gedanke und alsbald gingen die Päbste an dessen Ausführung. Durch die Concordate hatten sie ja das Recht erhalten, über den Erziehungsanstalten zu wachen und dafür zu sorgen, daß kein schlimmer Geist sich daselbst einniste. Was war daher leichter, als auf allen katholischen Universitäten, in allen Seminarien, Collegien und Gymnasien diejenigen Professoren, „welche nicht römisch-katholisch genug dachten,“ in Abgang zu decretiren und ihre Stellen mit Jesuiten oder doch Jesuitenfreunden zu besetzen? Freilich so Knall und Fall ging die Sache nicht, sondern man mußte, um die Regierungen und Völker nicht allzusehr vor den Kopf zu stoßen, mit Klugheit und Zurückhaltung zu Werke gehen, allein Rom ist ja auch nicht in einem Tage erbaut worden und was man heute nicht erreichte, konnte man vielleicht morgen bekommen. Somit wurde der Plan, für den Unterricht der jüngeren Geistlichkeit nur solche Lehrer anzustellen, welche im Sinne des Papismus und Obscurantismus wirken würden, mit eiserner Consequenz verfolgt und nach Verfluß von wenigen Jahrzehnten durften sich die Römlinge mit Stolz gestehen, daß auf keiner Hochschule, in keinem Seminarium und auf keinem Gymnasium eines Concordats-Staates mehr ein Professor docire, welcher ihren Ansichten entgegenzuwirken im Stande sei. Allerdings machte man sich durch die nunmehr fungirenden Lehrer hie und da zum Gespötte der Welt, weil dieselben im Wissen sowohl als in der Bildung meistentheils gar sehr zurück waren;*) allerdings mußte

*) Es galt nehmlich in mehreren Concordatsstaaten als Usus, bei der Besetzung einer Professorsstelle den Jesuiten, ohne daß diese nöthig gehabt hätten, eine Prüfung durchzumachen, den Vorzug zu geben, und somit kann man sich wohl denken, welche Böcke von derlei Professoren hie und da geschossen wurden.

der Unterricht in der Physik, in der Naturgeschichte, in der deutschen Literatur und besonders in der Weltgeschichte auf ganz andere Weise vorgetragen werden, als es die nunmehr so weit vorangeschrittene Wissenschaft gebietet; allein was lag daran? Hiedurch gerade erreichte man ja das hohe Ziel, welches man schon längst hatte erreichen wollen, das Ziel nehmlich, daß die jungen Cleriker nur allein den Glauben an den Pabst und seine Suprematie in sich einsogen und, mit Verwerfung des Gebrauchs der eigenen Vernunft, die Lehrsätze der alleinseligmachenden Kirche obenanstellten.

Nun endlich, da man nicht bloß der Bischöfe und Erzbischöfe, sondern auch der ganzen niederen Geistlichkeit, also aller Pfarrer, Caplane und Prediger, „sicher“ war, nun endlich konnte man auf das Volk einwirken und dasselbe „mit dem Geiste“ erfüllen, ohne welchen der Papismus nicht bestehen kann. „Fort mit dem Denken, denn nur wenn das Volk dumm ist, vermag man es zu regieren!“ Das war seit jener Zeit die Sprache des jüngeren Clerus, und in dieser Sprache wurde er natürlich von den Mönchen und Nonnen auf die nachdrücklichste Weise unterstützt. Ja beide Theile, die Ordensbrüder wie die Weltgeistlichen, wetteiferten förmlich mit einander in der Bearbeitung der großen Masse für die päbstlichen Zwecke und wußten bald allen ihren Beichtkindern den Glauben beizubringen, daß der Pabst zu Rom und die katholische Religion „ein und dasselbe Wesen“ seien. Wehe also demjenigen, welcher die Anmaßungen der römischen Bischöfe antastete; wehe denjenigen, welche gar an dem Papalsysteme selbst rüttelten;

So kam es auf einer bekannten Universität vor, daß ein Lehrer der alten Sprachen, welcher, da sein Lehrfach zum Laienthum gehörte, eine ordentliche Bildungsstufe durchgemacht hatte, deßwegen weil er den Dichter Göthe als ein Muster künstlerischer Vollendung hinstellte, von seinen jesuitischen Collegen beim Bischofe „als Ketzer“ denuncirt wurde. Ja einer dieser Collegen nannte bei dieser Gelegenheit den Göthe „einen schlechten Kerl und Saumagen!“ Braucht es, wenn man solche Ausdrücke hört, noch weiteren Zeugnisses für die Höhe der Culturstufe, auf welcher jene Jesuitenprofessoren standen.

wehe aber besonders denen, welche es wagten, die weltliche Macht des römischen Oberpriesters für überflüssig zu halten, — sie wurden sämmtlich, ohne Unterschied, für Menschen erklärt, die mit der alleinseligmachenden Religion selbst ein Ende machen wollten! Ja man darf wohl sagen, daß Einer, der Gott selbst abläugnete, in den Augen dieser bethörten Menschen noch weit engelhafter dastand, als Einer, der dem Pabstkram auch nur mit einem Lächeln des Unglaubens begegnete!

Hand in Hand mit der Verbreitung dieses Glaubens ging auch die Verbreitung des Aberglaubens überhaupt. Was Sittenlehre! Was christliche Predigt! Hierin war nach der Ansicht „des jüngeren Clerus“ die Religion nicht zu suchen, sondern vielmehr im Besuch der Messe, im Beten des Rosenkranzes, im Anrufen der Heiligen, in Wallfahrten und Prozessionen, kurz in lauter äußeren Ceremonien, welche das Denken überflüssig machten. Zugleich wurde, wie sich von selbst versteht, das Lesen in der Bibel, ja sogar das bloße Besitzen einer solchen (natürlich einer in die Landessprache übersetzten) nicht nur auf's strengste verpönt, sondern sogar als ein Verbrechen behandelt und dagegen eine andere Art von Literatur (zum Theil gratis) verbreitet, welche zwar des hirnlosesten Aberwitzes voll war, aber das Volk für die Verherrlichung des Pabstthums und seiner Priesterschaft begeisterte.*) Kurz, es geschah nun alles Mögliche, um die Vernunft, welche sich in den ersten Decennien dieses Jahrhunderts der Menschheit zu bemächtigen angefangen hatte, wieder auszutreiben, gerade als wäre sie der Leibhaftige, und zugleich die Gläubigen ins Mittelalter zurückzuversetzen.

An Mitteln und Gelegenheiten, das Volk auf die genannte Art zu bearbeiten, fehlte es natürlich nicht, denn man hatte ja die Kirche und den Beichtstuhl und überdieß drangen sowohl die Landpfarrer und Weltgeistlichen, als auch die Bettelmönche und Jesuiten in jedes Haus und in jede Familie ein, um da unter der Hand auf die Männer sowie besonders auf die Frauen einzuwirken. Ein

---

*) Wenn der Leser Lust und Liebe hat, sich nach solcher Literatur umzusehen, so braucht er blos irgend einen Wallfahrtsort, wie z. B. Kloster Einsiedeln in der Schweiz, zu besuchen, wo ihm um wenige Groschen Dutzende solcher prächtigen Büchlein zu Diensten stehen.

Hauptmittel aber war die Schule, absonderlich die Volksschule. Die Jesuiten wußten gar wohl, daß die ersten Keime, die man in einen Menschen legt, sich später selten mehr austreiben lassen, und darum ging ihr Bestreben dahin, dafür zu sorgen, daß allüberall in allen Concordatsländern die Kinder von der frühesten Jugend an den Eindruck der tiefsten Verehrung für das Priesterthum eingeimpft bekämen. Am Lernen, d. h. am Unterricht der Kinder in den Realien oder auch nur in den allerersten und geringsten Anfangsgründen des Wissens lag ihnen lediglich nichts; im Gegentheil, sie wollten es womöglich vermeiden, daß die Jugend sich im Denken übe, und darum ging ihre Instruktion an die Landpfarrer dahin, die Schullehrer sorgfältigst zu überwachen, auf daß dieselben keine Uebergriffe machen und Dinge lehren, welche der Jugend nicht zustehen. „Rechnen, Geographie, Naturgeschichte — Thorheit über Thorheit! Zu was braucht ein Mensch, um selig zu werden, der Geographie und Naturgeschichte? Den Rosenkranz beten und die Credos auswendig lernen, ist mehr werth! Also — keine Extravaganzen, sondern man gebe hübsch viel religiösen Memorirstoff auf, absonderlich Legendengeschichten und dergleichen, Alles andere ist überflüssig und im allerhöchsten Fall das Schreiben- und Lesenlernen zu gestatten!“ Auf diese Art trieb man's in den Volksschulen der glückseligen Concordatsstaaten und darum hört man nunmehr, nachdem die Geistlichkeit ein Dutzend Jahre also gewirthschaftet, von Allüberall her, aus dem Oesterreichischen wie aus dem Bairischen, aus dem Französischen wie aus dem Spanischen (von Italien ohnehin gar nicht zu reden), die einstimmige Klage der weltlichen Behörden, daß siebzig bis achtzig Procent der Bevölkerung nicht einmal nothdürftig lesen und schreiben können, und daß leider in gar manchen Orten die Unwissenheit, die Verdummung und der Aberglauben eine Ausdehnung erlangt hätten, wie man dieß im 19. Jahrhundert nicht für möglich halten sollte!

Damit jedoch war es noch nicht einmal genug, sondern die hohe Geistlichkeit bestrebte sich, ihr gottvolles Erziehungssystem auch auf die „gebildeteren“ Schichten der Gesellschaft auszudehnen. Darum setzten sie es vor Allem durch, daß in einem Concordats-Staate weder an einer Mittelschule, noch an einer Realanstalt, noch an einem Gymnasium ein Lehrer angestellt werde, welcher nicht gut t und erzogen sei. Die Staatsbehörden sahen wohl wenige Zweige der Wissenschaften, die man in den hranstalten cultivirte, wie z. B. Geometrie, Physik, Philologie u. s. w. lediglich nichts mit der Religion, und wollten deßwegen nicht selten begabtere Lehrer, dem Protestantismus angehörten, für solche Fächer llein die hohe Geistlichkeit, dem Gebote des Pabstes te, daß solches nicht geschehen könne, „weil sonst eine is ganze Unterrichtssystem käme." Ja einige Zeloten prophezeiten aus solchen Maßnahmen der Regierung gang der Welt und verlangten rundweg, daß bei er Lehrstellen der Grundsatz der confessio- h. der katholischen „Ausschließlichkeit" un- ten müsse. Gewöhnlich, ja fast regelmäßig gaben, en zu erhalten (vielleicht auch im Bewußtsein, daß n so thöricht gewesen sei, A zu sagen, man auch B die weltlichen Behörden nach und so kam es denn, allgemeinen Zeugniß der aufgeklärteren Fachmänner alen wie die Gymnasien in den meisten Concordats- jene niedere Stufe des Wissens herabgedrückt wurden, ie zu der Zeit des Mittelalters standen. „Es sei ge- ien die Jesuiten, „wenn den Jungen das zur Messe n eingepaukt werde und das Hersagenkönnen des „Te mus" sowie des „Gloria in excelsis" reiche vollkommen gemäß wurde jeder Professor, selbst wenn man von Katholicität hinlänglich überzeugt war, auf's sorgfäl- icht und nicht wenige von ihnen mußten vor dem Bi- Sprengels erscheinen, um sich bedeuten zu lassen, „wie träge einzurichten hätten."*) Gleichwie nehmlich die

onders die Lehrer der Physik waren schlimm daran, da sie nichts sten, was gegen die altbibilische Lehre verstieß. Sie mußten also leiben, daß die Erde nicht älter sei als 6000 Jahre, daß die Sonne iten still gestanden habe, daß Bileams Esel zu sprechen verstand leichen mehr ist. Am allerschlimmsten jedoch hatten es die Lehrer , denn diese mußten geradezu und wissentlich Fälschungen vorneh- in den Augen der Päbste ein Gräuel gewesen wäre, wenn man der

Dorfschullehrer nichts anderes waren, als Leibeigene oder Hörige des Ortspfarrers, dem sie unbedingt gehorchen mußten, ebenso prägte man den höher gestellten Lehrern ihr Unterthänigkeitsverhältniß gegen den Bischof ein. Ja man hielt die Letzteren fast noch mehr im Zaume, als die Ersteren, weil ihre Stellung eine viel wichtigere war, denn der große Endzweck, jede Regung freien Geistes und wissenschaftlichen Strebens in der höhergestellten Jugend auszulöschen, damit dieselbe dereinst im Staatsdienste ad majorem Dei gloriam für den Papismus und den Jesuitismus wirke," mußte um jeden Preis erreicht werden.

Ist es nun unter solchen Umständen ein Wunder, wenn in den Concordatsstaaten die sogenannten gebildeten Classen sich nur ein äußerst oberflächliches Wissen erwerben konnten und ohne Energie, ohne sittliche Hebung, ja sogar ohne Religiosität (denn der ihnen eingeprägte Ceremoniendienst konnte doch für keine Religion gelten) so zu sagen nur in den Tag hineinlebten, während das niedere Volk auf dem Lande, gedankenlos, faul, arm, bettelhaft, trunksüchtig und verkommen wurde? Allein — was lag den Römlingen daran, daß die von ihnen angeordnete Erziehungweise solch' schlimme Erfolge hatte? Sie erreichten ja dadurch den Vortheil, daß kein Mensch über die päbstlichen Anmaßungen auch nur noch nachdachte, viel weniger an deren Rechtmäßigkeit zweifelte! Doch damit gaben sich die Päbste auch noch nicht einmal zufrieden, sondern sie suchten auch sofort den alten Kampf mit den vom Katholicismus Abgefallenen wieder zu erneuern. Ihr Wahlspruch hieß

Jugend über gewisse kirchliche und religiöse Umwälzungen und Revolutionen klaren Wein eingeschenkt hätte. Uebrigens auch in der „politischen" Geschichte durften die Professoren durchaus nicht bei der Wahrheit bleiben, sondern sie mußten, um nur ein paar Beispiele anzuführen, den Wilhelm Tell als einen Rebellenhauptmann, den Kaiser Napoleon als einen General der Bourbons und was dergleichen Unsinn mehr ist, darstellen. Republiken existirten für sie gar nicht und hatten nie in der Welt existirt, sondern sie octroyirten jeder derselben irgend einen beliebigen Souverain auf und wenn sie von den Schlachten erzählten, die früher zwischen den Welfen und Ghibellinen geschlagen wurden, so ließen sie die Letzteren natürlich jedesmal unterliegen. Kurz „ihre" Geschichte blieb von der „wahren" Geschichte immer so weit entfernt, als der Roman von der Wirklichkeit.

chen Zeiten: „Ausrottung der Ketzerei," damit in der
tenheit nur eine einzige Kirche, nehmlich die katholische,
r Spitze der Pabst herrsche. Sollten sie nun, da die
:n Concordate ihnen eine Handhabe gegen die Pro-
geben schienen, diesem Wahlspruch, welchen sie so
mit Feuer und Schwert verfolgt hatten, in neuester
werden?

ste Antwort auf diese Frage gab schon Pabst Pius VII.
:neuerung jener vielberüchtigten „Nachtmahlsbulle", von
:its früher weitläufiger berichtet haben. Vierzehn Jahre
ie nicht mehr von den Kanzeln herabgedonnert worden
itte glauben können, auch die Päbste wären nunmehr zu
gekommen, daß der Allbeherrscher im Himmel oben
nlichen engherzigen Sterblichen gleichen würde, wenn er
:rden der Menschen von diesem oder jenem äußeren
ingig machen und etwa neun Zehntheile der Bewohner
zur Hölle schicken würde, um das übrig bleibende Zehn-
:n Gnadenhimmel aufnehmen zu können. Allein Pius VII.
)lcher Einsicht so weit entfernt, daß er vielmehr am
:nerstage des Jahrs 1815 alle Ketzer und Akatholiken,
und Muhamedaner, kurz Alle, welche ihn, den Statt-
ti, nicht anbeteten, gerade wie es die furchtbare Bulle
omini« vorschreibt, mit höchsteigenem Munde verdammte,
ist in Rom, das Jahr 1849 ausgenommen, weil der
ls flüchtig war, kein grüner Donnerstag vorübergegangen,
nicht die „Ketzerexcommunication en gros" mit
)e vorgenommen worden wäre. Hierin also schon liegt
Beweis, daß die Päbste der Neuzeit, wie in allen an-
uch im Grundsatze der Duldsamkeit oder vielmehr der
en Unduldsamkeit consequent geblieben sind: allein sie
diese ihre so ächt christliche Gesinnung noch durch eine
rer Decrete und Handlungen. So erließ z. B. Pius VII.
ptember 1821 eine große Verdammungsbulle gegen die
dieweil dieselben eine in religiöser wie in politischer
für einen Pabst allzu freisinnige Gemeinschaft bildeten,
achfolger, Leo XII., excommunicirte sämmtliche Freiem er sie zugleich für ewige Zeiten aus seinen Staaten

verbannte. Noch grausamer benahmen sich diese beiden Päbste, sowie auch ihre Nachfolger Pius VIII., Gregor XVI. und der jetzt noch lebende Pius IX., gegen die Juden, welche in Rom fast ärger denn Aussätzige behandelt werden. Kein Jude nehmlich darf dort anderswo wohnen, als im Judenviertel, dem sogenannten Ghetto, und der Umgang mit Christen ist ihm auf's strengste verboten. Wird bewiesen, daß ein Jude mit einem zum katholischen Gottesdienste gehörigen Gegenstande, z. B. einem Hostienteller, einem Meßbuch, einem Crucifixe oder einem Rosenkranze Handel getrieben hat, so wird er um zweihundert Scudi gestraft und kommt sieben Jahre in's Gefängniß. Ebenso streng verfährt man gegen jeden, welcher sich ohne Erlaubniß der heiligen Inquisition aus der Stadt Rom entfernt; zum Tode verurtheilt aber wird der, gegen welchen zwei Zeugen aussagen, er habe die katholische Religion oder einen ihrer Priester, sei's durch eine Rede, sei's durch eine Miene, gelästert. Kurz der Jude ist im Kirchenstaat ein förmlich schutz- und rechtloses Subjekt und noch heut zu Tage besteht das Gebot der heiligen Inquisition, daß ein Arzt, sobald er zu einem Kranken im Ghetto gerufen wird, zuerst ehe er irgend ein Recept verschreibt, den Versuch machen muß, denselben zu bekehren, und sodann wenn der Jud sich dessen weigert, ihn augenblicklich, ohne sich weiter um ihn zu bekümmern, zu verlassen hat. Ja, um das Maß voll zu machen, werden jeden Montag in der Woche zwei oder drei Judenkinder im besagten Judenviertel zu Rom eingefangen und sofort in eine katholische Kirche getrieben, um sie mit einigen Tropfen Wassers zu Christen zu machen!*) Kann man

---

*) Hieher gehört auch die Geschichte mit dem jungen Mortara, dem Söhnchen einer reichen englischen Judenfamilie, welches die Pfaffen den Eltern während deren Aufenthalte im Modenesischen ohne weiteres stahlen und mit Gewalt zum Christenthum preßten. Die Sache machte damals, als sie passirte, d. h. vor sechs Jahren, großes Aufsehen und zwar einfach deßwegen, weil die Mortara's als Engländer sich die Sache nicht gefallen lassen wollten. Die Juden im Ghetto aber verhalten sich, wenn man ihnen der Bekehrung halber ein Kind stiehlt, wohlweislich ganz stille, denn erstens würde sie eine Klage doch nichts helfen und zweitens dürften sie sicher seyn, beim geringsten Mucksen für ihre eigene Person mit den Kerkern der Inquisition des Näheren bekannt zu werden.

schändlichere Behandlung, eine mittelalterlichere Bar-

un die Päpste der Neuzeit auf solche Art gegen die
, glaubt man dann, die Protestanten werden vielleicht
nen? Im Gegentheil; denn der Protestantismus ist
i weitem verhaßter, als der Judaismus und der Muha-
nach dem alten Grundsatze, daß Feindseligkeiten in
nd zwischen Brüdern mehr in's Herz fressen, als
wietracht mit Fremden. Somit geht der heilige Vater
s für den Anfang immer darauf aus, die „Abge-
lauben" in Güte zu der alleinseligmachenden Kirche
, sein zweites und Hauptremedium aber,
tets zurückkommt, wenn die Bekehrung
en will, ist und bleibt die Vernichtung der
nun zuerst die Bekehrung der Protestanten betrifft,
allem den Mönchen ob und zwar machen sich die
an die vornehme Welt, besonders an kleinere regie-
tische Fürsten nebst deren Gemahlinnen und Kindern,
ekehrung der niederen Volksklassen fast durchaus in
der Bettelmönche sowie der barmherzigen Brüder
ruht. Aus diesem Grunde haben die Bettelmönche
taaten Zutritt in alle Strafanstalten und sie benützen
hauptsächlich dazu, um die akatholischen Insassen
Vorspiegelung von Begnadigungshoffnungen zum
katholische Lager zu bewegen. Ebenso heimisch, wie
stalten, sind sie auch in den Waisenhäusern und sie
r, als bis die kleinen unmündigen Bewohner solcher
dieselben das Unglück haben, von protestantischen
zu sein, sich bereit erklären, katholisch gefirmelt zu
ist dann allemal ein Jubel, wenn wieder solch' ein
lches, wie sich von selbst versteht, noch nicht selbst-
n kann, durch einen „freiwilligen Uebertritt" (denn
echungen sowie umgekehrt von den Drohungen, welche
gebracht wurden, um dieses Resultat zu erzielen,
Herren Bekehrer natürlich wohlweislich stille) den
es Ketzerthums entrissen wird! Noch weit schlimmere
Bettelmönche, wenden die barmherzigen Brüder und

Schwestern bei ihrer Proselytenmacherei in den Spitälern an, denn sie benützen die geistige und körperliche Schwäche der Kranken, um ihnen das Jawort, in den Schooß des Katholicismus zurückzukehren, abzulocken. Ja, es ist durch Hunderte von Fällen notorisch erwiesen, daß Einzelne jener frommen Schwestern und Brüder, das Verfahren des heiligen Vaters in Rom den Juden gegenüber nachahmend, protestantischen Kranken so lange die ärztliche Behandlung versagten (oder dieselben auf andere Weise vernachlässigten), bis sie endlich das Versprechen gaben, ihrer Ketzerei zu entsagen! Auf solche Weise wird in Concordatsstaaten die Bekehrung der Protestanten zu bewerkstelligen gesucht; umgekehrt aber belegt man die Letzteren mit schweren Strafen, sobald sie sich's einfallen lassen, einen Katholiken zum Religionswechsel zu bewegen, oder sobald sie nur das große Verbrechen begehen, einem Römischgetauften die protestantische Bibel zum Lesen zu geben. Ueberdieß, um das Maß der Rechtsgleichheit voll zu machen, haben die Päbste in den meisten Concordaten die Bestimmung durchgesetzt, daß wenn evangelische Eltern zur katholischen Kirche übertreten, ihre unmündigen Kinder durch diesen Akt selbstverständlich ebenfalls katholisch werden, während umgekehrt, wenn katholische Eltern zum Protestantismus übergehen, ihre Kinder in der katholischen Kirche zurückbleiben müssen. Das ist die Duldsamkeit, welche die Päbste kennen!

Man sieht also, daß die Römlinge das Proselytenmachen sich ziemlich bequem hergerichtet haben. Wenn aber dessen ungeachtet die Protestanten starrköpfig genug sind, auf ihrem verfluchten Ketzerthum zu beharren, so hört die Milde, mit der man bisher zu ihnen gesprochen, auf einmal auf und die lammfrommen geistlichen Herren verwandeln sich urplötzlich in furchtbare Wütheriche, welche auf nichts anders ausgehen, als darauf, den Protestantismus vollständig zu vernichten. Freilich das Anzünden der Scheiterhaufen geht nicht mehr, weil die weltlichen Regierungen leider ihre Zustimmung versagen. Ebenso wenig ist es dem Papste gestattet, zu jetzigen Zeiten einen Kreuzzug gegen die Ketzer zu predigen. Aber gibt es dagegen nicht andere Mittel, durch die man den Protestanten „das Protestantischsein“ entleiben und ihre Existenz vollständig untergraben kann?

: Mittel ist „die Verlästerung“ und dieses wenden
st ihren Helfershelfern im vollsten Maßstab an. Es
ch in solchen Gegenden, in welchen Katholiken und
usammenwohnen, der Flugschriften eine Menge ver=
chen der protestantische Glaube geradezu „als eine
von Christenthum und Moral“ dargestellt wird, so
n Katholiken einen förmlichen Schauder bekommen
ı sie nur das Wort Protestantismus hören. Die
n, die gemeinsten Verdrehungen und Entstellungen
racht, um den Abscheu der wahren Gläubigen vor
. Ketzern zu wecken, und schon die kleinen Kinder in
ilt man an, ein Kreuz zu schlagen, sobald der Name
nannt wird. Ja, der Luther, der Calvin, der Zwingli
n Männer werden geradezu „als leibhaftige Söhne
hingestellt und um die Sache vollends recht klar zu
t vielleicht ein an richtiger Stelle angebrachter Holz=
ıther oder Zwingli, wie sie von beschwänzten Teufeln
n Höllenfeuer braten.*)

Raum gestattet uns natürlich nicht, derlei verlästernde Schmäh-
ser in Masse vorzuführen; dagegen erlauben wir uns, aus dem
polo“ vom Jahr 1861, welcher unter unmittelbarer hoher päbst-
scheint, und wie schon sein Name „Volksfreund“ besagt, haupt-
große Masse berechnet ist, einige wenige Sätze anzuführen. Diese
übersetzt also: „Worin besteht der Protestantismus?“ Antwort:
auben, was man will, und zu thun, was man glaubt?“ —
l bestand in folgendem Grundsatz: sündige nur frisch drauf los,
dich freut; darum ist auch unter allen Protestanten kein guter
ı.“ — „Als Satan einst auf seinem Throne saß, trat Luther vor
nieder und sprach: Du bist mein Meister und mein Glaube.“ —
r allen Rasenden auf der Welt einen größeren Tollen als Luther?“
mnen!“ — „Luther wurde von Satan bewogen, die Messe abzu-
es deßhalb Jemanden Wunder nehmen, daß der Protestantismus
Satans sei, wie er es auch wirklich ist? War es denn nicht der
das Amt des Theologen bei Luther übernahm? Und doch sollte
en, ja sogar Italiener geben, welche so frevelhaft sind, sich dem
s, d. i. dem Teufel zu überliefern?“ — Auf diese Art zieht der
sfreund“ für 1861 gegen die Protestanten zu Felde, was brauchen
: Zeugniß?

Das zweite Mittel, dem Protestantismus den Garaus zu machen, ist „die Isolirung seiner Bekenner.“ Seit dem Ende des dreißigjährigen Krieges war in den Gegenden, wo Protestanten und Katholiken zusammen oder wenigstens in nächster Nachbarschaft wohnten, großentheils eine Art Duldungsverhältniß eingetreten, das oft bis zu gegenseitiger Achtung und Freundschaft, ja nicht selten sogar bis zu noch näherer Verbindung führte. Ueberall war dieß allerdings nicht der Fall und besonders nicht da, wo die katholische Geistlichkeit eine große Gewalt ausübte, allein in Folge des seit dem Ausbruch der französischen Revolution wehenden Geistes hatte sich auch dieser letzte Widerstand gegen das Gebot der Toleranz wenn nicht gänzlich „gehoben“, so doch wenigstens „gefügt“; und es herrschte allüberall in paritätischen Gemeinden Frieden und Eintracht. „Der Muhamedanismus gestattet Christen wie Juden freie Ausübung ihrer Religion, und die Bekenner Jesu, die doch Ansprüche darauf machen, daß ihr Glaubensbekenntniß hoch erhaben stehe über allen anderen Religionen der Welt, sollten sich gegenseitig unter sich befeinden, weil sie in wenigen Einzelnheiten, vielleicht nicht einmal in der großen Hauptsache des Dogma's, sondern nur in verschiedenen Aeußerlichkeiten nicht übereinstimmten?“ So fragte man sich bei dem Beginn des 19. Jahrhunderts und schämte sich der früheren Religionskriege auf Tod und Leben! Nun aber, als die Päbste sich wieder erholt und die Concordate erfunden hatten, sollte diesem friedlichen und einträchtigen Zusammenleben ein schnelles Ende gemacht werden. „Die Protestanten“, also erklärte der Mann in Rom, „sind einer viel zu tief stehenden Menschenklasse angehörig, als daß die Katholiken mit ihnen wie mit Ebenbürtigen Umgang haben dürften. Ist ja doch jenen als Ketzern der katholische Himmel versagt, wie könnten sie also irgend auf Gleichberechtigung Anspruch machen?“ Solchem Grundsatze gemäß verschlossen die katholischen Geistlichen vor den Protestanten ihre Kirchen und Kirchhöfe und weigerten sich, einen Ehebund zwischen einem Protestanten und einer Katholikin oder umgekehrt einzusegnen. „Schon der bloße Umgang mit Ketzern,“ meinten sie, „sei gefährlich, da sogar die Luft, welche die Ketzer ausathmen, verpestet sei; wenn aber auch in paritätischen Orten ein solcher nicht ganz vermieden werden könne, so dürfe er sich wenigstens nicht bis zur

)aft" steigern, und am allerwenigsten sei es erlaubt, nnigsten Vereinigung, die es gebe, nehmlich bis zur en zu lassen." Einsegnungen gemischter Ehen wurden Concordatsstaaten von der Geistlichkeit entweder ge- rweigert, oder wenn eine Regierung fest genug war, Maßregeln nicht gefallen zu lassen, nur unter Be- n zugegeben, welche für den protestantischen ahe unannehmbar waren. Mußte doch verspro- , daß die der Ehe entsprießenden Kinder „unbedingt" olischen Religion zu erziehen seien! Ward doch der Theil des Ehepaars vor der Hochzeit unter Androhung Pein im Beichtstuhl so lange gequält, bis er sich ver- em aufzubieten, um die protestantische Hälfte im Ver- e in den Bund der alleinseligmachenden Kirche zurück- demgemäß begann, wenn je eine „gemischte" Ehe zu , erst nach der Hochzeit die Hauptsache, denn dann em katholischen Theile so lange gearbeitet und geschürt, die Bekehrung des ketzerischen Theils bewerkstelligt, weit öfter geschah) der eheliche Frieden und das Glück für immer verjagt war. Ja, nicht einmal iden die gemischten Ehen Ruhe, denn die Geistlichkeit en verstorbenen Ehegatten nie und nimmer „dasselbe" in Protestant als religiöser Paria nicht würdig sei, Katholischen zu ruhen!*) Wahrhaftig unter solchen

sind nur erst einige Jahre her, da verstarb in Wien ein katholischer so ein Mann von großem Einfluß und hoher Stellung. Er hatte otestantischen Glaubens, allein trotzdem war die Ehe eine äußerst sen, denn der Ehegatte wußte allen Pfaffenzuspruch von sich abzu- nun aber die beiden Eheleute also glücklich zusammengelebt hatten, h im Tode nicht getrennt sein und der Staatsrath hinterließ ein der Bestimmung, daß seine Gattin dereinst neben ihm in derselben werden solle. In dieser Hoffnung starb er und zwei Jahre dar- die Frau im Tode nach. Allein was geschah nun? Die Erben ich die Bestimmung des Testaments vollziehen und die Gattin in t bestatten lassen, in der ihr Gatte ruhte; aber der katholische s Sprengels verweigerte die Erlaubniß hiezu. Man ugenblicklich beschwerend an den Bischof, doch dieser bestätigte das

Umständen war es für die Protestanten keine Kleinigkeit, trotz der ewigen Quälereien doch unbeirrt bei ihrem Glauben auszuharren.

Das dritte Mittel gegen den Protestantismus ist die „*Vertreibung*" seiner Anhänger. „Morden" darf man sie nicht mehr, wie schon oben gesagt; „*also fort mit ihnen, zum Lande hinaus, wenn sie sich nicht bekehren lassen wollen!*" Das Mittel ist probat, aber es läßt sich natürlich nur da anwenden, wo die Protestanten in der großen Minderheit sind, denn im umgekehrten Fall könnte die Sache schief ausfallen. „Offene Gewalt" wird übrigens, wie man sich leicht denken kann, wo irgend möglich, nicht angewandt, denn man will alles öffentliche Aufsehen vermeiden; allein gibt es nicht der Mittel, diesen oder jenen Mißliebigen in der Gemeinde so lange zu torquiren, bis er von selbst geht, so viele, daß es ganz und gar nicht nöthig ist, mit den Dreschflegeln drein zu schlagen? Oder wie? Erinnert sich der Leser, um aus der großen Anzahl von Beispielen, die vor uns liegen, wenigstens Eines anzuführen, nicht an die Art und Weise, wie man es den *Zillerthalern* in Tyrol machte? Ein Theil der Bewohner dieses schönen Thales reist bekanntlich viel im Auslande herum, um Handschuhe, die sie selbst fabriciren, zu verkaufen, und konnte es demgemäß natürlich nicht vermeiden, mit Protestanten in nähere Berührung zu kommen. Die Folge war, daß Einzelne die Bibel mit nach Hause brachten und nun, da sie den Winter durch in der freien Zeit stark darin forschten, über einzelne katholische Satzungen, wie z. B. über den Ablaß, die Seelenmessen, das Fegfeuer, die Verehrung der Heiligen und was dergleichen mehr ist, in ziemliche Zweifel geriethen. Doch traten sie keineswegs aus dem katholischen Kirchenverband aus, sondern wurden nur etwas laxer im Besuch der Messe und im Ablegen der Ohrenbeichte. Dessenungeachtet

---

Urtheil des Pfarrers *mit der ausdrücklichen Erklärung, daß ein Protestant nicht desselben Grabes theilhaftig sein dürfe, wie der Katholik.* — Wenn nun ein so hochgestelltes Ehepaar auf diese Art behandelt wurde, so kann man sich denken, wie wenig Umstände man erst mit dem gemeinen Volke machte, und wir könnten in dieser Beziehung der Beispiele eine Menge anführen. Allein es genüge an dem vorherigen, da ja der Leser aus der bischöflichen Entscheidung ersieht, daß eine derartige Verfahrungsweise nicht *zu den Ausnahmen, sondern zur Regel diente.*

: Priester und Bettelmönche den Sachverhalt bald
nun — die Geschichte spielt in den Jahren 1826 bis
ing es an ein Verschreien und Verketzern, daß die
keine leibliche Ruhe mehr hatten. Auf diese Art von
(wir brauchen diesen Ausdruck ungern, aber „derlei"
er Priester kann man unmöglich anders nennen) auf-
das ganze Thal in Aufruhr und es hätte wenig ge-
ürde man die der Ketzerei Verdächtigen nach amerika-
ier „gelyncht" haben. Dadurch aber ließen sich die-
einschüchtern, sondern im Gegentheil wurde ihre Ueber-
ıß sie das Wahre erfaßt, nur um so intensiver, je
affen in ihrer Wuth außer sich geriethen, und anno
ten ihrer Zweihundert und vierzig offen heraus, mit
hen Religion nichts mehr zu thun haben zu wollen,
mehr zum Protestantismus überzutreten. Ja, sie
einige Zeit darauf an den Kaiser Franz selbst, da
1832 nach Innsbruck kam, und verlangten den Schutz,
nach dem Paragraph XVI. der Bundesakte gebühre.
ein gutmüthiger Mann, welcher Niemanden Unrecht
sagte ihnen diesen Schutz zu, und wer war nun froher
Zillerthaler? Aber sie hatten die Rechnung ohne den
r vielmehr ohne die katholische Geistlichkeit, respective
abst gemacht, denn Gregor XVI. protestirte förmlich
e Verunreinigung des bisher so glaubens-
rols durch diese schändlichen Ketzer", und ver-
ı Austreibung. Was wollte nun der gute Franz
ollte er wegen der Paar „Ketzer" da mit dem Pabste
ugen? Das ging doch nicht! Also wurden die Ziller-
:den, entweder sofort wieder katholisch zu werden, oder
iebenbürgen, das ein paritätischer Staat sei, auszu-
latürlich verweigerten dieselben sowohl das Eine als
allein nun stachelte die Geistlichkeit das Volk bis zum
auf und die armen Verfolgten kamen wirklich in Ge-
nan ihnen ihre Häuser unter der Nase anzünde. Sie
:n, daß ihnen nichts anderes übrig bleibe, als zu han-
ie Salzburger hundert Jahre zuvor gehandelt hatten,
eine Deputation an den König von Preußen nach

Berlin, um sich von diesem Monarchen eine Freistätte zu erbitten. Der Bitte wurde, wie man sich wohl denken kann, augenblicklich willfahrt und nun kehrten, zum Jubel des Clerus und des Pabstes, welche darob in ein förmliches Entzücken geriethen, im August 1837 die sämmtlichen protestantisch gewordenen Zillerthaler mit Weibern und Kindern, im Ganzen 399 Köpfe, der so innig geliebten Heimath den Rücken, um im fernen Norden, da sie das eigene Vaterland „als religiöse Aussätzige" ausstieß, sich eine neue Existenz zu gründen. Braucht es, wenn man solches liest, noch ein weiteres Zeugniß über das, was der Pabst und seine Priesterschaft unter Toleranz versteht?

„Krieg, Krieg mit den Akatholischen," war die Losung in allen paritätischen Staaten, die mit den Päbsten Concordate abschlossen, und das Wort „Concordat", d. i. „Eintrachtsschluß", wurde somit zur vollsten Ironie! Nie und nimmer wird Einer, welcher die Tiare trägt, einer Partei, die „ihn" nicht anerkennt, das Recht der Existenz zusprechen, und darum können auch alle Verträge, welche der heilige Vater abschließt, unmöglich auf etwas Anderes berechnet sein, als auf die Gewinnung der Möglichkeit, diejenigen, mit denen er sich verständigte, unter den Daumen zu bekommen. Also nochmals und nochmals: Krieg, nicht Frieden, Verfolgung, nicht Duldung, Haß, nicht Liebe, sind die Folgen der Concordate in paritätischen Staaten, denn das Nebeneinanderstehen der beiden Begriffe „Pabst und Toleranz" ist eine Unmöglichkeit!

Noch viel weiter übrigens als in paritätischen Ländern gehen die Päbste in denjenigen Concordatsstaaten, welche „nicht paritätischer" Natur sind. Bekanntlich ist es eine strenge Anforderung der Römlinge, für den Katholicismus überall, auch in rein protestantischen Ländern, vollkommenste Religionsfreiheit zu fordern, und sie stellen sich bei dieser ihrer Forderung sogar nicht selten mit jesuitischer Feinheit auf den Standpunkt des „Humanismus". Wie ist es nun aber, wenn man den Satz umdreht und für den Protestantismus dieselbe Freiheit in Anspruch nimmt? Ei natürlich in diesem Fall ist's anders, denn sobald man so Etwas verlangt, so hat es auf einmal mit dem Humanismus ein Ende und alle und jede Toleranz wird über Bord geworfen! Oder wie? Gestattet vielleicht der Pabst in seinen eigenen Staaten die Existenz des Protestantismus? Gestattet er dessen Existenz in den übrigen „gut katholischen" Ländern? Ist es z. B. in Spanien, oder in Portugal, oder in Mexiko, oder in Chile, oder in Brasilien, oder in Peru erlaubt, daß protestantische Kirchen gebaut und protestantische Gemeinden errichtet werden? Nie und nimmer! Der Protestantismus als Religion hat in den Augen des Pabstes kein „Recht zum Dasein", sondern gilt ihm vielmehr als ein giftiges, wucherndes Unkraut, das unmöglich zugelassen werden darf, wenn man nicht Gefahr laufen will, daß die guten Pflanzen ebenfalls angesteckt werden. Demgemäß verbietet man ihn in rein katholischen Staaten geradezu, und zwar nicht selten unter Androhung von härteren Strafen, als auf Diebstahl, Raub und Mord gesetzt sind! Ja es fehlte nur noch, daß man an jedem Gränzpasse ein Paar Schwarzkittel neben den Mauthbeamten aufstellte, um nicht blos den Eintritt akatholischer Reisender, sondern auch das Einschmuggeln protestantischer Ideen unmöglich zu machen! Der Leser schüttelt vielleicht den Kopf, aber er gehe in einen jener oben genannten Staaten und er wird diese unsere Aussage bestätigt finden; um so größer aber ist der Jammer, wenn eine Regierung von einer solchen inhumanen Richtung abgeht, und man thut dann, als ob der Weltuntergang vor der Thüre stehe. Die Wahrheit dieses Satzes beweist sich am besten durch das, was eben in diesen unsern jetzigen Tagen in dem kaum vorhin genannten Tyrol vorgeht. Der Kaiser von Oesterreich, gedrängt von den Forderungen der Zeit, verkündete neuerdings in allen seinen Landen das sogenannte „Protestantengesetz", d. h. das Gesetz, daß seine protestantischen Unterthanen von nun an vollkommene Religionsfreiheit genießen und in jeglicher Beziehung den übrigen Bewohnern Oesterreichs gleichgestellt sein sollen. Damit war wenigstens die Möglichkeit gegeben, daß auch nach Tyrol Protestanten kommen, sich dort ansiedeln, dort eine Gemeinde gründen und am Ende gar ein Gotteshaus bauen könnten. Ein gräßlicher Gedanke, diese Möglichkeit! Was thut nun die hohe Geistlichkeit, um solcher schaudererregenden Möglichkeit zu entgehen? Sie wollte den Kaiser zwingen, das Protestantengesetz zurückzunehmen und brachte daher das ganze Land in Aufruhr! Eine Petition wurde aufgesetzt, in welcher gesagt wurde, „daß die Existenz des Protestantismus in Tyrol eine Unmöglichkeit sei", und die Mönche colportirten diese Bittschrift von Haus zu Haus, von Gemeinde zu Gemeinde. Riesenhaft schwoll sie an, die „Contraprotestantismuspetition", denn wer es gewagt hätte, seine Unterschrift zu verleugnen, der wäre in Gefahr gekommen, selbst als Ketzer verlästert zu werden! Riesenhaft schwoll sie an, denn man sparte weder Drohungen noch Versprechungen und ließ sie selbst von Gymnasiisten und Schulbuben unterschreiben, nur um recht viele Namen darunter zu haben! Das ganze Land, so wollte es der Bischof von Brixen, der Vertraute des Cardinals Rauscher, welcher seinerseits wieder der Vertraute des Pabstes ist, — das ganze Land sollte sich wie Ein Mann gegen die Zulassung der Protestanten erheben, damit der Kaiser von dem Wege der Verderbniß, den er eingeschlagen, wieder zurückkomme! Ja, damit war es noch nicht einmal genug, sondern der Bischof stellte auch auf dem Landtag zu Innsbruck den Antrag, daß der Protestantismus in Tyrol „verboten" bleiben solle, und drang mit demselben siegreich durch, zum besten Beweis, wie schwer der geistige Druck der Kutten auf dem Lande liegt! Allerdings hatte weder die Riesenpetition noch der Landtagsbeschluß eine Wirkung, denn die kaiserliche Regierung ging weder auf das Eine, noch auf das Andere ein; allein wenn die Römlinge für dießmal auch nicht durchdrangen, so sehen wir doch daraus, wie sie gesinnt sind, und nun, „Leser", antworte uns, ob du glauben kannst, daß die Päbste mit ihrem Anhang je „Andere" werden können, als sie bisher waren?

Nein, und abermals nein! Sie sind und bleiben die Alten!

Drittes Kapitel.

Schlußwort.

Zweihundert und neunundfünfzig Päbste — bei dieser Zahl sind die vielen Gegenpäbste natürlich nicht mitgerechnet — saßen schon auf dem Stuhl Petri, aber nur Wenige waren darunter, die man als wackere, ehrenhafte Männer, oder gar als Christen und Leute nach dem Herzen Gottes bezeichnen könnte. Die Meisten legten eine ungemeine Herrschsucht und zugleich eine Geldgier an den Tag, die kein Mittel, auch nicht das gemeinste, verschmähte, um ihren Zweck zu erreichen. Viele, recht viele sogar, verbanden damit eine Genußsucht, eine Wollust und ein Lasterleben, von dem man in jetzigen Zeiten gar keinen Begriff mehr hat. Alle aber ohne Unterschied (seit nehmlich aus den römischen Bischöfen Päbste geworden waren) zeichneten sich durch die größte Unduldsamkeit und Intoleranz aus, durch eine Intoleranz, die sich nur zu oft bis zur blutgierigsten und wahnsinnigsten Grausamkeit steigerte. Eine Zeitlang, d. h. durch verschiedene Jahrhunderte, regierten sie die christliche Welt fast unbeschränkt, dann sank ihre Macht tiefer und tiefer, bis dieselbe endlich ganz und gar, einem abgebrannten Lichte gleich, zu verlöschen drohte. Die Welt glaubte, des Popanzes ledig zu sein und athmete frei auf; aber siehe da, auf einmal flackerte das Licht von neuem und wurde stärker und stärker, so daß es fast schien, es sei noch die alte Flamme, die im Mittelalter

Sollte es nun wirklich so sein? Wäre es wirklich jene alte Flamme, welche die merkwürdige Eigenschaft hat, statt Licht Finsterniß und statt Wärme Todesfrösteln zu verbreiten? Oder ist es vielleicht nur ein Irrlicht, das plötzlich auftauchte, um dann für immer und ewig zu verschwinden? Wir unseren Theils wollen hoffen, daß das Letztere der Fall ist, denn läugnen läßt sich nicht, daß das Pabstthum sich überlebt hat und daß es an der Zeit wäre, wenn es nunmehr endlich den Weg alles Fleisches ginge. Freilich, wenn es reformirt werden, wenn es sich dem Zeitgeiste anpassen, wenn es den Forderungen der fortgeschrittenen Cultur Rechnung tragen könnte, dann, aber auch nur dann, wollten wir ihm die Lebensfähigkeit nicht absprechen. Aber, hat es nicht bisher, haben nicht besonders die Päbste der Neuzeit bewiesen, daß jede Aenderung zum Besseren für sie eine Unmöglichkeit ist? Sie sahen, ja sie mußten sehen, daß die Menschheit in den letzten siebzig Jahren einen ungeheuren Schritt nach Vorwärts gethan hat; aber was thaten nun sie ihrerseits? Sie machten einen noch ungeheureren Schritt nach Rückwärts, und suchten das Mittelalter wieder heraufzubeschwören! Unglaublich, aber doch wahr! Bann und Excommunikation, Cölibat, Bettelmönche, Inquisition und Ketzerverfolgung wurden von ihnen wieder hervorgesucht, gerade wie wenn die Jahre 1789—1814 gar nicht existirten! Ja, auch der jetzige Pabst, den man doch als einen Menschen von viel Gutmüthigkeit und Sanftmuth schildert, ist kein Anderer, als seine Collegen, denn auch Er versuchte schon (wie wir weiter oben gesehen) den donnernden Innocenz zu spielen und meint jetzt noch allen Ernstes, die Welt glauben machen zu können, daß ein Angriff auf seine weltliche Macht eine ebenso große Ketzerei sei, wie der Angriff auf ein kirchliches Dogma.

Wie wird's nun aber kommen, wenn das Pabstthum der Reparation unfähig ist? Werden die Völker gehorsam und unterwürfig zum Glauben oder vielmehr zum Aberglauben des Mittelalters zurückkehren, wie die Päbste verlangen, oder werden sie umgekehrt das Pabstthum über Bord werfen und im Meere, da, wo es am tiefsten ist, begraben? Das Erstere sicherlich nicht und zwar einfach deßwegen, weil ein solcher Rückschritt auf die Dauer eine Unmöglichkeit wäre. Vielleicht aber auch nicht das Zweite, denn warum soll man denn Ihn angreifen, dessen Tod man ja ganz ruhig abwarten kann? Ueberdieß, zu was würde es führen, sich mit Einem in einen Streit einzulassen, der zum Voraus entschlossen ist, von seinem vermeintlichen Rechte nicht ein Jota abzugehen? Weit praktischer wäre es für die Zukunft, wenn jeder Staat diejenigen kirchlichen Veränderungen und Verbesserungen, in welche der Pabst nicht willigen will, ganz ruhig „für sich" vornehmen würde, ohne sich auch nur im Geringsten um den heiligen Vater zu bekümmern. Freilich würde dieser mit furchtbarem Grimm dreinfahren, er würde vielleicht sogar mit dem Weltuntergang drohen, aber — es würde dort sicherlich Alles ganz ruhig ablaufen. In solcher Verfahrungsweise läge der Anfang zu „National-Kirchen," zu denen es später doch nothwendig kommen muß, da ja jede Nation das Recht, ich ihre „kirchlichen" Institutionen sebst zu geben, ebenso gut at, als jenes andere Recht, ihre „staatlichen" Einrichtungen ach ihren Bedürfnissen zu ordnen. Dem Katholicismus, d. i. der atholischen Lehre oder dem katholischen „Dogma" geschähe edurch kein Eintrag, denn dieses könnte überall in allen Länrn das Gleiche bleiben, wohl aber wäre diese Neuerung ıs Ende des Pabstsystems und somit auch des Pabstums!

„Schäume — Träume!" ruft uns vielleicht Dieser oder Jener gegen, und er mag Recht haben, „für die nächste Zeit" nehm-, aber — ist nicht der Anfang zu diesem „Sich nichts mehr den Pabst kümmern" bereits gemacht und zwar sogar in hreren Staaten gemacht worden? Mit gutem Beispiel voran die Schweiz, wie wir ihr rühmend nachsagen müssen. Jahrerte lang trennte Haß und Zwietracht, von Rom künstlich get und oft bis zum Fanatismus gesteigert, die Katholiken und estanten jenes schönen Landes. Da kam die seit 1848 erstarkte ekräftigte Bundesregierung zu der Einsicht, daß sie das Recht die kirchlichen Verhältnisse der „Vereinigten Cantone" durch igenen Factoren gesetzlich zu ordnen, auch wenn der Pabst Einwilligung versage oder gar mit Donner und Blitz drohe. ich ging sie an's Werk, verjagte trotz römischer Proteste die

Jesuiten, setzte dem Pfaffenübermuthe seine Schranken, stellte alle Confessionen gleich, und gab jedem Staatsbürger, ohne Rücksicht auf seine Religion, dieselben Rechte und Pflichten. Von jener Zeit an herrschte die tiefinnigste Eintracht zwischen Katholiken und Protestanten und darum segnet auch jeder Schweizer, gehöre er dieser oder jener Confession an, den Augenblick, wo den Verhetzungen der Päbste und ihrer Creaturen gesetzlich ein Ende gemacht wurde.*) Ein gleiches Glück steht auch den Franzosen bevor, wenn anders der jetzige Kaiser der Bahn treu bleibt, welche er eingeschlagen. Freilich mag's dort ohne harte Stürme nicht abgehen, da die höheren Kirchenfürsten, die natürlich auf Seiten des Pabstes stehen, einen nicht geringen Einfluß auf das Volk ausüben; allein der niedere Clerus erinnert sich mit Stolz jener berühmten vier Artikel der sogenannten gallicanischen Kirche, durch welche das Ordnen der kirchlichen Angelegenheiten den Händen Roms großentheils entrissen wurde, und wird sich also wenigstens in seiner großen Masse zur Regierung schlagen, wenn diese die „Unbekümmertheit" um den Pabst bis zum „Fallenlassen" desselben treibt. Von weit größerer Wichtigkeit übrigens, als das Verfahren der Schweiz und Frankreichs, ist das Vorgehen Victor Emanuels, des neuen Königs von Italien, gegen den

---

*) Natürlich läßt Rom keine günstige Gelegenheit vorübergehen, um Unkraut zu säen. So kam erst vor zwei Jahren der Pater Theodosius, der Coadjutor des Bischofs von Chur, nach dem damals total abgebrannten Glarus und verlangte von den dortigen Katholiken — Glarus ist nehmlich ein paritätischer Ort und besaß bisher nur eine einzige Kirche, an welcher Katholiken und Protestanten gleichen Antheil hatten — daß sie nunmehr, um von den Protestanten isolirt zu sein, eine eigene Kirche erbauen müßten. Aber was erwiderten die wackern Glarner? „Die Noth," sagten sie, „hat uns und unsere Brüder, die Reformirten, auf ganz gleiche Weise heimgesucht, und so wollen wir uns denn zur Milderung des Unglückes brüderlich die Hand reichen und uns gemeinsam eine gemeinsame Kirche zu neuem frischem Streben aufrichten." Das war eine Antwort, wie sie sich gehörte, und der hinterlistige Förderer des confessionellen Streites konnte beschämt abziehen!

Pabst, denn besagter König ist im Begriffe, durch die Besitznahme Roms der weltlichen Macht Seiner apostolischen Heiligkeit ein Ende für immer zu machen. Was ist aber der Pabst, wenn er sein weltliches Besitzthum verloren hat? Nur noch ein Schatten des Pabstes von ehedem! Kein Wunder also, wenn er sich auf's heftigste wehrt und alle Hebel in Bewegung setzt, diesen furchtbaren Kelch von sich abzuwälzen: kein Wunder aber auch, wenn die Italiener anfangen, darüber in's Klare zu kommen, daß der Pabst mit allen seinen Cardinälen im Christenthum kein Fundament habe, und in Folge dieser gewonnenen Einsicht sich darauf vorbereiten, für die Zukunft ohne die römische Curie auszukommen!

Fast ebenso viel Grund und Boden als in Italien verlor der Pabst in der allerneuesten Zeit in Deutschland. Hier spielte Baden den ersten Trumpf aus, dann folgte Württemberg und ndlich kam gar Oesterreich, das alte Bollwerk des Papismus! Vor wenigen Jahren noch war Baden durch die Agitationen er Römlinge auf dem Punkte angekommen, ein Concordat mit Rom abzuschließen, durch welches die Herrschaft der Hierarchie vielicht auf ein Jahrhundert hinaus gesichert gewesen wäre, denn Verträge" zwischen zwei Staaten und Monarchen lassen sich nicht leicht mehr aufheben. Da kam die Prüfung des Vertrags an e Landstände und die Folge war: „Verwerfung desselben!" Die tände wußten wohl, was die Folgen gewesen wären, wenn die ıbstfreunde gesiegt hätten, denn es lagen ja Beispiele vor, und ar eclatante Beispiele. Darum, obwohl zum großen Theil s Katholiken bestehend, beharrten sie standhaft darauf, ; dem Staate das Recht gebühre, seine kirchlichen Angeenheiten für sich selbst durch die Gesetzgebung zu nen, und wiesen somit den Pabst mit seinen Forderungen ab. Regierung, verfassungstreu, wie sie ist, fügte sich und erwarb dadurch den Dank des ganzen Landes, ja des ganzen Deutschs. Auf ähnliche Weise ging es auch in Württemberg, mit Unterschied jedoch, daß hier der Hauptentscheid in der Sache en Protestanten lag. In Oesterreich dagegen ging die neue

Ordnung der Dinge, d. i. die „factische" Aufhebung des Concordats durch die Erlassung des „Protestantengesetzes," dessen Hauptinhalt, wie wir schon weiter oben kurz berührt haben, in der Gleich-Berechtigung der Akatholiken mit den Katholiken besteht, von einer rein katholischen Regierung aus und ist deßhalb doppelt so hoch in Anschlag zu bringen. Ueberdieß geschah diese Entschließung der kaiserlichen Regierung nicht in Folge eines Druckes von Außen und noch weniger in Folge einer Revolution, sondern sie geschah freiwillig, nach reiflicher Ueberlegung, aus bloßen Gründen der Gerechtigkeit und Staatsweisheit. Sind das nicht Zeichen der Zeit, die nicht hoch genug in Anschlag gebracht werden können?

Die Menschheit hat einen großen Schritt nach Vorwärts gethan, aber noch lange ist das erhabene Ziel nicht erreicht, das anzustreben sie die Mission hat. „Aufklärung und Toleranz" sind die Hauptfactoren dieses Ziels und ebendeßhalb auch „Entfernung aller Hindernisse," welche den Weg zum Ziel versperren! Ist nun aber das Pabstthum nicht auch als ein solches Hinderniß zu betrachten, und zwar sogar als ein Haupthinderniß? Gerade hierüber hoffen wir den Leser durch das Vorhergegangene in's Klare gesetzt zu haben, und sobald uns dieß gelungen ist, so dürfen wir uns freudig zurufen, daß die viele Arbeit, die wir mit diesem Buche hatten, wenigstens keine ganz vergebliche war. Freilich Andere, wir meinen die Anhänger „der schwarzen Rotte" und deren Zahl ist bekanntlich nicht klein, werden anders urtheilen und uns dafür verfluchen,*) daß wir uns bemühten, dem Pabstthum den Glorienschein abzureißen und es als das, was es ist, als ein menschliches Institut mit menschlichen Gebrechen

*) Dieß ist in der That so gekommen, und man hat sich nicht einmal damit begnügt, die Mysterien, also das Buch, das wir schrieben, und seinen Inhalt zu verdammen, sondern mancher Geistliche benützte seine Kanzel auch dazu, um die Menschheit vor der Person des Verfassers zu verwarnen und seinen Beichtkindern allen Umgang mit demselben zu verbieten.